第6版改訂増補版
クローズアップ
課税要件事実論
―要件事実と主張・立証責任を理解する―

酒井克彦 [著]
Sakai Katsuhiko

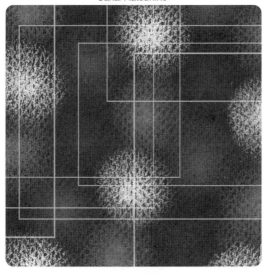

財経詳報社

はしがき（第6版改訂増補版）

　所得税基本通達の記載振りが納税者の課税上の取扱いを混乱させたなどと批判されることもあるいわゆるタキゲン事件最高裁令和2年3月24日第三小法廷判決では，宇賀克也裁判官が通達は行政庁内部の命令であって，法規ではないから外部拘束力はないとの補足意見を提出したことが注目されました。他方で，その後，いわゆるタワマン事件最高裁令和4年4月19日第三小法廷判決では，その宇賀克也裁判官も含めて裁判官全員一致で，課税庁が通達に従わない処理を行ったことが平等原則違反として違法となり得るとの判断を示すなどしており，近時，租税法律関係領域では，通達を巡る議論が花盛りとなっています。

　そのような中，タワマン事件最高裁判決の射程範囲を巡り，同判決後の裁判例においてどのような判断が示されるか大変注目されていたところ，この点を論じる東京地裁令和6年1月18日判決の判断が出るなどしており，租税法領域における通達論は，課税要件事実論の文脈においても重要な論点の一つになっているといってもよいでしょう。

　上記東京地裁判決は下級審判決ではあるものの，かような重要な論点を包摂しているところから，この度，改訂増補版として，この点などについて踏み込むこととしたほか，政令への委任の範囲が争点となったいわゆるみずほCFC事件最高裁令和5年11月6日判決や，国際興業事件最高裁令和3年3月11日判決などの重要裁判例についても検討を加えました。また，消費税のインボイス制度がスタートした中，「消費税法30条7項は仕入税額控除の適用要件を定めた規定なのか」という問題関心を¶レベルアップで深掘りするなど，第6版の記述内容について所要の加筆を行っています。

　なお，本書が政府研修機関の指定教科書であることから，この度も財経詳報社社長の宮本弘明氏には非常にタイトなスケジュールでの進行をお願いすることとなってしまいました。多忙に拍車をかける一因を作ってしまいこの場を借りてお詫び申し上げます。

　また，本書の改訂に当たっては，アコード租税総合研究所事務局長の佐藤総

一郎氏，同研究所の主任研究員の臼倉真純税理士に校正作業など多大なる協力をいただきました。また，秘書の手代木しのぶさんには，この度も自身の表紙デザイン案の使用を快くご承諾いただきました。この場を借りて感謝申し上げます。

令和6年8月

酒井　克彦

はしがき（第6版）

　第5版を刊行してから，はや2年が過ぎようとしています。その間，いわゆるタワマン評価事件と呼ばれる相続財産評価を巡る事例において，注目すべき最高裁の判断が示されました。

　従来から本書においては，相続税法22条にいう「時価」の認定を巡る議論として，財産評価基本通達が示す評価額と個別評価の問題を取り上げてきたところ，最高裁は，かかる事実認定としての評価問題とは別にいわゆる租税公平主義（租税平等主義）の観点から自判をしました。この最高裁判決は，租税法律関係における原則としての租税公平主義（租税平等主義）を真正面から論じたものであり，また通達に依拠した行政判断の許容範囲を検討する素材としても，重要な意味を有するものであるといえましょう。

　また，国税庁は，令和4年10月7日に所得税基本通達を改正し，新たに同通達35-1《雑所得の例示》および35-2《業務に係る雑所得の例示》を示しましたが，同通達は実務上非常に重要な問題点を内包しているといえます。そもそも，本書において，所得税法上の雑所得には，①公的年金等に係る雑所得，②業務に係る雑所得と③それ以外の雑所得（その他雑所得）が観念され，①②については必要経費を控除して所得金額が計算されるのに対して，③については必要経費を控除し得ないことが解釈論として導出され得る旨記載してきたところ，改正された所得税基本通達は同様の考え方を示したものでありました。

　そこで，第6版では旧版以降の法律改正等を前提とした所要の加筆修正を行ったほか，上記最高裁判決および上記所得税基本通達の改正を¶レベルアップとして取り上げ，読者の更なる理解を深めるべく検討を加えております。租税法律主義の下，通達による行政判断の在り方を考える素材としていただけると幸甚です。

　本書は研修機関における課税要件事実論講義の指定教科書であることから，財経詳報社社長の宮本弘明氏には，タイトなスケジュール進行をお願いしてし

まいました。そのことが原因で厳しい作業を強いることとなってしまいご負担をおかけしました。この場を借りてお詫びと感謝を申し上げます。

　また，本書の校正作業に当たっては，一般社団法人ファルクラム事務局長の佐藤聡一郎氏，同上席主任研究員の臼倉真純氏に多大なる協力をいただきました。この場を借りて深謝申し上げます。また，秘書の手代木しのぶさんにはこのたびも書籍の表紙にデザイン案を提供いただきました。ここに御礼申し上げます。

　令和5年8月

酒井　克彦

はしがき（第5版）

　前回の改訂から，はや4年が経ちました。

　本書は，いうまでもなく課税要件事実論を論じた書籍です。課税要件事実論の議論において，本書が示すとおり，主張・立証責任の所在を論じることは極めて重要であるといえます。

　例えば，相続税の更正の請求に関する実際の租税訴訟を例にとって考えてみましょう。

　この事件では，被相続人Aの子である納税者とBがした相続税の申告に係る更正の請求が認められるべきか否かが争われました。具体的には，米国在住のBが，Aの生前，Aから海外送金を受けた金員を相続税の課税価格に算入して申告したのは誤りであったとして，納税者とBが更正の請求をしたところ，所轄税務署長から更正をすべき理由がない旨の通知処分がなされたため，この取消しを求めたという事案です。被告国側はかかる海外送金は相続開始前3年以内に贈与により取得した財産に該当すると主張したところ，原告納税者側はそれに該当しないと主張しました。第一審東京地裁平成14年4月18日判決（訟月50巻11号3349頁）は，この点に関する主張・立証責任は被告国側が負うとした上で原告納税者側の主張を認めたのに対して，控訴審東京高裁平成14年9月18日判決（訟月50巻11号3335号）は，更正をすべき理由がない旨の通知処分の取消訴訟においては，原告納税者側に，確定した申告書の記載が真実と異なることの主張・立証責任がある旨判示しています。この事件では，更正の請求につき更正をすべき理由がないことの主張・立証責任が，原告・被告のどちらにあるのかという点が事案解決のカギとなったのです。

　このように，主張・立証責任の所在がダイレクトに事案の解決のカギとなることもあるわけです。読者の方には，本書を通じて，課税要件事実とは何か，かかる事実の主張・立証責任は当事者のいずれに所在するのかといった課税要件事実論の基礎的な考え方を整理していただけましたら幸いです。

　なお，財経詳報社の宮本弘明社長には，本書が税務大学校の指定教科書であ

vi　　はしがき

り，講義日程に合わせる必要があったため，非常にタイトなスケジュール設定をお願いしてしまいました。そのことが原因で厳しい作業を強いることとなってしまい，毎度のことながら誠に申し訳なく，ここにあらためてお詫びとお礼を申し上げます。

　また，本書の校正作業に当たっては，アコード租税総合研究所事務局長の佐藤総一郎氏，同研究所の主任研究員臼倉真純氏に多大なるご協力をいただきました。また，秘書の手代木しのぶさんにはこのたびも書籍の表紙デザイン案をお借りすることに快くご了承をいただきました。この場を借りて深謝申し上げます。

　令和 3 年10月

酒井　克彦

はしがき（第4版改訂増補版）

　本書は，そのタイトルに「課税要件事実論」と示すとおり，とりわけ課税局面に重点をおいた書籍です。つまり，課税局面における要件論及び要件事実論について記したものですが，租税法律関係においては当然ながら課税局面のみならず，徴収局面も重要であることは多言を要しません。

　この点については，誠にありがたいことに，しばしば読者から，徴収における要件事実論についても本書で触れてほしいという要望を聞くことが増えていました。

　そこで，新たに，改訂増補版として，新たに「第22節　国税徴収法―国税徴収法39条の『著しく低い額の対価』」の一節を加えることとし，徴収関係で特に重要な論点の一つである第二次納税義務に関する要件事実論を盛り込むこととしました。

　そのほか，刊行に当たっては，全体のバランス・ページ数の調整等の観点から内容の重要性に鑑みて，一部削除をしたり，記載内容について所要の加筆・修正を行うなどの作業も施しているため，単なる「増補版」とせずに「改訂増補版」とした次第です。

　本書の改訂作業においては，財経詳報社社長の宮本弘明氏に多くのご協力をいただき，一般社団法人ファルクラム事務局長の佐藤総一郎氏，上席主任研究員の臼倉真純氏には校正作業等で尽力をいただきました。そして，このたびも秘書の手代木しのぶさんの手によるデザイン案を表紙に使わせていただきました。ここに感謝申し上げます。また，今回新たに加えた徴収関係の記述部分については，とりわけ成田司さんの多大なご協力なしにはなし得ませんでした。この場を借りて心より御礼申し上げます。

　平成29年9月

中央大学　酒井　克彦

はしがき（第4版）

　本書を世に問うてから，すでに4年目になりました。本書において取り上げる内容をできるだけ最新のものにしたいという筆者の思いもあり，結果的に毎年内容の大幅な見直しを行っていますが，他面，このように版を重ねられるということは多くの読者をいただいている証左でもあります。実際に，課税要件事実論に関するお問い合わせや研修講師依頼なども多く，租税専門家のこの領域に寄せる関心は従前にも増して，ますます高まっているように思われます。

　本書は，税制改正事項等のアップデートや表現等の所要の修正のほか，最新の租税訴訟を盛り込むことを主眼に改訂を行いました。各論において，2つの事例を削除した上で，3つの事例を新たに取り上げています。また，やや説明が冗長となっていた箇所については，議論の本質がより理解できるように，できるだけ簡潔な記述に改めています。

　今日，課税要件事実論の議論は日々進化を遂げているといっても過言ではありません。そのような現状の下で，進化する議論のうち，想定される読者層である租税行政当局の職員の方や租税専門家などの実務家の皆さんに有益と思われるところはできるだけ盛り込んでおります。

　本書における課税要件事実論の学習を通じて，リーガルマインドの構築のための自己研鑽にお役立ていただければ，幸甚に存じます。

　本書の改訂作業においては，財経詳報社社長の宮本弘明氏のご協力によるところが多く，また，具体的な内容の確認作業において，酒井研究室の泉絢也君，臼倉真純君及び一般社団法人ファルクラムの事務局長佐藤総一郎氏のご協力を得ました。ここに御礼申し上げます。このたびも秘書の手代木しのぶさんのデザイン案による表紙を使わせていただいております。ここに御礼申し上げます。

　平成27年9月

酒井　克彦

はしがき（第3版）

　改正国税通則法が施行された平成25年1月以降，税務調査の風景は大きく様変わりしたようです。これは，1999年のIRS改革により，アメリカにおける税務行政の風景が様変わりしたことを想起させます。税務調査の件数が激減するほどの影響を及ぼしたこのIRS改革は，いわゆる納税者権利憲章を整備し，納税者の権利を守りつつ，行政の適正性，デュープロセスの必要性を再確認する一つの契機であったとみることもできましょう。

　我が国における税務調査の環境変化が，今後いかなる意味を持つことになるのか，という点に関心を寄せる向きは多いのではないでしょうか。

　さて，上述の国税通則法の改正により，更正等の理由附記が青色申告者のみならず，白色申告者にも求められることとなったということは，単に更正等通知書の記載内容の問題にとどまるものではありません。具体的にいえば，過去において，理由附記の不備により更正処分等が最高裁により違法であるとして取り消されたという苦い経験を有する税務当局は，できるだけ理由附記を避けたいがために，修正申告等を慫慂（勧奨）することで更正処分等を避けてきましたし，更正処分等をしなければならない場面でも青色申告の承認取消処分を行うことによって白色申告に対する更正処分等として理由の附記を避けてきたという側面がなかったとはいえません。国税通則法の改正により白色申告にも更正等の理由附記が求められることとなったことからすれば，今後ますます，かような修正申告等勧奨主義が中心的に展開されることが予想されます。しかし，税務当局側からみると，このような修正申告等勧奨主義には，大きな問題が内包されているともいえましょう。例えば，それまで協力的に調査の進行に応じていた被調査者が，調査終結の段階で修正申告等の勧奨に応じない態度をとれば，結局のところ，更正処分等を行わねばなりませんが，税務当局にとってみれば，その段になって，更正等のための法的理由を附記しようとしても，具体的非違事項についての課税要件事実に係る法的証拠の確認ができていないなどということになっては問題となります。

前述のとおり，過去の最高裁判決においては，理由の附記が不備であるとの理由で更正処分等の違法性が判示されることがしばしばありました。税務当局にとっては，全ての更正処分等への理由附記は，調査段階における主要事実に関する証拠資料の収集，確認の手法という観点から，全面的見直しが要請されるほどのインパクトを有しているといえます。すなわち，更正等の理由附記においては，例えば税務当局が，否認しようとする費用や損金，控除額等について，その法的根拠を明らかにし，課税要件事実の摘示を具体的に行う必要があります。したがって，法条から課税要件を抽出し，そこに適合する証拠に基づく事実を当てはめるというプロセスを踏むことが前提となります。かようなプロセスの重要性が再認識される大きな契機となったのが，前述した平成23年12月の国税通則法改正でした。そして，税務調査の風景が大きく様変わりしているということは，実際に調査の現場においても，課税要件事実論の理解を基礎として，主要事実（及び間接事実）の確認作業が法的根拠をもって着実に行われるようになっていくことを意味するのかもしれません。

　このような視点は何も税務当局のみに求められるものではありません。租税専門家の側も，税務調査や各種の協議等の場面において，法律に基づく主張や説明が求められるのはいうまでもありません。例えば，重加算税が賦課されるか否かという論点として，ことさら過少申告の問題があります。ここで，ことさらに過少な申告であると税務職員から指摘されたとします。その際，そもそも「ことさら過少」であるか否かを，なぜ重加算税の賦課要件である国税通則法68条1項の要件事実と考えるのかという点の理解がなければ議論になりません。その上で，本件が「ことさら過少」に該当する事案なのか否かについての，法律的な見地からの議論がなされなければならず，そのような基礎的理解は，納税義務の適正な実現を図るという使命を負う税理士にとって当然の前提であるといっても過言ではないでしょう。このように，税務当局も納税者を代理する租税専門家においても，法条から課税要件を抽出し，それに適合する事実があるか否かという観点で法的な主張等がなされるべきです。専門家の共通言語として課税要件事実論が用いられることは，適正な納税義務の実現やデュープロセスに基づく行政の執行において極めて有益なことと思われます。

　本書は，このような観点から，読者を税理士，公認会計士，弁護士等の租税専門家や税務当局の職員，さらには，これらの予備軍である学生等，租税法に

ついて関心の高い人達にお読みいただくことを念頭にして，第2版に次のよう
な観点から大幅な見直しを加えました。

・最新の租税訴訟を盛り込み，近時の課税要件事実論を紹介することとしまし
　た。
・平成27年度税制改正に向けた政府税制調査会の議論を盛り込みました。
・表現内容については，新たに用語の解説を増やすなどして，初学者にも理解
　できるような工夫を施しました。

　なお，本書の改訂作業は財経詳報社社長の宮本弘明氏のご協力によるところ
が多く，この場を借りて感謝申し上げます。また，条文や引用書籍のチェック
など細かい作業に協力してくれた臼倉真純君及び一般社団法人ファルクラム事
務局長の佐藤総一郎氏の惜しまぬ協力がなければ本改訂は実現しませんでした。
心より感謝申し上げます。このたびも秘書の手代木しのぶさんによるデザイン
を表紙に使わせていただきました。御礼申し上げます。

平成26年9月

酒井　克彦

はしがき（第2版）

　本書を世に問うたのは，1年前の平成24年の10月でした。思いのほか，多く
の反響をいただき沢山の読者を得ることができました。課税要件事実論という
ものが，いかなる議論で，それがもたらす実務への影響が，いかなるものであ
るかについての共通した認識は，必ずしも多くはないと思われるのにもかかわ
らず，なのにです。

　初版の「はしがき」においても述べたところですが，平成23年12月の国税通
則法改正における税務調査手続の法定化や，行政手続法の適用範囲の拡大（適
用除外範囲の縮小）に伴う更正の理由附記等，これまでの租税行政手続の見直
しへの強いインパクトを契機に，租税行政庁による行政指導や行政処分が本来
あるべき法律に基づくものに変わりゆくことを感じさせる今日です。租税行政
手続に求められるものは，何よりも法に基づく行政，なかんずく租税法律主義
の徹底であることはいうまでもありません。例えば，課税処分は実定法の要件
から導き出される要件事実を具体的に充足し得る証拠をもって初めて行われる
べきことや，その処分の違法性を論じる租税専門家は，実定法から導き出され
る要件を基礎付ける要件事実のどこに，かかる違法性が所在するのかを具体的
に指摘することが必要となります。

　本書で取り扱う要件事実論は，それが訴訟法において展開されてきたもので
あることを前提としつつも，租税紛争の前段階ともいうべき税務調査や，更正
決定処分等の段階においても活用し得ることを想定して解説を加えています。
租税法の解釈適用の場面で，この課税要件事実論が役立つであろうことは，単
なる希望的観測の域にとどまるものではありません。要件事実論に基づいた争
点の整理が，租税実務の中で慣行化されることは，リーガルマインドに基づく
当事者の主張が現場において展開されることを意味するのであって，このこと
がひいては適正な租税行政の担保や納税者の保護に繋がるであろうことは多言
を要しません。

　さて本書は，初版から1年を待たない時期での改訂ではありますが，第1章

「要件事実論―概論」の構成を，初学者への導入口を充実させる観点から大幅に変えました。また，第2章「課税要件法と課税要件事実論」においては，財産評価基本通達（法令解釈通達）の合理性が争われた最近の裁判例を素材にして，通達の合理性についての主張・立証責任についても盛り込む等の改訂を行いました。さらに，第3章「課税要件事実論―各論」では個別税法における具体的なケースを素材として検討していますが，初版における記述よりもより踏み込んだ説明を加え，用語説明も大幅に増やしました。近時の裁判例を踏まえ，一部記述内容については新たな方向性をも示しています。

　なお，本書の改訂作業は，財経詳報社社長の宮本弘明氏のご協力によるところが大きいものです。この場を借りて感謝を申し上げます。また，改訂内容のチェックに惜しまぬ協力を払ってくれた一般社団法人ファルクラム事務局長佐藤総一郎氏には心よりの感謝を申し上げます。また，このたびも秘書手代木しのぶさんのデザインの表紙を使わせていただきました。感謝申し上げます。

　平成25年8月

酒井　克彦

はしがき（初版）

　現在，租税行政を取り巻く環境には，大変多くの国民が強い関心を寄せております。それは，平成23年11月の租税手続法領域に係る税制改正が１つの契機となり，税務調査の法律的な問題関心が中心であるとは思いますが，そこで議論されていることは，単なる手続的な問題にとどまるものではないと捉えることも可能でしょう。一例を挙げれば，国税通則法の改正によって，行政手続法に定める理由附記の規定が租税法律手続においても適用されることになるため，更正理由がいわゆる白色申告者に対しても附記されることになります。このことは，これまで修正申告書の勧奨を前提として行われてきた税務調査の終結の風景を大きく変えることになるかもしれません。少なくとも，納税者と租税行政当局者との間のこれまでのやり取りがより法律的なそれに置き換わるであろう予感を覚えます。また，納税者の権利救済への意欲がより増進する方向性が示唆されるようにも思えます。

　訴訟になればもちろんのこと，そうではなくても，当事者が自らの言い分の正当性を主張するための訴訟法上の手法が参考になると思われます。

　本書は，租税訴訟における要件事実論の基礎を「課税要件事実論」として，学習用に整理したものですが，かような問題関心に配慮して，実務家が本書を手にとることを意識して執筆いたしました。なぜなら，要件事実論は，租税法領域においても，近いうちに実務家の共通言語（和田・考える39頁）になると思われるからです。ここでは，一般的な要件事実論のテキストにみられる，「訴訟物」「請求原因」「抗弁」「再抗弁」の列挙でも「ブロック・ダイアグラム」の掲示でもなく，租税法律関係における要件事実論の考え方を提示いたしました。

　さて，本書は，まず，第１章「要件事実論─概論」として，そもそも要件事実論がいかなるものであるのかについて解説をすることから始めております。要件事実論の基礎的な理解に資するよう必要に応じて民事訴訟法や行政事件訴訟法の知識にも言及しております。もっとも，一般的な民事訴訟上の要件事実

論を租税法律関係に持ち込む上で特に気をつけなければならないことは，常に租税法律主義を意識すべきだという点です。そこで，第2章「課税要件法と課税要件事実論」では，そもそも，課税要件が法定され明確にされていることが租税法律主義の前提であることを確認した上で，租税法と私法を前提とした解釈適用問題を再確認しております。筆者は，改めて課税要件事実論を展開するに当たって，文理解釈の重要性を特に注意すべきであると考えております。

　第3章は課税要件事実論の各論として，各個別租税法における課税要件事実論を裁判例や裁決例を素材に記述しております。あくまでも判決等として示された事例を使って要件事実論的に分析をするための素材であり，実際の判決や裁決の評釈を意味するものではありません。要証事項は法条の沿革，学説，判例の分析によって明確にされることから，要件事実は，実定法の理解を出発点的とします。したがって，各論においては，具体的条項の解釈論が大きくその中心的地位を占めてきます。

　本書は，政府研修機関での要件事実論講義資料を素材としたものでありますが，大学院を含む学生の学習・研究のみならず，租税専門家の仕事に活かせるように考えて構成して書き下ろしたものです。是非関心を寄せていただければ幸いに存じます。

　なお，本書は，次の拙稿に加筆修正を加えた原稿を一部掲載させていただきましたことを付言させていただくとともに，この場を借りて感謝申し上げます。

・『行政事件訴訟法と租税争訟』第13節「行訴法7条―民事訴訟法の準用」（大蔵財務協会2010）
・「公益法人改革と所得税（上）（中）（下）―所得税の前払いとしての『法人税』と法人税の前払いとしての『所得税』―」税経通信63巻11号41頁，13号80頁，14号69頁
・「所得控除と税額控除―両控除の性格付けについて―」税務弘報55巻6号99頁
・「職務発明対価に係る所得税法上の所得区分(1)―『特許を受ける権利』と『相当の対価』―」最先端技術関連法研究8号1頁
・「記帳義務等違反者に対する重加算税賦課問題―主観的要素による構成は不

記帳者有利となる重加算税適用上の歪んだ状況を解消できるか―」税務事例
42巻3号1頁

　本書は，タイトなスケジュールの中での財経詳報社編集部の宮本弘明氏の多
大な協力なくしては完成しませんでした。この場を借りて感謝を申し上げます。
また，執筆内容のチェックに惜しまぬ協力を払ってくれた大学院法学研究科の
泉絢也君，味戸隆祥君，水谷亘君，鈴木正大君ほか酒井ゼミの諸君，一般社団
法人ファルクラム事務局，この度も表紙のデザインを描いてくれた秘書手代木
しのぶさんには心よりの感謝を申し上げます。

　平成24年9月

酒井　克彦

xvii

目　次

第1章　要件事実論―概論

1 要件事実論の基礎理論 ……………………………………………… 2

(1) 課税要件事実論の必要性　2

(2) 要件事実論―序説　3

(3) 応訴態度と要件事実　8

(4) 請求原因の認否　12

　ア　自　白　12

　イ　否　認　13

　ウ　不　知　13

　エ　沈　黙　13

(5) 抗弁と再抗弁　14

　ア　抗　弁　14

　イ　再抗弁　14

　　¶レベルアップ！　自白の撤回　16

2 要件事実論と事実認定論 …………………………………………… 21

(1) 権利と事実の問題―要件事実論と事実認定論　21

(2) 事実認定論―概要　22

(3) 主要事実と間接事実　24

(4) 事実と事情　24

　　¶レベルアップ1！　不確定概念と主要事実　26

　　¶レベルアップ2！　家屋税の支払という間接事実　28

3 当事者主義―弁論主義 ……………………………………………… 31

(1) 弁論主義の意義・内容　31

xviii　　目　次

(2) 弁論主義が採用される理由　32

(3) 口頭弁論　33

　　¶レベルアップ！　上告審裁判所による却下判決と口頭弁論の要否　34

(4) 処分権主義　35

　ア　概　説　35

　イ　処分権主義の機能と内容　36

(5) 法的三段論法　37

④ 主張・立証責任 ……………………………………………………… 39

(1) 証　拠　39

　ア　証拠の意義　39

　イ　証拠能力　39

　ウ　証明力　40

　エ　証拠原因　40

　オ　証明と疎明　41

(2) 主張・立証責任の意義　41

　ア　自由心証主義　41

　イ　証明責任の分配と主張責任の分配　42

(3) 主張・立証責任の分配　42

　ア　主張・立証責任の分配規定　42

　イ　法律要件分類説　43

　ウ　修正法律要件分類説　46

　エ　利益衡量説　47

　オ　法律上の推定規定　48

⑤ 要件事実と請求原因の発生根拠 …………………………………… 51

(1) 訴えの原因たる請求権の発生根拠　51

(2) 意思説と法規説　51

(3) 契約自由の原則　52

(4) 形式的意義の民法と実質的意義の民法　54

　　¶レベルアップ！　行為規範と裁判規範　56

目　次　xix

第2章　課税要件法と課税要件事実論

6　租税法律主義 ……………………………………………………… 60

(1) 租税法律主義の思想　60

(2) 課税要件法定主義と課税要件明確主義　61

　ア　課税要件法定主義　61

　イ　課税要件明確主義　62

　ウ　課税要件法定主義と課税要件明確主義を説示する最高裁判例　62

(3) 課税要件明確主義の解釈論への示唆　64

7　課税要件法定主義・課税要件明確主義 …………………………… 67

(1) 課税要件法定主義　67

　¶レベルアップ1！　法人税法65条の政令委任　73

　¶レベルアップ2！　委任規定における2つの問題　75

　¶レベルアップ3！　みずほCFC事件　81

　¶レベルアップ4！　国際興業事件　85

　¶レベルアップ5！　所得税法68条は同法37条の別段の定めか─業務関連
　　　　　　　　　　性を有しない年金型生命保険金に係る所得税法上の必
　　　　　　　　　　要経費─　86

　¶レベルアップ6！　経験則と課税要件　93

(2) 課税要件明確主義　96

　¶レベルアップ7！　秋田市国民健康保険税事件　97

8　借用概念論 …………………………………………………………102

(1) 借用概念と固有概念　102

　ア　借用概念　102

　イ　固有概念　102

　ウ　裁判例　102

(2) 借用概念の理解─統一説　104

　ア　統一説　104

　イ　統一説を採用する判例　105

xx　目　次

　　⑶　統一説に対する批判　108
　　⑷　借用概念の解釈手法　111
　　　　¶レベルアップ1！　武富士事件　112
　　　　¶レベルアップ2！　旧所得税法161条6号の「貸付金」　117
　　　　¶レベルアップ3！　所得税法26条の「貸付け」　123

9　真実に存在する法律関係に基づく課税 ……………………128
　　⑴　私法上の権利と私法上の法律関係　128
　　⑵　租税法と「真実に存在する法律関係」　129
　　　　¶レベルアップ！　違法所得課税と「真実に存在する法律関係」を基礎と
　　　　する課税　132

10　課税要件事実論の展開 ……………………………………138
　　⑴　実体法規の形式を基礎とする考察と要件確定　138
　　⑵　要件事実論的思考と形式的条文の適用との乖離　138
　　⑶　課税要件事実論の展開　143
　　⑷　慎重論　143

11　租税訴訟における訴訟物・証明責任の分配 ………………145
　　⑴　租税訴訟における訴訟物　145
　　ア　課税処分取消訴訟の訴訟物　145
　　イ　課税処分無効確認訴訟の訴訟物　150
　　⑵　租税訴訟における主張・立証責任　151
　　ア　法律要件分類説等　151
　　イ　課税処分取消訴訟における個別検討　153
　　　　¶レベルアップ1！　所得控除・税額控除の主張・立証責任　157
　　　　¶レベルアップ2！　行政訴訟における主張・立証責任　163
　　　　¶レベルアップ3！　総額主義と争点主義　168
　　　　¶レベルアップ4！　理由の差替え　172

12　必要経費等の事実上の推定 ………………………………181
　　⑴　法律要件分類説に従った必要経費等の主張・立証責任　181

目　次　xxi

(2) 司法の態度　182

(3) 国税通則法116条　184

　　¶レベルアップ1！　事実上の推定が認められた事例　185

(4) 国税通則法116条2項　187

　　¶レベルアップ2！　主張・立証責任の転換　188

第3章　課税要件事実論―各論

13　所得税法―訴訟費用の必要経費性が争われた事例 192

(1) 事案の紹介　192

　ア　請求の趣旨　192

　イ　請求原因　192

　ウ　抗　弁　193

(2) 裁決の要旨　193

(3) 所得税法上の必要経費の考え方　194

　ア　所得税法37条の要件事実　194

　イ　業務関連性　197

　ウ　還付加算金と業務関連性　198

　　¶レベルアップ1！　更正の請求の主張・立証責任　205

　　¶レベルアップ2！　直接業務関連性と間接業務関連性　206

　　¶レベルアップ3！　業務によらない所得としての「雑所得」　214

14　所得税法―給与所得該当性 219

(1) 事案の紹介　219

(2) 前提事実　220

　ア　請求の趣旨　220

　イ　請求原因　220

　ウ　抗　弁　220

(3) 判決の要旨　221

　ア　東京地裁平成25年4月26日判決　221

　イ　東京高裁平成25年10月23日判決　222

(4) 給与所得該当性　222

xxii　　目　　次

　　ア　給与所得の範囲　222
　　イ　弁護士顧問料事件最高裁昭和56年判決　224
　　ウ　親会社ストック・オプション訴訟最高裁平成17年判決　227
　　エ　２つの最高裁判決　227

15　所得税法─一時所得該当性 ……………………………………………232
　(1)　事案の紹介　232
　　ア　請求の趣旨　233
　　イ　請求原因　233
　　ウ　抗　弁　233
　(2)　判決の要旨　234
　(3)　一時所得の要件と主張・立証責任　235
　(4)　主張・立証活動　237
　　ア　「８つの所得以外の所得」要件　237
　　イ　「継続的行為から生じた所得以外の一時の所得」要件　237
　　ウ　「対価としての性質を有しない」要件　243
　　　　¶レベルアップ！　馬券訴訟最高裁平成27年３月10日第三小法廷
　　　　　　　　　　　　　判決の分析　248

16　法人税法─収益事業の範囲 ……………………………………………257
　(1)　事案の紹介　257
　　ア　請求の趣旨　257
　　イ　請求原因　257
　　ウ　抗　弁　258
　　エ　再抗弁　258
　(2)　判決の要旨　258
　(3)　法人税法施行令５条１項にいう「請負業」　259
　　ア　請負業の要件事実　259
　　イ　間接事実としての考慮事項　264
　　　　¶レベルアップ！　公益法人等に対する原則的課税ポジション　270

目　次　xxiii

17 法人税法—交際費等課税 ……………………………………281

(1) 事案の紹介　281

　ア　請求の趣旨　281

　イ　請求原因　281

　ウ　抗　弁　282

(2) 判決の要旨　282

(3) 検　討　284

　　¶レベルアップ1！　交際費等課税制度の確認　288

　　¶レベルアップ2！　交際費等該当性要件　291

18 相続税法—還付請求権の相続財産性 ……………………298

(1) 事案の紹介　298

　ア　請求の趣旨　298

　イ　請求原因　298

　ウ　抗　弁　299

(2) 判決の要旨　299

(3) 検　討　300

　　¶レベルアップ！　過納金の性質　305

19 相続税法—相続税法22条の「時価」………………………310

(1) 事案の紹介　310

　ア　請求の趣旨　310

　イ　請求原因　310

　ウ　抗　弁　311

(2) 判決の要旨　312

(3) 検　討　315

(4) 財産評価基本通達による評価　315

　ア　相続税法22条　315

　イ　財産評価基本通達と相続税法22条の「時価」　317

(5) 財産評価基本通達6の必要性　319

(6) 財産評価基本通達6の要件　322

　ア　著しく不適当　322

xxiv　　目　　次

　　　イ　国税庁長官の指示―手続的要件　324
　　　ウ　その他の要件　324
　　　　¶レベルアップ１！　課税時期後の株価変動　325
　　　　¶レベルアップ２！　いわゆるタワマン評価事件　333
　　　　¶レベルアップ３！　財産評価基本通達６の適用が否認された事例　344

20 消費税法―消費税法30条７項の「保存」 ……………………………348
　(1)　事案の紹介　348
　(2)　課税に至るまでの経緯　348
　　　ア　請求の趣旨　349
　　　イ　請求原因　349
　　　ウ　抗　弁　350
　(3)　判決の要旨　350
　(4)　消費税法30条７項に係る要件事実論　352
　　　　¶レベルアップ！　消費税法30条７項は仕入税額控除の
　　　　　　　　　　　　　適用要件の規定か　359

21 国税通則法―国税通則法68条にいう「提出」の意義 …………365
　(1)　事案の紹介　365
　　　ア　請求の趣旨　365
　　　イ　請求原因　365
　　　ウ　抗　弁　366
　(2)　判決の要旨　366
　(3)　検　討　370
　　　ア　類似事案と文理解釈上の疑義　370
　　　イ　判例の射程範囲以上の適用　372
　　　ウ　つまみ申告の理論構成　373
　　　エ　文理解釈を重視する立場からの批判　373
　　　オ　「ことさら過少に記載」　375
　(4)　国税通則法68条の「提出」　376
　　　ア　問題点の所在　376
　　　イ　租税法に用いられる「提出」という概念　376

目　次　xxv

　　ウ　最高裁平成6・7年判決にいう「過少申告行為」の意味するところ　378

22　国税徴収法──国税徴収法39条の「著しく低い額の対価」………381
　(1)　事案の紹介　381
　　ア　請求の趣旨　381
　　イ　請求原因　381
　　ウ　抗　弁　382
　　エ　再抗弁　382
　(2)　判決の要旨　382
　(3)　検　討　384
　　ア　国税徴収法39条にいう「著しく低い額の対価」　384
　　イ　国税徴収法39条の要件　386
　　ウ　国税徴収法39条の主張・立証責任　389

23　通達と課税要件──取引相場のない株式の評価………………393
　(1)　事案の紹介　393
　(2)　課税に至るまでの経緯　394
　　ア　請求の趣旨　395
　　イ　請求原因　395
　　ウ　抗　弁　396
　(3)　判決の要旨　396
　(4)　みなし譲渡所得課税　397
　　ア　所得税法59条　397
　　イ　評価通達の取扱い　398
　　ウ　所得税法59条1項にいう「その時における価額」　400
　　エ　増加益清算課税説とキャピタルゲイン課税　401
　　オ　譲渡所得対象資産の純資産評価額　403
　　カ　キャピタルゲイン課税からの検討　404
　　　　¶レベルアップ！　通達は文理解釈されるべきものか　405

xxvi　　目　次

【Tax Lounge】　大蔵財務協会「税のしるべ」より
　　●道州制と地方消費税率　　18
　　●法律第1条《趣旨》　　29
　　●メタボリック税制　　37
　　●税務調査における録音テープ　　40
　　●計画停電と確定申告期限　　47
　　●「税」と「脱」の語源　　66
　　●国民負担率と間接税の比重　　99
　　●非課税貯蓄申告書に記載する「住所」　　125
　　●戦費を賄うための「軍税」制度　　133
　　●税率100％の特別法　　189
　　●台湾の土地増値税と孫文の構想　　229
　　●条文の「項」と「条」,「号」　　254
　　●元総理の密造摘発についての回想　　295
　　●負担分任主義と「ふるさと納税」　　307
　　●当分の間　　329
　　●租税訴訟の事件番号　　356

事項索引　　420
判例・裁決索引　　427

凡　　例

　本書では，本文中は原則として正式名称を用い，主に（　）内において下記の略語を使用している。

　また，読者の便宜を考慮し，判決・条文や文献の引用において，漢数字等を算用数字に変え，「つ」等の促音は「っ」等と小書きしている。傍点，下線部分は特に断りのない限り筆者が付したものである。

　なお，第3章の各論においては，実際の裁判例を検討素材としているところ，平成16年の行政事件訴訟法施行後は，被告は「国」に統一されているが，便宜上同法施行後の裁判例等においても「税務署長」との表記で統一している。

〔**法令・通達**〕

憲　　……日本国憲法

民　　……民法

商　　……商法

会　　……会社法

行 訴 法……行政事件訴訟法

民 訴 法……民事訴訟法

民 訴 規……民事訴訟規則

通　　法……国税通則法

徴　　法……国税徴収法

徴　　令……国税徴収法施行令

所　　法……所得税法

所　　規……所得税法施行規則

法　　法……法人税法

法　　令……法人税法施行令

相　　法……相続税法

消　　法……消費税法

消　　令……消費税法施行令

地　　法……地方税法

登 免 法……登録免許税法

所 基 通……所得税基本通達

法 基 通……法人税基本通達

評 基 通……財産評価基本通達

措　　法……租税特別措置法

措　　令……租税特別措置法施行令

一般社団・財団法人法

　　　　……一般社団法人及び一般財

　　　　　団法人に関する法律

阪神・淡路大震災特例法

　　　　……阪神・淡路大震災の被災

　　　　　者等に係る国税関係法律

　　　　　の臨時特例に関する法律

〔**判例集・雑誌等**〕

民　　録……大審院民事判決録

民　　集……最高裁民事判例集

刑　　集……最高裁刑事判例集

集　　民……最高裁判所裁判集民事

xxviii　　凡　例

裁　　時……裁判所時報		税　　弘……税務弘報	
行　　集……行政事件裁判例集		税大論叢……税務大学校論叢	
高 民 集……高等裁判所民事判例集		税　　通……税経通信	
訟　　月……訟務月報		税　　法……税法学	
税　　資……税務訴訟資料		曹　　時……法曹時報	
金　　判……金融・商事判例		租　　税……租税法研究	
金　　法……金融法務事情		判　　自……判例地方自治	
判　　時……判例時報		判　　評……判例評論	
判　　タ……判例タイムズ		法　　協……法学協会雑誌	
銀　　法……銀行法務21		法　　教……法学教室	
国　　家……国家学会雑誌		法　　セ……法学セミナー	
自　　研……自治研究		法　　民……法と民主主義	
時　　法……時の法令		ひ ろ ば……法律のひろば	
シ ュ ト……シュトイエル		民　　研……民事研修	
ジ ュ リ……ジュリスト		民　　商……民商法雑誌	
商　　事……旬刊商事法務		民　　情……民事法情報	

〔文　献〕

伊藤・基　　礎……伊藤滋夫『要件事実の基礎〔新版〕』（有斐閣2015）
伊藤・小 辞 典……伊藤滋夫編『要件事実小辞典』（青林書院2011）
伊藤・租 税 法……伊藤滋夫『租税法の要件事実』（日本評論社2011）
伊藤・入　　門……伊藤滋夫『要件事実・事実認定入門〔補訂版〕』（有斐閣2005）
伊藤・要件事実講義……伊藤滋夫『要件事実講義』（商事法務2008）
今村・課税要件……今村隆『課税訴訟における要件事実論〔改訂版〕』
　　（日本租税研究協会2013）
大江・要件事実租税法〔上〕・〔下〕……大江忠『要件事実租税法』
　　（第一法規出版 2004）
岡・基　　礎……岡伸浩『民事訴訟法の基礎〔第 2 版〕』（法学書院2008）
小川ほか・租税争訟……小川英明＝松澤智＝今村隆編『新・裁判実務大系（18）
　　租税争訟〔改訂版〕』（青林書院2009）
金子・基本問題……金子宏編『租税法の基本問題』（有斐閣2007）
金子・租 税 法……金子宏『租税法〔第24版〕』（弘文堂2021）
木村・総　　則……木村弘之亮『租税法総則』（成文堂1998）
清永・税　　法……清永敬次『税法〔新装版〕』（ミネルヴァ書房2013）
小林＝山本・明解……小林秀之＝山本浩美『明解民事訴訟法〔第 3 版〕』
　　（法学書院2017）

凡　例　xxix

塩野・行 政 法Ⅰ・Ⅱ……塩野宏『行政法Ⅰ行政法総論〔第6版〕』（有斐閣2015），
　　同『行政法Ⅱ行政救済法〔第6版〕』（有斐閣2019）

志場・精　　解……志場喜徳郎ほか編『国税通則法精解〔第17版〕』
　　（大蔵財務協会2022）

高橋ほか・小辞典……高橋和之ほか『法律学小辞典〔第5版〕』
　　（有斐閣2008）

武田・コ ン メ……武田昌輔編『コンメンタール国税通則法』（第一法規加除式）

田中・租 税 法……田中二郎『租税法〔第3版〕』（有斐閣1990）

谷口・講義…谷口勢津夫『税法基本講義〔第7版〕』（弘文堂2021）

注解所得税法研究会・注解……注解所得税法研究会編『注解所得税法〔6訂版〕』
　　（大蔵財務協会2019）

中里ほか・概説……中里実＝弘中聡浩＝渕圭吾＝伊藤剛志＝吉村政穂編
　　『租税法概説〔第4版〕』（有斐閣2021）

並木・概　　説……並木茂『要件事実論概説〔契約法〕』（信山社2009）

広瀬・認定…広瀬正『課税要件事実の認定』（新日本法規出版1981）

水野・租 税 法……水野忠恒『大系租税法〔第4版〕』（中央経済社2023）

村田＝山野目・30講……村田渉＝山野目章夫編『要件事実論30講〔第4版〕』
　　（弘文堂2018）

我妻・民法総則……我妻栄『民法総則〔新訂〕』（岩波書店1970）

和田・考 え る……和田吉弘『民事訴訟法から考える要件事実〔第2版〕』
　　（商事法務2013）

酒井・裁判例〔所得税法〕……酒井克彦『裁判例からみる所得税法〔2訂版〕』
　　（大蔵財務協会2021）

酒井・裁判例〔法人税法〕……酒井克彦『裁判例からみる法人税法〔4訂版〕』
　　（大蔵財務協会2024）

酒井・スタートアップ……酒井克彦『スタートアップ租税法〔第4版〕』
　　（財経詳報社2021）

酒井・相当の地代……酒井克彦『「相当性」を巡る認定判断と税務解釈』
　　（清文社2013）

酒井・租税行政法……酒井克彦『クローズアップ租税行政法〔第2版〕』
　　（財経詳報社2016）

酒井・租税法と私法……酒井克彦『ステップアップ租税法と私法』
　　（財経詳報社2019）

酒井・フォローアップ……酒井克彦『フォローアップ租税法』（財経詳報社2010）

xxx 凡 例

酒井・ブラッシュアップ……酒井克彦『ブラッシュアップ租税法』
　　　（財経詳報社2011）
酒井・レクチャー……酒井克彦『レクチャー租税法解釈入門〔第2版〕』
　　　（弘文堂2023）
酒井・論点研究……酒井克彦『所得税法の論点研究』（財経詳報社2011）
憲法百選Ⅰ・Ⅱ……別冊ジュリスト『憲法判例百選Ⅰ・Ⅱ』（有斐閣）
行政百選Ⅰ・Ⅱ……別冊ジュリスト『行政法判例百選Ⅰ・Ⅱ』（有斐閣）
租税百選……別冊ジュリスト『租税法判例百選』（有斐閣）
社会保障百選……別冊ジュリスト『社会保障判例百選』（有斐閣）
※判例百選シリーズの〔 〕付き数字は版数の表示。

第1章

要件事実論—概論

1 要件事実論の基礎理論

(1) 課税要件事実論の必要性

　更正処分の理由には，法律的な根拠が示される必要がある。この法律的な根拠とは何をいうのであろうか。具体的には，「ある課税物件についての課税要件が○○の証拠によって充足していることが明らかであるにもかかわらず，確定申告書にその課税物件の課税標準が記載されていない。」という点が更正処分の理由において明らかにされる必要があると思われるが，このように附記された理由が妥当であるかどうかは課税処分自体の適法性を担保するものであるから，きわめて重要な論点となり得る。例えば，必要経費を否認する場合の更正処分や税務上の指導において，所得税法37条《必要経費》1項の要件事実に照らして，これがなされなければならないのはいうまでもない。

　このことは，更正や決定処分の場面だけではない。税務調査や税務相談の段階においても同様である。税務職員や租税専門家は，常に各条項の求める要件に具体的事実を照らし合わせて申告内容の確認をする必要がある。これは，租税法律主義の下では当然のことであるといえよう。

　例えば，国税通則法68条《重加算税》1項の要件事実が理解されていなければ，税務当局は重加算税の賦課決定処分を行うことはできず，他方，税理士等の租税専門家も，重加算税が課されるべきではないと主張するのであれば，同条項の要件事実が充足していないという点を論じる必要があるのである。

　ところで，収入計上（所法36①）や益金計上（法法22②）のタイミングについては，権利確定主義が支配的な見解であるが（金子・租税法317頁，366頁），売上げに関する売買代金請求権が確定するのはいつの段階をいうのであろうか。そのことを考えるためには，売買代金請求権の成立要件である要件事実の理解が基礎になる。

　そこで，要件事実論の序説として，この点を確認するところから本書を始めたい。

(2) 要件事実論―序説

まず，要件事実論のイメージを確認しておこう。

要件事実論とは，ある法律効果を発生させるのに必要十分な要件は何かを考察するものである。

ここでは，きわめて簡単な事例を素材として，要件事実論がいかなるものであるのかについて考えてみたい。

【設例1】

> 令和7年6月1日に，Xは，Yに対して自己が所有するピカソ作の絵画「ドラ・マールの肖像」を50億円で売り，代金は絵画を引き渡した後，3日以内に支払うという約束をして，即日，XはYに絵画を引き渡した。ところが，Yは，3日どころか1週間経っても売買代金を支払おうとしないため，Xは，Yに対して売買代金の請求をすることとした。

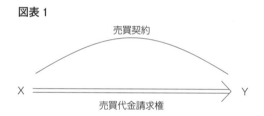

図表1

> ※ 図表における事案の記載において
> 「請求」については，XとYの間を二重線で結ぶ。
> 実線は法律関係あるいは契約関係を示す。
> Xは原告，Yは被告を表し，A，B，C…は訴外人を表す。
> 売買契約においては，左側が売主，右側が買主を表す。

このような場合，Xはどのような主張をすればよいのであろうか。検討に当たっては，売買代金請求権の要件事実は何かを考えるところから出発する。そもそも，売買代金請求権を法的に根拠付けるにはどうすればよいのであろうか。そこで，民法555条（売買）の本件設例への適用問題を考える必要がある。

> **民法555条（売買）**
> 売買は，当事者の一方がある財産権を相手方に移転することを約し，相手方がこれに対してその代金を支払うことを約することによって，その効力を生ずる。

4　第1章　要件事実論─概論

ところで，要件事実とは，実体法の条文の法律要件に記載されている類型的な事実をいう。上記の民法555条でいえば，要件事実は以下のとおりである。

〔要件事実〕
① 財産権移転を約すること。
② 代金の支払を約すること。

主要事実とは，要件事実に該当する具体的事実をいう。

要件事実が法律概念であるのに対して，主要事実は事実的概念である。上記の例でいえば，主要事実は以下のとおりである。

〔主要事実〕
① Xがピカソの絵画（ドラ・マールの肖像）の移転を約したこと。
② Yが①の絵画代金50億円の支払を約したこと。

ここで，若干の疑問が浮かび上がる。まず，主要事実において，「Xがピカソの絵画（ドラ・マールの肖像）の移転を約したこと」を主張する前に，そもそも，かかるピカソの絵画については，❶Xが所有している（Xに所有権がある）という点を主張しなくてもよいのかという疑問である。そして，主要事実において，「Yが絵画代金50億円の支払を約したこと」を主張するときに，❷3日以内に支払うとの約束があったということを主張しなくてもよいのであろうかという疑問もある。また，売買契約の成立したその日に，Xはその絵画をYに引き渡しているのであるが，❸絵画引渡しの事実についても主張しなくてよいのであろうか。

再言すれば，主要事実とは要件事実に該当する具体的事実であるから，要件事実が明確にされない限り，法律効果が発生しないことになることとあわせ考えれば，要件事実を基礎付ける主要事実の主張は直接に法律効果の発生に影響を及ぼすことになる。そうであれば，主要事実として主張しないということは，法律効果の発生を期待する者にとっては致命的な問題となることを意味するのである。すなわち，民事訴訟においては，弁論主義（🔍**3**─31頁参照）という考え方が支配しており，裁判官は，当事者の主張しない主要事実を判決の基礎とすることができないのである。また，このことから，当事者間に争いのない事実や顕著な事実（🔍**2**─22頁参照）については，証拠によって認定する必要がな

く，また，自白（🔍12頁，**3**─31頁参照）した事実については，これに反する認定をすることができないという自白の拘束力が認められており（民訴法179），他方，裁判官は職権で当事者が申し出ない証拠を取り調べる，いわゆる職権証拠調べ（🔍**3**─32頁参照）というものを行うことができないのである。

　したがって，主要事実の理解が足りないということは自分の権利を主張できないことを意味するのであり，そのことは自己の求める判決の結果を得られないことを意味するのである。そうであるからこそ，当事者は，何を主張すべきかを明確に理解しておかねばならない。すなわち，法律上の権利等を主張する者は，何が要件事実で，その具体的事実たる主要事実はいかなるものであるのかについて理解をしておく必要があるのである。

　さて，本件設例にいう上記**❶**〜**❸**のような疑問は，結論からいって，主張する必要のない事項である。すなわち，**❶**所有権の存在や，**❷**支払期日の合意，**❸**引渡しの事実というものは，主要事実ではなく，売買契約の成立要件を定める民法555条の要件事実を基礎付ける具体的事実ではないのである。

❶　所有権の存在…他人物売買も有効であるから（民561），売買契約成立当時に絵画がXの所有物であったか否かは，売買契約の成立に消長を来さない。

❷　支払期日の合意…契約上の義務は契約成立と同時に履行すべきものであるから，期限の合意は，売買契約の成立要件ではない（反対説あり（否認説：🔍12頁✍参照））。

❸　引渡しの事実…Yが引渡しを受けていない場合には，Yは同時履行の主張をすることになるが，これは売買契約成立の要件ではない。

　このように，何が要件事実であり，何が要件事実ではないのかという点は，実体法の解釈によって得るほかないのである。したがって，要件事実論の学習においては，当然ながら，実体法の解釈において，要件が何かを明らかにすることが必要であり，要件事実論以前の問題として，この点が十分に理解されていなければならないのである。本書においても，具体的事例の検証においては，租税実体法上の要件分析を十分に行うことによって要件事実を明らかにしている（🔍第3章参照）。

　上記のことをまとめると以下のように整理される。

図表2

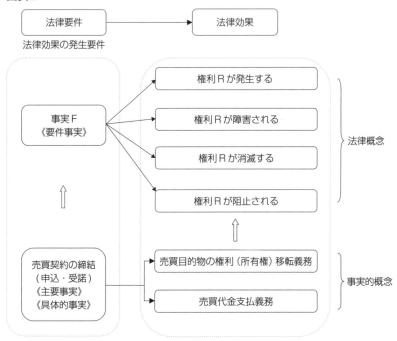

慣性の法則と現在的権利の認識

慣性の法則（Newton's first law）によると，すべての物体は，外部から力を加えられない限り，静止している物体は静止状態を続け，運動している物体は同じ速度で進み続けるという。要件事実論においても同じように権利の発生原因事実の存在が認められると，それを障害しない限り，事実審の口頭弁論終結時においても権利の存在が肯定されるというように，いわばこれを慣性の法則と同じように捉えることもできる（河村直樹『要件事実入門①』4頁（辰巳法律事務所2011））。

図表3

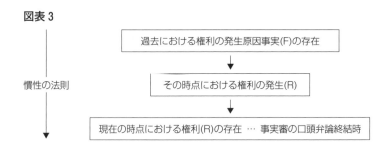

1 要件事実論の基礎理論 7

図表4

	要件事実	主要事実
定義	実体法の条文の法律要件に記載されている類型的な事実	要件事実に該当する具体的事実
概念の性質	法律概念	事実的概念
具体例 (例：民555)	①財産権移転を約すること。 ②代金支払を約すること。	①Ｘがピカソの絵画（ドラ・マールの肖像）の移転を約したこと。 ②Ｙが①の絵画代金50億円の支払を約したこと。
条文解釈・ 法の適用	要件事実に該当する事実の解明 ↓ 条文解釈	具体的事実がある条文の要件事実に該当するか否かの解明 ↓ 法の適用

　なお，司法研修所などでは，便宜的に要件事実と主要事実を同義のものとして取り扱い，「要件事実」とは，「一定の法律効果（権利の発生・障害・消滅・阻止の効果）を発生させる法律要件に該当する具体的事実」と定義されている（司法研修所『新問題研究要件事実』5頁（法曹会2011））。

　本書においても，以下そのように扱うこととする。

　したがって，図表4「主要事実」の部分が「要件事実」にも当てはまることになる。

　　✐　今村隆教授は，「主要事実とは，あくまでも弁論主義の下で意味をもつが，何が主要
　　　事実であり，何が間接事実であるかは，…民事訴訟の訴訟対象が，請求権といった実体
　　　法上の権利であることから，その権利の発生要件や消滅要件そのものに係る事実か否か
　　　で決せざるを得ず，ここに主要事実とは，実体法上の請求権等の分析の結果抽出される
　　　要件事実と一致する」と論じられ，主要事実を民事訴訟法上の概念とし，要件事実を実
　　　体法上の概念と整理される（今村・課税要件5頁）。

　要件事実を主要事実の問題にまで拡張して考えるとき，要件事実論が，錯綜する事実関係の中から法的に意味のある事実を分析・抽出し，事実関係を法的に構成・整理するために有用なツールであること（村田＝山野目・30講「はしがき」）とあわせ考えると，要件事実は，実体法規の条文に記載された法律要件を前提としながらも，個々の具体的な訴訟における攻撃防御方法としての役割や，

8　第1章　要件事実論─概論

当事者間の攻撃防御の態様等を考えて決定されるものである。そうであれば，「ある訴訟物の請求原因の要件事実は○○の事実で，その抗弁の要件事実は××の事実であり，その再抗弁の要件事実は△△であるなどとマニュアル思考で記憶すべきものでない」のである（村田＝山野目・30講10頁）。

　すなわち，要件事実は，相手方の認否という応訴態度によって変化するものであるということになる。

(3)　応訴態度と要件事実

　では，相手方の応訴態度には，どのようなものがあろうか。例えば，先ほどの例を少し変形してみたい（応訴態度（請求原因の認否や抗弁）については，🔍12頁以下参照）。

【設例2】

> 　令和7年6月1日に，Xは，Yに対して自己が所有するピカソ作の絵画「ドラ・マールの肖像」を50億円で売り，Yの友人Aに絵画を引き渡した。ところが，Yが売買代金を支払おうとしないため，Xは，Yに対して売買代金の請求をすることとした。

　Xから，売買契約に基づく売買代金請求権を行使されたYとしては，次のような態度（抗弁：🔍次頁および14頁参照）が考えられる。

〔Yの抗弁の具体例〕

①　Xから絵画を購入したが，その引渡しを受けたのは代理権のない私の友人Aであるから，絵画の引渡しがあるまでは，代金の支払を拒絶する。この場合，請求原因（主要事実・要件事実）については，これを認めており（自白），その上で，権利の行使を阻止する事実を主張している。すなわち，権利阻止規定（🔍**4**─45頁参照）である同時履行の抗弁（民533）を行うという応訴態度である。なお，この場合，売買代金請求権が完全に消滅するわけではないので，権利阻止事実の抗弁（☞抗弁とは）の効果は一時的な阻止にとどまる。目的物の引渡しを受けるまでの間において売買代金請求権を阻止することができるのである。

②　他方，Xから絵画を購入したが，代金の支払は1年後の令和8年6月1日という約束があったではないかというYからの主張も考えられる。これは未到来の確定期限の定めがあるという抗弁である。これは，権利阻止規

定である期限の到来の効果規定（民135①）を根拠とする権利阻止事実の主
張である。

　他方，このYの主張に対しては，次のようなXによる対応もあり得よう。

〔Xの応訴の具体例〕

❶　①については，Xが「XはYの代理人としての権限を有するAに対して，
令和7年6月1日，絵画を引き渡した」と主張することがあり得よう。こ
れはAの代理権を巡るYの主張に対する否認である。

❷　②については，Xが「代金支払期限の合意は，令和7年7月1日であっ
た」と主張することがあり得よう。これは，令和8年6月1日という支払
期限の合意に係る抗弁に対する否認となる。

　☞　**抗弁**とは，請求原因事実と両立して，請求を排斥することができるような事実をいう。
なお，**再抗弁**とは，事実の認否をし反論するに当たって，抗弁と両立して抗弁の効果を
覆滅する主張をいう。

　ここで，設例2についてのブロック・ダイアグラムを見ておこう。

　✍　**ブロック・ダイアグラム**
　　要件事実の考え方では，XY双方の言い分は，①Xの請求を基礎付ける請求原因事実
の主張と，②これに対するYの認否，さらに，請求原因事実から生ずる法律効果の発生
を障害し，これを消滅させ，または権利の行使を阻止するYの抗弁事実の主張というよ
うな攻撃防御の構造になる。このような訴訟における攻撃防御の構造や相互関係を把握
する際に，これを図式化したものがブロック・ダイアグラムと呼ばれ，要件事実の学習
に使われている（司法研修所・前掲書17頁）。

〔ケース1〕

　例えば，XはYに対してピカソの絵を売ったことから，XがYに対してこの
売買契約に基づく代金の支払を求めたケースで，Yがかかる請求原因に対して
否認の主張をしたとしよう。ここでは，Yは抗弁に当たる事実を主張していな
い。

　Yの言い分は，Xの主張する請求原因事実に対する否認のみで，抗弁の主張
はないので，当事者の主張をブロック・ダイアグラムで図示すると次のように
なる。

　　　　　請求原因

| あ | X・Y　R7.6.1　ピカソの絵画売買
代金 50 億円 | ✕ |

✍ ブロック・ダイアグラムのモデル

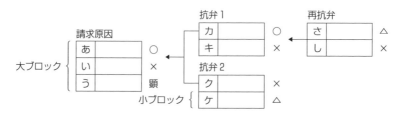

ブロック・ダイアグラムにおいては，1つひとつの☐の中には，法律要件とそれを構成する個々の要件を意識しながら，具体的な要件事実の内容を要約して記載する。この1つひとつの☐を小ブロックと呼び，一定の権利の発生，障害，消滅，阻止の法律効果を発生させる一群の小ブロックのまとまりを大ブロックと呼ぶ。

個々の具体的な要件事実に対する認否については，要件事実ごとに，自白を「○」，否認を「×」，不知を「△」と表示し，顕著な事実（民訴法179）については「顕」と表示している。

〔ケース2〕

> 1 請求原因
> (1) Xは，Yに対し，令和7年6月1日，ピカソの絵画（ドラ・マール）を代金50億円で売った（以下「本件売買契約」という。）。
> (2) よって，Xは，Yに対し，本件売買契約に基づき代金50億円の支払を求める。
> 2 請求原因に対するYの認否
> 請求原因(1)は認める。
> 3 Yの抗弁
> 履行期限
> XとYは，本件売買契約の際，代金支払期日を令和8年6月1日とするとの合意をした。
> 4 Yの抗弁に対するXの認否
> 抗弁は否認する。

ケース2の当事者の主張をブロック・ダイアグラムで図示すると次のようになる。

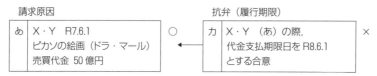

1 要件事実論の基礎理論　11

〔ケース3〕

```
1  請求原因
  (1) Xは，Yに対し，令和7年6月1日，ピカソの絵画（ドラ・マール）を代金50
     億円で売った。
  (2) よって，Xは，Yに対し，上記売買契約に基づき代金50億円の支払を求める。
2  請求原因に対するYの認否
     請求原因(1)は否認する。
3  Yの抗弁
     消滅時効
  (1) 令和12年6月1日は経過した。
  (2) Yは，Xに対し，令和12年9月29日，上記時効を援用した。
```

ケース3の当事者の主張をブロック・ダイアグラムで図示すると次のようになる。

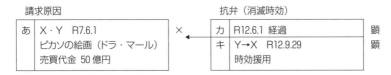

次に，設例2におけるYの抗弁①について，Xが❶のように応訴をしたとする（🔍9頁〔Xの応訴の具体例〕参照）。これをブロック・ダイアグラムで図示すると図表5のようになる。

図表5　抗弁説に従ったブロック・ダイアグラム

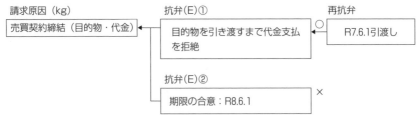

```
※  ブロック・ダイアグラムの記載について
   抗弁①，②…は独立した抗弁である。
   請求原因（kg）: Klagegrund
```

12　第1章　要件事実論─概論

抗弁（E）：Einrede
再抗弁（R）：Replik
再々抗弁（D）：Duplik
再々々抗弁（T）：Triplik
再々々々抗弁（Q）：Quadruplik
再々々々々抗弁（Q）：Quadruplik　…
○：自白　×：否認　△：不知
顕：顕著な事実（🔍**2**─22頁参照）

✍ 否認説に従ったブロック・ダイアグラム

　図表5の考え方は「抗弁説」と呼ばれており，通説である。そこでは，期限の主張・立証責任は，これによって利益を受ける者に帰属すると解されている。期限とは，法律行為の効力の発生または消滅が将来生起することの確実な事実の発生にかかっていることをいう，法律行為の附款（☞附款とは）である。これに対し，かかる附款部分だけを独立の攻撃防御方法とすることができないとする見解として，「否認説」がある。これによれば，Xが売買代金請求をしようとする場合には，期限についての合意が売買契約成立の要件事実と不可分一体となるとして主張されなければならないことになる。これをブロック・ダイアグラムで図示すると図表6のようになる。なお，通説はこの立場を採用していない。

図表6　否認説に従ったブロック・ダイアグラム

請求原因（Kg）

① 売買契約締結（目的物・代金）	○
② 期限の合意：R8.6.1	×
③ ②の期限の到来	顕

☞　**附款**とは，条件や期限のように，法律行為から生ずる効果を制限するために，表意者が法律行為の際にその法律行為の一部として特に付加する制限をいう（高橋ほか・小辞典1124頁）。

(4)　請求原因の認否

ア　自　白

　自白とは，一方当事者が口頭弁論または弁論準備手続において行う事実の陳述であって，相手方によってなされる事実の主張と一致し，かつ，その事実に基づく法律効果がその陳述をした当事者に不利な訴訟行為をいう（🔍**3**─31頁☞参照）。なお，自白の撤回が許されるかについては後述する（🔍¶ レベルアップ！─16頁参照）。

1 要件事実論の基礎理論　　13

> **民事訴訟法179条《証明することを要しない事実》**
> 　裁判所において当事者が自白した事実及び顕著な事実は，証明することを要しない。

イ　否　認

　否認とは，当事者が相手方の事実に関する主張を不真実であるとして否定することをいう。弁論主義の下では，争いのない事実は証明する必要がないから（民訴法179），否認された事実のみが証明の対象となる（高橋ほか・小辞典1110頁）。

　✍　抗弁と共通性をもつが，相手方が証明責任を負う事実を否定するにとどまる点が異なる（高橋ほか・小辞典1110頁）。

ウ　不　知

　不知とは，当事者が相手方の事実に関する主張に対しその真偽を知らないことをいう。不知の陳述とは，その真偽を知らないと答えることをいう。不知の陳述は否認と推定される（推定否認）。したがって，不知と答えられた事実は相手方が立証しなければならない。もっとも，当事者が自身の行動や経験に関する相手方の主張に対して不知の陳述をすることは原則として許されないと解されている（高橋ほか・小辞典1140頁）。

エ　沈　黙

　民事訴訟法159条《自白の擬制》1項は，「当事者が口頭弁論において相手方の主張した事実を争うことを明らかにしない場合には，その事実を自白したものとみなす。ただし，弁論の全趣旨により，その事実を争ったものと認めるべきときは，この限りでない。」と規定するが，「沈黙」している場合も「争うことを明らかにしない場合」に含まれる。相手方が主張した瞬間に黙っていたからといって，当然に擬制自白（☞擬制自白とは）になるわけではない。その訴訟全体の弁論の全趣旨（☞弁論の全趣旨とは）に照らして判断しなければならないとされている（伊藤・小辞典39頁）。

　☞　**擬制自白**とは，事実を自白したものとみなすことをいう（民訴法159①）。擬制自白の効果は，その対象となった事実について証明を必要としないという限りにおいては，通常の自白と同じであり，裁判所はそれに拘束されることになる（伊藤・小辞典39頁）。なお，当事者は，口頭弁論終結時までは，時機に後れた攻撃防御（☞時機に後れた攻撃防御とは）方法として却下されることもあるが（民訴法157①），擬制自白した事実を争うことはできる。

14 第1章 要件事実論─概論

☞ **時機に後れた攻撃防御**とは，攻撃防御方法の適時提出主義（☞適時提出主義とは）に
反する時機に提出される攻撃防御のことをいう。訴訟当事者の故意や重大な過失によっ
て時機に後れて提出された攻撃防御方法は，これを審理すると訴訟の完結が遅延する場
合には，申立てによりまたは職権で却下される。

☞ **適時提出主義**とは，充実した無駄のない審理を実現するために，攻撃防御方法は訴訟
の進行状況に応じ適切な時期に提出されなければならないとする当事者に課された責務
をいう（民訴法156）。これは信義誠実の原則から導出される考え方である。適切な時期
は，訴訟の進行状況に応じて個別具体的かつ客観的に決まる。

☞ **弁論の全趣旨**とは，民事訴訟において，証拠調べの結果以外の口頭弁論に表れた一切
の資料や状況をいう。例えば，当事者や代理人の陳述の内容にとどまらず，態度，時期，
釈明処分の結果，共同訴訟人の行為なども含まれる。証拠原因の1つとして事実認定の
資料となり得るのである。

(5) 抗弁と再抗弁

ア 抗 弁

抗弁とは，民事訴訟において，原告の請求を排斥するため，被告が原告の権
利主張・事実主張を単に否定・否認するのではなく，自ら別個の事項を主張す
ることをいう（高橋ほか・小辞典395頁）。原告の主張と法律効果のレベルでは両立
しないが，事実レベルでは両立する点がポイントである。

原告の主張と法律効果のレベルは両立しないが，事実レベルでは両立すると
いうのは，例えば，図表7のようなケースを想定すれば分かりやすい。

図表7

```
┌─────────────────────┐         ┌─────────────────────┐
│   お金は受け取った    │   が    │   貸金返済義務はない    │
└─────────────────────┘         └─────────────────────┘
   事実レベルでの両立がある        原告の主張と法律効果のレベルでの両立がない
```

イ 再抗弁

再抗弁とは，被告の提出する実体上の抗弁に対して，原告がそれによる法律
効果の発生を妨げあるいはその消滅をもたらす事実を主張することをいう。再
抗弁事実の証明責任は原告にある（高橋ほか・小辞典469頁）。

抗弁と再抗弁の展開を図示すると図表8のようになる。

1 要件事実論の基礎理論　15

図表 8

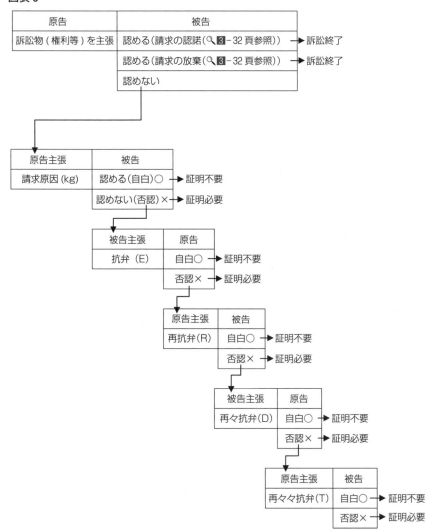

16　第1章　要件事実論─概論

¶レベルアップ！　自白の撤回

　推計課税で用いる差益率について争われた大阪地裁昭和40年5月11日判決（行集16巻6号1015頁）[1]の事件を素材にして，自白の撤回について検討してみたい。

　X（原告）は当初，準備手続期日にY（被告）主張の既製服，注文服，子供既製服の差益率についてYの主張を認めていたが，後の昭和35年12月19日の口頭弁論期日にこれを撤回して否認し，推計課税は自主申告制度に反し違法であると主張した。これに対し，Yは，Xの主張の撤回は自白の撤回であるから許されないと主張した。

　そこで，Xの「差益率は認める」旨の当初陳述が訴訟上いかなる意味をもつかを検討することにする。そのため，Xのこの陳述がなされるにいたった経過を検討してみよう。

　Yは，昭和31年7月26日付け準備書面（昭和32年1月25日の準備手続期日において陳述）において，Xの売上高の算定につきXの仕入高を基準とし，既製服0.23，注文服0.422なる標準差益率を使用し，仕入高を1から標準差益率を減じたもので除して売上高を算定した。

　　　売上高＝仕入高÷（1－標準差益率）

　Xは，その後の昭和32年5月27日付け（同日提出）準備書面（後に昭和34年3月25日最終準備手続期日に陳述。この準備書面の釈明要求に対する応答およびこの準備書面に対する反論が，後記のY準備書面に記載され，かつこの準備書面の一部が引用されている。）において，「差益率」はいかなる意義と根拠をもつかとの釈明を求め，差益率を使用した所得計算の不当を追及し，さらに，注文服の差益率を0.422とするのは不当であるとし，Xが最近取り扱ったウーステッドの背広注文服の実例を挙げた。

　それによると，この背広は，生地原価4,725円，裏生地ならびに附属品原価3,000円，工賃3,000円，以上原価合計1万725円，売上価格1万5,000円，売上利益4,275円である。

　これをY主張の差益率により計算すると，

　　　原価10,725円÷（1－0.422）＝18,555円（Yの主張する原価と推定すべき額）
となり，Xは，実体に符合しない旨主張した。

　これに対し，Yは，昭和33年4月10日付け準備書面（同月24日の準備手続期日において陳述）によって，差益率は明治20年所得税法創設以来各年ごとに作成され

ているものであり，その作成方法は各業種ごとに地域差，規模差を考慮し普遍的に資料を収集し，これに統計的処理を加えた基本金額100円当たりの標準的な差益金額の率である旨の説明をし，Xの挙げる実例に対して反論を加え，Xの計算は次の2点において誤りを犯していると主張した。
① 標準差益率の計算では雇人費，工賃等は特別経費として，算出された金額から別途に控除する方式を採っているため標準差益率には織り込まれないこと。
② 裏生地および附属品原価を3,000円としているが，Xが使用している裏生地および附属品の原価は2,070円であること。

Yは，Xが例示するX自身の取引の一部実績に基づいて差益率を計算すると0.5463となり，Yが適用した標準差益率0.422はむしろ控え目に計算した妥当な率であると主張した。

そして，Xの代理人は，次回の準備手続期日である昭和33年6月19日に既製服および注文服についての差益率を認め，次いで昭和34年3月25日付けの準備手続期日（準備手続終結）において子供既製服についての差益率を認めた（「差益率は認める」とのXの自白）。その後，前述のとおり，Xは，昭和35年12月19日の口頭弁論期日において，この自白を撤回し否認するにいたった（Xの自白の撤回）。

図表9

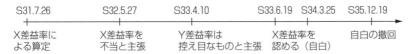

大阪地裁は，Xの「差益率は認める」旨の陳述につき，次のように判示した。

> 「標準差益率とは，一般的に，課税機関が作成したものであって，一定の業種の一定範囲の業態について，売上金額とその荒利益（雇人給料，工賃などの特別経費を除外する前の利益）について資料を収集し，これを統計的に処理して平均値を算出した抽象的な統計的数値をいうのである（Xがその売上額，仕入原価等を記載した信頼するに足りる帳簿その他の書類を備えていなかったことは，前示認定によって明らかである。従って，Yが標準差益率を適用してXの売上額等を算定したことは適法である。一般的標準差益率が，課税機関の作成したものであり，かつ公表されないものであるにしても，それは，課税庁において納税義務者につき直接に所得の実額を調査し，計算することができない場合に限って適用されるものであり，他方経験則に従って所得

18　第1章　要件事実論─概論

等を間接に証明すべき間接事実ないし間接証拠の一種にすぎず，公開された訴訟においてその合理性の有無が検討され得るものであるから，これをもって，違法のものということはできない。）。

さて，前述の如き経過から考えると，Xの差益率は認める旨の陳述は，単に抽象的な統計数値（本件においては比率）としての，つまり間接事実たる一般的標準差益率が真実であると認めるという趣旨ではなく，Xの売上高を標準差益率を適用して算定すること，ひいては当然にその算定の結果自体に異議がない旨の陳述，すなわちXの営業実績における具体的な荒利益（差益）の割合，ひいては金額（所得算定の基礎となる法律要件事実）がY主張のとおりである旨の陳述であると解すべきである（なお，Xがその売上金額にしめる差益率を認めても，Xの他の主張が全て認められれば，Xの昭和28年度における所得は34万5,024円となり，Xの確定申告による所得金額35万800円はやや下まわる金額となるのであるから，XがXの営業における差益率を認めたことが不合理なものであったとはいえない。）。

そうすると，Xの『差益率は認める』旨の陳述は，具体的にXの営業実績における差益（荒利益）の割合，ひいては当然にその割合による算定の結果を，Xの昭和28年分所得算出の基礎となる法律要件事実，すなわちYにその立証責任がある主要事実として，自己に不利益に真実であると認めるものであり，裁判上の自白を構成するものというべきである。」

ところで，Yは，Xの自白の撤回は民事訴訟法139条（口頭弁論期日の指定），255条（判決書等の送達）により許されないと主張している。これに対して，大阪地裁は，次のように判示し，Yの主張を採用した。

Tax Lounge　　**道州制と地方消費税率**

「東日本大震災で東京一極集中への危険性が改めて認識された」として道州制導入を目指す超党派の「道州制懇話会」が立ち上がった。

また，昨今，地方分権推進の観点から，地方消費税を拡充すべきとの意見が強い。地方消費税を消費税と分離独立させれば，分権後の地方政府は自らの財源拡充を図ることができるというのである。その際の議論として，道州ごとに異なる税率決定をすることが検討されているが，この点に関しては賛否両論がある。

独自の財源として決定権も移譲するのであれば何ら問題がないし，州境調整も可能であるという意見もある中，他方で，通販やネット販売など事業者が直接消費者に販売するような取引では，他州の消費者に販売しても，事業者の所在している州の消費税率しか課税できないとか，全国展開する事業者では売上げ・仕入れの管理を販売店のある州ごとに管理しなければならなくなり事務コストがかさむ，売上げを低い税率の州で行ったと仮装する脱税の監視は誰が行うのかなどといった問題が起こり得ることを危惧した上で，現実的ではないとの指摘もある。

これらの指摘は，道州制への移行とその自主財源確保の検討において避けては通れないものであろう。

「しかし，Ｘの右自白の撤回は，結局Ｘの営業における差益の割合を争い，標準差益率による推計計算による算定の不当を主張するものである。このような主張は，既に準備手続終結前に提出された昭和32年 5 月27日付準備書面に記載されていた事項であり，且つ本件訴訟の全経過からみて未だ時機に遅れたものということはできない。
　Ｙはｘの右自白の撤回に異議を述べるので，Ｘにおいて，右自白が真実に反し，且つ錯誤に出たものであることを立証すべきところ，本件全証拠によるもこれを認めるに足らず，Ｘの自白の撤回は許されない。
　そうすると，Ｘの営業において既製服販売の差益率が0.23，注文服販売の差益率が0.422，子供既製服販売の差益が0.21であることについては当事者間に争いがない。」

　裁判上の自白には 3 つの効力がある。すなわち，①証明不要効，②審判排除効および③撤回禁止効である。
①　証明不要効とは，裁判上の自白が成立した事実は，もはや証明することを要しなくなることから導出される効力で（民訴法179），自白が成立した事実についての主張・立証責任から解放されることを意味する（岡・基礎260頁）。
②　審判排除効とは，裁判所が，自白された事実をそのまま判決の基礎としなければならないということを意味し，これに反する認定をすることができなくなる効力をいう。裁判所拘束力ともいい，弁論主義の第 2 テーゼ（🔍 3 —31頁参照）である。
③　撤回禁止効が上記裁判例で争われた自白の効力である。いったん自白が成立した事実については，当事者は自白の内容に矛盾した主張をすることができず，原則として自白の撤回は禁止されるという当事者に対する拘束力を意味する。これは，禁反言（信義誠実の原則）と自己責任原則に由来するといわれている。
　もっとも，原則として自白は撤回することができないとはいっても，例外が認められる余地はある。すなわち，①相手方が同意した場合，②第三者の刑事上罰すべき行為によってなされた場合，③自白が真実に反し，かつ錯誤によるものである場合のいずれかに該当する場合には，自白の撤回は許されると解されている（岡・基礎261頁）。しかし，Ｘは，自白の撤回の主張において，③の点につき主張・立証責任を有していたにもかかわらず，この点について主張・立証ができていなかったのである。

なお，　最高裁昭和25年7月11日第三小法廷判決（民集4巻7号316頁）は，訴訟上自白の撤回は，相手方においてその自白を援用する以上その自白は錯誤によること，およびその取消しを主張することの2つの事実があって初めて裁判所はその自白の取消しの適否を判断すべきものであるとする上告人の主張に対して，次のように論じる。

> 「記録を調べて見るに，被上告人は所論3万円の小切手について従前の主張を撤回し之と相容れない事実を主張したことが明らかであるから被上告人は右3万円の小切手についての自白の取消を主張したものと解すべきは当然である。そして原審においては，被上告人が右3万円についての主張を撤回したのは錯誤に出でたるものであることが明らかであると認定して居り其の認定は相当であると認められるから，原審において自白の取消につき所論のように判断をしたことは当然であって何等違法はない。」
>
> 「当事者の自白した事実が真実に合致しないことの証明がある以上その自白は錯誤に出たものと認めることができるから原審において被上告人の供述其他の資料により被上告人の自白を真実に合致しないものと認めた上之を錯誤に基くものと認定したことは違法とはいえない。」

ここでは，自白の内容が真実でないことについての立証がなされれば，錯誤に基づくことが推定され，自白の撤回が可能となるものとしているのである。これは，錯誤があったことの立証困難性に配慮がなされて，かかる推定を認めたものと思われる。

〔注〕

(1)　判例評釈として，竹下重人・シュト52号29頁（1966）参照。

2 要件事実論と事実認定論

(1) 権利と事実の問題—要件事実論と事実認定論

「要件事実論」とは何かと問われれば，何が要件事実か，すなわち，当事者はどのような事実を裁判所で主張しなければならないかを巡る議論であるといえよう。その際に特に注意をすべきことは，原告は，法律要件たる権利を主張するのではなく，その権利を理由付ける事実（要件事実）を主張するということである。ここでは，権利レベルの問題と事実レベルの問題を関係付けるように意識されなければならない（和田・考える7頁）。

これに対して，どのような証拠からいかなる要件事実が認められるのかについての議論，すなわち，事実レベルと証拠レベルとの関係を議論するものが，「事実認定論」である。

図表1

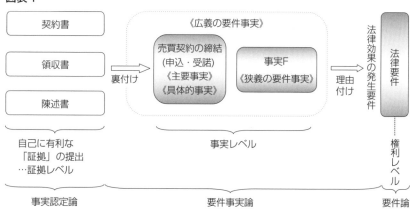

✎ 3つの書面の機能と要件事実論

当事者や代理人により裁判所に提出される訴状（☞訴状とは），準備書面（☞準備書面とは），陳述書（☞陳述書とは）の関係を図示すると図表2のとおりである（和田・考える33頁）。

☞ **訴状**とは，訴えを提起するために第一審裁判所に提出する書面をいう。訴状には，当事者，法定代理人，訴訟上の請求を特定するに足りる程度に請求の趣旨および請求原因

図表2

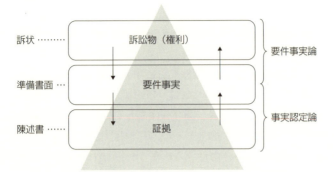

を記載することを要する（民訴法134②）。
☞ **準備書面**とは，当事者が口頭弁論で陳述しようとする事項を記載し，あらかじめ裁判所に提出し，かつ，相手方当事者に直送される書面をいう（民訴法161，162）。なお，被告が提出する最初の準備書面を「答弁書」という（民訴規80）。
☞ **陳述書**とは，当事者や第三者が見聞した事実や言い分を記載して書証として裁判所に提出されるものをいう。証拠方法の1つであるが，当事者の陳述書はそれらの主張を裏付ける証拠としての書面である。

(2) 事実認定論─概要

すべての裁判は，まず事実を認定し，これに法律を適用する。

民事訴訟法における事実の認定は，弁論主義（🔍❸─31頁参照）と職権探知主義（🔍❸─31頁参照）で異なる。弁論主義が妥当する領域の通常の民事訴訟では，裁判上自白した事実（🔍❸─31頁参照）および裁判所に顕著な事実（☞顕著な事実とは）以外の事実（要証事実（☞要証事実とは））について事実の認定が要求されている（民訴法179）。

事実の認定は裁判官の自由心証（🔍❹─41頁参照）によるが，その際，裁判官は，証拠調べの結果だけでなく弁論の全趣旨（🔍❶─14頁参照）をも材料にすることができる（民訴法247）。また，弁論の全趣旨だけによって認定することも許されている。適法に認定された事実は上告審を拘束するとされている（民訴法321①）。

なお，裁判官の心証の程度により証明（🔍❹─41頁参照）と疎明（🔍❹─41頁参照）の区別がある。

☞ **顕著な事実**とは，裁判所が知り尽くしている事実をいい，ここには，公知の事実（☞

図表3

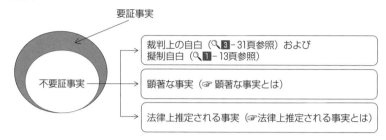

公知の事実とは）と裁判所がその職務上の経験に基づいてその存否について確信をもっている事実が含まれるが，狭義には後者のみを指す（高橋ほか・小辞典332頁）。

これが不要証事実とされるのは，これらの事実については，証拠による認定を経なくても真実であるとの客観的な保証があるとみられるからである（高橋ほか・小辞典1304頁）。もっとも，当事者は，顕著な事実にみえる事実が真実に反すると思うときは，この事実につき反証を挙げて覆すことは許される。なお，裁判官が職務と別に偶然知ることのできた事実，すなわち，裁判官の私知は，その知識の正しさが必ずしも担保されていないから，証拠によって認定しなければならないこととされている。

☞ **要証事実**とは，当事者が主張する事実で事案の判断に必要なもののうち，図表3に示す不要証事実を除いた事実をいう（高橋ほか・小辞典1304頁）。

☞ **公知の事実**とは，通常の知識経験をもつ社会の一般人がその存否につき少しも疑いを挟まない程度に知れわたっている具体的事実をいう。例えば，歴史上の事件・天災地変等がこれに該当する。なお，公知であるか否かは，時と場合によって異なる（高橋ほか・小辞典384頁）。

☞ **法律上推定される事実**とは，法規の適用によって行われる推定である。

なお，法律上推定される事実については，当該事実につき証明責任を負う者が法律上の推定を受けるための事実（前提事実）を証明すれば，当該事実についての立証を免れることができるということにすぎず，証拠による証明活動がまったく排除されるわけではない。

✍ **推定**

推定には，通常次のような種類のものが考えられる（伊藤・基礎372頁）。

(1) 法律上の事実推定（🔍 4—48頁も参照）

例えば，民法186条《占有の態様等に関する推定》2項にその例をみる。これは，法律上の権利推定に次ぐ強い推定であり，立証責任の転換をもたらすものである。

(2) 法律上の権利推定（🔍 4—50頁も参照）

通説によれば，例えば民法188条《占有物について行使する権利の適法の推定》にその例をみる。これは，最も徹底した推定であり，立証責任の転換をもたらすものである。

(3) 事実上の推定

ある事実甲の存在から，経験則を適用して他の事実乙が存在することを推定する性質の推定である。この事実上の推定は，法律上の事実推定や法律上の権利推定の場合と異なり，特定の場合における事実上の推定を可能にする根拠となる特定の規定があ

24　第1章　要件事実論―概論

るわけではない。事実上の推定は，自由心証主義（民訴法247）が適用される事実の認定の1つの過程として行われることであり，主張責任や立証責任に変更はなく，その転換とは無関係のものである。直接証拠が決め手となりにくい場合において，そうした直接証拠による程度の高い証明を必ずしも要求せず，いくつかの（理論上は，推認さえできれば，その数が1つであっても差し支えない。）間接事実からの推認で十分であるとする意味において，立証の軽減といえる。この立証の軽減は，それほど大きいものではなく，相手方が，この推定と反対方向の推定をさせる事実の存在を証明するか，場合によりその存在の蓋然性，可能性を証明することによって，揺るがされることになる程度のものである。

(4)　その他

　このほか，推定には，①意思推定（例えば，民法136条《期限の利益及びその放棄》1項），②暫定真実（例えば，民法186条1項）（🔍**4**―49頁参照），③法定証拠法則（例えば，民事訴訟法228条《文書の成立》）などといわれるものもあるが，訴訟制度による民事紛争の解決という目的に照らして考えると，そのすべてが，一種の立証軽減の作用を有していることでは，共通の機能を有している。

⑶　主要事実と間接事実

　主要事実とは，請求を基礎付ける具体的事実である。広義の要件事実を具体化したものということもできる。他方，請求を理由付ける事実に関連する事実を間接事実という。

⑷　事実と事情

　要件事実論は，最低限必要な事実以外は主要事実ではないとする考え方に支配されている。

　例えば，AとBがお互いにそれぞれ所有している土地を欲しており，Aは，自己所有の土地をBに売ることを考え，Bとの間で売買契約を締結したとしよう。他方，Bは，自己所有の土地をAに売ることを考え，やはりAとの間で売買契約を締結した。なお，Bは，自己所有の土地のほか，互いの土地の差額金を支払うこととなっていた。しかし，Aは，自己所有の土地をBに引き渡したにもかかわらず，代金の支払がないため，Bを相手取り訴訟に踏み切ったとする。

　AがBとの間の売買契約に基づく売買代金請求権を請求原因とする場合，売主Aが目的物の所有者であることは，売買契約成立の主要事実となるであろうか。この点は**1**(1)で述べたとおり，他人物売買も民法上は有効であることからすれば（民561），売主Aが目的物の所有者であることは最低限必要な事実では

ないから，この際，主要事実には該当しないということになる。ましてや，ＡとＢとが土地の交換契約（差額金が支払われることからすれば，一般的には補足金付交換契約となろう。）を締結せずに，それぞれの所有する土地に係る個別の売買契約とした理由が，租税負担の軽減を図る目的でなされたというような事実や，ＡとＢとの間でいさかいが生じていたなどという事実は売買契約の成立そのものに影響するような具体的事実でないのは明らかであるから，それらの事実も主要事実ではない。

　もっとも，Ａが租税回避を企図してＢに売買契約の締結をもちかけたという事実があったとすれば，売買契約の締結をうかがわせる事実となり得る可能性はある。この事実は，主要事実があったことをうかがわせる事実であり，主要事実が「直接事実」であることに対して，かかる事実を推認させる事実を「間接事実」という。間接事実とは，経験則や論理則の助けを借りることによって主要事実を推認するのに役立つ事実である。

　なお，弁論主義（🔍**3**—31頁参照）の適用は，主要事実についてだけに適用があると考えられている（兼子一『新修民事訴訟法体系〔増訂版〕』193頁（酒井書店1965））。したがって，当事者は，主要事実だけを主張すればよいし，判決で摘示すべき事実も主要事実だけである（民訴法253①二，②）。

　要件事実（主要事実）ではない事実で，間接事実やそれ以外の事実（補助事実（☞補助事実とは））を含めて，事案の経緯や補足説明をするような事実一般を，実務では，広く「事情」と称している（和田・考える9頁）。

図表 4

☞　**補助事実**とは，証拠の信用性に関して意味をもつ，信頼性を判断するために役立つ事実をいう。例えば，ある当事者の申請した証人が，証言の前日に当該当事者から理由の説明ができない100万円の金銭を受け取っていたというような事実は，当該証人がその当事者に有利な証言をした場合において，その証言の信用力を弱める方向に働く補助事実となる（伊藤・小辞典242頁）。

26　第1章　要件事実論―概論

¶レベルアップ1！　不確定概念と主要事実

　下記に掲げる省令の規定のとおり，会社の代表者は，自らが重大な過失によらないで損傷したと認めた印紙については，一定の処分の申請の上で確実なる処分方法によって処分しなければならないとされている。この点に関し，仮に，会社と国との間で事務処理上の「重大な過失」の存否を巡って訴訟が提起された場合に，裁判所は，酒を飲みながら事務（以下，便宜的に「酒酔い事務」という。）をしているときに誤って損傷させたという，当事者の主張していない証拠調べから得られた事実について，会社側の過失を認定することができるのであろうか。

収入印紙及び自動車重量税印紙の売りさばきに関する省令5条《印紙代金の納付等》

4　会社の代表者は，次に掲げる印紙について毎月分を取りまとめの上，財務大臣に当該印紙の種類，数量その他必要な事項を記載した書面により処分の申請を行い，財務大臣から不用決定通知があったときは，遅滞なく，裁断その他確実に処分できると認められる方法により処分しなければならない。ただし，第1号及び第3号に掲げる印紙については，再使用のおそれがないようあらかじめ消印等をするものとする。

一　（略）

二　会社の代表者が故意又は重大な過失によらないで損傷したと認めた印紙

（以下略）

　「過失」を主要事実と捉えると，「過失を構成する具体的事実」である酒酔い事務は間接事実となるから，これを認定できると解することもできる。他方で，「過失」は法的評価であって，「過失を構成する具体的事実」を主要事実と捉えると，当事者の主張していない主要事実である酒酔い事務は，裁判所によって認定できないことになる。

　仮に「過失」を間接事実として捉えた場合には，いかなる問題が惹起されるであろうか。

　前述のとおり，弁論主義の適用は主要事実についてだけに適用がある。すると，間接事実は当事者の主張がなくとも認定してよいという考え方が導出されるが，その理屈からすると，例えば，会社側の事務処理に重大なる過失があるとする主張さえ国側からあれば，酒酔い事務について当事者が主張していない場合であっても，裁判所は証拠調べから得られた酒酔い事務を認定してよいということになる。しかしながら，それでは不意打ちとなるおそれが大きい。

図表5

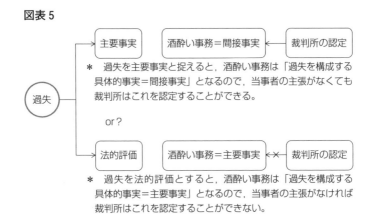

　主要事実とは、審理の対象となり得る事実であり、したがって、証明・証拠調べの対象となり得る具体的事実である（高橋宏志『重点講義民事訴訟法〔上〕〔第2版補訂版〕』425頁（有斐閣2013））。

　現在の通説に従えば、ここにいう「過失」は、あくまでも直接に証明の対象とすることのできないもの、すなわち、法的評価にすぎないものと解するべきであろう。「過失」は、事実ではなく法律要件要素であり、評価概念であると解されているのである。その評価を基礎付ける事実を「評価根拠事実」という。また、その評価を減殺する事実を「評価障害事実」といい、それぞれが主要事実と解されている（伊藤眞＝加藤新太郎＝山本和彦『民事訴訟法の論争』〔加藤執筆〕136頁（有斐閣2007））。ここにいう「酒酔い事務」は評価根拠事実であり、主要事実に該当する。すなわち、裁判所によって認定できない事実というべきであろう。主要事実とは具体的事実のみをいうべきである。

　　ちなみに、弁論主義はなぜ主要事実だけに限られ、間接事実や補助事実は当事者の主張がなくても判決の基礎としてよいのであろうか。この点は、事実認定における裁判官の自由心証主義（Q4—41頁参照）から説明するのが一般的である。訴訟において、権利義務存否の判断のための事実認定の終局の対象となるのは主要事実である。この主要事実存否の判断に対する関係では、間接事実は証拠と同じ位置を占めることになる。したがって、証拠の評価で働く自由心証主義が間接事実存否の判断においても妥当するとしてよい。すなわち、裁判所は間接事実を当事者の主張を待たず、自由に認定してよいということになる。逆に、ここで当事者の主張を必要とすると、裁判所は当事者の主張がない場合には、証言その他から判明している間接事実を利用することができないことになるが、これでは、不自由・不自然な事実認定を強いられ、裁判官に自由心証主義を

28 第1章 要件事実論―概論

認めた趣旨に反すると考えられるからである（高橋・前掲書424頁，小林＝山本・明解112頁）。

¶レベルアップ２！ 家屋税の支払という間接事実

　大審院大正５年12月23日判決（民録22輯2480頁）は建物所有権登記の抹消登記手続請求事件であるが，同事件において，上告人は，被上告人が建物所有権を取得しなかったことを推認させる事実として，建物の家屋税を上告人が長い間納付してきた旨主張した。ここで，上告人による家屋税の納付は，同人に所有権があることの主要事実を推認させる間接事実である。しかしながら，控訴審東京控訴院大正５年２月29日判決は，上告人が家屋税を納付してきた事実は明白であるが，家屋税の事実上の負担者は，所有者とは別の事柄として，上告人の前主たるＡと被上告人との間の特約によって，Ａ（上告人）とすることができるから，このような約定があったと推認することができるとした。

　これに対して，大審院は，次のように論じて，原審においてそのような特約の存在を被上告人は主張していないし，上告人に釈明したこともないから，当事者の主張に基づかない違法が原審判決にあると断じて，原審判断を覆したのである。

> 「家屋税ノ負擔ニ付テハ何等契約ノ存在セル事實アルコトナシ要スルニ原判決ハ當事者ノ主張セル事實ニ反シ且ツ何等ノ證據ニ基カスシテ事實ヲ認定セル不法ノ裁判タルヲ免カレスト云フニ在リ
> 　因テ按スルニ元來家屋税ナルモノハ家屋ノ所有者ニ於テ負擔スヘキモノナルカ故ニ茲ニ家屋所有權ニ付キ甲乙兩者間ニ爭アリテ甲者カ常ニ家屋税ヲ支拂テ爲シ來リタル事實アリトセハ此事實ハ其所有權ノ所在ニ付キ甲者ノ利益ニ於テ一ノ有力ナル推定ヲ生スルモノトス若シ此場合ニ於テ尚乙者ヲ以テ所有者トシ所有者ニアラサル甲者ニ於テ現實其租税ヲ負擔シタルモノトセハ甲乙兩者間ニ契約其他特別ナル法律關係ノ存在セル事實アルコトヲ要シ而カモ此事實ハ裁判所ニ於テ當事者ノ申立ニ基キ之ヲ確定セサルヘカラス本件ニ於テ原院ハ上告人ノ前者タル訴外福實堂ト被上告人トノ間ニ福實堂ニ於テ家屋税ヲ負擔スヘキ旨ノ契約アリト推認シ該契約ニヨリ上告人之カ支拂ヲ爲シ來リタル事實ヲ認定シタルモ家屋税ノ負擔ニ關シ斯ル契約ノ存セシ事實ハ嘗テ被上告人ノ原院ニ於テ主張セサリシ所ニシテ原院モ亦此點ニ關シ被上告人ニ對シ何等釋明權ヲ行使シタル事跡ナキコト原審訴訟記録ニ徴シ明カナル所ナリ然ラハ如上原院ノ認定ハ當事者ノ主張ニ基カサル架空ノ推斷ニシテ不當ニ事實ヲ推定シタル違法アリト云フヘク原判決ハ此點ニ於テ破毀ヲ免カレサルヲ以テ他ノ上告論旨ニ對スル説明ヲ省畧シ民事訴訟法第447條第１項第448条第１項前段ヲ適用シ主文ノ如ク判決シタリ」

図表6

家屋税負担に関する特約の存在は，間接事実を否定する事実であり，これもまた間接事実であるはずであるから，当事者からの主張を必要としないと解されるところ，大審院はそのようには判示していないのである。

　🖉　また，最高裁昭和33年7月8日第三小法廷判決（民集12巻11号1740頁）は，「本件において，被上告人は同人と上告人との間に昭和24年3月18日上告人の買受ける黒砂糖を被上告人が斡旋し，その斡旋料として1斤につき金10円宛を上告人が被上告人に支払うことを約束し，被上告人は右約旨に基き黒糖4,300斤を上告人に斡旋して買受けさしたので，上告人に対し金43,000円の斡旋料を請求すると主張し，原審は被上告人の右請求を

Tax Lounge　法律第1条《趣旨》

多くの個別租税法では，その1条において「趣旨」が規定されている。

しかし，酒税法1条，揮発油税法1条には，「趣旨」規定がなく，いきなり「課税物件」の規定が置かれている。諸税は同様であるかというと，そのようなことはなく，たばこ税法，石油ガス税法，印紙税法等では，1条に「趣旨」規定が置かれている。

ところで，平成23年度税制改正では，国税通則法の名称とともに同法1条の改正が提案され，多くの議論の末，改正にはいたらなかった。

この国税通則法1条は，国税徴収法1条や納税貯蓄組合法1条と同様，「趣旨」ではなく「目的」を規定している。国税通則法は国税徴収法から分離したものでもあるが，徴収関係法律では「目的」規定で統一されているかというと，滞納処分と強制執行等との手続の調整に関する法律1条は「趣旨」規定とされているから，これも統一されているわけではないようだ。

「目的」規定も「趣旨」規定もその規定の目するところは近いものの，目的規定がその法令の目的を簡潔に表現したものであるのに対して，趣旨規定は，その法令の達成しようとする目的を示すものではなく，その法令で規定する事項の内容そのものを簡潔に要約的に表現したものと説明されている。

1条では法の趣旨あるいは目的を明らかにしておくようにすべきではなかろうか。

認容し，上告人にその支払を命じたこと，記録上明らかである。そして，民訴186条にいう『事項』とは訴訟物の意味に解すべきであるから，本件につき原審が当事者の申立てざる事項に基いて判決をした所論の違法はない。なお，斡旋料支払の特約が当事者本人によってなされたか，代理人によってなされたかは，その法律効果に変りはないのであるから，原判決が被上告人と上告人代理人Aとの間に本件契約がなされた旨判示したからといって弁論主義に反するところはなく，原判決には所論のような理由不備の違法もない。」とする。ここでは，代理人と上告人との関係は当事者の主張に基づかない認定であるとした上告が棄却され，斡旋料支払の特約が当事者本人によってなされたか，代理人によってなされたかは，その法律効果に変わりがないと判示している。

　これらの判決が存在することを1つの契機として，「主要事実・間接事実の区分は弁論主義適用の基準になっていないのではないかということができる」と指摘されるにいたっている（小林＝山本・明解116頁）。

　判決の事実摘示では，当事者の主張の概要として主要事実を中心に記載されるが，事実認定では間接事実を踏まえて当事者の主張の成否を判断しており，むしろ，事実認定の鍵は，間接事実や補助事実にあることが普通である（小林＝山本・明解116頁）。

3 **当事者主義―弁論主義**

(1) 弁論主義の意義・内容

　我が国の民事訴訟法において，弁論主義とは，裁判の当事者による実体法上の主張を根拠として裁判官が判決を下すことをいう。別言すれば，裁判に必要な事実に関する資料の収集については当事者の権能かつ責任によりなされるべきとする考え方であるが，当事者間においては，それにつき利益を有する当事者の側に権能かつ責任があるとする原則をいう。これは職権探知主義（☞職権探知主義とは）に対峙する用語である。

　　☞ **職権探知主義**とは，裁判所がある事項の判断をするに当たり，自らその基礎資料収集の責任を負うとする原則をいう。これによれば，裁判所は当事者の主張しない事実も考慮でき，自白（☞自白とは）にも拘束されず，職権証拠調べ（☞職権証拠調べとは）も許容されることになる（高橋ほか・小辞典702頁）。

　弁論主義の具体的内容は，おおむね次のとおりである。

> ① 第1テーゼ…当事者が主張しない事実は裁判の基礎にしてはならない（主張責任）。
> ② 第2テーゼ…当事者間で争いのない事実たる自白については，そのまま裁判の基礎にしなければならない（自白の審判排除効）。
> ③ 第3テーゼ…当事者間で争いのある事実たる争点の認定は当事者が申し出た証拠によらなければならない（職権証拠調べの禁止）。

　　☞ **自白**とは，民事訴訟法上，相手方の主張する自己に不利益な事実を告白する行為をいう（事実の自白）。これには，裁判外の自白（☞裁判外の自白とは）と裁判上の自白（☞裁判上の自白とは）がある。

　　☞ **裁判外の自白**とは，裁判外で相手方または第三者に対してする自白をいう。

　　☞ **裁判上の自白**とは，裁判における自白をいう。事実に対する点で請求そのものを認める請求の認諾（☞請求の認諾とは）や権利または法律関係に対する権利自白（☞権利自白とは）とは異なり，これがあったときには，弁論主義の妥当する範囲内で，裁判所はそれに反する事実認定ができないし（民訴法179），当事者も，相手方が同意した場合や，その自白が錯誤に基づき，かつ真実に反してされた場合以外は撤回することができないとされている（高橋ほか・小辞典569頁。自白の撤回については，🔍**1** ¶ レベルアップ！―16頁も参照）。

32　第1章　要件事実論—概論

☞　**請求の認諾**とは，民事訴訟の口頭弁論（☞口頭弁論とは），弁論準備手続（☞弁論準備手続とは）または和解（☞和解とは）の期日において，被告が原告の訴訟上の請求（訴訟物）である権利主張を認める陳述をすることをいう（民訴法266）。請求の認諾や請求の放棄（☞請求の放棄とは）がなされた場合，そのことが口頭弁論調書（☞口頭弁論調書とは）に記載され，訴訟手続は終局判決を経ずに終了し，調書の記載は確定判決（☞確定判決とは）と同一の効力をもつ（高橋ほか・小辞典754頁）。

☞　**請求の放棄**とは，民事訴訟の口頭弁論，弁論準備手続または和解の期日において，原告が自己の訴訟上の請求（訴訟物）である権利主張を否定する陳述をすることをいう（高橋ほか・小辞典754頁）。

☞　**権利自白**とは，民事訴訟法上，相手方の主張する自己に不利な権利や法律効果の存否を認める陳述のことをいう。請求の存否自体を認める請求の放棄・認諾や事実を認める自白に対する用語である（高橋ほか・小辞典341頁）。

☞　**口頭弁論**とは，狭義では，民事訴訟において，受訴裁判所の面前で口頭で行われる当事者の弁論をいい（民訴法87①，161），広義では，これと結合してなされる裁判所の訴訟指揮・証拠調べ・裁判の言渡しなどをも含む手続の全体をいう（民訴法148①，160，民訴規66，67）。

☞　**弁論準備手続**とは，民事訴訟において争点および証拠の整理を目的として口頭弁論とは別に行われる手続の一種である（民訴法168〜174）。

☞　**和解**とは，ある事柄について争っている当事者がお互いに譲歩して，その間に存在する争いをやめることを約する契約をいう（民695）。通説は，双務・有償・諾成・不要式の契約と解し，示談であっても，互いの譲歩によるものであれば和解となる。和解には，裁判外の和解（私法上の和解）と裁判上の和解がある（高橋ほか・小辞典1366頁）。

☞　**口頭弁論調書**とは，弁論調書あるいは調書ともいい，民事訴訟などにおいて，訴訟手続などの経過・内容を公証するために作成される公文書をいう（民訴法160，民訴規66〜69）。

☞　**確定判決**とは，通常の上訴という手段では取り消すことのできない状態にいたった判決のことをいう。民事訴訟法上，確定判決は，その内容に応じて，既判力（実体的確定力）・執行力・形成力をもつにいたる。確定判決に対する不服申立方法としては，再審および特別上訴がある。請求の放棄・認諾，裁判上の和解の調書には確定判決と同一の効力が認められる（民訴法267）。なお，行政事件訴訟の確定判決には，関係行政庁を拘束する効力が認められる（行訴法33，38①，41，43③）（高橋ほか・小辞典115頁）。

☞　**職権証拠調べ**とは，裁判所が当事者の申出によることなく，職権で開始する証拠調べをいう。弁論主義の下では例外的に認められるにすぎない（民訴法207①，233，186，218，228③，237）。

(2)　弁論主義が採用される理由

　民事訴訟の審判の対象である請求の内容となる権利関係，すなわち私法上の権利関係は，個人がその責任において自由にこれを決定し規律することができるとする契約自由の原則（☞契約自由の原則とは）が支配する事項である。民事訴訟において弁論主義が採用される理由は，弁論主義がこの契約自由の原則の訴

訟法的表現であると解されている（本質説）。

☞ **契約自由の原則**とは，個人の契約関係は，契約当事者の自由な意思によって決定されるのであって，国家は干渉してはならないという近代私法原則をいう（高橋ほか・小辞典313頁）。いわば，私人の法律関係は，私人が自由に契約で決めることができるという考え方であるといえよう（川井健『民法概論(1)民法総則〔第4版〕』6頁（有斐閣2008））（🔍**5**―52頁以下参照）。

(3) 口頭弁論

口頭弁論とは，公開の法廷において，当事者双方の関与の下，裁判官の面前で口頭により弁論および証拠調べを行って裁判資料を収集し，それに基づき裁判をするという審理手続ないし審理方式をいう。

民事訴訟法87条《口頭弁論の必要性》1項本文は，「当事者は，訴訟について，裁判所において口頭弁論をしなければならない。」と規定する。これは，口頭弁論の原則を規定したものと解されている。すなわち，裁判においては必ず口頭弁論が開かれなければならず，口頭弁論により顕出された事実や証拠だけが裁判の基礎となるという原則である。このような口頭弁論の原則によれば，公開主義（☞公開主義とは），双方審尋主義（☞双方審尋主義とは），口頭主義（☞口頭主義とは），直接主義（☞直接主義とは）を満たす口頭弁論という手法によって，訴訟の公正の担保，裁判に対する国民の信頼確保という要請に応えることが可能となると考えられている。

☞ **公開主義**とは，訴訟の審理過程や裁判を国民一般が傍聴し得る状態で行うべきとする考え方である。これは，憲法82条1項が「裁判の対審及び判決は，公開法廷でこれを行ふ。」とする要請に基づくものである。

☞ **双方審尋主義**とは，当事者対等の原則とか，武器対等の原則とも呼ばれ，訴訟における対立当事者双方の言い分が十分に尽くされる機会が平等に保障されなければならないとする考え方をいう。

☞ **口頭主義**とは，弁論と証拠調べは口頭で行われなければならず，口頭で陳述されたもののみを裁判資料として判決の基礎とするという考え方をいい，書面主義（☞書面主義とは）に対する考え方である。

☞ **直接主義**とは，裁判官自身が当事者の弁論の聴取や証拠調べを行うとする考え方である。これに反すると，絶対的上告理由（民訴法312②一）や再審事由（民訴法338①一）が生ずることとなる。これに対して，間接主義とは，他の裁判官の審理の結果の報告に基づき裁判をすることをいう。

☞ **書面主義**とは，書面を判決の基礎とする考え方をいう。民事訴訟法は，訴えや上訴，再審の提起，取下げについて書面性を要求しているが，これらはあくまでも書面によって口頭主義を補完しているにすぎないのであって，書面主義を採用しているという意味では決してない。

図表1 「口頭弁論」の多義性

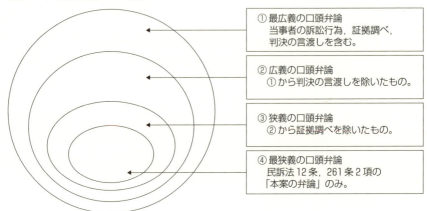

（岡・基礎186頁より）

¶レベルアップ！　上告審裁判所による却下判決と口頭弁論の要否

　上告審裁判所は不適法な訴えを却下する判決およびその前提となる原判決を破棄する判決を口頭弁論を経ないですることができるとされた事例として，最高裁平成14年12月17日第三小法廷判決（判時1812号76頁）[1]がある。同最高裁の判断を確認しておこう。

> 「上告人は，被上告人が平成11年9月21日付でした上告人の平成4年度から同10年度までの特別土地保有税に関する各更正の請求には更正をすべき理由がない旨の各処分の取消しを求める訴えに加えて，原審において，同7年度から同10年度までに係る上記各処分の取消しを求める訴えを予備的に追加提起した。しかし，上記予備的請求に係る訴えは，上記主位的請求に係る訴えと重複するものであるから，不適法であって（民訴法142条），却下すべきである。これと異なり予備的請求を棄却した原判決には，判決に影響を及ぼすことが明らかな法令の違反があり，原判決中予備的請求を棄却した部分は破棄を免れない。
> 　なお，上告人の予備的請求に係る訴えは，上記のとおり不適法でその不備を補正することができないものである。このような訴えについては，民訴法140条が第一審において口頭弁論を経ないで判決で訴えを却下することができるものと規定しており，この規定は上告審にも準用されている（民訴法313条，297条）。したがって，当裁判所は，口頭弁論を経ないで上告人の予備的請求に係る訴えを却下する判決をすることができる。そして，これらの規定の趣旨に照らせば，このような場合には，訴えを却下する前提として原判決を破棄する判決も，口頭弁論を経ないですることができると解するのが相当である。」

(4) 処分権主義
ア 概説

民事訴訟法は、処分権主義（☞処分権主義とは）を建前とし、当事者が処分権能を認め、自由に訴訟の提起、請求の範囲などを決定できることとしている。処分権主義が民事訴訟で採用されているのは、実体法上の私的自治の原則の反映であると説明されている。すなわち、実体法上、権利関係を当事者の自由に決し得るところとする私的自治の原則が前提とされていることにかんがみ、その実体法上の権利関係を審理の対象とする民事訴訟手続においても当事者の意思をできるだけ尊重することとしたのである。これは、前述の弁論主義が採用されている理由と同じであり、このような考え方を「私的自治の訴訟法的反映」ということがある。ここに当事者主義（☞当事者主義とは）の考え方がある。

> ☞ **処分権主義**とは、①訴訟の開始、②訴訟物の特定などの訴訟の内容、③訴訟の終了について当事者の自由に決し得ることとする原則をいう（岡・基礎10頁）。処分権主義によって、裁判所は、当事者が決定した審判対象以外の事項につき判決を下すことができないことになり、そのことは、原告が自己の選択した審判対象以外の事項については判決の拘束力を受けないという保障を与えられていることをも意味することになる。このことは被告にとっても、審判対象以外の事項についての判決による拘束を受けることがないという保障でもある。

> ☞ **当事者主義**とは、民事訴訟における当事者の自己決定権を尊重する考え方をいう。処分権主義と同様、弁論主義（🔍31頁参照）も当事者主義の表れである。ただし、処分権主義が裁判の外在的側面の問題であるのに対して、弁論主義は裁判の内在的側面が問題

図表2

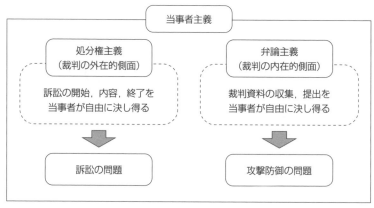

（岡・基礎10頁より筆者作成）

36　第1章　要件事実論―概論

とされるのであり，このことを訴えの構造に即して考えると，処分権主義は訴訟物のレベルでの問題であり，弁論主義は事実の主張と証拠の提出という攻撃防御のレベルでの問題として捉えることができる（図表2参照）。

イ　処分権主義の機能と内容

㋐　処分権主義の機能

処分権主義の機能としては，次のようなものがある。

① 　自由な紛争処理方式の選択を保障する機能：当事者が紛争解決のための諸制度の中から何を選択するかの自由を保障する機能

② 　争訟対象の自主的形成機能：争訟の対象を当事者が自ら決し得るという機能

③ 　不意打ち防止機能：当事者が攻撃防御の機会の保障なしに不意打ちの裁判によって不利益を受けることのないようにする，民事訴訟における手続的保障の機能

㋑　処分権主義の内容

(a)　**訴訟の開始**　　裁判は，当事者の訴えの提起によって初めて開始される。このことを不告不理の原則（☞不告不理の原則とは）という。もっとも，訴訟費用の裁判（民訴法67），仮執行宣言（民訴法259）のように，公共的な性格を有する裁判については，例外的に当事者の申立てがない場合でも職権で裁判をなすことができる。

> ☞　**不告不理の原則**とは，「申立てなければ裁判なし」という法諺で呼ばれる考え方で，処分権主義の一内容を構成している。

(b)　**訴訟の内容**　　民事訴訟法246条《判決事項》は，「裁判所は，当事者が申し立てていない事項について，判決をすることができない。」と規定する。したがって，裁判所は当事者の申立てのない事項について判決を下したり，申立事項を超えた事項について判決を下すことができないことになる。これを「申立事項と判決事項の一致」という。

ここから，当事者は，審判範囲に係る訴訟物の特定や審判の形式に係る給付訴訟，確認訴訟，形成訴訟の別を特定することができると解されている。

(c)　**訴訟の終了**　　民事訴訟法261条《訴えの取下げ》は，「訴えは，判決が確定するまで，その全部又は一部を取り下げることができる。」とし，同法262条《訴えの取下げの効果》は，「訴訟は，訴えの取下げがあった部分については，

初めから係属していなかったものとみなす。」と規定する。このように，民事訴訟法には，請求についての審判要求を撤回する旨の裁判所に対する原告の意思表示たる訴訟行為として，訴えの取下げが規定されているのである。これは，訴訟終了局面における処分権主義の表れであるといえよう。

(5) 法的三段論法

裁判における法の適用過程は，事実認定と法の解釈という2つのステップに分けられる。このことは，これまで伝統的に，適用されるべき法規範を大前提，具体的事実を小前提とし，法規範に事実を当てはめて判決が結論として導き出されるという法的三段論法によって理解されてきた。

例えば，書店で立ち読みをした者に対し，「被告人を懲役3年に処する」という判決が下されたとしよう。この場合，「偽りその他不正の行為により立読みをした者は，3年以上の懲役に処する」（立読禁止法12条）という法規範が大前提であり，被告人が実際に偽りその他不正の行為により立読みをしたこと，違法性や責任の阻却事由がないことなど，様々な証拠によって確定された事実が小前提となる。そして，これら2つの前提命題から，「Aという事実があればPという法律効果が生じる」→「しかるに当該事実はAである」→「ゆえにPという法律効果が生じる」という法的三段論法によって，上記の「被告人を懲

Tax Lounge　メタボリック税制

ヒトラー率いるナチスが「健康は国民の義務」というスローガンを掲げていたのは有名な話である。労働者には定期的な健康診断が義務付けられていたのだ。

我が国も，メタボリックシンドローム（内臓脂肪症候群）に対する租税制度上の政策が展開されている。平成20年の所得税法改正では，メタボリックシンドロームなどによる生活習慣病の発症リスクを軽減するため，特定保健指導のうちの一定の積極的支援に係る自己負担分が医療費控除に加えられたのである。

また，国税庁は文書回答において次のように回答している。すなわち，メタボリックシンドロームであるか否かを検査する特定健康診査のための自己負担費用は医療費には該当しないものの，検査の結果，生活習慣病の発症リスクが高いと診断され，引き続き特定健康診査を行った医師の指示に基づき，特定保健指導が行われる場合には，特定健康診査と特定保健指導料の自己負担分が，医療費控除の対象とされるというのである。

ところで，ナチスは，公的機関や国内のすべての列車，党内の全機関での禁煙を命じており，禁煙補助薬も作られた。我が国所得税法上は，一定の禁煙補助薬も医療費控除の対象と解されている。

38　第1章　要件事実論—概論

役3年に処する」という結論が導き出され正当化されるということになるのである（田中成明『法学入門〔新版〕』142頁（有斐閣2016）参照）。

　法的三段論法は，伝統的論理学の三段論法である「二つの前提命題から一つの結論命題を得る理論」を法律学に応用するものである（並木・概説25頁）。

〔大前提〕一定の行為規範の定める法律関係
〔小前提〕法律要件に当てはまる具体的な社会事象
〔結　論〕法律効果から推論される具体的な権利関係の変動を判断

　この法的三段論法は後述する理論的構成ルートと同じである（🔍**5**図表2—55頁参照）。

　もっとも，法的三段論法については，現実に判決が形成ないし獲得される心理的・社会的過程に合致していないのみならず，判決の実質的理由を明らかにせず，裁判官の恣意的判断を隠蔽する機能をも果たしているなどという批判もあるが，これらに対して，田中成明博士は，「支持しがたい」とされた上で，「裁判官に対しては，証拠に基づいて事実を正確に認定し，その事実に関連する法令を適正に適用した結果，一定の判決が導きだされたという過程の説明が制度的に要請されており，このような制度的約束を基礎に裁判という社会的制度が成り立っているのである。判決の正当性については，このような正当化の過程が独自の合理的な営みとして相互に了解されている知的空間において，その規範的意味が内的視点から理解され評価されなければならないのである。」と論じられる（田中・前掲書144頁）。

　ただし，裁判における審理をみるに，事実を確定する作業と，確定した事実に法規範を適用する作業とが論理的に分けられ，前者が事実問題，後者が法律問題と呼ばれているところではあるが，このような事実問題と法律問題との論理的区別も，現実の判決形成過程においては，なかなか難しく，どこまでが事実認定でどこからが評価かを明確に区別することは不可能であろう（田中・前掲書144頁）。

〔注〕
(1)　判例評釈として，山田二郎・判自239号112頁（2003），岩﨑政明・判時1834号168頁（2003），今村隆・ジュリ1262号173頁（2004），川嶋四郎・法セ49巻6号118頁（2004），太田幸夫・平成15年度主要民事判例解説〔判夕臨増〕252頁（2004），渋谷雅弘・税研148号187頁（2009）など参照。

4 主張・立証責任

(1) 証 拠
ア 証拠の意義

証拠とは，認定の対象となる事実についての裁判所の判断資料をいう。「証拠」という用語は多義的であり，それが証拠方法（☞証拠方法とは）を指すことも証拠資料（☞証拠資料とは）を指すこともある。

- ☞ **証拠方法**とは，証拠の取調べの対象となる有形物をいう。証拠方法には，人証としての証人（☞証人とは），鑑定人（☞鑑定人とは），当事者本人，物証としての文書，検証物（☞検証物とは）がある。
- ☞ **証人**とは，裁判所その他の機関に対し，自己の経験から知ることのできた事実を供述することを命ぜられた第三者のことをいう（高橋ほか・小辞典674頁）。民事訴訟法上，証人になれるのは，当事者，法定代理人，裁判官などを除く第三者である。この証人の供述を「証言」という。
- ☞ **鑑定人**とは，鑑定の手続において，取調べを受けて意見を供述しなければならない第三者をいう。過去の特定の事実の経験を供述する証人とは異なり，その専門的経験による知識（例えば，法規とか経験則の存否・内容）またはこれに基づいた判断を供述する者である。裁判所によって指定される（民訴法213）。
- ☞ **検証物**とは，人の身体・容貌，文書の紙質・墨色など検証（☞検証とは）の目的となるものをいう。
- ☞ **検証**とは，物，場所または人について，その存在や状態等を五官の作用により認識する処分をいう。民事訴訟法上，検証は裁判所だけが行う（民訴法232①）。当事者が正当な事由がないのに検証を拒否したり，妨害したりする場合には検証物に関する相手方の主張を真実と認めることができるし（民訴法232①，224），第三者が提示命令に従わないときには過料の制裁を受ける（民訴法232②）。
- ☞ **証拠資料**とは，証拠方法の取調べの結果として得られる判断資料をいう。鑑定人が指定されている場合には，その鑑定意見が証拠資料となる。

イ 証拠能力

具体的な人証や物証について，それらに証拠方法となり得る資格があるかどうかが問われることがある。その資格のことを「証拠能力」あるいは「証拠適格」という。

違法収集証拠に証拠能力があるかについては，刑事訴訟においては証拠能力がないとされているものの，自由心証主義を広く認める民事訴訟においては原則的に証拠能力に制限はないと解されてきた。もっとも，近時はこの考え方に

対して，訴訟手続の公平性の維持の見地や，人格権侵害のおそれがあるという点から消極的な見解が台頭しているようである（上田徹一郎『民事訴訟法〔第7版〕』119頁（法学書院2011））。

ウ　証明力

証拠資料が裁判官の心証を動かす力，すなわち，心証形成に寄与する力や程度のことを「証明力」という。「証拠力」とも「証拠価値」とも呼ばれる。

文書の証明力については，①その文書が立証者の主張する特定人物の思想の表現と認められるかどうか（形式的証明力），②その特定人物の陳述が立証事項の証明にどれだけ役立つかどうか（実質的証明力）が問題とされる（高橋ほか・小辞典685頁）。文書が実質的証明力を有するかどうかの判断は，事実審裁判官の専権事項であり，その心証によって決定される。

エ　証拠原因

裁判官が心証を形成するに当たって基礎とした資料を「証拠原因」という。証拠原因となることができるのは，証拠調べの結果（証拠資料）および弁論の全趣旨である（民訴法247）。

Tax Lounge　　税務調査における録音テープ

平成23年12月の国税通則法改正において，税務調査手続についての法的整備が行われたが，法律問題とされる事項がすべて整理されたわけでは決してない。例えば，調査における録音は許容されるか，無断で録音されたテープは証拠能力を有するかという点についてはどのように解すべきであろうか。

この点の参考となり得る事例として東京高裁昭和52年7月15日判決（判時867号60頁）がある。同判決は，無断録音テープの証拠能力につき，「民事訴訟法は，いわゆる証拠能力に関しては何ら規定するところがなく，当事者が挙証の用に供する証拠は，一般的に証拠価値はともかく，その証拠能力はこれを肯定すべきものと解すべきことはいうまでもないところであるが，その証拠が，著しく反社会的な手段を用いて，人の精神的肉体的自由を拘束する等の人格権侵害を伴う方法によって採集されたものであるときは，それ自体違法の評価を受け，その証拠能力を否定してもやむを得ないものというべきである。そして話者の同意なくしてなされた録音テープは，通常話者の一般的人格権の侵害となり得ることは明らかであるから，その証拠能力の適否の判定に当たっては，その録音の手段方法が著しく反社会的と認められるか否かを基準とすべきものと解するのが相当である。」と判示している。ここでは，証拠収集行為の反社会性の程度によって，その証拠能力を判断する立場が示されている。

オ　証明と疎明

　証明は，要証事実の存否の判断について，裁判官に確信を生じさせる状態，または裁判官に確信を生じさせるための当事者の証拠提出行為をいい，証明度（☞証明度とは）は，要証事実の存否について高度の蓋然性を超えるものでなくてはならず，通常人が合理的な疑いを差し挟む余地がないであろう程度に真実性の確信をもち得る程度である必要がある（小林＝山本・明解130頁）。

　　☞　**証明度**とは，争いのある事実の存在について裁判所がどの程度の心証を形成すれば，その事実を存在するものとして扱ってよいかを決定する概念をいう（高橋ほか・小辞典685頁）。

　これに対して，疎明は，証明よりは証明度が低いが一応確からしいとの推測を裁判官が得た状態またはこの状態に達するように証拠を提出する当事者の行為をいう（高橋ほか・小辞典685頁）。

　　✍　**証明**と**疎明**とは，裁判官の心証の程度を基準として区別される。

図表1　証明と疎明

(2)　主張・立証責任の意義

ア　自由心証主義

　裁判における事実の認定を，裁判官が審理に現れたすべての資料・状況に基づいて自由な判断によって形成する心証に委ねる建前を自由心証主義という。これは，事実認定につき定められた証拠法則に従わなければならないとする中世の法定証拠主義に対する考え方であり，証拠調べの対象となる証拠方法を制限しない証拠方法の無制限・弁論の全趣旨の斟酌による心証形成と，証拠の評価を裁判官の判断に委ねる証拠力の自由評価をその内容とするものである（小林＝山本・明解132頁）。

イ　証明責任の分配と主張責任の分配

　証明責任とは，その要件事実が証明されない結果，当該法規が適用されない不利益のことをいう。この証明責任は立証責任とも呼ばれている。他方，主張責任は，その要件事実を主張しない結果，当該法規が適用されない不利益，すなわち，不利な裁判を受けることになる当事者の不利益をいう。したがって，これら証明責任の分配と主張責任の分配は同一人に帰することになる（小林＝山本・明解134頁）。

　そこで，通説は，証明責任の分配と主張責任の分配を同じものとして考えている。厳格にいえば，証明責任が立証責任といわれるように立証の段階で問題とされるのに対し，主張責任は主張段階で問題とされるものであることからすれば，これらは次元の異なるものである。すなわち，証明責任が，ある事実がノンリケット（☞ノンリケットとは）に陥ったときに，その責任の分配を受ける者が受ける不利益をいうのに対し，主張責任とは，要件事実が弁論で主張されない場合に，そもそもその事実がないものとされることによってその責任の分配を受ける者が受ける不利益をいう。換言すれば，主張しないことの不利益が主張責任であり，証明されなかったことの不利益が証明責任であるから，正確にいえば，この両者の性格は異なるのである。主張されることがすなわち証明されたことを直接に意味するものではないことからすれば，両者の違いは明確である。ある事実が主張されたとしても，証拠力等の観点からノンリケットの場合には証明責任の問題となるのである。このことを理解した上で，以下では証明責任と主張責任を分けずに，「主張・立証責任」として説明しよう。

　　☞　**ノンリケット**とは，真偽不明のことをいう。裁判官が事実認定について真偽不明の状態に陥ることを，ノンリケットに陥るという。自由心証主義の下でも，裁判官は自ら体験していない事実を認定する以上，そこには一定の限界があるため，真偽不明の状態に陥ることがある。ノンリケットに陥ったとしても，裁判官は訴訟物の存否は不明である旨の判決をしたり，裁判を拒否したりすることができないため，そのような状態になった場合（裁判官の自由心証が尽きた場合）にも，判決が可能となるような法技術が用意されており，これを証明責任というのである。

(3)　主張・立証責任の分配

ア　主張・立証責任の分配規定

　法規が明文をもって主張・立証責任の分配を定めることは例外であるが，次のような規定も存在する。

> **民法117条《無権代理人の責任》**
>   他人の代理人として契約をした者は、<u>自己の代理権を証明したとき</u>、又は本人の追認を得たときを除き、相手方の選択に従い、相手方に対して履行又は損害賠償の責任を負う。
> **民法453条《検索の抗弁》**
>   債権者が前条の規定に従い主たる債務者に催告をした後であっても、保証人が主たる債務者に弁済をする資力があり、かつ、執行が容易であることを<u>証明したときは</u>、債権者は、まず主たる債務者の財産について執行をしなければならない。

消費税法の条文にも次のような規定がある。

> **消費税法30条《仕入れに係る消費税額の控除》**
> 7 第1項の規定は、事業者が当該課税期間の課税仕入れ等の税額の控除に係る帳簿及び請求書等…を保存しない場合には、当該保存がない課税仕入れ、特定課税仕入れ又は課税貨物に係る課税仕入れ等の税額については、適用しない。ただし、<u>災害その他やむを得ない事情により、当該保存をすることができなかったことを当該事業者において証明した場合は、この限りでない。</u>

✍ その他、自動車損害賠償保障法3条《自動車損害賠償責任》は、「自己のために自動車を運行の用に供する者は、その運行によって他人の生命又は身体を害したときは、これによって生じた損害を賠償する責に任ずる。」との規定の次に、ただし書を用意する。すなわち、「ただし、自己及び運転者が自動車の運行に関し注意を怠らなかったこと、被害者又は運転者以外の第三者に故意又は過失があったこと並びに自動車に構造上の欠陥又は機能の障害がなかったことを<u>証明したときは</u>、この限りでない。」と規定して、証明責任の分配を定めているのである。

　もっとも、このような明文の規定をもって、主張・立証責任の分配が明らかにされているケースはきわめて少ない。したがって、主張・立証責任の分配は、通常は法規の解釈に委ねられているのである。
　主張・立証責任の分配についての考え方として、法律要件分類説や修正法律要件分類説、あるいは利益衡量説などの見解がある。

イ　法律要件分類説

　主張・立証責任の分配についての代表的な見解である法律要件分類説について確認しておきたい。

㋐　法律要件分類説

　法律要件分類説とは、法律効果の存在を主張する者は、その効果の発生を定める法規の要件事実についての主張・立証責任を負うとする考え方をいう（🔍

11——163頁も参照)。法律要件分類説によれば，法規の要件事実についての証明は，法律効果の存在を主張する者によってなされるべきであるとする。これは，学説や実務を支配する考え方である。これに対して，利益衡量説は，法律要件分類説が実体法規を数種に区別することを前提とする点につき，そもそも，それが困難であるとして批判する。

　(イ)　**権利根拠規定に該当する要件事実**

　権利の発生を定める規定（権利根拠規定）の要件事実は，その権利を主張する者が主張・立証責任を負う。

図表 2

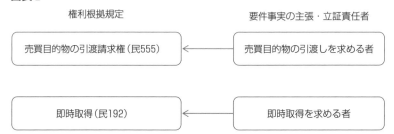

　(ウ)　**権利消滅規定に該当する要件事実**

　すでに発生している権利関係の消滅を求める規定（権利消滅規定）の要件事実は，その権利を否定する者が主張・立証責任を負う。

図表 3

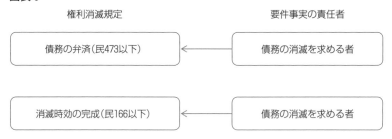

　(エ)　**権利障害規定に該当する要件事実**

　権利根拠規定に基づく法律効果の発生に対する障害を定める規定（権利障害規定）の要件事実は，その法律効果の発生を争う者が主張・立証責任を負う。

(オ) **権利阻止規定に該当する要件事実**

権利行使を阻止し得ることを定める規定（権利阻止規定）の要件事実は，その権利行使を阻止し得ることを主張する者が主張・立証責任を負う。

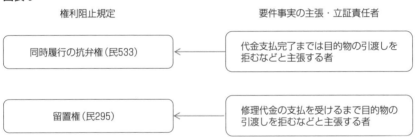

(カ) **本文とただし書の証明責任**

本文とただし書が組み合わされている法条においては，本文の内容とは反対の内容がただし書に規定されている場合がある。例えば，次のような規定がそれである。

> **国税通則法66条《無申告加算税》**
> 　次の各号のいずれかに該当する場合には，当該納税者に対し，当該各号に規定する申告，更正又は決定に基づき第35条第2項《申告納税方式による国税等の納付》の規定により納付すべき税額に100分の15の割合…を乗じて計算した金額に相当する無申告加算税を課する。ただし，期限内申告書の提出がなかったことについて正当な理由があると認められる場合は，この限りでない。

このような規定の場合，本文の適用を免れようとする者に主張・立証責任が

あることになる。すなわち，上記の例でいえば，申告書提出期限までに申告書
を提出することができなかったことについての「正当な理由」があることを，
納税者の側で主張・立証しなければならないと考えるのである。

　これは，例えば，民法715条《使用者等の責任》なども同様であり，被用者の選
任・監督について相当の注意をしたとき，または相当の注意をしても損害が生
ずべきであったこと（民715①ただし書）など，ただし書の適用によって本文の適
用を免れようとする者に主張・立証責任があると考えられる。なお，旧民法95
条《錯誤》，旧民法480条《受取証書の持参人に対する弁済》は，錯誤の表意者に重大
な過失があること（旧民95ただし書）や，受取証書の持参人に受領権限がないこ
とを弁済者が知っていること，または過失によって知らなかったこと（旧民480
ただし書）につきただし書規定を設けていたところである。

> **民法715条《使用者等の責任》**
> 　ある事業のために他人を使用する者は，被用者がその事業の執行について第三者
> に加えた損害を賠償する責任を負う。ただし，使用者が被用者の選任及びその事業
> の監督について相当の注意をしたとき，又は相当の注意をしても損害が生ずべきで
> あったときは，この限りでない。

　なお，同じただし書であっても，「ただし…の場合に限る」という法条の場
合には，本文の要件の追加にすぎないと考えられるので，本文の効果を主張す
る者に主張・立証責任があると考えられている。

> **国税通則法107条《代理人》**
> 　不服申立人は，弁護士，税理士その他適当と認める者を代理人に選任することが
> できる。
> **2**　前項の代理人は，各自，不服申立人のために，当該不服申立てに関する一切の行
> 為をすることができる。ただし，不服申立ての取下げ及び代理人の選任は，特別の
> 委任を受けた場合に限り，することができる。

　したがって，上記のような規定では，「代理人（不服申立ての取下げ及び代理人の
選任は，特別の委任を受けた場合）」が不服申立てに関する一切の行為をすることが
できる，という本文の効果を主張する者に主張・立証責任があるわけである。

ウ　修正法律要件分類説

　法律要件分類説に対しては，権利根拠規定と権利障害規定との区別が論理的
に不可能であるとの批判がある。法律要件分類説に対しては，規定分類を原則

的に維持しつつ，立法趣旨や当事者間の公平の観点から解釈論による大幅な修正を求めるべきとの見解があり，この考え方を「修正法律要件分類説」という（小林秀之『民事訴訟法がわかる〔第2版〕』175頁（日本評論社2007））。

　従来の法律要件分類説を採用する通説においても，事実の蓋然性などの実質的要素を考慮しながら，権利根拠事実や権利障害事実の決定を行うというようになっており，このような意味では修正法律要件分類説に相当接近していると指摘されている（小林秀之『ケースでわかる民事訴訟法』284頁（日本評論社2014））。

エ　利益衡量説

　利益衡量説とは，立証の難易ないし証拠へのアクセスを考慮して主張・立証責任の分配を決するべきとする考え方である（新堂幸司『新民事訴訟法〔第5版〕』613頁（弘文堂2011））。利益衡量説とは，条文の構造や文言によって主張・立証責任を負うと考えるのではなく，証拠との距離や立証の難易度等に基づく実質的利益衡量によって判断すべきであり，そのことが当事者間の公平の確保につながるとする考え方をいう。主張・立証責任の分配に関する通説に従うと，立証の難易や証拠へのアクセスとは必ずしも一致しないところで主張・立証責任が負わされたりすることになるところ，この学説は，この点を問題視するのであるが，少数説である。

Tax Lounge　　計画停電と確定申告期限

　東日本大震災の影響により，原子力発電所からの電力供給にストップがかかり，計画停電が平成23年3月14日から実施された。

　そのことで，鉄道網にも大きな影響が及び，運休や間引き運転などが相次いだ。おりしも，平成22年分所得税の確定申告期限の前日からの計画停電であった。

　さて，ここでこの計画停電による列車の運休等により確定申告期限を徒過してしまった場合に，果たして無申告加算税の免除理由になり得るかどうかが問題となる。すなわち，国税通則法66条《無申告加算税》1項にいう「正当な理由」に該当するのかどうかという論点が浮上しよう。例えば，無申告加算税については，「災害，交通・通信の途絶その他期限内に申告書を提出しなかったことについて真にやむを得ない事由があると認められたとき」には免除する旨が通達（平成12年7月3日付け国税庁長官事務運営指針）されている。

　原子力発電所事故の事例に限定される問題ではないが，災害による電力供給不足に基因した計画停電に基づく交通機関のマヒが「真にやむを得ない事由」に当たるとするには，個別事情に基づく検討が必要であるように思われる。

オ　法律上の推定規定

法律上の推定規定は，証明困難な推定事実の代わりに，証明の容易な前提事実の証明をすれば足りるとする趣旨の定めである（🔍**2**―23頁も参照）。以下では，「法律上の事実推定」と「法律上の権利推定」について触れるが，いずれも証明責任の転換を意味している。なお，事実上の推定および必要経費の事実上の推定については別に述べることとする（事実上の推定については，🔍**2**―23頁，必要経費については，🔍**12**参照）。

(ア)　法律上の事実推定

前提事実Aに基づいて法規の要件事実Bが推定されるべきことを法が定めることがあるが，このような規定を「法律上の事実推定」という。例えば，民法186条2項は，「占有をした証拠があるとき」には，「継続して占有したものと推定」すると規定されている。

> **民法186条《占有の態様等に関する推定》**
> 2　前後の両時点において占有をした証拠があるときは，占有は，その間継続したものと推定する。

図表6

立法者は，経験則，立証の難易，および当事者間の公平などの諸要素を考慮して，様々な推定規定を設けている（小林＝山本・明解141頁）。法律上の事実推定とされるためには，①推定事実が特定の法律効果の要件事実であること，②前提事実に基づいて形成されるのが，推定事実についての裁判所の確信であることの2つが必要である（伊藤眞『民事訴訟法〔第7版〕』373頁（有斐閣2020））。

　　民法619条《賃貸借の更新の推定等》1項は，「賃貸借の期間が満了した後賃借人が賃借物の使用又は収益を継続する場合において，賃貸人がこれを知りながら異議を述べないときは，従前の賃貸借と同一の条件で更に賃貸借をしたものと推定する。この場合において，各当事者は，第617条の規定により解約の申入れをすることができる。」と規定しており，このような規定も法律上の事実推定である。

なお，民法186条1項は，「占有者は，所有の意思をもって，善意で，平穏に，

かつ，公然と占有をするものと推定する。」と規定するが，これは暫定真実（☞
暫定真実とは）と呼ばれる法技術である。

> ☞ **暫定真実**とは，条文上の表現では，ある法律効果の発生要件であるようにみえるもの
> であっても，その不存在が法律効果の発生障害要件となることを示す１つの立法技術で
> ある。これはただし書に読み替えることもできる。

> ✍ **法律上の事実推定と暫定事実の違い**
> 　　暫定事実は，推定事実についての証明責任が相手方に転換される点で法律上の事実推
> 定と同じものであるといえよう。しかし，前提事実と推定事実が同一の法律効果の要件
> 事実を構成している点に特徴があると説明されている（伊藤・前掲書376頁）。暫定事実
> は，本文・ただし書の形式に書き換えることができるのに対して，法律上の事実推定に
> ついては，前提事実が要件事実の一部ではなく，別個の事実であるため，本文・ただし
> 書に書き換えることができないという差異がある（吉村徳重＝竹下守夫＝谷口安平編
> 『講義民事訴訟法』267頁（青林書院2001））。

例えば，所得税法施行令14条も法律上の事実推定を規定する。

所得税法施行令14条《国内に住所を有する者と推定する場合》
　　国内に居住することとなった個人が次の各号のいずれかに該当する場合には，その者は，国内に住所を有する者と推定する。
　一　その者が国内において，継続して１年以上居住することを通常必要とする職業を有すること。
　二　その者が日本の国籍を有し，かつ，その者が国内において生計を一にする配偶者その他の親族を有することその他国内におけるその者の職業及び資産の有無等の状況に照らし，その者が国内において継続して１年以上居住するものと推測するに足りる事実があること。
　2　前項の規定により国内に住所を有する者と推定される個人と生計を一にする配偶者その他その者の扶養する親族が国内に居住する場合には，これらの者も国内に住所を有する者と推定する。

　上記規定によれば，①その者が国内において，継続して１年以上居住することを通常必要とする職業を有するという事実（前提事実①），あるいは，②その者が日本の国籍を有し，かつ，その者が国内において生計を一にする配偶者その他の親族を有することその他国内におけるその者の職業および資産の有無等の状況に照らし，その者が国内において継続して１年以上居住するものと推測するに足りる事実（前提事実②）のいずれかの前提事実が証明されれば，住所を有するという法律上の事実が推定されることになる。
　以下の国税通則法12条も，同様に法律上の事実推定規定である。

50 第1章 要件事実論—概論

国税通則法12条《書類の送達》

　国税に関する法律の規定に基づいて税務署長その他の行政機関の長又はその職員が発する書類は，郵便若しくは民間事業者による信書の送達に関する法律…第2条第6項《定義》に規定する一般信書便事業者若しくは同条第9項に規定する特定信書便事業者による同条第2項に規定する信書便（以下「信書便」という。）による送達又は交付送達により，その送達を受けるべき者の住所又は居所（事務所及び事業所を含む。以下同じ。）に送達する。ただし，その送達を受けるべき者に納税管理人があるときは，その住所又は居所に送達する。

2　通常の取扱いによる郵便又は信書便によって前項に規定する書類を発送した場合には，その郵便物又は民間事業者による信書の送達に関する法律第2条第3項《定義》に規定する信書便物（以下「信書便物」という。）は，<u>通常到達すべきであった時に送達があったものと推定する</u>。

(イ)　法律上の権利推定

　法が前提事実に基づいて直接に権利の推定を規定する場合もある。このような規定を法律上の権利推定規定という。次に示す民法188条などがこれに該当する。

民法188条《占有物について行使する権利の適法の推定》

　占有者が占有物について行使する権利は，適法に有するものと推定する。

　✍　民法762条《夫婦間における財産の帰属》2項は，「夫婦のいずれに属するか明らかでない財産は，その共有に属するものと推定する。」と規定しており，これも直接的な権利推定規定である。

5 要件事実と請求原因の発生根拠

(1) 訴えの原因たる請求権の発生根拠

　契約に基づく請求を基礎付けるための要件事実として何を主張・立証しなければならないかを考えるに当たって，そもそも，例えば，売買契約に基づく目的物引渡請求権は何に基づいて発生するのかという点を考える必要があることになる。

　そこで，ここではまず，請求権の発生原因を検討することとしよう。法律行為の拘束力の根拠を何に求めるかについては，意思説と法規説の対立がある。

(2) 意思説と法規説

　意思説とは，契約当事者の拘束力の根拠を，客観的な法ではなく，契約当事者の自由意思に求める考え方である。これに対して法規説とは，訴えの原因である請求権を発生させるのは，正確には契約合意ではなく，契約締結にこの効果を付与する「法」であると考える見解である（加藤新太郎＝細野敦『要件事実の考え方と実務〔第2版〕』20頁（民事法研究会2006），ローゼンベルク『証明責任論〔全訂版〕』〔倉田卓次訳〕319頁（判例タイムズ社2001））。

　司法研修所における指導や民事裁判実務は法規説を採用している（加藤新太郎「契約に基づく請求権と要件事実」司法書士386号51頁（2004），加藤＝細野・前掲書21頁）。法規説は，無名契約（☞無名契約とは）を民法91条により法規の裏付けを伴ったものとして肯定することができ，請求権の発生根拠が法規であるという考え方と整合する。この見解は，「法律の規定なしに法律効果を生ずるという自然法原理のようなものは認めることができない」とする我妻栄博士の見解（我妻・民法総則242頁）に合致しているようにも思われる。

民法91条《任意規定と異なる意思表示》
　　法律行為の当事者が法令中の公の秩序に関しない規定と異なる意思を表示したときは，その意思に従う。

　☞　**無名契約**とは，有名契約（☞有名契約とは）以外のタイプの契約のことを指し，非典

52　第1章　要件事実論―概論

　　型契約ともいう（高橋ほか・小辞典1266頁）。
　☞　**有名契約**とは，贈与や売買，賃貸借など，法律にその名称・内容が規定されている契
　　　約類型を指し，典型契約ともいう（高橋ほか・小辞典1266頁）。

　しかしながら，我妻栄博士は，法規説ではなく，意思説のうちでも法律行為
の拘束力の根拠を表示行為に求める「表示主義」を採られていると解するのが
妥当ではなかろうか（並木・概説26頁）。すなわち，同博士は，「法律行為が現代
の私法における法律要件として最も主要な地位を占めるのは，その法律効果が，
その要素たる意思表示によって，当事者の意欲したところに従って発生するも
のだからである」とし，「個人の心理的意思が法律効果を生ずる主権者だとい
う自然法的な意味における個人意思自治の観念を棄てて，意思表示は，個人間
の生活関係を妥当に規律する規範を作るものだという理論をとれば，意思表示
は，むしろ，表示行為を本体として，これを純粋に客観的に観察するのが正当
だと考える」とされるのである（我妻・民法総則238頁以下）。
　法規説を採用すると，法律行為の解釈はあり得ないことになろう。法規説に
よれば，意思表示の効果意思は契約上の権利関係の法的根拠とならないから，
効果意思の内容による契約の目的の確定ということはないことになり，契約の
目的の可能性や適法性，社会的妥当性などはすべて法規の適用によって行われ，
契約の解釈ということはあり得ないことになるとの指摘がある（並木・概説27
頁）。

(3)　契約自由の原則

　表示行為（☞表示行為とは）から推測される効果意思（☞効果意思とは）と内心的
効果意思（☞内心的効果意思とは）とが一致しない場合に，表示行為から推測され
る効果意思と内心的効果意思のいずれに重点を置いて意思表示（☞意思表示と
は）の効力を考えるかについて，意思主義，表示主義および折衷主義の争いが
ある。前者（効果意思）を重視して意思表示を有効とする考え方を表示主義，後
者（内心的効果意思）を重視して意思表示を無効とする考え方を意思主義といい，
これに対してその折衷的な見地を折衷主義という。

　☞　**表示行為**とは，効果意思を外部に表すことをいう。
　☞　**効果意思**とは，一定の法律効果の生ずることを欲する意思のことをいう。
　☞　**内心的効果意思**とは，当事者の内心の真意をいう。

5 要件事実と請求原因の発生根拠　　53

☞　**意思表示**とは，表示行為の１つであり，言葉や態度で外部に効果意思を表すことをいう。

✍　**折衷主義**

　　取引の安全を保護する必要のある商取引や多数の者の利害に関する団体関係においては表示主義が重んじられる（旧商175⑤，191）のに対して，身分法の法律関係においては意思主義が重んじられる（民742一，802一）。

　　我が国の民法は，従来，錯誤を意思の欠缺として無効としてきたが（民95），これは意思主義に基づくといいながらも，要素の錯誤に限定している点や表意者に重過失がある場合に無効主張ができない点で，意思主義を制限している（高橋ほか・小辞典17頁）。

　　並木茂教授は，民法修正案の理由書によると，「凡ソ意思表示ニ関シテ従来ニ学説ノ行ハツツアリ曰ク意思主義曰ク表示主義是ナリ意思主義トハ表示ナキ意思ト雖モ苟モ其証明ヲ得レハ以テ足レリトシ表示主義トハ意思ナキコト明確ナルモ偏リニ表示スル所ニ拠リ以テ其効力ヲ定メント欲セリ本案ニ於テハ此両極端主義ノ一ニ偏セスシテ意思ト表示トノ両者相須チテ始メテ法律上ノ効力ヲ生スヘキヲ原則トセリ」とされていたとして，折衷主義を採用していると考えるべきとされる（並木・概説23頁）。

　　民法は，個人の契約関係は契約当事者の自由意思によって決定されるのであって，国家はこれに干渉してはならないとする近代私法の原則たる契約自由の原則（🔍**3**―33頁参照）を承認し，この原則の下に一般的に契約そのものから法律効果が生ずることを許容したと解するべきである。すなわち，法が許容する中において，契約そのものから法律効果が認められるということである。

　　換言すれば，契約上の権利関係の変動が契約当事者の外部に表示した効果意思の合致にあるということは，契約がその当事者を当事者限りとはいえ法的に拘束し，訴訟になった場合には裁判所もそれに従って審判しなければならないことを示すのであって，すなわち，契約の拘束力の根拠がそこにあることを示す。これは，当事者および裁判所を法的に拘束するのはそれが法規範だからである。ここに，契約自由の原則は，契約当事者による「契約規範作出自由の原則」を内包していることになる（並木・概説24頁）。

　　契約自由の原則の理解は，「私的自治の訴訟法的反映」といわれる弁論主義（🔍**3**―31頁参照）や処分権主義（🔍**3**―35頁参照）の基礎にある当事者主義（🔍**3**―35頁参照）の捉え方や，課税要件事実の認定において基礎とすべき「真実に存在する法律関係」（🔍**9**参照）の捉え方に影響を及ぼす。

✍　我が国の民法が契約規範を否定するものではないことは，民法91条の規定からうかがうことができる。ローマ法諺の「合意は法をつくる（Consensus facit legem）」は，それによって拘束されることを同意した当事者間の合意は，法たる効力を有するとするも

のである。この法諺は、フランス民法1134条1項前段「適法に形成された合意は、それを行った者に対しては、法律に代わる。」や、イタリア民法1372条1項前段「契約は当事者間においては法律たるの力を有する。」に継承されている。また、我が国の旧民法財産編327条1項は、「適法ニ為シタル合意ハ当事者ノ間ニ於テ法律ニ同シキ効力ヲ有ス」と規定していた（並木・概説24頁）。

(4) 形式的意義の民法と実質的意義の民法

民事実体法たる民法には、形式的意義の民法と実質的意義の民法がある。形式的意義の民法とは、成文法としての民法典のことをいうのに対して、実質的意義の民法とは、実定法として対等な私人間の生活関係ないし社会関係を規律し、その適用領域が限定されていない法領域の総体のことをいう。

形式的意義の民法は、私人間の生活関係ないし社会関係を規律するに当たって、必要と思われる法規範が収納されていない部分があることから、民法上の問題を検討するに当たっては、それだけでは足りず、実質的意義の民法を素材とせざるを得ない（並木・概説11頁）。そして、実質的意義の民法とは、適用領域の限定されていない広範囲な法規範の総体であるから、その中には多数の個々の法規範が存在する。この個々の法規範を個別的法規範という。

個別的法規範には、組織規範、行為規範（☞行為規範とは）、裁判規範（☞裁判規範とは）とがあるが、権利関係の変更に直接に関係する個別的法規範は、行為規範と裁判規範である。

図表1

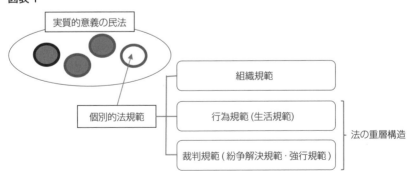

この行為規範と裁判規範は層が重なった構造となっていることから、「法の重層構造」と呼ばれている。

5 要件事実と請求原因の発生根拠

☞ **行為規範**とは，生活規範とも呼ばれるが，私人を名宛人とし，対等な私人間の生活関係ないし社会関係に関わる社会事象が生起したときに，それに適用される要件とそれを原因として生じる効果を定める法規範をいう。私人に対して，「こういう行動をすべき」とする規範をいう。

☞ **裁判規範**とは，裁決規範・紛争解決規範・強行規範とも呼ばれるが，訴訟当事者および裁判所を名宛人とし，民事訴訟において訴訟当事者および裁判所が権利関係に関わる訴訟行為をしたときに，それに適用される要件とそれを原因として生じる効果を定める法規範をいう。

さて，個別的法規範の定める法律要件を充足すると，その規範の定める法律効果から推論される具体的な権利関係が変動することになる。

法律要件を充足する具体的な社会事象があるということは，具体的な積極的ないし消極的社会事象が存在するということであり，それを条件とした場合の帰結として，具体的に積極的ないし消極的な法律効果が生ずるということは，その法律効果から推論される具体的な権利関係が変動することを意味する。

民事訴訟においては，原告が訴訟物（☞訴訟物とは）として主張する一定の権利（法律関係）の存否について判断しなければならない。これを事実審（☞事実審とは）の口頭弁論終結時（☞口頭弁論終結時とは）たる基準時点において直接認識する手段は，推定が許される場面以外にはない。そこで，権利の存否は，その権利の発生が肯定されるか，その後権利が消滅したか，その消滅の効果の発生が妨げられたかといった，いくつかの具体的な法律効果の組合せによって導き出すほかはないのである。そこで，上記のように，条件命題とされている法律要件に該当するであろう社会事象の存在から，帰結命題を導き出し，その導き出された法律効果から権利の存否を推論することで，具体的権利関係の変動を判断することになる（図表2）。

図表2

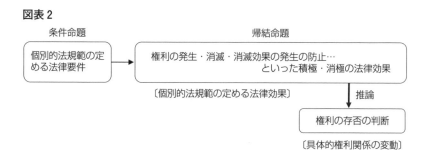

56　第1章　要件事実論―概論

- ✎　文章などで表された主張（判断）が命題である。〈△ ABC において，AB＝BC ならば △ ABC は正三角形である〉は真でないから，偽である命題である。このように命題は 真であるものに限定はしない。〈△ ABC において∠ ABC＝∠ BCA＝60°ならば，△ ABC は正三角形である〉は真である命題であり，すなわち定理である。その中で〈△ ABC において∠ ABC＝∠ BCA＝60°〉は仮定ないしは条件であるが，この文章も，考え ている対象に対する主張と考えれば1つの命題になる（『世界大百科事典〔第2版・デ ジタル版〕』（平凡社2005））。これが条件命題である。「最終的にある結論・結果になる」 という命題が，帰結命題である。
- ☞　**訴訟物**とは，原告が被告に対して主張する権利・法律関係のことをいう。訴訟の目的 や，訴訟上の請求（☞訴訟上の請求とは）と同義に扱われることもある（高橋ほか・小 辞典837頁）（🔍⑪―149頁，⑪ ¶ レベルアップ3！―168頁も参照）。
- ☞　**訴訟上の請求**とは，裁判所に対する特定の判決の要求をいう。狭義には，被告に対す る原告の権利主張のみを指すこともある（高橋ほか・小辞典831頁）。
- ☞　**事実審**とは，訴訟事件の事実問題と法律問題をあわせて審理する審級をいう。民事訴 訟では，第一審と控訴審が事実審であり，上告審は法律審（☞法律審とは）である。事 実の認定は事実審の専権事項であり，事実審が適法に確定した事実は法律審を拘束する こととされている（民訴法321①）。判決の既判力（☞既判力とは）は当該訴訟の事実審 の口頭弁論終結時を基準とする（民訴法115①）（高橋ほか・小辞典533頁）。
- ☞　**法律審**とは，法律違反の有無のみを審理する審級をいう。
- ☞　**口頭弁論終結時**とは，裁判をするに熟したときに，裁判所が当事者の弁論たる口頭弁 論（🔍❸―33頁参照）を終結するその時をいう。
- ☞　**既判力**とは，訴訟手続上，裁判所で判断された事項に当事者も裁判所も拘束されると いう効果であり，裁判が確定した場合に生じる効力の1つである（高橋ほか・小辞典 201頁）。

¶ レベルアップ！　行為規範と裁判規範

　川島武宜博士は，「実質的意義における市民法は，近代の市民社会における 内部法，資本制経済を構成する権利・義務（行為規範）の体系ないし総体，を意 味する」とされながらも，「『民法』ということばは，裁判所において適用され るところの・裁判の基準たるところの・裁判官に向けられた法規範（裁判規範） をも意味する。法典としての『民法』（民法典）は，このような裁判規範とし ての民法を文章の形態において表現したものである。民法典を明確に裁判規範と して把握することは，民法の規定を正しく理解しまたは解釈するために必要で ある。」とされ（川島『民法講義〔第1巻〕序説』16頁以下（岩波書店1951）），民法典 の行為規範性を否定される（同旨として田中成明『法理学講義』54頁（有斐閣1994））。

　しかしながら，民法典の条項が行為規範としても起草されるべきことを，旧 民法の起草者ボアソナード（Boissonade de Fontarabie）が指摘しているところで

もあるし（並木・概説17頁），起草委員である穂積陳重博士の法典調査会における次の答弁からも判然とする。すなわち，同博士は，「法典の文章用語ハ，平易簡明にして，成るべく多数人の了解し得べきを専一とせざる可らず，古代ニ於てハ，法律を以て治民の要具となせし」（穂積『法典論〔復刻版〕』183頁（信山社1991））と述べているのである。

　このように考えると，民法の行為規範性を否定することはできないようにも思われるのである。

　　✎　伊藤滋夫創価大学名誉教授は「裁判規範としての民法」について，「民法典の条文の形式は，要件に該当する事実が存否不明になったときのことを考えて，定められてはいない。そのことは，立法担当者…がそのように明確に述べていることや，次のような民法の規定が少なからず存在することからも明らかである。すなわち，立証責任の視点からいえば，不合理な規定（例えば，民法415条），規定の形式が抵触する規定（例えば，民法167条1項と147条1号，548条1項と2項，561条と563条3項）及び規定の形式からは立証責任の所在が不明ともいえる規定（例えば557条）などがある。」とされる。そして，「裁判の場においては，要件に該当する事実が存否不明になることがあるが，その場合にも，民法を適用しないで判断をすることはできない。なぜなら，民事裁判は，民法を適用して，それを基準として訴訟物である原告の権利が存在するか否かを判断することによって，結論を出しているものだからである。」とし，「そうである以上，民法典の条文を裁判の場で適用できるようにする必要があり，そのための作業，すなわち裁判規範としての民法…の構成をする作業をするということが違法ということは全くないと考える。その作業は，民法の解釈という性質を有するものである。」とする。同教授によれば，裁判規範としての民法の要件は，次のような考え方によって決定される。すなわち，立証責任の対象となる事実を決め，それを内容とする要件が裁判規範としての民法の要件である。この立証責任の対象となる事実が要件事実である。このように，裁判規範としての民法の要件は，その内容となる事実が証明されて初めて適用になるとの考え方を前提として定められることになるのである（伊藤・要件事実講義205頁）。

　では，租税法はどうであろうか。この点，田中二郎博士は，「租税法は，一般の私法規定のように裁判規範に止まるものではなく，租税債権の成立の根拠となり，かつ，これを実現する―租税債権を具体的に確定し，これを実現している―に当たって，拠るべき行為規範であり，同時に，その適用をめぐって紛争を生じた場合の裁判規範でもあるという性質をもっている」と指摘されている（田中・租税法108頁以下）。田中博士は，私法（民法）を裁判規範とみる立場に立っているが，そのことは措くとして，租税法については行為規範と裁判規範の重層構造のものとして捉えているように思われる。

　　✎　松澤智教授は，「裁判所は，法解釈の最終結論者である。…従って，裁判官は，法律に

58 第1章 要件事実論―概論

拘束されるから，紛争を解決するための裁判の前提は『法律』であるので，裁判の前提たる法命題から具体的判断基準を引き出さねばならない。裁判官は，具体的な事件を処理するに当たっては，立法府たる国会の定立した法のなかから判断基準たる規範を探し出さなければならないことが要請されるのである。…右のような，裁判規範としての性格をもつ租税法は，平常においては潜在化しており，顕在化しない。租税行政庁と納税者とが法解釈をめぐって争うときに初めて顕在化するのであり，それは補充的性格をもつということができる。これは，申告納税制度のもとにおいてこそ明確に裁判規範の性格が現れるものということができる。けだし，申告納税制度のもとにおいては，租税実体法，すなわち納税要件法の法解釈を第一に行うのは，まず納税者たる国民であって租税行政庁ではないから，法解釈の争いが生ずるということは，法の当然に予定しているところといいうるからである。しかし，かつてのような，賦課課税制度のもとでは，法解釈は課税行政庁が行い，納税者において，右の処分に不服があるときにのみ取消を求めるのであるから，行政処分に適法性の推定が働くとする行政法学の通説に従う限りは，あえて補充的な裁判規範たるの性質を論ずる必要はなかったからである。これまで，租税法が補充的にも裁判規範をもつという本質を看過していたのは，申告納税制度こそ租税法の基礎であるとする納税者主権主義の本質を理解していなかったからである。」とされる（松澤『租税法の基本原理』122頁（中央経済社1983））。同教授は，このように，補充的な裁判規範としての租税法の本質について強調される。

第 2 章

課税要件法と課税要件事実論

60   第2章　課税要件法と課税要件事実論

6   租税法律主義

(1)   租税法律主義の思想

　租税法律主義は，租税を課するには国会の議決を経た法律にその基礎を置くことを要するという原則である。具体的には，憲法30条および84条にその根拠を求めることができる。

> **憲法30条**
> 　国民は，法律の定めるところにより，納税の義務を負ふ。
> **憲法84条**
> 　あらたに租税を課し，又は現行の租税を変更するには，法律又は法律の定める条件によることを必要とする。

　このように，租税法律主義とは，国民の代表による議会での承認を得たルール（法律）に従ってのみ課税されるという原則である。換言すれば，これは，租税を一般国民に課するためは，国民自身による承諾（自己同意）を得なければならないという考え方であり，他方で，為政者が恣意により租税を国民に課することを排除しようとする思想である。後者の見方は，基本的人権の保障を自由主義的視角で眺めた場合に，そこに包摂される「財産権」を憲法が保障しているという意味でもある。この文脈では，納税の義務（憲30）が財産権保障規定（憲29）の一構成部分として位置付けられ得ることを示唆するところである（谷口・講義22頁）。もっとも，租税立法は，一般的には，国民に経済的負担を課す立法であって，市民的自由を規制・侵害する立法ではないと考えられている（金子宏・租税百選〔7〕6頁（2021））。

　　✍　谷口勢津夫大阪大学名誉教授は，私人に財産の効用を享受させることも，私有財産制の中核的内容をなすとし，私人の享受する効用と，国家が課税を通じて享受する効用との割合を憲法から導出することは困難であるとしても，私人による効用の享受を全面的に否定する租税法律は，憲法29条に違反すると考えられるとされる（谷口・講義23頁）。

　さて，租税法律主義の内容としては，課税要件法定主義，課税要件明確主義，合法性の原則（☞合法性の原則とは）を挙げることができるが，その他，手続的保障原則（☞手続的保障原則とは），遡及立法禁止原則（☞遡及立法禁止原則とは），納税

者の権利保護（☞納税者の権利保護とは）なども挙げられることがある。本節では，特に課税要件に関わりを強くもつ「課税要件法定主義」および「課税要件明確主義」について簡単に確認をしておきたい（詳しくは，🔍**7**—67頁参照）。

☞ **合法性の原則**とは，租税法の執行に当たって不正が介在するおそれを排除するため，また租税負担の公平を維持するために，課税要件が充足されている限りにおいては，租税行政庁に租税を減免する自由はなく，また徴収しない自由もないという考え方である（金子・租税法86頁）。この原則は，法律に規定する以上の租税負担を排除する場面においても働く考え方であると理解すべきであろう（金子宏「更正の請求について」税大ジャーナル3号1頁（2005））。これもまた法律の留保（🔍次頁参照）から導出される考え方である。

☞ **手続的保障原則**とは，公権力の行使である租税の賦課徴収については適正な手続で行われなければならず，また，それに対する争訟が公正な手続によって解決されなければならないことを要請する原則である（金子・租税法87頁）。

☞ **遡及立法禁止原則**とは，納税者の不利益に変更する遡及立法（☞遡及立法とは）は許されないとする考え方である。もっとも，納税者の利益に変更する遡及立法は許容されるとする見解が通説であろう。

☞ **遡及立法**とは，法律公布の日より前に遡って適用される立法のことをいう（静岡地裁昭和47年10月27日判決・行集23巻10＝11号774頁，福岡高裁昭和48年10月31日判決・訟月19巻13号220頁，大阪高裁昭和52年8月30日判決・高民集30巻3号217頁，福岡地裁平成20年1月29日判決・判タ1262号172頁，福岡高裁平成20年10月21日判決・判タ1294号98頁，東京高裁平成21年3月11日判決・訟月56巻2号176頁，最高裁平成23年9月22日第一小法廷判決・判タ1359号75頁，最高裁平成23年9月30日第二小法廷判決・集民237号519頁などの事例を参照）。

☞ **納税者の権利保護**とは，文字通り納税者の権利の保護であるが，租税法律主義が建前として採られていたとしても，違法な租税の確定または徴収が行われた場合に，納税者がそれを争い，その権利の保護を求めることが保障されていなければ，それは画餅に帰してしまうという観点から，これを租税法律主義の内容に含めて考える見解がある（金子・租税法1093頁，水野武夫「誤った課税の是正方法のあり方」税法566号381頁（2011））。

(2) 課税要件法定主義と課税要件明確主義

ア 課税要件法定主義

租税法律主義によれば，国民に対して租税負担を課すということは法律に留保されているから，法律によって命じられている場合かつその限りにおいてのみ，課税は許容されることになる。この法律の留保（☞法律の留保とは）からは，行政法の成文法主義が派生する。同時に，租税法の領域では，課税要件（☞課税要件とは）が法律に明定されていなければならないとする「課税要件法定主義」が導出されることになる（木村・総則99頁）。

62 第2章 課税要件法と課税要件事実論

☞ **法律の留保**とは，国民の自由権や財産権への干渉については必ず立法事項とするというように，特定の事項については憲法は必ず法律によって規律せられるべきことを明らかにしているということをいう（酒井・租税行政法19頁）。
☞ **課税要件**とは，それが充足されることによって納税義務が成立するための要件をいう。

　課税要件法定主義の要請は，法律の根拠なしに政令・省令等で新たに課税要件に関する定めをなし得ないことにある（法律の留保）。また，法律の定めに反するような政令・省令等も効力を有しない（法律優位の原則）。この見地からすると，課税要件および賦課徴収に関する手続の定めを政令・省令等に委任することは許されないということになるが，そこに法律による具体的・個別的委任がある場合には許容されると考えられている。もっとも，かかる委任が一般的・白紙的委任である場合には許されない。

イ　課税要件明確主義

　租税法律主義が課税要件法定主義を要請していることからすれば，当然にその要件の規定は一義的で明確なものでなければならない。このような考え方を「課税要件明確主義」という。この原則は，課税要件法定主義から当然に導き出されるものであり，このような要請が担保されないと，結局は行政庁に一般的・白紙的委任をするのと同じ結果になりかねない（金子・租税法84頁）。

　この点からは不確定概念（🔍**2** ¶ レベルアップ1！－26頁参照）が問題となり得るが，これについては別に述べることとする（🔍**7**－96頁参照）。

ウ　課税要件法定主義と課税要件明確主義を説示する最高裁判例

　租税法律主義において課税要件法定主義や課税要件明確主義が要請されていることを確認するために，次に，きわめて重要な租税判例を参照しておこう。

　最高裁昭和30年3月23日大法廷判決（民集9巻3号336頁）[1]の事例において，上告人（原告・控訴人）は，土地の固定資産税の納税義務者は，同税の納期において真実の土地所有権者と解すべきであるにもかかわらず，地方税法の関係条規を，「1月1日において所有者とされる者を納税者と確定し，爾後台帳登録者に変動があっても納税義務者に変更を生ぜしめない趣旨のものである」とする原審大阪高裁昭和28年4月20日判決（民集9巻3号353頁）のように解するとすれば，憲法11条，12条，14条，29条，30条，65条に違反することになると主張した。

　これに対して，同最高裁は，次のように説示し，上告人の主張を斥けた。

> 　「地方税法の関係条規を見ると，土地の固定資産税は土地の所有者に課せられるけれども，土地所有者とはその年度の初日の属する年の1月1日現在において，土地台帳若しくは土地補充課税台帳に所有者として登録されている者をいい（地方税法343条，359条），従ってその年の1月1日に所有者として登録されていれば，それだけで固定資産税の納税義務者として法律上確定されるから，4月1日に始まるその年度における納期において土地所有権を有する者であると否とにかかわらず，同年度内納税義務者にかわりがないことになっている。かように地方税法は固定資産税の納税義務者を決定するのに課税の便宜のため形式的な標準を採用していることがうかがわれるのである。おもうに民主政治の下では国民は国会におけるその代表者を通して，自ら国費を負担することが根本原則であって，国民はその総意を反映する租税立法に基いて自主的に納税の義務を負うものとされ（憲法30条参照），その反面においてあらたに租税を課し又は現行の租税を変更するには法律又は法律の定める条件によることが必要とされているのである（憲法84条）。
> 　されば日本国憲法の下では，租税を創設し，改廃するのはもとより，納税義務者，課税標準，徴税の手続はすべて前示のとおり法律に基いて定められなければならないと同時に法律に基いて定めるところに委せられていると解すべきである。それ故地方税法が地租を廃して土地の固定資産税を設け，そして所有権の変動が頻繁でない土地の性格を考慮し，主として徴税の便宜に着眼してその賦課期日を定めることとしても，その当否は立法の過程において審議決定されるところに一任されているものと解すべく1月1日現在において土地所有者として登録されている者を納税義務者と確定し，その年度における納期において所有権を有する者であると否とを問わないこととした地方税法343条，359条の規定は，前記憲法の諸条規に適合して定められていること明であって，所論は結局独自の立法論にすぎない。」

　この最高裁判決は，租税法律主義が地方税についても憲法上の原則として採用されているか否かの解釈論上の問題に決着をつけたものである。文理的に憲法84条は，83条や85条とは異なり「国の租税」という概念を用いていないことからしても地方税にも及ぶと解されよう（杉村章三郎・租税百選9頁（1968））。その点もさることながら，同判決によると，租税法律主義は，納税義務者，課税物件，課税標準等の各種の課税要件のほか，租税の賦課・徴収手続も法律によって定められなければならないものとされている。これは，通説と同じ立場である。

憲法83条
　国の財政を処理する権限は，国会の議決に基いて，これを行使しなければならない。
憲法85条
　国費を支出し，又は国が債務を負担するには，国会の議決に基くことを必要とする。

64　　第2章　課税要件法と課税要件事実論

　上記判決の考え方は，次に示す，いわゆる大嶋訴訟最高裁昭和60年3月27日大法廷判決（民集39巻2号247頁）[2]に踏襲されている（金子宏・租税百選〔7〕7頁（2021））。

> 　「租税は，国家が，その課税権に基づき，特別の給付に対する反対給付としてでなく，その経費に充てるための資金を調達する目的をもって，一定の要件に該当するすべての者に課する金銭給付であるが，およそ民主主義国家にあっては，国家の維持及び活動に必要な経費は，主権者たる国民が共同の費用として代表者を通じて定めるところにより自ら負担すべきものであり，我が国の憲法も，かかる見地の下に，国民がその総意を反映する租税立法に基づいて納税の義務を負うことを定め（30条），新たに租税を課し又は現行の租税を変更するには，法律又は法律の定める条件によることを必要としている（84条）。それゆえ，課税要件及び租税の賦課徴収の手続は，法律で明確に定めることが必要であるが，憲法自体は，その内容について特に定めることをせず，これを法律の定めるところにゆだねているのである。思うに，租税は，今日では，国家の財政需要を充足するという本来の機能に加え，所得の再分配，資源の適正配分，景気の調整等の諸機能をも有しており，国民の租税負担を定めるについて，財政・経済・社会政策等の国政全般からの総合的な政策判断を必要とするばかりでなく，課税要件等を定めるについて，極めて専門技術的な判断を必要とすることも明らかである。したがって，租税法の定立については，国家財政，社会経済，国民所得，国民生活等の実態についての正確な資料を基礎とする立法府の政策的，技術的な判断にゆだねるほかはなく，裁判所は，基本的にはその裁量的判断を尊重せざるを得ないものというべきである。そうであるとすれば，租税法の分野における所得の性質の違い等を理由とする取扱いの区別は，その立法目的が正当なものであり，かつ，当該立法において具体的に採用された区別の態様が右目的との関連で著しく不合理であることが明らかでない限り，その合理性を否定することができず，これを憲法14条1項の規定に違反するものということはできないものと解するのが相当である。」

　大嶋訴訟最高裁判決が述べるように，憲法は，課税要件について法律で明確に定めることを要求しているのである。通説も，課税要件をどう定めるかについては広い立法裁量を認めているが，課税要件は法律によって定めなければならないと解している（金子・租税法81頁）。

　　✍　木村弘之亮教授は，租税法律主義は，法律要件も法律効果もともに法律に定められていなければならないことを要請しており（木村・総則104頁），したがって，法律効果も法律から明らかにならなければならないとされる（同書99頁）。

⑶　課税要件明確主義の解釈論への示唆

　課税要件明確主義は，単なる租税立法上の要請にとどまらず，租税法の解釈姿勢に意味を持ち込むことがある。以下，その点について確認しておきたい。
　消費税簡易課税制度における事業区分の判定のあり方を巡り歯科技工所の事

業の「サービス業」該当性が争点となった事例において，名古屋高裁平成18年
2月9日判決（訟月53巻9号2645頁）[3]は，次にみるように，課税要件明確主義の
要請に対する一定の限界があるという現状を前提とした上で，租税法の解釈に
おいて明確性あるいは一義性を求めているように思われる。

> 「憲法84条（課税）は，法律の定めなくしては租税を課すことはないとする租税法
> 律主義の原則を定めており，この定めの趣旨が，課税に対する法的安定性と納税者に
> 予測可能性を与えるものであることにかんがみると，その内容として納税義務者及び
> 課税標準等の課税要件や租税の課税徴収手続が法律によって定められていなければな
> らず，また，上記課税要件について，実体法上，その内容が多義的でなく明確かつ一
> 義的なものであることが要求されている。したがって，租税法規の定めはできるだけ
> 明確かつ一義的であるのが望ましいことはいうまでもない。しかし，租税法規が対象
> とする課税対象となる納税者側の社会生活上の事象は千差万別であり，特に，納税者
> の自由な経済活動等による多様な形態による事業，取引等がなされることを前提にす
> ると，それらの全てを法律により一義的に規定し尽くすことは不可能であり，その内
> 容の明確性については自ずから一定の限界があることもやむを得ないというべきであ
> る。したがって，租税法規の解釈については，当該法令が用いている用語の意味，内
> 容が明確かつ一義的に解釈できるかをまず検討することが必要であることはいうまで
> もないが，それができない場合には，立法の趣旨目的及び経緯，税負担の公平性，相
> 当性等を総合考慮して検討した上，用語の意味，内容を合理的に解釈すべきである。」

　また，平成14年改正前の旧所得税法161条《国内源泉所得》6号〔現行1項10号〕
にいう「貸付金（これに準ずるものを含む。）」にレポ取引が含まれるか否かが争点
となったいわゆるレポ取引事件（🔍8 ¶ レベルアップ2！─117頁参照）において，
東京高裁平成20年3月12日判決（金判1290号32頁）は，「貸付金（これに準ずるもの
を含む。）」の意味を経済的実質の観点から画すべきとしてレポ差額もここに含
まれるべきとした控訴人（被告）の主張に対して，次のように説示している。

> 「所得税法161条6号にいう『貸付金（これに準ずるものを含む。）』は，消費貸借契
> 約に基づく貸付債権以外の債権を含む趣旨で規定されたものと解するのが相当であり，
> 同号の『貸付金（これに準ずるものを含む。）』の『利子』は，消費貸借契約に基づく
> 貸付債権を基本としつつ，その性質，内容等がこれとおおむね同様ないし類似の債権
> の利子というべきであり，原因となる法律行為の法形式のみからその適用の有無を判
> 断できるものではないものの，他方で，社会通念上，私法上の消費貸借契約における
> 貸付債権とその性質，内容等がおおむね同様ないし類似するか否かが問題となり，そ
> の法形式等を全く考慮することなく，経済的効果のみに着目して判断することもでき
> ないから，これについて，専ら経済的な効果に着目して『貸付金』の解釈の範囲を広
> げ，『これに準ずるものを含む。』との規定と相まってその外延を不明確にする結果を

もたらすことは，租税法律主義の内容である租税要件明確主義に沿った解釈というこ
とはできず，租税要件明確主義に反した解釈とならないためには，外延を不明確にす
ることのない解釈を行うべきであって，この点からみても，控訴人らの上記主張を採
用することができないといわざるを得ない。」

この説示では，「課税要件明確主義に沿った解釈」の要請が前提とされている。

〔注〕
(1) 判例評釈として，杉村章三郎・租税百選 8 頁（1968），金子宏・租税百選〔2〕10頁
　　（1983），同・曹時 7 巻 5 号66頁（1955），同・民商33巻 2 号86頁（1956），松澤智・税通
　　39巻15号270頁（1984）など参照。
(2) 判例評釈として，金子宏・租税百選〔7〕 4 頁（2021），同・判時1201号 2 頁（1986），
　　泉徳治・曹時38巻 5 号223頁（1986），清永敬次・民商94巻 1 号97頁（1986），碓井光明・
　　憲法百選 I 〔2〕60頁（1988），水野忠恒・昭和60年度重要判例解説〔ジュリ臨増〕11頁
　　（1986），中里実・戦後重要租税判例の再検証12頁（2003），畠山武道・法教56号134頁
　　（1985），北野弘久・税通40巻 7 号80頁（1985），山田二郎・税通40巻 7 号103頁（1985），
　　村井正・税通40巻 7 号98頁（1985），廣澤民生・憲法百選 I 〔5〕70頁（2007）など参照。
(3) 名古屋高裁は，日本標準産業分類は日本における標準産業を体系的に分類しており，
　　他にこれに代わり得る普遍的で合理的な産業分類基準は見当たらないことなどからすれ
　　ば，消費税の簡易課税制度における事業の範囲の判定に当たり同分類によることの合理
　　性は否定できないとした。判例評釈として，三木義一・ジュリ1321号245頁（2006），酒
　　井・ブラッシュアップ316頁など参照。

Tax Lounge　「税」と「脱」の語源

　「税」の字は「禾（米：農作物）＋兑（剥ぎ取る：抜き取る）」から来たといわれてい
る。したがって，そこには，米などの農作物を抜き取るという意味がある。
　律令制の頃には，現在の税務署に当たる「主税寮（ちからのつかさ）」と呼ばれる役
所があった。ここにいう「ちから」とは「税」の当時の言い方であり，そこから，
「税」の意味について，「民のちからによって生産されたもの」とする解釈や，「権力者
がちからづくで取り立てた年貢」のことを指すなどの解釈が出てくることになるので
あろう。したがって，「税」のそもそもの意味内容からは参加費というような概念に
は結びつかないのである。
　これに対して，英語で「税」のことを「tax」というが，tax の語源については，
「ticket」と同じで入場券のようなものと説明されることがある。そこには，「税」と
はややニュアンスを異にし，参加費というような意味内容を見出すことが可能である。
　ところで，「脱」は「税」と同様に，「身体から（衣服を）剥ぎ取る」という意味が
ある。国から召しあげられないように，あらかじめ剥ぎ取って隠し，その残りのもの
を国に納付することを「脱税」という。そう考えると，「税」と「脱」の語源は似たと
ころにあるのかもしれない。

7 課税要件法定主義・課税要件明確主義

(1) 課税要件法定主義

課税要件法定主義とは，課税の作用が国民の財産権への侵害であるという点から，課税要件（🔍6—62頁参照）のすべてと租税の賦課徴収の手続は法律によって規定されなければならないとする考え方で，これは刑法における罪刑法定主義（☞罪刑法定主義とは）になぞらえて作られた原則であるといわれている（金子・租税法80頁）。

☞ **罪刑法定主義**とは，明治13年の旧刑法制定以来採用されている原則であり，行為を行ったときに，かかる行為を犯罪とし刑罰を科す旨を定めた成文法がなければ，その行為を処罰することはできないとする考え方である（高橋ほか・小辞典462頁）。

✎ **罪刑法定主義と租税法律主義**

課税要件法定主義が罪刑法定主義になぞらえられたものであるとしても，罪刑法定主義の考え方が租税法律関係においてすべて適用されるものではない。例えば，罪刑法定主義にいう刑罰不遡及の原則（☞刑罰不遡及の原則とは）や明確性の原則（☞明確性の原則とは）については，租税法律主義の内容の一部を構成する「遡及立法禁止原則」（🔍6—61頁参照）や「課税要件明確主義」（🔍6—62参照）と密接な関係性を有すると思われるが（これについても議論はある），それ以外の点については意見の分かれるところであろう。例えば，成文法主義（☞成文法主義とは）の考え方は，慣習法を直接の処罰の根拠となし得ないとするものであるが，租税法の法源として行政先例法（☞行政先例法とは）が認められるとする見解は有力である。類推解釈の禁止についても，租税法の解釈手法の1つとして認められるか否かについては議論が分かれている（否定説として，山田二郎・租税百選13頁（1968））。絶対的不定期刑の禁止（☞絶対的不定期刑の禁止と

図表 1

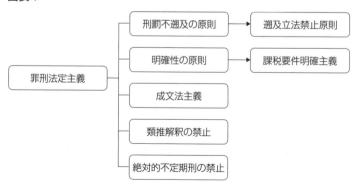

68 　第 2 章 　課税要件法と課税要件事実論

は）の租税法律関係における適用がない点については言を俟たない。

☞ **刑罰不遡及の原則**とは，行為時に犯罪でなかった行為は，その後の法律で同種類の行為が犯罪とされても，さかのぼって処罰されることはないという原則をいう（高橋ほか・小辞典310頁）。

☞ **明確性の原則**とは，法に違反者を処罰する罰則を置く場合，その規定が明確でなければならないとする考え方をいい，その基準は，最高裁によれば，「通常の判断能力を有する一般人の理解において，具体的場合に当該行為がその適用を受けるものかどうかの判断を可能ならしめるような基準が読み取られるかどうかによってこれを決定すべきである」としている（徳島市公安条例事件最高裁昭和50年 9 月10日大法廷判決・刑集29巻 8 号489頁）。

☞ **成文法主義**とは，イギリスのように判例を第一義的な裁判のよりどころとするのではなく，制定法を裁判規範の中心に据える考え方をいい，制定法主義ともいう。

☞ **行政先例法**とは，行政によるある特定の取扱いが一般的にしかも反覆継続的に行われ，それが一般市民の間に法であるとの確信（法的確信）が定着した場合の慣習法のことをいう。もっとも，近時は，慣習法の成立に当たって，法的確信を要件とみるべきではないとの考え方が台頭している（酒井克彦「租税法律関係における慣習法の成立―法人税法22条 4 項に内包される『慣習』に対するスクリーン機能―」アコード・タックス・レビュー 5 号 7 頁（2013））。

☞ **絶対的不定期刑の禁止**とは，刑罰を抽象的にしか規定しない条文は罪刑法定主義の趣旨に反するため，これを禁止するという考え方であり，例えば，「…した者は刑に処する」とか，「…した者は懲役に処する」というような刑量を法定しない場合には，この禁止原則に違反することになる。

　もっとも，課税要件は法律に定められなければならないとの考え方のみを貫くと，原則として委任立法は許されなくなるが，それは現実的ではない。租税法においては，その性格上，技術的・細目的事項が多く，法律では対応しきれないのが現実である（水野・租税法10頁，酒井・相当の地代 7 頁）。現実には，最高裁昭和30年 3 月23日大法廷判決（民集 9 巻 3 号336頁。🔍**6**―62頁参照）が示す，①租税法律の専門技術性および②変化の激しい経済社会に機動的に対応する必要性の 2 点を根拠として，膨大な行政命令が存在しているのである（佐藤英明・租税百選〔4〕11頁（2005））。

憲法73条

　　内閣は，他の一般行政事務の外，左の事務を行ふ。

　六　この憲法及び法律の規定を実施するために，政令を制定すること。

内閣法11条《政令の限界》

　　政令には，法律の委任がなければ，義務を課し，又は権利を制限する規定を設けることができない。

7 課税要件法定主義・課税要件明確主義　69

　租税法律主義が求めるところは，国民の自己同意という形での民主的コント
ロールの保障であるから，このような保障が担保される範囲内における委任立
法は許容されるべきであろう。すなわち，一般的・白紙的委任は許されないが，
合理的必要性があれば（清永・税法30頁），法律の委任の範囲内における命令にお
ける要件規定が置かれることは認められると解されるのである。

　農業災害補償法の農作物共済に係る共済掛金等の具体的決定を組合の定款等
に委ねていることが，課税要件法定主義に反するか否かが争点とされた事例と
して，最高裁平成18年3月28日第三小法廷判決（判タ1208号76頁）[1]がある。同最
高裁は，次のように説示し，かかる委任は憲法84条の趣旨に反しないとした。

> 　「公共組合である農業共済組合が組合員に対して賦課徴収する共済掛金及び賦課金
> は，国又は地方公共団体が課税権に基づいて課する租税ではないから，これに憲法84
> 条の規定が直接に適用されることはない。
> 　もっとも，農業共済組合は，国の農業災害対策の一つである農業災害補償制度の運
> 営を担当する組織として設立が認められたものであり，農作物共済に関しては農業共
> 済組合への当然加入制が採られ（法〔筆者注：農業災害補償法〕15条1項，16条1項，
> 19条，104条1項），共済掛金及び賦課金が強制徴収され（法87条の2第3項，4項），
> 賦課徴収の強制の度合いにおいては租税に類似する性質を有するものであるから，こ
> れに憲法84条の趣旨が及ぶと解すべきであるが，その賦課について法律によりどのよ
> うな規律がされるべきかは，賦課徴収の強制の度合いのほか，農作物共済に係る農業
> 災害補償制度の目的，特質等をも総合考慮して判断する必要がある。」
> 　「法は，共済事故により生ずる個人の経済的損害を組合員相互において分担するこ
> とを目的とする農作物共済に係る共済掛金及び賦課金の具体的な決定を農業共済組合
> の定款又は総会若しくは総代会の議決にゆだねているが（43条1項2号，45条の2，
> 86条1項，87条1項，3項，107条1項），これは，上記の決定を農業共済組合の自治
> にゆだね，その組合員による民主的な統制の下に置くものとしたものであって，その
> 賦課に関する規律として合理性を有するものということができる。
> 　したがって，上記の共済掛金及び賦課金の賦課に関する法の規定は，憲法84条の趣
> 旨に反しないというべきである。」

　問題は，何が一般的・白紙的委任に当たるのかという点である。この点につ
き，「具体的・個別的と抽象的・一般的とのちがいは結局は程度の差にすぎな
い」とする見解もあるように（宮澤俊義＝芦部信喜〔補訂〕『全訂日本国憲法』577頁
（日本評論社1978）），その区別の基準は必ずしも明らかではない。

　憲法41条は，「国会は，国権の最高機関であって，国の唯一の立法機関であ
る。」とし，さらに，同84条が租税法律主義を規定しているところからすれば，
憲法は，租税法律関係においては委任立法の限界を加重しているとみることも

70 第2章 課税要件法と課税要件事実論

できそうである（村井正・租税百選15頁（1968））。

この点について，大阪地裁昭和41年5月30日判決（行集17巻5号591頁）[2]は，次のように判示し，旧法人税法施行規則10条の3第6項4号は法律の委任の範囲を超え，租税法律主義に反するとした。

「元来株主および同族関係者といえども法人の使用人となってその職務に従事することは何等差支えのないところであって，これに対し使用人賞与が支給されればそれは当然法人がその所得を得るために出損した法人の必要経費であって法人の所得の計算上損金に算入されこの金額は課税対象から除かれるのが当然である。それは法人の必要経費であることに何等異なるところがないからである。これらの株主及び同族関係者はたとえ株主総会，その他において，又はそれらを通じて法人運営に大きな影響を与え得るとしても，それ自体直接に，又は具体的に法人業務の執行権を有しないのであって，法人の代表取締役，専務常務取締役等の如く代表権又は表見代表権を有し具体的な法人職務の執行を担当する役員とは直ちに同一視することは出来ないのである。法人業務の執行を担当する役員はその職務の性質上その使用人となり得ないし，使用人の職務を遂行しても使用人としての職務の遂行とは看做し得ない。けだし，かような職務の執行はそれ自体役員の業務執行とみられるからである。しかし，株主および同族の関係者はこのような役員とは異なるのである。本来法人業務の執行の局外者であるから，業務執行担当者の補助者として使用人の地位にあってその職務を従事するときは真実法人の使用人とみられるべきものである。しかるに前記規則はこれらの株主および同族関係者の使用人業務を否定することによって使用人分の賞与の損金性を否認して益金に計上すべきものとする。<u>これはまさに，使用人分賞与として損金に計上され課税の対象とならなかったはずのものを，益金に計上させることによってこの部分を新たに課税の対象とするもので，要するに新たな租税を設けるのと同一の効果を招来するものである。これらの株主および同族関係者について他の見地からこの規則のような取扱をしようとするならば租税法律主義の立前上それは法律によってなすべきである。別記の法人税法第9条第7項の『所得の計算に関する事項の委任命令』に基づく規則を以てしては，このような新たな租税を設けるのと同一の効果を招来する基本的な内容を追加規定することはなし得ないものというべきである。前記規則第10条の3第6項第4号は租税法律主義に違反するもので適用出来ない。</u>もちろん，この点に関しては，昭和40年法律第34号による改正法人税法（昭和40年4月1日施行）第35条によって新たに規定（法律によって）せられたところであるがこの改正法人税法施行の前である本件には改正法が適用せられないのは当然である。従ってこの点に関する被告の主張は採用出来ない。」

✍ なお，事件当時の昭和40年法律34号による改正前の旧法人税法9条1項は「内国法人の各事業年度の所得は，各事業年度の総益金から総損金を控除した金額による」と規定していた。昭和40年政令第97号による改正前の旧法人税法施行規則10条の4本文は，役員の賞与は利益の分配であるから，法人がたとえ役員に支給した賞与を損金により支給したとしても，本来利益処分によるべきものであるとして，当然益金に加算されるべき

と規定していた。また，旧法人税法施行規則10条の3第6項4号は，同規則10条の4本文の規定と相まって，同族会社の役員のうち同族会社判定の基礎となる株主またはこれらの者の同族関係者に支払われた賞与は損金性を有しないことを定めていた。

この控訴審大阪高裁昭和43年6月28日判決（行集19巻6号1130頁）[3]は，次のように説示して，原審判断を維持した。

> 「なるほど，同族会社では，控訴人〔筆者注：第一審原告〕が当審で主張するように，多くの経理上の不正が行なわれることは顕著な事実であるが，そうだからといって，同族会社は，すべて資本と経理とが分離され，過半数の株式を保有する少数の大株主によって会社は支配されその影響力は絶大であると断言するのは正しくない。同族関係者のすべてが，同族会社の事業を主宰しているグループの一員として会社支配に大きな影響力があるわけではなく，却って，同族会社では，いわゆるワンマンが会社を支配し，同族関係者はむしろその頤使のもと，唯唯諾諾として使用人としての地位に甘んじている場合の極めて多いことにも留意されるべきである。
> このような，同族関係者が真実使用人として職務に従事し，その対価として得られる賞与については，損金に算入されるのが，事柄の性質上当然といわなければならない。
> このような性質において損金であるものを，法律の明確な委任のない命令で益金とすることができないことも前述したとおりであるから，同族関係者の賞与に対し，旧規則10条の3第6項4号，10条の4本文を形式的に一率〔ママ〕に適用してこれを損金としないで，10条の4本文の役員賞与中には，その性質において損金性を有する賞与は含まないと解するのが相当である。このことは，命令では確認的な規定を設けることはできても創設的な規定は設けられないことと合致し，また旧規則10条の3第6項4号をすべて租税法律主義に反し無効であるとする解釈態度を止揚できる点で妥当な解釈といえる。」

そもそも，昭和40年改正において，旧法人税法35条5項は，使用人兼務役員から除かれる役員の範囲を政令に委任していた。これを受けて，旧法人税法施行令71条1項4号は，一定の同族判定役員やその同族関係者を使用人兼務役員の範囲から除外していたが，この規定が委任の範囲を逸脱しているかどうかが争点とされた事例として，広島高裁昭和60年9月30日判決（シュト289号46頁）[4]がある。同高裁において，控訴人である納税者は，「法人税法施行令71条1項3号4号の各規定は法律の委任する範囲以外の事項を定めたものである点で無効であり，この無効な法令を適用して本件賞与を損金不算入とすることは違法である。」と論じた。

これに対して，広島高裁は次のように断じている。

> 「租税法律主義とは，租税の種類，納税義務者，課税標準，税率等のすべてが租税法規で定められることを要するとするもので，これによって行政庁の恣意的な徴税を抑制するとともに国民の利益が侵害されないようにするためのものであるから，法人所得の計算上ある支出が損金に算入されるか否かが租税法規に定められておれば，それに従うほかなく，その支出が商法上，あるいは会計諸則上利益処分とされるか否かとは関係がないことである。
> しかして本件賞与は，法人税法35条，法人税法施行令71条1項3，4号，2項により損金に算入されないことになるから，租税法律主義に反することにはならない。」

　これまで，課税要件法定主義に反するとして憲法違反が肯定された事例は数少ないが，その1つとして，登録免許税の軽減税率の適用につき都道府県知事の証明書の添付を要するとして税率軽減の要件を加重した政令の効力について争われた東京高裁平成7年11月28日判決（行集46巻10＝11号1046頁）[5]がある。同高裁は，次のように説示し，かかる政令の効力を否定している。

> 「いわゆる租税法律主義を規定したとされる憲法84条のもとにおいては，租税の種類や課税の根拠のような基本的事項のみでなく，納税義務者，課税物件，課税標準，税率などの課税要件はもとより，賦課，納付，徴税の手続もまた，法律により規定すべきものとされており（最高裁大法廷昭和30年3月23日判決民集9巻3号336頁，最高裁大法廷昭和37年2月21日判決刑集16巻2号107頁），租税の優遇措置を定める場合や，課税要件として手続的な事項を定める場合も，これを法律により定めることを要するものである。そして，このような憲法の趣旨からすると，法律が租税に関し政令以下の法令に委任することが許されるのは，徴収手続の細目を委任するとか，あるいは，個別的・具体的な場合を限定して委任するなど，租税法律主義の本質を損なわないものに限られるものといわねばならない。すなわち，もし仮に手続的な課税要件を定めるのであれば，手続的な事項を課税要件とすること自体は法律で規定し，その上で課税要件となる手続の細目を政令以下に委任すれば足りるのである。第一審被告国は，包括的な委任文言を採用して課税要件の追加自体を政令に委任しないと，変転してやまない経済現象に対処できない弊害が生じるとするが，前記のような規定の方法によったからといって，所論のような弊害が生じるとは考え難い。
> そして，租税法律主義のもとで租税法規を解釈する場合には，ある事項を課税要件として追加するのかどうかについて法律に明文の規定がない場合，通常はその事項は課税要件ではないと解釈すべきものである。それにもかかわらず，『政令の定めるところによる』との抽象的な委任文言があることを根拠として，解釈によりある事項を課税要件として追加し，政令以下の法令においてその細目を規定することは，租税関係法規の解釈としては，許されるべきものではない。」

　田中二郎博士は，一般的・白紙的委任の認定の困難性を指摘された上で，憲法の根本建前である議会を設けた実質的理由を否定しない点にその限界を求め

る意見を展開される（田中『法律による行政の原理』261頁（酒井書店1954））。また，山内一夫学習院大学名誉教授は，「憲法のとる租税法律主義の下においても，法律が租税法規を命令に委任することが絶対に禁止されているわけではないが，その委任は明確な文言をもってなされるべきものであるから，あいまいな文言を手がかりに委任の趣旨を推測するのは，租税法律関係の精神に背反する。」と論じられる（山内・租税百選〔2〕15頁（1983））。

　これらの見解は，いずれも政令への委任の限界につき，租税法律主義の本質を損なっているかどうかで判断すべきとしているようである。この点，上記東京高裁判決が，憲法の趣旨を前提として，「法律が租税に関し政令以下の法令に委任することが許されるのは，徴収手続の細目を委任するとか，あるいは，個別的・具体的な場合を限定して委任するなど，租税法律関係の本質を損なわないものに限られるものといわねばならない。」と述べている考え方と通底している。同判決は，このような説示の上で，「解釈によりある事項を課税要件として追加し，政令以下の法令においてその細目を規定することは，租税法律関係の解釈としては，許されるべきものではない。」として，租税法律主義に反するとの結論を導出していることからすれば，この説示は判決の判断の中心的部分であるといえよう。

¶レベルアップ1！　法人税法65条の政令委任

　法人税法は，第2編《内国法人の法人税》第1章《各事業年度の所得に対する法人税》第1節《課税標準及びその計算》第11款《各事業年度の所得の金額の計算の細目》において，同法65条《各事業年度の所得の金額の計算の細目》として，次のように規定する。

> **法人税法65条《各事業年度の所得の金額の計算の細目》**
> 　第2款から前款まで《所得の金額の計算》に定めるもののほか，各事業年度の所得の金額の計算に関し必要な事項は，政令で定める。

この規定について，政令に白紙委任したことを意味しているのではないかという疑問が惹起されることがある。

大阪高裁平成21年10月16日判決（判タ1319号79頁）[6]は，次のように判示している。

> 「租税については，納税義務者，課税標準及び税率等の課税要件並びに賦課徴収の手続は法律によって定めることが必要であると解される。

74　　第2章　課税要件法と課税要件事実論

　もっとも，租税法規は，複雑かつ多様な経済事象をその規律の対象とするものであり，課税の公平及び徴税の適正等の観点から技術的かつ細目的な定めを設ける必要があるとともに，上記のような経済事象の変動に即応した規律を行う必要があることを考慮すれば，課税要件等に係る技術的細目的事項まですべて法律によって定め，また，経済事象の変動に即応して法律を制定又は改廃することは実際上困難であり，憲法もこのような場合を予定して，憲法84条において『法律又は法律の定める条件によることを必要とする』と定め，課税要件等の定めを政令に委任することを許容しているものと解される。

　しかし，憲法の採用する租税法律主義の趣旨からすれば，課税要件等の定めを一般的又は包括的に政令に委任することは許されず，課税要件等に係る基本的事項については法律において定めることを要し，政令に委任することが許されるのはその技術的細目的事項に限られると解するのが相当である。」

　「…上記のような観点から法65条の政令への委任の趣旨について検討すると，法21条は，内国法人の各事業年度の所得に対する法人税の課税標準は各事業年度の所得の金額とする旨を，法22条1項は，各事業年度の所得の金額は当該事業年度の益金の額から当該事業年度の損金の額を控除した金額とする旨を，同条2項は，各事業年度の益金の額に算入すべき金額は，別段の定めがあるものを除き，資本等取引を除く取引に係る当該事業年度の収益の額とする旨を，同条3項は，各事業年度の損金の額に算入すべき金額は，別段の定めがあるものを除き，売上原価等（同項1号），販売費等（同項2号），当該事業年度の損失の額で資本等取引以外の取引に係るもの（同項3号）とする旨をそれぞれ定め，法人税の課税標準である所得の金額の計算の要素となる益金及び損金の内容及び算入時期についての通則を定めている。そして，法は23条ないし64条において，上記通則に対する別段の定めとして，法人の特定の収入及び支出に関し，益金の額への算入及び損金の額への算入について，その可否・限度額・時期を定めている。

　この点について，被控訴人〔筆者注：納税者〕は，法65条の政令へ委任する旨の定めは法22条2，3項の各柱書の『別段の定め』に当たると主張するが，被控訴人主張のような解釈によれば，法65条の委任によって，法23条ないし法64条の定め以外にも，政令によって，法22条の通則に対する別段の定めをすることができることになるが，それでは，法人税の課税標準である所得の金額を計算するための二大要素である益金と損金について，政令によって通則である法22条2，3項に対する別段の定めをすることができることになり，その結果は法人税の税額に直ちに影響するものである上，法22条2，3項の各柱書の『別段の定め』については何らの限定がないことをも併せ考慮すれば，このような政令への委任は租税法律主義に反するものといわざるを得ず，被控訴人の上記主張はにわかに首肯できない。

　むしろ，法65条の見出しには『（各事業年度の所得の金額の計算の細目）』とあること，同条には『に関し必要な事項は，政令で定める』との文言が使用されているが，この文言は，法の定めについての技術的細目的事項を政令に委任したものであることが明らかな法23条8項，24条3項，29条2項，31条6項，32条8項等々においても用いられていること，法65条には『第2款から前款まで（所得の金額の計算）に定めるもののほか』とあるが，同条が通則としての法22条2，3項に対する別段の定めを法23条ないし64条の定め以外にも政令によって定めることができる趣旨であるのなら，

第2款（22条）を外して『第3款から前款まで（所得の金額の計算）に定めるもののほか』とするべきであるが，そうはなっていないことを考慮すれば，法65条の政令へ委任する旨の定めは法22条2，3項の各柱書の『別段の定め』には当たらないと解するのが相当である。」

　「以上によれば，法65条は，法22条ないし64条の定める内容について，その施行のために必要な技術的細目的事項を定めることを政令に委任する規定と解され，憲法の採用する租税法律主義に反するものとはいえない。」

　上記判決では否定されているものの，法人税法65条は，「所得の計算に関し必要な事項」という限定を付しているが，その内容はきわめて広範であって，むしろ一般的・白紙的委任ともいえるように思われる。このような広範な委任を設けなければならない理由として，租税法の特殊な性格をあげる見解がある。租税法については，その内容がきわめて複雑であり，また，技術的に詳細にわたる上，経済は常に動いているので，その経済の中に生起する事柄に関する規定をすべて想定するのは困難であるから，あたかも個々のものについて政令に委任したと同様な意味において一般的・白紙的な委任を行うことが許されてしかるべきであるとする考え方である。しかし，このような見解は法律改正の柔軟性を期待できないことに対する諦念を前提とする妥協であって，その中でも依然として一般的・白紙的委任とならないような努力は続けられるべきであろう。

¶ レベルアップ2！　委任規定における2つの問題

㋐ 「立法府のミス」か「行政府のミス」か

　委任規定の限界については，委任方法の問題と委任命令の内容の問題との2つに分けて考えることができる。委任の方法について誤ったという場合の前者のミスが「立法府のミス」とされるのに対して，委任の限界を超えて命令を制定した場合の後者のミスが「行政府のミス」である（北村喜宣・租税百選〔3〕9頁（1992））。

図表2

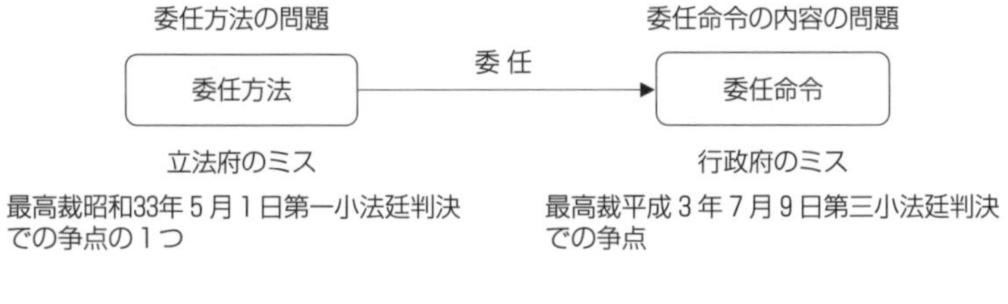

委任方法の問題　　　　　　　　　　委任命令の内容の問題

委任方法　　—— 委任 ——▶　　委任命令

立法府のミス　　　　　　　　　　　行政府のミス
最高裁昭和33年5月1日第一小法廷判決　　最高裁平成3年7月9日第三小法廷判決
での争点の1つ　　　　　　　　　　での争点

76　　第2章　課税要件法と課税要件事実論

国家公務員法102条《政治的行為の制限》1項は次のように規定する。

> **国家公務員法102条《政治的行為の制限》**
> 　職員は，政党又は政治的目的のために，寄附金その他の利益を求め，若しくは受領し，又は何らの方法を以てするを問わず，これらの行為に関与し，あるいは選挙権の行使を除く外，人事院規則で定める政治的行為をしてはならない。

　この規定が人事院規則に一般的・白紙的委任をしたものであって，その委任方法に立法府のミスがあったか否かが争点とされた事例がある。福岡高裁宮崎支部昭和32年8月6日判決（刑集12巻7号1282頁）は次のとおり判示している。

> 　「国民の基本的人権は，もとより憲法の保障するところであるが，元来，公務員は，全体の奉仕者であるから，一般国民に比べ，その政治的行動につき制約を受ける場合のあることも，また，憲法の予期するところであるといわなくてはならない。…右法条〔筆者注：国家公務員法102条1項〕によると，国家公務員の『政治的行為』は一切禁止する趣旨でないことは自ら明らかであるが，他面，右法条により人事院規則に委任した『政治的行為』は無制限ではあり得ない。人事院規則で定め得べき『政治的行為』は右法条に例示的に定められた程度に一定の限界があり，その程度の限界の定め方は，全体の奉仕者である国家公務員が中立性を維持する上からいって，やむを得ない制限であって，その制限をもって，直ちに憲法の保障する基本的人権を蹂躙するものということはできない。そこで，更に，人事院規則14-7をみれば，それには裁判所法第52条所定のような抽象的規定をおかず，特定の『政治的目的』，特定の『政治的行為』とそれぞれ列挙し，右列挙された『政治的目的』と『政治的行為』を禁止することは，国家公務員の中立性を保持し，公共の福祉を満足するに最小限のものと認められるから，人事院規則の右規定は，いずれも国家公務員法第102条第1項の精神に合致し，その内容をなしているので，その授権の方法は，右委任事項に関する限り適当であり，何ら授権の範囲を逸脱していないことが認められる。してみると，国家公務員法第102条第1項が憲法に違反しない以上，人事院規則14-7は実質的にも，形式的にも何ら憲法に違反する無効のものでないから，原判決が右規則を適用したのは相当であり，原判決には所論のような法令の適用に誤りはない。それ故，論旨は理由がない。」

　これを受けて，上告審最高裁昭和33年5月1日第一小法廷判決（刑集12巻7号1272頁）も次のように説示し，違憲，違法はなかったと判断している。

> 　「前記人事院規則は，右国家公務員法102条1項に基き，一般職に属する国家公務員の職責に照らして必要と認められる政治的行為の制限を規定したものであるから，前記大法廷判決〔筆者注：最高裁昭和33年3月12日大法廷判決及び同33年4月16日大法廷判決〕の趣旨に照らし，実質的に何ら違法，違憲の点は認められないばかりでなく，右人事院規則〔筆者注：人事院規則14-7〕には国家公務員法の規定によって委任された範囲を逸脱した点も何ら認められず，形式的にも違法ではないから，憲法31条違

反の主張はその前提を欠くものというべきである。」

　これに対し，最高裁平成3年7月9日第三小法廷判決（民集45巻6号1049頁）
は，次のとおり監獄法施行規則が委任の範囲を超えたものとして，行政府のミ
スを判示している。

> 　「法〔筆者注：監獄法〕50条は，『接見ノ立会…其他接見…ニ関スル制限ハ命令ヲ以
> テ之ヲ定ム』と規定し，命令（法務省令）をもって，面会の立会，場所，時間，回数
> 等，面会の態様についてのみ必要な制限をすることができる旨を定めているが，もと
> より命令によって右の許可基準そのものを変更することは許されないのである。
> 　ところが，規則〔筆者注：監獄法施行規則〕120条は，…『14歳未満ノ者ニハ在監者
> ト接見ヲ為スコトヲ許サス』と規定し，規則124条は『所長ニ於テ処遇上其他必要ア
> リト認ムルトキハ前四条ノ制限ニ依ラサルコトヲ得』と規定している。右によれば，
> 規則120条が原則として被勾留者と幼年者との接見を許さないこととする一方で，規
> 則124条がその例外として限られた場合に監獄の長の裁量によりこれを許すこととし
> ていることが明らかである。しかし，これらの規定は，たとえ事物を弁別する能力の
> 未発達な幼年者の心情を害することがないようにという配慮の下に設けられたもので
> あるとしても，それ自体，法律によらないで，被勾留者の接見の自由を著しく制限す
> るものであって，法50条の委任の範囲を超えるものといわなければならない。」

　租税法律関係においてこれらのミスを放置すると，行政による新たな租税立
法が認められることになり，憲法41条，84条に反するなどのほか，①立法過程
の非公開や利害対立の総合調整の機会の排除からくる，圧力団体による支配の
容易性の問題，②行政官と国民との間の非接触性からくる，国民要求の反映の
困難性の問題，③行政機関が分散されることにより命令や規則間の矛盾抵触問
題なども惹起されるなど，様々な問題が指摘されている（成田頼明「問題点はらむ
委任立法」時法346号54頁～350号35頁（1960），村井正・租税百選15頁（1968））。

(イ)　租税法における委任規定

　ここで，東京地裁平成24年7月5日判決（税資262号順号11987）を素材として，
租税法上の事例についても考えてみたい。

(a)　事案の概要

この事件は，室内清掃用器具の製造販売および輸出入等
の事業を営むX社（原告）が，未払いの決算賞与およびこれらに係る法定福利
費を損金の額に算入して確定申告を行ったところ，税務署長から，①X社の就
業規則には，決算賞与を支給する旨の定めがないこと，②決算賞与を支給する
旨の定めがある労働協約が存在しないこと，③支給時期が決算終了後1か月を

78   第2章　課税要件法と課税要件事実論

経過した後であることから，各決算賞与の支払われた日の属する事業年度（X
社の申告した事業年度の翌事業年度）の損金の額に算入されるものであるとして各
更正処分等を受けたため，国Y（被告）を相手どり，これらの各処分の取消しを
求めた事案である。

　なお，平成22年政令第51号による改正前の旧法人税法施行令134条の2（以下
「本件政令」ともいう。現行法では，法人税法施行令72条の3《使用人賞与の損金算入時期》）
は，上記②の労働協約または①の就業規則により定められる支給予定日が到来
している賞与や，③の支給額を使用人に対して通知し，事業年度終了の翌日か
ら1か月以内にそれを支払いかつ損金経理をしている賞与以外の賞与について
は，「当該賞与が支払われた日の属する事業年度」の損金に算入する旨を規定
していたが，Xは，本件政令が法律の委任を受けずに制定されたものであって
違憲無効であると主張した。

　(b)　争　点　　この事件の争点は，各決算賞与等を各事業年度の損金の額に
算入することができるかどうかであるが，具体的には，①本件政令が，法人税
法65条の委任を受けていないため違憲無効か，②委任を受けているとしても，
本件政令3号は，債務確定基準を定めた法人税法22条3項2号に違反しており
違憲無効かである。

法人税法22条

3　内国法人の各事業年度の所得の金額の計算上当該事業年度の損金の額に算入すべ
　き金額は，別段の定めがあるものを除き，次に掲げる額とする。
　二　前号に掲げるもののほか，当該事業年度の販売費，一般管理費その他の費用
　　（償却費以外の費用で当該事業年度終了の日までに債務の確定しないものを除
　　く。）の額

　(c)　東京地裁平成24年7月5日判決　　この事件において，東京地裁は次のよ
うに判示している。

　「憲法は，…いわゆる租税法律主義を定めているところ，租税を創設し，改廃する
のはもとより，納税義務者，課税標準及び税率等の課税要件並びに租税の賦課徴収の
手続についても，法律において明確に定めることが必要であると解される〔最高裁昭
和28年(オ)第616号同30年3月23日大法廷判決・民集9巻3号336頁，最高裁昭和55年
（行ツ）第15号同60年3月27日大法廷判決・民集39巻2号247頁参照〕。
　もっとも，租税法規は，複雑かつ多様な経済事象をその規律の対象とするものであ
り，課税の公平及び徴税の適正等の観点から専門的，技術的かつ細目的な規定を設け

る必要があるとともに，上記のような経済事象の変動に即応した規律を設ける必要が
あることに鑑みれば，課税要件等の細部についてまで全て法律において規定すること
は実際上困難であって，憲法も，課税要件等の規定について，一定範囲において政令
に委任することも許容しているものと解される。しかしながら，憲法の採用する租税
法律主義の趣旨に鑑みれば，課税要件等の定めを一般的又は包括的に委任することは
許されず，課税要件等に係る基本的事項については法律において定めることを要し，
政令その他の下位法令に委任することが許されるのは，その技術的，細目的事項に限
られるものと解するのが相当である。」

「同法65条は，その見出しが『各事業年度の所得の金額の計算の細目』とされてい
ることなども併せ考えると，同法第2編第1章第1節第2款ないし第10款（22条ない
し64条）が規定する内容について，その技術的，細目的事項を定めることを政令に委
任した規定であると解するのが相当である。したがって，本件政令は，同法22条3項
の技術的，細目的事項を定めることを目的として，同法65条の委任に基づいて制定さ
れたものと認められる。」

「賞与の仕組み等に鑑みると，具体的な賞与の支給に係る法人とその使用人との間
の権利義務関係（債権債務関係）は，少なくとも当該法人において個々の使用人ごと
の具体的な賞与の支給額を最終的，確定的に決定した上これを外部に表示した時点で
初めて成立すると解され，前記のとおり，多くの場合，賞与の支給要件として支給日
在籍要件が定められるとともに，各使用人に対する具体的な賞与の支給額はその支給
時に同時に通知されていることが多いという実情の下においては，具体的な賞与の支
給に係る法人の債務（使用人の債権）は，当該賞与の支給時に成立するとともに確定
するものと解される。

そうすると，使用人賞与の損金算入時期について原則としてその支給をした日の属
する事業年度の損金の額に算入すべきものとする本件政令の規定は，多くの場合にお
いて個々の使用人賞与の支給に係る法人の具体的な債務が当該賞与の当該使用人への
支給と同時にされる通知をもって成立し確定するという我が国の実情に即して，債務
確定基準に従ってその損金算入時期を当該賞与に係る債務の確定する支給日の属する
事業年度と定めたものであって，法人税法22条3項2号の規定内容を使用人賞与に即
して具体的に明らかにしたものということができる。」

(d) **検　討**　　東京地裁は，上記のとおり説示して，本件政令が憲法84条に
反していないとした。このように憲法違反の問題においては，差し当たり2つ
の問題が浮上する。第一が，法律に制定すべきことを行政立法たる政令に委任
してはいないかという点が論じられる法律制定上の憲法違反問題（立法府のミ
ス）であり，第二が，委任された行政立法が，法律の規定に反するものではな
いかという点が論じられる行政立法制定上の憲法違反問題（行政府のミス）であ
る。

上記東京地裁判決は，法人税法65条が技術的，細目的事項を委任したにすぎ

図表 3　立法府のミスか行政府のミスか

ないとして立法府のミスはないとの立場に立ち，また，本件政令が法人税法22条3項2号の規定内容に則して定められたものとの立場に立ち，行政府のミスもなかったと判断しているようである。

　そもそも，法人税法65条と同法22条3項の関係をどのようにみるかによって，かかる議論も見え方が変わり得る。すなわち，法人税法65条を同法22条3項の「別段の定め」と解するとすると，同条項に規定する債務確定基準の支配が同法65条には及ばないことになるから，これの委任を受けた旧法人税法施行令134条の2においても，特段，債務確定基準の考え方に合致しているかどうかを論じる必要さえないことになる。他方，法人税法65条を同法22条3項の「別

図表 4　2つの政令委任のルート

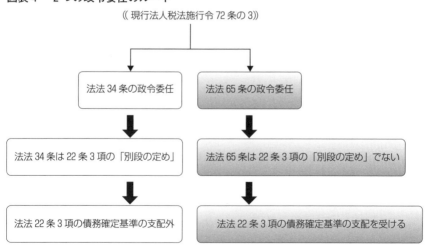

段の定め」でないと解するとすると，債務確定基準の支配を受けて，旧法人税法施行令134条の2が規定されることになるから，同条にいう「当該賞与が支払われた日の属する事業年度」の損金算入の規定（旧法令134の2三）が債務確定基準に合致しないということは，租税法律主義に反することを意味しよう。

　そこで考察するに，上記東京地裁判決は，法人税法65条を同法22条3項の「別段の定め」ではないと位置付けた上で，「同法22条3項2号の定める債務確定基準に従って，我が国に多く見られる使用者賞与の支給態様に即してその損金算入時期を具体的に定め」たものとし，「同号の技術的，細目的事項を定めたものとして，同法65条による委任の範囲を逸脱するものではない」と論じたのである。

　　✍　法人税法22条3項は，「各事業年度の所得の金額の計算上…損金の額に算入すべき金額は，別段の定めがあるものを除き，次に掲げる額とする」と規定しているが，ここにいう，「別段の定めがあるもの」については，債務確定基準の支配が及ばないとする考え方は，次のような整理による。
　　　すなわち，法人税法22条3項は，「損金の額に算入すべき金額」を各号に定める「額」として，その「額」は「別段の定めがあるもの」を除いて，「次に掲げる（債務確定基準に従った）額」とすると規定しているから，「別段の定めがあるもの」を先取りする形で規定されているのである。

法人税法22条

3　内国法人の各事業年度の所得の金額の計算上当該事業年度の損金の額に算入すべき金額は，別段の定めがあるものを除き〔別段の定めのあるものを先取りして，それ以外の〕，次に掲げる額とする。

一　当該事業年度の収益に係る売上原価，完成工事原価その他これらに準ずる原価の額

二　前号に掲げるもののほか，当該事業年度の販売費，一般管理費その他の費用（償却費以外の費用で当該事業年度終了の日までに債務の確定しないものを除く。）の額

三　当該事業年度の損失の額で資本等取引以外の取引に係るもの

¶レベルアップ3！　みずほCFC事件

　いわゆるみずほCFC事件では，委任の範囲が論点となっているので，ここで確認しておこう。

　本件で争点となっている平成29年改正前の旧租税特別措置法66条の6第1項

（以下「本件委任規定」という。）は，同項各号に掲げる内国法人に係る特定外国子会社等が，各事業年度において適用対象金額（基準所得金額を基礎として所定の調整を加えた金額）を有する場合には，その適用対象金額のうち，その内国法人の有する当該特定外国子会社等の直接および間接保有の株式等の数に対応するものとしてその株式等（株式または出資をいう。以下同じ。）の請求権（剰余金の配当等，財産の分配その他の経済的な利益の給付を請求する権利をいう。以下同じ。）の内容を勘案して政令で定めるところにより計算した金額（以下「課税対象金額」という。）に相当する金額を，その内国法人の所得の金額の計算上，益金の額に算入する旨を規定して，外国子会社合算税制（いわゆるタックス・ヘイブン対策税制）を設けている。

　これを受け，平成29年改正前の旧租税特別措置法施行令39条の16第１項（以下「本件規定」という。）は，タックス・ヘイブン対策税制において内国法人の収益の額とみなされる課税対象金額について，適用対象金額に，当該特定外国子会社等の当該各事業年度終了時における発行済株式等のうちに当該各事業年度終了時における当該内国法人の有する当該特定外国子会社等の請求権勘案保有株式等の占める割合（以下「請求権勘案保有株式等割合」という。）を乗じて計算した金額とする旨を規定する。なお，ここで「請求権勘案保有株式等」とは，内国法人が直接に有する外国法人の株式等の数又は金額等をいい，当該外国法人が請求権の内容が異なる株式等を発行している場合には，当該外国法人の発行済株式等に，当該内国法人が当該請求権に基づき受けることができる剰余金の配当等の額がその総額のうちに占める割合を乗じて計算した数または金額等をいう（旧措令39の16②一）。

㋐　事案の概要

　本件事案の概要はおおむね次のようなものである。

　MHCB 社および MHBK 社（以下「本件各子会社」という。）は，平成20年にケイマン諸島の法令に基づき設立された外国法人で，銀行業を営む内国法人Ｘ社（原告・控訴人・被上告人）はその発行する普通株式のすべてを保有していた。本件各子会社は，いずれもＸ社の，平成29年改正前の旧租税特別措置法66条の６第２項１号にいう外国関係会社に該当する。また，本件各子会社は，いずれもケイマンにおいて税を課されておらず，ケイマンにおいて本件各子会社の所得に対して課される税の負担割合はそれぞれ０％であったから，Ｘ社の特定外国

子会社等に該当する（旧措令39の14①）。

　平成20年12月29日に，持株SPC（平成20年にケイマン諸島の法令に基づいて設立された外国法人で，株式会社みずほフィナンシャルグループがすべての普通株式を保有していた。）は額面1億円の優先出資証券3,550口（あわせて以下「持株SPC優先出資証券」という。）を発行し，投資家に販売した。

　同日，本件各子会社も，額面1億円の優先出資証券3,700口（あわせて以下「本件優先出資証券」という。）を発行し，持株SPC優先出資証券により調達した資金を原資に本件優先出資証券の全部を購入した。同日，本件各子会社は，本件優先出資証券の発行により調達した資金を原資として，X社に対し，劣後ローンにより金銭を貸し付けた。なお，その利息の発生期間の終期は，本件優先出資証券および持株SPC優先出資証券に係る配当の支払日の前日であった。劣後ローンの利息は，ほぼすべて本件優先出資証券への配当に充てられ，本件各子会社に利益を留保することや本件各子会社の発行する普通株式の配当になることは予想されていなかった。

　平成27年6月30日，本件各子会社は，X社から劣後ローンの全額の返済を受け，これを原資として，本件優先出資証券に係る出資金および配当金を持株SPCに送金し，本件優先出資証券を償還した。その結果，本件各子会社事業年度終了の時における発行済株式等は，X社が有する普通株式のみとなった。

　X社は，旧租税特別措置法66条の6第1項により，本件各子会社の本件各子会社事業年度終了の時における発行済株式のうちにX社の有する本件各子会社の請求権勘案保有株式等の占める割合（以下「本件保有株式等割合」という。）は0.00％で，本件各子会社事業年度における課税対象金額も0円として，X社の平成27年4月1日から同28年3月31日までの事業年度（以下「本件事業年度」という。）に係る法人税等の申告をした。原処分庁は，本件保有株式等割合は100％で，本件各子会社の適用対象金額の全額（約85億円）が課税対象金額となり，本件各子会社の課税対象金額に相当する金額が，X社の本件事業年度の所得金額の計算上，益金の額に算入されるなどとして，法人税等の更正処分および過少申告加算税の賦課決定処分を行った。本件は，X社が国Y（被告・被控訴人・上告人）を相手取ってそれらの処分の取消しを求めて提訴した事案である。

　本件の主な争点は，①本件規定の内容が一般に委任の趣旨に合致しているか，②本件規定を本件の事案に適用することが委任の範囲内にあるかといった点に

84   第2章　課税要件法と課税要件事実論

ある。

　第一審東京地裁令和3年3月16日判決（民集77巻8号2002頁）[7]は，特定外国子会社等の事業年度終了時を基準に適用対象金額に同時点における請求権勘案保有株式等割合を乗じて算定すべきであり，本件保有株式等割合は100％であるとして，Ｘ社の請求を棄却した。

　これに対し，控訴審東京高裁令和4年3月10日判決（民集77巻8号2052頁）は，本件規定を形式的に適用することは，本件委任規定の趣旨およびタックス・ヘイブン対策税制の基本的な制度趣旨に反するから，その限度で本件規定を本件に適用することはできないなどとして，Ｘ社の請求を認容した。

図表5

```
┌──────────────┐        委任        ┌──────────────┐
│  本件委任規定  │ ─────────────→ │   本件規定    │
│（措法66の6①）│                    │（措令39の16①）│
└──────────────┘                    └──────────────┘
```

(イ)　判決の要旨

　上告審最高裁令和5年11月6日第二小法廷判決（民集77巻8号1933頁）[8]は，次のように論じ，原審判断を覆しＸ社の請求を棄却した。

> 　「本件委任規定は，私法上は特定外国子会社等に帰属する所得を当該特定外国子会社等に係る内国法人の益金の額に合算して課税する内容の規定である。これは，内国法人が，法人の所得に対する租税の負担がないか又は著しく低い国又は地域に設立した子会社を利用して経済活動を行い，当該子会社に所得を発生させることによって我が国における租税の負担を回避するような事態を防止し，課税要件の明確性や課税執行面における安定性を確保しつつ，税負担の実質的な公平を図ることを目的とするものと解される。
> 　また，本件委任規定は，課税対象金額について，内国法人の有する特定外国子会社等の直接及び間接保有の株式等の数に対応するものとしてその株式等の請求権の内容を勘案して計算すべきものと規定するところ，これは，請求権に基づき受けることができる剰余金の配当等の割合を持株割合よりも大きくしてかい離を生じさせる方法による租税回避に対処することを目的とするものと解される。
> 　そして，本件委任規定が課税対象金額の具体的な計算方法につき政令に委任したのは，上記のような目的を実現するに当たり，どの時点を基準として株式等の請求権の内容を勘案した計算をするかなどといった点が，優れて技術的かつ細目的な事項であるためであると解される。したがって，上記の点は，内閣の専門技術的な裁量に委ねられていると解するのが相当である。
> 　このような趣旨に基づく委任を受けて設けられた本件規定は，適用対象金額に乗ずべき請求権勘案保有株式等割合に係る基準時を特定外国子会社等の事業年度終了の時

とするものであるところ，本件委任規定において課税要件の明確性や課税執行面における安定性の確保が重視されており，事業年度終了の時という定め方は一義的に明確であること等を考慮すれば，個別具体的な事情にかかわらず上記のように基準時を設けることには合理性があり，そのような内容を定める本件規定が本件委任規定の目的を害するものともいえない。

　そうすると，本件規定の内容は，一般に，本件委任規定の趣旨に適合するものということができる。」

㈡　委任の内容の問題

　最高裁は，本件規定が本件委任規定の委任の範囲を超えているか否かを，①本件規定の内容が委任の趣旨に合致しているか，②本件規定を本件に適用することが委任の範囲内にあるかという2点から審査し，結論として，①本件規定の内容は委任の趣旨に合致しており，②本件規定を本件に適用することは委任の範囲内にあると判断している。

　佐藤英明神戸大学名誉教授は，「法律による有効な委任の下で，委任された命令が定める内容が命令が受けた委任の内容を逸脱しているか否かという問題を，『委任の内容』の問題」とされるが，上記最高裁判決はかかる委任の内容についての判断を示したものといえよう（佐藤「租税法律による命令への委任の司法統制のあり方」フィナンシャル・レビュー129号11頁（2017））。

¶レベルアップ4！　国際興業事件

　利益剰余金と資本剰余金の双方を原資として行われた剰余金の配当は，その全体が平成27年改正前の旧法人税法24条《配当等の額とみなす金額》1項3号（現行4号）に規定する「資本の払戻し」に該当するとされた事例として，いわゆる国際興業事件がある。

　本件は，納税者が資本剰余金を原資とする配当と利益剰余金を原資とする配当とを同日に別個の決議により行ったところ，かかる2つの配当を1個の決議で行ったものとみて，プロラタ計算を行うべきとして更正処分がなされたものであった。

　本件では，プロラタ計算の方式の適正さが争点となったのであるが，最高裁令和3年3月11日第一小法廷判決（民集75巻3号418頁）[9]は，法人税法24条3項（現行4項）の委任を受けて株式対応部分金額の計算方法について規定する法人

86 　第2章　課税要件法と課税要件事実論

税法施行令23条《所有株式に対応する資本金等の額の計算方法等》1項3号（現行4号）が不当な結果となる限度において旧法人税法24条3項の委任の範囲を逸脱した違法なものとして無効としたのである。

　すなわち，同最高裁は次のように判示している。

> 　「会社法における剰余金の配当をその原資により区分すると，〈1〉利益剰余金のみを原資とするもの，〈2〉資本剰余金のみを原資とするもの及び〈3〉利益剰余金と資本剰余金の双方を原資とするものという3類型が存在するところ，法人税法24条1項3号は，資本の払戻しについて『剰余金の配当（資本剰余金の額の減少に伴うものに限る。）…』と規定しており，これは，同法23条1項1号の規定する『剰余金の配当（…資本剰余金の額の減少に伴うもの…を除く。）』と対になったものであるから，このような両規定の文理等に照らせば，同法は，資本剰余金の額が減少する〈2〉及び〈3〉については24条1項3号の資本の払戻しに該当する旨を，それ以外の〈1〉については23条1項1号の剰余金の配当に該当する旨をそれぞれ規定したものと解される。
> 　したがって，利益剰余金と資本剰余金の双方を原資として行われた剰余金の配当は，その全体が法人税法24条1項3号に規定する資本の払戻しに該当するものというべきである。」
> 　「株式対応部分金額の計算方法について定める法人税法施行令23条1項3号の規定のうち，資本の払戻しがされた場合の直前払戻等対応資本金額等の計算方法を定める部分は，利益剰余金及び資本剰余金の双方を原資として行われた剰余金の配当につき，減少資本剰余金額を超える直前払戻等対応資本金額等が算出される結果となる限度において，法人税法の趣旨に適合するものではなく，同法の委任の範囲を逸脱した違法なものとして無効というべきである。」

¶レベルアップ5！　　所得税法68条は同法37条の別段の定めか―業務関連性を有しない年金型生命保険金に係る所得税法上の必要経費―

　所得税法上，必要経費の算入に当たっては，しばしば業務関連性が要件と解されている。生命保険契約や損害保険契約に基づく保険金を年金形式で受け取った場合の雑所得の金額の計算においては，支払った保険料を必要経費に算入することができる旨を規定する所得税法施行令183条《生命保険契約等に基づく年金に係る雑所得の金額の計算上控除する保険料等》1項および184条《損害保険契約等に基づく年金に係る雑所得の金額の計算上控除する保険料等》1項が存在する。そのほか，同令185条《相続等に係る生命保険契約等に基づく年金に係る雑所得の金額の計算》1項や186条《相続等に係る損害保険契約等に基づく年金に係る雑所得の金額の計算》1項も同

様の規定である。

　果たして，これら所得税法施行令の規定は所得税法37条《必要経費》１項の要請する必要経費の算入要件を無視した上で，必要経費を算入することを示した規定として，憲法84条が規定する租税法律主義に反し，とりわけ形式的効力の原則に反するものであるというべきであろうか。

㈎　年金型生命保険金に係る雑所得

⒜　所得税法施行令183条等

所得税法施行令183条１項は，「生命保険契約等に基づく年金（法第35条第３項《公的年金等の定義》に規定する公的年金等を除く。以下この項において同じ。）の支払を受ける居住者のその支払を受ける年分の当該年金に係る雑所得の金額の計算については，次に定めるところによる。」とし，同項２号では，「その年に支払を受ける当該年金の額に，イに掲げる金額のうちにロに掲げる金額の占める割合を乗じて計算した金額は，その年分の雑所得の金額の計算上，必要経費に算入する。」とし，次のように規定する。

　イ　次に掲げる年金の区分に応じそれぞれ次に定める金額
　　⑴　その支払開始の日において支払総額が確定している年金　当該支払総額
　　⑵　その支払開始の日において支払総額が確定していない年金　第82条の３第２
　　　項《確定給付企業年金の額から控除する金額》の規定に準じて計算した支払総額
　　　の見込額
　ロ　当該生命保険契約等に係る保険料又は掛金の総額

　これと似た条文に，所得税法施行令184条がある。

　同条１項は，「損害保険契約等（法第76条第６項第４号《生命保険料控除》に掲げる保険契約で生命保険契約以外のもの，法第77条第２項各号《地震保険料控除》に掲げる契約及び第326条第２項各号（第２号を除く。）《生命保険契約等に基づく年金に係る源泉徴収》に掲げる契約をいう。以下この項において同じ。）に基づく年金の支払を受ける居住者のその支払を受ける年分の当該年金に係る雑所得の金額の計算については，次に定めるところによる。」とした上で，同項２号において，「その年に支払を受ける当該年金の額に，イに掲げる金額のうちにロに掲げる金額の占める割合を乗じて計算した金額は，その年分の雑所得の金額の計算上，必要経費に算入する。」として，次のように規定する。

88　第2章　課税要件法と課税要件事実論

> イ　次に掲げる年金の区分に応じそれぞれ次に定める金額
> 　(1)　その支払開始の日において支払総額が確定している年金　当該支払総額
> 　(2)　その支払開始の日において支払総額が確定していない年金　支払見込期間に応じた支払総額の見込額として財務省令で定めるところにより計算した金額
> ロ　当該損害保険契約等に係る保険料又は掛金の総額

　また，所得税法施行令185条1項は，旧相続税法対象年金の支払を受ける居住者が，当該年金に係る保険金受取人等に該当する場合には，当該居住者のその支払を受ける年分の当該年金に係る雑所得の金額の計算については，「第183条第1項の規定にかかわらず，次に定めるところによる。」と規定した上で，同項8号は，「その年に支払を受ける当該年金（当該年金の支払開始の日における当該年金の支払を受ける者（次号において『当初年金受取人』という。）が当該居住者である場合の年金に限る。）の額…に，イに掲げる金額のうちにロに掲げる金額の占める割合を乗じて計算した金額は，その年分の雑所得の金額の計算上，必要経費に算入する。」として，次のように規定する。

> イ　次に掲げる年金の区分に応じそれぞれ次に定める金額
> 　(1)　その支払開始日において支払総額が確定している年金　当該支払総額
> 　(2)　その支払開始日において支払総額が確定していない年金　第2号から第5号までの規定によりその年分の雑所得に係る総収入金額に算入すべきものとされる金額の計算の基礎となるべき支払総額見込額
> ロ　当該生命保険契約等に係る保険料又は掛金の総額

　そして，同条2項は，必要経費に算入する金額の計算について，「前項第8号から第11号までの規定を準用する」と規定する。

　所得税法施行令186条も類似の規定である。

　(b)　問題点の所在　さて，上記のとおり，所得税法施行令183条ないし186条では，保険契約において年金の支払を受ける場合の雑所得の金額の計算について規定されているが，これらの条文においてはいずれも「必要経費」を雑所得の金額から控除することとされている。

　なるほど，所得税法35条《雑所得》2項は，1号に示す公的年金等については，収入金額から公的年金等控除額を控除した残額とした上で，2号はそれ以外の雑所得について，「総収入金額から必要経費を控除した金額」をもって所得金

額とすると規定している。そうであるとすると，必要経費が控除されるとする同法施行令183条ないし186条には何の問題もないように思われる。

さて，これらの条文にいう必要経費とは所得税法37条1項の「必要経費」を指すのであるが，同条項では後述するとおり，必要経費の算入要件として業務関連性が認められるものと解されている。つまり，そもそも業務性が認められない所得については，必要経費が認められないことになるはずである。そこで，保険契約等を締結すること等が，果たして「業務」に該当するということになるのかという素朴な疑問が惹起される。

保険契約を締結することやそれに伴って保険料を支払うことが業務に該当すると解されるとすれば，かかる保険契約等から得られた年金保険金に係る雑所得の金額の計算上必要経費として支払保険料を控除することには問題がないように思われるが，果たして，そのような保険契約の締結や保険料の支払という行為を業務とみるべきであろうか。結論からいえば，業務とは，所得稼得活動を指すものと解されることからすれば，保険契約の締結や保険料の支払という行為だけで，対価を得るための活動をしているとはいえないと思われる。また，保険契約等に基づく保険金の受取がそもそも対価としての性質を有していないことからすれば，保険契約の締結や保険料の支払を対価を獲得するための何らかの活動ということは難しいといわざるを得ない。

(イ) 必要経費算入要件としての業務関連性

(a) 所得税法37条の課税要件　　所得税法37条1項は，「その年分の不動産所得の金額，事業所得の金額又は雑所得の金額…の計算上必要経費に算入すべき金額は，別段の定めがあるものを除き，これらの所得の総収入金額に係る売上原価その他当該総収入金額を得るため直接に要した費用の額及びその年における販売費，一般管理費その他これらの所得を生ずべき業務について生じた費用（償却費以外の費用でその年において債務の確定しないものを除く。）の額とする。」と規定しており，雑所得等の金額の計算上必要経費に算入すべき金額は，「及び」の前段の❶「これらの所得の総収入金額に係る売上原価その他当該総収入金額を得るため直接に要した費用…の額」（以下「直接費用」という。）と後段の❷「その年における販売費，一般管理費その他これらの所得を生ずべき業務について生じた費用…の額」（以下「業務費用」という。）と解される。

これら直接費用と業務費用のいずれもが業務に関連する費用であると考えら

90　第2章　課税要件法と課税要件事実論

れる。その理由は次の2つの観点から説明され得る。すなわち，第一に，❶直接費用については，売上原価のような総収入金額との関係が直接的なものであるのであって，そうであるとすれば，総収入金額が業務活動の成果であるといえるのであるから，そのために直接に要した費用であれば，当然に業務関連性が認められることになろう。そこでは，直接業務関連性が認められることになる。第二に，❷業務費用は，「販売費」や「一般管理費」が業務について生じていることは疑いのないところであるし，さらに，「業務について生じた費用」も文理上業務性が明白であるからである。

　もっとも，❷に関しては，必要経費の算入要件として直接業務関連性が要求されていると解すべきか，あるいは間接業務関連性で足りると解すべきかについて争いがあるが，いずれにしても業務関連性が必要経費の算入要件であるというべきである。

> ✐　見解の相違はあるものの，所得税法45条《家事関連費等の必要経費不算入等》1項1号が家事関連費の必要経費算入を原則として否定する立場にあることを念頭に置けば，家事と業務との中間領域に所在する家事関連費とは別の見方をすれば間接業務関連費であるから，かかる間接業務関連費は原則的には必要経費に該当しないと解するのが相当であると考える。最高裁昭和59年9月10日第一小法廷決定（税資143号2403頁）は，「業務用資産とは，例えば，『貸家を一軒だけ有しているような場合で，いわゆる事業と称するに至らないような程度』…のものであって，いわば，生活用資産と事業用資産の中間的状態のものを指していると解される。」とする。なお，理由は異なるものではあるが，直接業務関連性が必要であると解する立場として，佐藤英明『スタンダード所得税法〔第3版〕』281頁（弘文堂2022）参照。なお，仮に，間接業務関連費の必要経費性を認めると解したとしても，直接間接を問うことなく，いずれにしても，業務関連性は必要であるということになるから，本節で論じている内容については間接業務関連費の必要経費性を認めたとしても消長を来さない。

　(b)　所得税基本通達の改正　　国税庁は，令和4年10月7日に所得税基本通達を改正し，新たな同通達35-1《雑所得の例示》および35-2《業務に係る雑所得の例示》を示した（同通達の改正については，🔍**13**図表7―217頁参照）。そこでは，所得税法35条1項に規定する雑所得について，①公的年金等に係る雑所得，②業務に係る雑所得，③その他雑所得に区分することとしている[10]。

　ここで，③は「その他の雑所得」ではなく，「その他雑所得」であることからすれば，かかる通達が①ないし③を並列していることが判然とするところ，その見地によれば，その他雑所得は業務に係る雑所得以外の雑所得ということになろう。換言すれば，その他雑所得は業務に関わらない雑所得であるというこ

とになる。

　所得税基本通達35-1(8)は，「令第183条第1項《生命保険契約等に基づく年金に係る雑所得の金額の計算上控除する保険料等》，令第184条第1項《損害保険契約等に基づく年金に係る雑所得の金額の計算上控除する保険料等》，令第185条《相続等に係る生命保険契約等に基づく年金に係る雑所得の金額の計算》及び令第186条《相続等に係る損害保険契約等に基づく年金に係る雑所得の金額の計算》の規定の適用を受ける年金」を③その他雑所得と通達している。すなわち，同通達に示す保険契約等に基づく年金に係る雑所得はすべて業務に関わらない雑所得であると整理されていることになる。

　国税庁も，これらの雑所得が業務に関わりのないものであるとしているのである。

　ただし，ここで不思議な問題が生じている。国税庁は，ホームページに掲載しているタックスアンサーにおいて，次のように業務に関わりのないはずの雑所得の金額の計算上，必要経費を控除することができるとしているのである[11]。

> **【国税庁タックスアンサー「No.1500　雑所得」】**
> **所得の計算方法**
> 　雑所得の金額は，次の(1)から(3)の合計額です。
> (1)　公的年金等
> 　　収入金額 − 公的年金等控除額 = 公的年金等の雑所得
> 　　(注)　公的年金等控除額は，受給者の年齢，年金の収入金額に応じて定められています。
> (2)　業務に係るもの
> 　　総収入金額 − 必要経費 = 業務に係る雑所得
> 　　(注)　業務に係るものとは，副業に係る収入のうち営利を目的とした継続的なものをいいます。
> (3)　(1)，(2)以外のもの
> 　　総収入金額 − 必要経費 = その他の雑所得〔ママ〕

　ここでは，明らかに業務に係るものに該当しない(3)の雑所得についても，必要経費の控除を認めているが，所得税法37条の解釈において必要経費の算入要件の1つである業務関連性を無視しているのであろうか。租税行政庁にあって

も，法令解釈に当たって，法定された必要経費の算入要件を無視することは憲法上許容されていない（合法性の原則）から，この点については不安を覚えるところである。

(ウ) 所得税法施行令183条等は所得税法37条１項の「別段の定め」か

所得税法施行令183条等に規定する保険契約等の締結や保険料の支払を業務と捉えることが難しいとすると，同条等に基づく雑所得の金額の計算上，必要経費が認められるためには，所得税法施行令183条等が所得税法37条１項の「別段の定め」であるという必要があるように思われる。

そのためには，所得税法施行令183条等の根拠規定を検討する必要があるが，同条等の法律上の根拠は，所得税法68条《各種所得の範囲及びその金額の計算の細目》であると思われる。そこで，この論点は，同条が，同法37条１項の「別段の定め」に該当するとして解釈することができるか否かに関わる問題であることが判然とする。

もっとも，仮に，所得税法68条が同法37条１項の「別段の定め」に当たると解されるとすれば，同法上の課税標準の規定の中でもきわめて重要な必要経費に関する課税要件が，「別段の定め」として所得税法施行令の定めるところに完全に委ねられてしまうことを意味することになるが，そのような解釈は成立し得るのであろうか。

(エ) 所得税法施行令183条２項ないし184条２項の違憲性

(a) 課税要件法定主義　　　前述のとおり，田中二郎博士は，一般的・白紙的委任の認定の困難性を指摘された上で，憲法の根本建前である議会を設けた実質的理由を否定しない点にその限界を求める意見を展開されるし（田中・前掲書261頁），山内一夫教授も，「憲法のとる租税法律主義の下においても，法律が租税法規を命令に委任することが絶対に禁止されているわけではない」としつつも，「その委任は明確な文言をもってなされるべきものであるから，あいまいな文言を手がかりに委任の趣旨を推測するのは，租税法律関係の精神に背反する。」と論じられる（山内・前掲稿15頁）。

そこでは，租税法律主義の本質を毀損する委任は許されないという立場が看取される。

(b) 形式的効力の原則　　　形式的効力の原則とは，上位法が下位法に優先するという意味である。すなわち，憲法が法律の上に立ち，法律は政令の上に立

ち，政令は省令・規則の上に立つという上下の関係が法令にはあるが，仮に2つ以上の種類の法令の内容が矛盾するときには，上位の法令が下位の法令に優先するわけである。したがって，憲法違反の法律は無効であり，法律違反の政令・省令は無効となる。

このように，租税法律主義のみならず，形式的効力の原則の観点からも，所得税法37条1項の要請（業務関連性要件）に反するような所得税法施行令183条ないし186条の規定には大きな問題点があるというべきであろう。租税法律主義なかんずく課税要件法定主義の見地からみて，所得税法施行令183条ないし186条において，それが所得税法37条1項の「別段の定め」でないのにもかかわらず，法律の根拠なくして，業務に関連しない所得の計算上必要経費を控除することはきわめて大きな問題があるといわざるを得ないのである。

かような課税上の取扱いについて，訴訟等において違憲性テストが論じられていない点は疑問なしとしない。課税要件法定主義は国民の租税制度の定立に関する自己同意の機会を担保するという意味においても，最大限尊重されるべき憲法規範であるのであって，これを毀損する政令は許容されてよいはずはないのである。

この点は，立法的解決を図ることが強く望まれるところである。

¶レベルアップ6！　経験則と課税要件

相続税法66条《人格のない社団又は財団等に対する課税》4項にいう「相続税又は贈与税の負担を不当に減少する結果となると認められるとき」の「不当に減少」という不確定概念について，田中二郎博士は，同族会社の行為計算の否認規定と同趣旨の規定であって，納税義務の発生基準について客観的な経験則に従うべきことを予定する覊束的規定であるとされる（田中『行政法総論』290頁（有斐閣1957））。このような考え方に従えば，課税要件明確主義ないし租税法律主義に反することにはならない（山田二郎・租税百選13頁（1968））ことになろう。

> **相続税法66条《人格のない社団又は財団等に対する課税》**
> 4　前三項の規定は，持分の定めのない法人に対し財産の贈与又は遺贈があった場合において，当該贈与又は遺贈により当該贈与又は遺贈をした者の親族その他これらの者と第64条第1項に規定する特別の関係がある者の相続税又は贈与税の負担が不当に減少する結果となると認められるときについて準用する。

94　第2章　課税要件法と課税要件事実論

　経験則とは，経験から帰納された事物に関する知識や法則をいう（高橋ほか・小辞典296頁）。われわれは，社会における百般の事象について大量の経験的知識を共有しており，これをよりどころとして事物を判断している。この共通した社会的経験とはすでに個人的差異を除去したものであるが，この一般化された経験的知識がここにいう経験則である。経験則には，日常生活の思惟法則から科学上きわめて専門的な知識法則にいたるまでのものがあるが，訴訟手続において，裁判官は，これらの経験則に従って判断を示さなければならず，このような拘束の下に裁判官が自由に判断を行うことを自由心証主義（🔍**4**─41頁参照）というのである。

　この点，阪神・淡路大震災特例法37条《阪神・淡路大震災の被災者が新築又は取得した建物に係る所有権の保存登記等の免税》1項に規定する「所有権の保存又は移転の登記については，大蔵省令〔当時〕で定めるところにより平成7年4月1日から平成12年3月31日までの間に受けるものに限り，登録免許税を課さない」との規定を受けて，同法施行規則20条《阪神・淡路大震災の被災者が新築又は取得した建物に係る所有権の保存登記等の免税》1項が，当該特例を受けるためには，登記の申請書に市町村長の被災証明書を添付しなければならない旨定めていたことについて，租税法律主義に反するか否かが争点とされた事例がある。すなわち，震災被災者が登録免許税の免除措置を受けるに当たって，その手続的要件が命令で定められていたことが問題とされたのである。

　この点につき，神戸地裁平成12年3月28日判決（訟月48巻6号1519頁）[12]は，「どのような手続的課税要件を大蔵省令に委任しているのか明らかでなく，いわば白紙的に委任している」として，租税法律主義に反し無効であると判示した。

　これに対して，控訴審大阪高裁平成12年10月24日判決（訟月48巻6号1534頁）[13]は，次のように判示して，かかる判断を覆した。

> 　「憲法84条の定める租税法律主義は，課税が国民の財産権の侵害であることに鑑み，課税要件の全てと租税の賦課・徴収の手続は法律によって規定すべきことを明らかにしたものである（最高裁判所昭和30年3月23日大法廷判決・民集9巻3号336頁，同昭和60年3月27日大法廷判決・民集39巻2号247頁参照）が，このことは，特例法〔筆者注：阪神・淡路大震災特例法〕37条1項のように，通常の課税要件よりも納税者に有利な特例措置を定めるものについても，同様に妥当すると解するのが相当である。
> 　もっとも，租税関係の立法においても，課税要件及び租税の賦課・徴収に関する定めを政令・省令等に委任することは許されるが，憲法84条の趣旨からすると，それは

具体的・個別的委任に限られるのであり，一般的・白紙的委任は許されないと解する
のが相当である。したがって，法律による委任は，その規定自体から委任の内容が一
義的に明確でなければならないと解される。」

　「この〔筆者注：阪神・淡路大震災特例法37条１項の〕『大蔵省令で定めるところに
より登記を受けるものに限り』という表現からすると，書面主義が行われている登記
手続の中では，一定の書面の添付を予定していると考えられる。そして，省令は主と
して純粋に手続的事項の定めしか置かないのが通常である。そうすると，特例法37条
１項の大蔵省令への委任は，一般的・白紙的に委任をしたものではなく，法律及び委
任を受けた政令の定める免税の実体的要件を証明すべき添付書類の内容の定めに限り，
大蔵省令に委任したものと解される。」

　「特例法施行規則20条１項により添付すべき証明書類は，本件の事案に即して言え
ば，特例法の定める『阪神・淡路大震災の被災者』，特例法施行令29条１項の定める
『阪神・淡路大震災によりその所有する建物に被害を受けた者であることにつき，市
長から証明をうけた者』との要件を立証する書面であるから，右規則の定めはまさに
法律の委任の範囲に属する合理性のある規定であり，有効であると解される。」

　「被控訴人の指摘するとおり，登録免許税法４条２項，同法５条１項，租税特別措
置法41条８項は，免税の要件としての一定の書類の添付を，法律で定め，又はその書
類の細目の定めを大蔵省令に委任する旨を定めている。

　しかし，右のように，法律が手続的課税要件の内容を明文で規定までしていなくと
も，…法律が委任内容を限定していると解される場合には，その範囲で定められた省
令は有効というべきである。」

　なお，上告審最高裁平成17年４月14日第一小法廷判決（民集59巻３号491頁）[14]は
上記大阪高裁判決を支持している。

　上記のとおり，大阪高裁は，①「『大蔵省令で定めるところにより登記を受
けるものに限り』という表現からすると，一定の書面の添付を予定していると
考えられる」こと，および②「省令は主として純粋に手続的事項の定めしか置
かないのが通常である」ことの２点から，「法律及び委任を受けた政令の定め
る免税の実体的要件を証明すべき添付書類の内容の定めに限り，大蔵省令に委
任したもの」との結論を導出している（芳賀真一・租税百選〔5〕13頁（2011））。

　上記の①および②，とりわけ②の点により，経験則に従ったところで命令に
委任された内容が添付書類の内容の定めに限定されていると判断したものとい
えよう。

　逆に，経験則を打ち破るような規定であれば，その点については，委任の目
的や内容，程度において明確性が要請されると考えるべきであろう。

　例えば，前述の大阪高裁昭和43年６月28日判決（🔍71頁参照）は，「命令で法律

と同様な…課税要件を広範囲にわたって規定することまでも委任したものではないし，まして，命令で，本来損金の性質を有し，これまで損金として取り扱われることに理論上も実務上もなんら怪しまれることがなかったものを，益金とするようなことは到底できないことは当然である。…性質において損金であるものを，法律の明確な委任のない命令で益金とすることができないことも前述したとおりである」と論じている。

このように，性質上損金であり理論的にも実務的にも当然にそう取り扱われてきたという場合には，その解釈を命令で変更するようなことができないことについての理解は得られやすいと思われる（北村善宣・租税百選〔3〕9頁（1992））。

(2) 課税要件明確主義

租税法律主義においては，課税要件明確主義が要請される。この課税要件明確主義とは，法律またはその委任の下に政令や省令において課税要件および租税の賦課徴収の手続に関する定めをなす場合に，その定めはなるべく一義的で明確でなければならないとする考え方である（金子・租税法84頁）。租税法律主義の下においては，課税要件が法定されていなければならないとする前述の課税要件法定主義の当然の帰結である。課税要件が法定されてさえいれば，租税法律主義の求める法的安定性や予測可能性が担保されるものではなく，かかる課税要件が明確に法定されていなければこれらが担保されることにはならないからである。また，課税要件が明確でなければ，行政庁の恣意的な行政処分を許容してしまうという問題意識にもつながるのである。

ただし，租税法の規定につき合理的な法律解釈によってこの規定の意味するところを客観的に認識し得る限りにおいては，当該規定を不明確なものとすることにはならないから，その場合は租税法律主義に反することにはならない。もっとも，このことは，法律が一般条項（☞一般条項とは）や不確定概念（🔍**2** ¶レベルアップ1！─26頁参照）を使用することを無制限に許容する趣旨ではないことはいうまでもない（酒井・相当の地代15頁）。

> ☞ **一般条項**とは，例えば，憲法12条や13条にいう「公共の福祉」，92条にいう「地方自治の本旨」，民法90条《公序良俗》にいう「公の秩序」「善良の風俗」，770条《裁判上の離婚》1項5号の「その他婚姻を継続し難い重大な事由」，利息制限法3条《みなし利息》にいう「いかなる名義をもってするかを問わず」など，包括的で価値的な用語を用いる条項をいう。刑法上はかような用語の構成要件への持込みは危険であるとされてい

るが，構成要件を限定する機能として，証人威迫罪の「正当な理由」（刑法105の２）や軽犯罪法の「みだりに」（軽犯罪法１七）などもある（高橋ほか・小辞典27頁）。

なお，不確定概念とは，特に行政法上の講学概念であり，上記の一般条項に類似する（その多くは重なる。）。

これらを用いた規定には，立法者が予見して列挙することが困難な多様な事態に対処し，具体的に妥当な法の適用を可能にする長所があるとされているが，他方で，行政庁や法適用者の権限を拡大して法的安定性や予測可能性を阻害する危険も指摘されている。

¶レベルアップ７！　秋田市国民健康保険税事件

課税要件明確主義が争点となった事例として秋田市国民健康保険税事件がある（酒井・スタートアップ18頁も参照）。

この事例は，秋田市長Ｙ（被告・控訴人）が地方税法703条の４《国民健康保険税》および秋田市国民健康保険条例に基づいて行った国民健康保険税の賦課処分に対して，被保険者Ｘら（原告・被控訴人）がかかる処分を不服として取消訴訟を提訴したものである。

> **地方税法703条の４《国民健康保険税》**
> 　国民健康保険を行う市町村…は，当該市町村の国民健康保険に関する特別会計において負担する次に掲げる費用に充てるため，国民健康保険の被保険者…である世帯主…に対し，国民健康保険税を課することができる。
> 一　国民健康保険法の規定による国民健康保険事業費納付金…の納付に要する費用（…）
> 二　国民健康保険法の規定による財政安定化基金拠出金…の納付に要する費用

なお，秋田市国民健康保険条例によると，「当該年度の初日における療養の給付および療養費の支給に要する費用の総額の見込額から療養の給付についての一部負担金の総額の見込額を控除した額の100分の65に相当する額以内」を課税総額とし，これを所得割総額，資産割総額，被保険者均等割総額および世帯別平等割総額に四分し，所得割総額を所得割課税標準総額で除した数，資産割総額を固定資産税総額で除した数を，それぞれ税率とするというものであった。また，被保険者均等割総額を被保険者総数で除した額，そして，世帯別平等割総額を被保険者の属する世帯総数で除した額を税額とするという方式で算

98　第2章　課税要件法と課税要件事実論

定していた。

第一審秋田地裁昭和54年4月27日判決（行集30巻4号891頁）[15]は，同条例は，客観的・一義的に明確ではなく租税法律主義に違反するとした。

控訴審仙台高裁秋田支部昭和57年7月23日判決（行集33巻7号1616頁）[16]は，次のように判示して，控訴を棄却した。

> 「課税要件法定（条例）主義といっても，課税要件のすべてが法律（条例）自体において規定されていなければならず，課税要件に関して，法律（条例）が行政庁による命令（規則）に委任することが一切許されないというものではなく，ただ，その命令（規則）への委任立法は，他の場合よりも，特に最小限度にとどめなければならないとの要請が働くものとして理解されるべきであるし，また，課税要件明確主義の下でも，課税要件に関する定めが，できるかぎり一義的に明確であることが要請されるのであるが，租税の公平負担を図るため，特に不当な租税回避行為を許さないため，課税要件の定めについて，不確定概念を用いることは不可避であるから，かかる場合についても，直ちに課税要件明確主義に反すると断ずることはできないし，その他の場合でも，諸般の事情に照らし，不確定概念の使用が租税主義〔ママ〕の実現にとってやむをえないものであり，恣意的課税を許さないという租税法律（条例）主義の基本精神を没却するものではないと認められる場合には，課税要件に関して不確定概念を用いることが許容される余地があるというべきである。ただし，立法技術上の困難などを理由に，安易に不確定，不明確な概念を用いることが許されないことはもとより当然であり，また，許容されるべき不確定概念は，その立法趣旨などに照らした合理的な解釈によって，その具体的意義を明確にできるものであることを要するというべきで，このような解釈によっても，その具体的意義を明確にできない不確定，不明確な概念を課税要件に関する定めに用いることは，結局，その租税の賦課徴収に課税権者の恣意が介入する余地を否定できないものであるから，租税法律（条例）主義の基本精神を没却するものとして許容できないというべきである。」

この判決とは別に，類似事例において，旭川市国民健康保険料事件最高裁平成18年3月1日大法廷判決（民集60巻2号587頁[17]。酒井・スタートアップ17頁も参照）は，旭川市国民健康保険条例が，保険料率算定の基礎となる賦課総額の算定基準を定めた上で，市長に対し，同基準に基づいて保険料率を決定し，決定した保険料率を告示の方式により公示することを委任したことなどは，租税法律主義の趣旨に反しないと判示している。この点について，判断が分かれたのはなぜであろうか。秋田市で問題となった国民健康保険税が目的税であるのに対して，旭川市で問題となったのが国民健康保険料という保険料であったという点にその理由があるとすれば，国民健康保険料の実質的な性質が，先取特権の優先順位，制裁措置，賦課決定の期間制限等の点で保険税と同じであることから

すれば（宍戸常寿・租税百選〔5〕15頁（2011）），疑問が湧く。この点，最高裁大法廷は，「国民健康保険の保険料は，これ〔筆者注：国又は地方公共団体が，課税権に基づき，その経費に充てるための資金を調達する目的をもって，特別の給付に対する反対給付としてでなく，一定の要件に該当するすべての者に対して課する金銭給付のこと。すなわち，租税〕と異なり，被保険者において保険給付を受け得ることに対する反対給付として徴収されるもの」として，租税が反対給付ではないことから租税法律主義は及ばないとした上で，「国民健康保険税は，前記のとおり目的税であって，上記の反対給付として徴収されるものであるが，形式が税である以上は，憲法84条の規定が適用されることとなる。」などとして，「税」の形式を採用しているかどうかという点からこれを判示している。しかし，このような判示には疑問が残る（吉村典久・新条例百選202頁（1992））。

　なお，行政争訟との関連で明確性の問題が問われるとすれば，それは法治主義および司法的統制と結びつくものとなり，憲法84条の民主的コントロールを直接の基礎とする租税法律主義の議論とは異なる様相を呈することになるとの指摘もある（佐藤英明「租税法律主義と租税公平主義」金子・基本問題55頁）。

Tax Lounge　　**国民負担率と間接税の比重**

　しばしば，各国比較で用いられる係数に「国民負担率」というものがある。国民負担率とは，一般に租税負担率（租税負担の対国民所得比）と社会保障負担率（社会保障負担の対国民所得比）を足したものである。

　日本の国民負担率は，昭和45年（1970年）度に24.3％であったものが，令和3年（2021年）度には48.1％にまで達している。もっとも，公債による資金調達の割合が大きい場合には，財政赤字が将来の租税負担によって賄われることから，国民負担率では政府の大きさを適切に反映しない。そこで，「租税負担＋社会保障負担＋一般政府の財政赤字」を国民所得で割った「潜在的国民負担率」も頻繁に用いられる。

　諸外国との比較をしてみると（2020年），日本は，①国民負担率（47.9％）でも②潜在的国民負担率（62.9％）でも，アメリカ（①32.3％②50.8％）よりは高く，イギリス（①46.0％②63.4％）と同程度の水準で，フランス（①69.9％②83.0％）より低い。

　ただし，この国民負担率や潜在的国民負担率の分母が，「要素費用表示の国民所得」である点には注意が必要であろう。すなわち，要素費用表示の国民所得からは間接税が除外されているため，間接税の水準の高い国ほど対国民所得比の数値が相対的に高くなるのである。なお，令和6年（2024年）度（見通し）における我が国の①国民負担率は45.1％，②潜在的国民負担率は50.9％である。

100 第2章 課税要件法と課税要件事実論

〔注〕

(1) 判例評釈として, 木村弘之亮・自研85巻2号118頁 (2009) 参照。

(2) 判例評釈として, 中川一郎・シュト52号1頁 (1966), 村井正・租税百選14頁 (1968), 清永敬次・企業法研究144号40頁 (1967) など参照。

(3) 判例評釈として, 金子宏・自研46巻4号138頁 (1970), 武田昌輔・税通32巻11号24頁 (1977), 同38巻15号10頁 (1983), 中川一郎・シュト77号6頁 (1968), 山内一夫・租税百選〔2〕14頁 (1983), 北村喜宣・租税百選〔3〕8頁 (1992) など参照。

(4) 判例評釈として, 堺澤良・TKC税研情報2巻1号59頁 (1993) 参照。

(5) 判例評釈として, 都築弘・平成8年度主要民事判例解説〔判タ臨増〕320頁 (1997), 布田勉・平成8年度重要判例解説〔ジュリ臨増〕25頁 (1997), 増田英敏・租税25号161頁 (1997), 三木義一・税研106号41頁 (2002), 佐藤英明・租税百選〔4〕10頁 (2005), 芳賀真一・租税百選〔7〕12頁 (2021) など参照。

(6) 判例評釈として, 品川芳宣・税研152号70頁 (2010), 堀口和哉・税務事例43巻4号1頁 (2011), 堀招子・税通66巻5号182頁 (2011) など参照。

(7) 判例評釈として, 梶原康平・ジュリ1568号10頁 (2022), 鈴木悠哉・ジュリ1574号135頁 (2022) など参照。

(8) 判例評釈として, 一高龍司・ジュリ1594号10頁 (2024), 吉村政穂・NBL1263号4頁 (2024), 木山泰嗣・税通79巻5号158頁 (2024) など参照。

(9) 判例評釈として, 池原桃子・令和3年度最高裁判所判例解説〔民事篇〕〔上〕99頁 (2024), 大淵博義・税理64巻7号2頁 (2021), 酒井貴子・ジュリ1560号10頁 (2021), 中村信行・税務事例53巻12号6頁 (2021), 渡辺徹也・ジュリ1567号131頁 (2022), 高橋祐介・民商158巻2号65頁 (2022), 手塚貴大・令和3年度重要判例解説〔ジュリ臨増〕168頁 (2022) など参照。

(10) この令和4年10月の所得税基本通達の改正については, 酒井克彦「雑所得区分に係る解釈変更の今日的意義—シャアリングエコノミー・ギグエコノミーと雑所得—」税理66巻1号29頁 (2023), 同「雑所得区分内における帳簿書類保存義務及び収入金額基準 (300万円基準) の意義」税理66巻1号59頁 (2023) など参照。

(11) 国税庁タックスアンサー「No.1500 雑所得」(https://www.nta.go.jp/taxes/shiraberu/taxanswer/shotoku/1500.htm〔令和6年7月1日訪問〕) 参照。

(12) 判例評釈として, 堀口和哉・ジュリ1212号132頁 (2001) 参照。

(13) 判例評釈として, 北佳子・民研527号47頁 (2001) 参照。

(14) 判例評釈として, 高世三郎・平成17年度最高裁判所判例解説〔民事篇〕209頁 (2008), 同・ジュリ1300号147頁 (2005), 別所卓郎・民研582号41頁 (2005), 塩崎勤・登記インターネット74号105頁 (2006), 奥谷健・判時1915号169頁 (2006), 仲野武志・法学〔東北大学〕70巻2号202頁 (2006), 宮崎雅子・民研591号53頁 (2006), 太田幸夫・平成17年度主要民事判例解説〔判タ臨増〕256頁 (2006), 首藤重幸・平成17年度重要判例解説〔ジュリ臨増〕39頁 (2006), 山本隆司・法教335号47頁 (2008), 斎藤誠・租税百選〔7〕236頁 (2021), 奥岡直子・行政関係判例解説〔平成17年〕105頁 (2007), 高木英行・東洋法学55巻2号73頁 (2011), 酒井克彦・税務事例39巻8号1頁, 9号1頁 (2007), 酒井・ブラッシュアップ334頁など参照。

(15) 判例評釈として, 山田二郎・自研57巻71号120頁 (1981), 碓井光明・判時957号157頁 (1980), 田中治・租税百選〔2〕16頁 (1983), 北野弘久・ジュリ718号31頁 (1980), 安

7 課税要件法定主義・課税要件明確主義 101

念潤司・ジュリ730号125頁（1980）など参照。

⒃ 判例評釈として，水野忠恒・憲法百選Ⅱ〔4〕434頁（2000），田中治・租税百選〔3〕10頁（1992），北野弘久・社会保障百選〔2〕74頁（1991），同・税理25巻16号110頁（1982），倉田聡・租税百選〔4〕12頁（2005），後藤正幸・税法541号121頁（1999），遠藤きみ・ひろば35巻11号44頁（1982）など参照。

⒄ 判例評釈として，阪本勝・平成18年度最高裁判所判例解説〔民事篇〕312頁（2009），同・曹時61巻2号379頁（2009），碓井光明・社会保障百選〔4〕14頁（2008），同・法教309号19頁（2006），島崎謙治・社会保障百選〔4〕16頁（2008），藤谷武史・租税百選〔7〕8頁（2021），遠藤美奈・平成18年度重要判例解説〔ジュリ臨増〕10頁（2007），斎藤一久・憲法百選Ⅱ〔5〕450頁（2007），千松順子・平成18年度主要民事判例解説〔判タ臨増〕264頁（2007），小塚真啓・法学論叢〔京都大学〕165巻2号121頁（2009），齋藤和豊・法学新報〔中央大学〕115巻1＝2号151頁（2008），郷原廣行・法研論集〔関東学院大学大学院〕5号1頁（2007），大竹昭裕・青森法政論叢7号69頁（2006），安宅敬祐・岡山商科大学法学論叢16号1頁（2008），藤井俊夫・セレクト〔2006〕14頁（2007），鈴木敦士・ひろば59巻7号74頁（2006），増田英敏＝田中秀昭＝鈴木煕・TKC税研情報15巻5号93頁（2006），森稔樹・税弘54巻12号129頁，14号135頁（2006），東條武治・判自282号107頁（2006），倉田聡・判時1944号180頁（2006），菊池馨実・季刊社会保障研究42巻3号304頁（2006），多田一路・法セ52巻4号113頁（2007），江原勲・税62巻7号25頁（2007），田尾亮介・自研84巻1号128頁（2008），佐久間健吉・行政関係判例解説〔平成18年〕19頁（2008），山本隆司・法教346号42頁（2009），奥谷健・税研148号14頁（2009）など参照。

102　第2章　課税要件法と課税要件事実論

8　借用概念論

(1)　借用概念と固有概念

　租税法における要件事実論の理解は，その大半が借用概念の理解にかかっているといわれることがある（平野敦士ほか『税務訴訟と要件事実論』46頁（清文社2005））。本節では，この借用概念についての理解を目指す。

ア　借用概念

　借用概念とは，租税法が用いている概念のうち，他の法分野から借用している概念をいい，法分野以外の会計学や経済学など他の学問分野から借用している概念などはこれに含まれない（金子・租税法126頁）。租税法に用いられている概念のうち，多くの概念が借用概念であると思われる。この借用概念の意義をいかに理解すべきかという点については，学説の対立がある。

イ　固有概念

　固有概念とは，他の法分野では用いられておらず，租税法が独自に用いる概念をいうが，社会生活上または経済生活上の行為や事実を，他の法分野の規定を通ずることなしに，直接に租税法規の中に取り込んでいる概念であると説明されている（金子・租税法129頁）。「所得」概念や「退職」概念などがこれに含まれると説明されることが多い。

ウ　裁判例

　柔道整復師である原告（控訴人）が，本件各係争年分の所得税について，租税特別措置法26条《社会保険診療報酬の所得計算の特例》1項の適用を前提として同項所定の率の必要経費を控除して確定申告をしたところ，課税庁から，柔道整復師は同項に規定する「医業又は歯科医業を営む個人」に当たらないことを理由として本件各処分を受けたため，その取消しを求めた事案がある。

租税特別措置法26条《社会保険診療報酬の所得計算の特例》
　医業又は歯科医業を営む個人が，各年において社会保険診療につき支払を受けるべき金額を有する場合において，当該支払を受けるべき金額が5,000万円以下であり，かつ，当該個人が営む医業又は歯科医業から生ずる事業所得に係る総収入金額に算入すべき金額の合計額が7,000万円以下であるときは，その年分の事業所得の金額の計算上，当該社会保険診療に係る費用として必要経費に算入する金額は，所

得税法第37条第1項及び第2編第2章第2節第4款の規定にかかわらず，当該支払を受けるべき金額を次の表の上欄に掲げる金額に区分してそれぞれの金額に同表の下欄に掲げる率を乗じて計算した金額の合計額とする。
…表省略…

　この事案において，被告国（被控訴人）は，租税特別措置法26条1項にいう「医業又は歯科医業を営む個人」とは，医師および歯科医師ならびに医師または歯科医師を雇用して医業または歯科医業を営む個人をいい，柔道整復の施術は，医業類似行為に含まれるのであるから，柔道整復師はこれに含まれない旨主張したところ，原告は，柔道整復は，本来，医業に当たり，医師でなければ業として行ってはならないものであるが，法律に特別の定めがあるため，医師でない者が行うことが許されるとの見解を前提として，柔道整復師は「医業又は歯科医業を営む個人」に当たる旨反論した。
　これに対し，東京地裁平成20年9月10日判決（税資258号順号11018）は次のように判断を下している。

　「租税特別措置法26条1項が医師に対する国税庁の運用上の特別措置を法制化した特例規定であるという制定の趣旨・沿革，同規定の文言の立案の経緯，同規定の制定当時の国税庁の解釈及び同規定の制定後の運用を踏まえると，租税特別措置法26条1項にいう『医業又は歯科医業を行う者』とは，同規定の立法趣旨に沿った解釈としては，医師若しくは歯科医師又は医師若しくは歯科医師を雇用して医業若しくは歯科医業を行う者をいうものであり，柔道整復師はこれに含まれないと解するのが相当である。」
　「医師法17条は，医師でなければ医業をしてはならないと定めているところ，ここにいう『医業』とは，反復継続する意思で医行為を行うことをいい（大審院大正5年2月5日判決・刑録22輯109頁参照），医行為とは，人の疾病の診療を目的とする行為であって，医師の医学的判断及び技術をもってするのでなければ人体に危害を及ぼすおそれのある行為をいうと解するのが相当である（最高裁昭和30年5月24日第三小法廷判決・刑集9巻7号1093頁，同昭和34年7月8日大法廷判決・刑集13巻7号1132頁参照。…）。これに対し，柔道整復とは，打撲，捻挫，脱臼，骨折等に対して，応急的又は医療補助的方法により，その回復を図る施術をいうものと解される…ところ，これらの措置の一部に上記医行為に重複するものがあり得るとしても，柔道整復師による施術は，医師とはその資格・技能を異にしている以上，上記措置の限られた一部が重複することから直ちに，柔道整復が上記医行為と一般的に同質のものであるということはできない。
　そして，あん摩師等法12条は，本文において，何人も医業類似行為を業としてはならないとの原則を定めた上で，その例外として，同法1条に掲げるあん摩マッサージ指圧師免許，はり師免許又はきゅう師免許を受けている場合を挙げるとともに，ただ

し書において，柔道整復を業とする場合については，柔道整復師法の定めるところによると定めている。また，あん摩師等法12条の２も，ただし書において，例外的に同法の公布前から引き続き医業類似行為を業とすることができる者として，柔道整復師の免許を有する者を，あん摩マッサージ指圧師，はり師又はきゅう師の免許を有する者と並列して掲げている。

上記の各規定の文言・内容によれば，あん摩師等法12条及び12条の２は，柔道整復が，あん摩，マッサージ，指圧，はり及びきゅうと同様に，医業類似行為に含まれることを前提とした上で，医業類似行為としての柔道整復を業として行うことの一般的な禁止の例外として，柔道整復師の免許を有する場合その他の柔道整復師法の定めによる場合を掲げているものと解するのが相当である…。」

「関係法律の体系上，柔道整復は，<u>医行為としての医業でなく，医業類似行為として位置付けられており…</u>，その主体である柔道整復師も，医業の主体である医師とは異なる位置付けをされていると解するのが相当である。」

このように，上記判決では，柔道整復の施術および柔道整復師が租税特別措置法26条１項にいう「医業」および「医師」に含まれるか否かについては，同条が規定する医師優遇税制の立法趣旨に照らして医師法領域と同様に解釈すべきとし，医師法などの他の法分野の理解を前提として判断が展開されている。すなわち，同判決からは，ここにいう「医業」や「医師」概念が借用概念と理解されていることが分かる。

(2) 借用概念の理解─統一説

ア 統一説

金子宏東京大学名誉教授は，「借用概念は他の法分野におけると同じ意義に解釈するのが，租税法律主義＝法的安定性の要請に合致している。」と論じられる（金子・租税法127頁）。すなわち，「私法との関連で見ると，納税義務は，各種の経済活動ないし経済現象から生じてくるのであるが，それらの活動ないし現象は，第一次的には私法によって規律されているから，租税法がそれらを課税要件規定の中にとりこむにあたって，私法上におけると同じ概念を用いている場合には，別意に解すべきことが租税法規の明文またはその趣旨から明らかな場合は別として，それを私法上におけると同じ意義に解するのが，法的安定性の見地からは好ましい。その意味で，借用概念は，原則として，本来の法分野におけると同じ意義に解釈すべきであろう」とされる（金子・租税法127頁）。

このような考え方を「統一説」という。これに対して，概念の相対性を認めようとする目的適合説（☞目的適合説とは）という考え方がある。現在の学説上

の通説は，統一説に立つと思われる。

> ✎ なお，概念の独立性を強調する見解として，**独立説**という考え方（ライヒ租税裁判所1922年３月31日判決など（水野忠恒『所得税の制度と理論』９頁（有斐閣2006）参照））もあるが，現在これを採る学説的発展はないように思われる。

> ☞ **目的適合説**とは，統一説に対して概念の相対性を認める立場であり，租税法の目的に照らして借用概念の解釈をすべきとする学説である。
> 　　田中二郎博士は，統一説を法的安定性の見地から一理ある考え方とした上で，「しかし，これ〔筆者注：統一説〕を絶対的な原則とする考え方には，にわかに賛成しがたい。元来，私法の規定は，私的自治の原則を前提として承認し，原則として，その補充的・任意的規定としての意味をもつものであり，当事者間の利害の調整という見地に基づく定めである。…ところが，租税法は，当事者間の利害調整という見地とは全く別個に，これを課税対象事実又はその構成要件として，これらの規定又は概念を用いているのであるから，同じ規定又は概念を用いている場合でも，常に同一の意味内容を有するものと考えるべきではなく，租税法の目的に照らして，合目的的に，従って，私法上のそれに比して，時にはより広義に，時にはより狭義に理解すべき場合があり，また，別個の観点からその意味を理解すべき場合もあることを否定し得ない。…たとえ私法上の規定を引用し，又はその概念を用いている場合でも，租税法上，直ちに私法上のそれと同一に解すべきではなく，規定又は概念の相対性を認め，租税法の目的に照らし，その自主性・独立性を尊重して，その目的に合する合目的的解釈をなすべきことを承認しなければならない。」と述べられる（田中・租税法126頁）。この点，金子宏「租税法とルール・オブ・ロー」同『所得税・法人税の理論と課題』11頁（日本租税研究協会2010）も参照。

イ　統一説を採用する判例

㋐　最高裁昭和37年３月29日第一小法廷判決

　訴外会社からその敷地，建物ならびに附属設備とともに譲り受けた石油タンクが，不動産取得税の対象となる独立の不動産に該当するかどうかが争われた事案として，最高裁昭和37年３月29日第一小法廷判決（民集16巻３号643頁）[1]がある。この事案では，独立の不動産であると主張した課税当局の主張が排斥されている。同最高裁は次のように論じ，統一説の立場から説示している。

> 　「本件不動産取得税賦課当時の旧地方税法（昭和23年法律第110号）88条は『不動産取得税は，不動産の取得に対し，その価格を基準として，不動産所在の道府県において，その取得者に，これを課する』と規定し，また本件に適用された福岡県税賦課徴収条例はその58条においては『不動産取得税は不動産の取得当時の時価を課税標準としてこれを課する』と定めており，右地方税法および条例には，不動産取得税賦課の対象となる不動産の定義は，特に示されていない。しかし，民法86条は動産，不動産の区別を定めた基本的な規定であって，動産，不動産の観念は，特段の事由の認められない限り概ね右民法の法条に定められるところに従うものと解するを相当とし，前記地方税法および条例にいう不動産も，特段の事由の認むべきものがないから，右と

106 第2章 課税要件法と課税要件事実論

> 同様に解すべく，この点に関する原判示は正当である。また，民法86条1項にいう土
> 地の定着物とは，土地の構成部分ではないが土地に附着せしめられ且つその土地に永
> 続的に附着せしめられた状態において使用されることがその物の取引上の性質である
> ものをいうと解すべきことも原判示のとおりである。」

　ところで，原審福岡高裁昭和32年10月21日判決（民集16巻3号655頁）の確定し
たところによれば，「本件石油タンクは鋼製丸型貯油施設であって，その重量，
容量はそれぞれ，160.0屯 (t)（容量5,000竏 (kl)），105.0屯（容量3,600竏），45.0屯
（容量1,000竏），9.5屯（容量100竏）で，土地に砂を盛って，その上にタンクを置い
ただけのものであるが，恰も巨大なるドラム缶を地上に置いたようなものであ
って，その自重及び荷重により若干沈下」した状態であるとする。
　原審はこのような事実認定をした後，さらに続けて，本件石油タンクは「永
続的に土地に接着せしめられた状態において使用されるものであることを認め
得るからまさに定着物ということができる」として，独立の不動産に該当する
旨を判示したのである。しかしながら，上記最高裁は次のように説示し，かか
る原審判断を覆している。

> 　「原審の前記事実認定にもあるとおり，本件タンクは，もともとドラム缶を地上に
> 置いたようなものであって，その自重，荷重によって若干沈下したものであるから，
> 本件タンクは，地上に置かれるものとして設計，製作されたものではあっても，一定
> の土地の上に永続的に固着せしめることによってはじめてその効用を発揮するものと
> して作られたわけのものではなく，また，その土地に対する状態は，地上に附置され
> ているに過ぎず，特別の基礎工事により土地に固着されたものではないから，未だも
> ってそれが土地に附着しているものとは，認め難く，従って，本件タンクは民法86条
> にいう土地の定着物には該当せず，前記地方税法および条例にいう不動産ではなく，
> これに対する本件不動産取得税の賦課処分は違法であって，取消を免れない。しかる
> に，原判決は本件タンクを土地の定着物と認め，前記地方税法および条例にいう不動
> 産に当るとしているのであって，右原審の判断は，課税対象を誤った点において判決
> に影響を及ぼすことの明らかな違法〔がある。〕」

　ここでは，地方税法上の「不動産」も「定着物」も，民法上の概念と同様に
理解すべきと論じられているのである。
　なお，ここで，統一説は，「私法上におけると同じ概念を用いている場合に
は，別意に解すべきことが租税法規の明文またはその趣旨から明らかな場合は
別として」，私法上におけると同じ意義に解すべきとするのであるから（金子・

租税法127頁)，租税法規の明文またはその趣旨から概念の意味内容が明らかな場合にまで，私法におけると同じ意義に解すべきとしている考え方ではない点には注意が必要であろう。

(イ) 最高裁昭和63年7月19日第三小法廷判決

負担付贈与契約であると認められる土地所有権移転契約の場合，負担付贈与により資産の譲渡があった場合において，受贈者側に収入すべき金銭その他の経済的利益があるときは，その移転につき，所得税法60条《贈与等により取得した資産の取得費等》1項1号の適用はなく，同項2号の適用の有無が問題になるにすぎないと解されるところ，負担付贈与契約によって受贈者である上告人（原告・控訴人）らは，贈与者の債務を負担することになったのであるから，その負担相当額は，土地の譲渡と因果関係のある経済的利益であることが明らかであり，土地の譲渡は収入すべき金額のある移転に当たるとされた事例がある。

所得税法60条《贈与等により取得した資産の取得費等》
　　居住者が次に掲げる事由により取得した前条第1項に規定する資産を譲渡した場合における事業所得の金額，山林所得の金額，譲渡所得の金額又は雑所得の金額の計算については，その者が引き続きこれを所有していたものとみなす。
　一　贈与，相続（限定承認に係るものを除く。）又は遺贈（包括遺贈のうち限定承認に係るものを除く。）
　二　前条第2項の規定に該当する譲渡

この事例において，最高裁昭和63年7月19日第三小法廷判決（集民154号443頁）[2]は，上告人らの主張を排斥する原審東京高裁昭和62年9月9日判決（行集38巻8＝9号987頁）[3]の判断を維持した。

　　「所得税法33条1項の譲渡所得課税は，資産の値上りによりその資産の所有者に帰属する増加益を所得として，その資産が所有者の支配を離れて他に移転するのを機会に，これを清算して課税する趣旨のものであるから，同条項にいう資産の譲渡は，有償譲渡に限られるものではなく，贈与その他の無償の権利移転行為を含むものと解することができる（最高裁昭和50年5月27日判決民集29巻5号641頁参照）。ところで，同法60条1項は，これについて一つの例外として，同項各号に定める場合（ただし，同法59条1項の規定と対比すれば，法人に対するものを除くことは明らかである。以下同じ。）を認めた。すなわち，同法60条1項は，同項各号に定める場合にその時期には譲渡所得課税をしないこととし，その資産の譲受人が後にこれを譲渡し，譲渡所得課税を受ける場合に，譲渡所得の金額を計算するについて，譲受人が譲渡人の取得時から引続きこれを所有していたものとみなして，譲渡人が取得した時にその取得価額

108 第2章 課税要件法と課税要件事実論

> で取得したものとし，いわゆる取得価額の引き継ぎによる課税時期の繰り延べをすることとした。したがって，右の課税時期の繰り延べが認められるためには，資産の譲渡があっても，その時期に譲渡所得課税がされない場合でなければならない。ところが，負担付贈与においては，贈与者に同法36条1項に定める収入すべき金額等の経済的利益が存する場合があり，この場合には，同法59条2項に該当するかぎりは，同項に定めるところに従って譲渡損失も認められない代りに，同法60条1項2号に該当するものとして，譲渡所得課税を受けないが（つまり，この時期において資産の増加益の清算をしないのであるが），それ以外は，一般原則に従いその経済的利益に対して譲渡所得課税がされることになるのであるから，右の課税時期の繰り延べが認められないことは明らかである。そこで，同項1号の『贈与』とは，単純贈与と贈与者に経済的利益を生じない負担付贈与をいうものといわざるを得ない。」

　このように，統一説は，その意義が租税法規の趣旨から明らかな場合にまで私法上の概念理解に合致させるべきと考える学説ではない。これに対して，そもそも，常に租税法の趣旨目的に従ったところで，法条の法律要件要素を考えるべきであるとする反論がある。

(3)　統一説に対する批判

　ここで，統一説に反対の立場を表明する見解をみておきたい。

　例えば，木村弘之亮教授は，租税法上の法律要件要素は，たとえそれが他のな法領域から借用されていたとしても，租税法上の意味連関に従って，その都度の租税法律の目的に従って，そして個別規定の内容に従って解釈されなければならないとし，民事法から借用した租税法規範中の法律要件要素が民事法上の理解の意味において解釈されるべきであるといった推定はまったく働かないとするドイツ連邦憲法裁判所の判断を引用され，「民事法と同列の租税法は，その固有の目的論を有しており，この独自な目的論が租税法律の解釈に際して展開されなければならない。」と論じられている（木村・総則11頁）。

　また，裁判例も確認しておこう。地方税法585条《特別土地保有税の納税義務者等》にいう「土地の取得」の意義が争点となった事例として最高裁平成14年12月17日第三小法廷判決（集民208号581頁）[4]がある。

地方税法585条《特別土地保有税の納税義務者等》
　特別土地保有税は，土地又はその取得に対し，当該土地所在の市町村において，当該土地の所有者又は取得者…に課する。

この事件における上告人（原告・控訴人）の主張は，「同税における土地の『所有』ひいてはその前提たる『取得』は，単なる経過的事実としての所有や所有権の取得ではなく，実体法上の所有権の得喪の効果と整合的に解されなければならない」というものであった（第一審京都地裁平成12年9月29日判決（判例集未登載）における主張）。しかしながら，下記のとおり，最高裁は，「土地の取得とは，所有権の移転の形式により土地を取得するすべての場合を含み，取得の原因となった法律行為が取消し，解除等により覆されたかどうかにかかわりなく，その経過的事実に則してとらえた土地所有権取得の事実をいうものと解するのが相当」であるとしている。ここでは，経過的事実に則して捉えた取得の事実を前提とすると解しており，「土地の取得」の概念を法形式に従ったものとしてではない観点から意義付けている。

> 「地方税法585条1項にいう土地の取得とは，所有権の移転の形式により土地を取得するすべての場合を含み，取得の原因となった法律行為が取消し，解除等により覆されたかどうかにかかわりなく，その経過的事実に則してとらえた土地所有権取得の事実をいうものと解するのが相当であり，土地の所有についても同様に解するのが相当である。本件においては，土地の取得原因である売買契約が詐害行為として取り消されているところ，詐害行為取消しの効果は相対的であって，取消訴訟の当事者間においてのみ当該売買契約を無効とするにとどまり，売主と買主との間では当該売買契約は依然として有効に存在する上，取消しがされたということによって，当該土地の所有権が買主に移転し買主が当該土地を取得に引き続いて所有していた経過的事実そのものがなくなるものではない。したがって，土地の取得の原因となった行為が詐害行為として取り消されたことは，当該土地の取得及びその所有に対して課された特別土地保有税の課税要件を失わせることになるものではないというべきである。」

不動産取得税に関する地方税法73条の2《不動産取得税の納税義務者等》1項に規定する「不動産の取得」の意義が問題となった事例である最高裁昭和48年11月2日第二小法廷判決（集民110号399頁）[5]においても同様の考え方が示されている（なお，地方税法73条の2第1項は，「不動産取得税は，不動産の取得に対し，当該不動産所在の道府県において，当該不動産の取得者に課する。」と規定する。）。

> 「地方税法73条の2第1項にいう『不動産の取得』とは，所有権の得喪に関する法律効果の側面からではなく，その経過的事実に則してとらえた不動産所有権取得の事実をいうものと解するのが相当である。売買契約の解除に基づく売主の所有権の回復も，その経過的事実に則してこれをみれば，それが合意によるものであると解除権の行使によるものであるとにかかわらず，一旦買主に移転した所有権が再び売主に移転

110　第2章　課税要件法と課税要件事実論

> したものというべきであり，したがって，右にいう『不動産の取得』にあたると解すべきである。」

　このように最高裁は，上記最高裁平成14年12月17日第三小法廷判決以前に「経過的事実に則してとらえた土地所有権取得の事実」に従って判断するという態度を示しており，実体法上の所有権の得喪の効果と整合的に解されなければならないとする見解は採用してこなかったのである。

　もっとも，上記特別土地保有税に係る最高裁平成14年判決や不動産取得税に係る最高裁昭和48年判決が，流通税という租税の特質に着目をしたところから導出された判断であったとみることも可能ではある。すなわち，上記の特別土地保有税に係る最高裁平成14年判決は，前記引用箇所の前に，「特別土地保有税は，土地又はその取得に対し，当該土地の所有者又は取得者に課されるものであるところ，土地の取得に対するものは，いわゆる流通税に属し，土地の移転の事実自体に着目して課されるものであり，土地に対するものは，いわゆる財産税に属し，取得に引き続いて土地を所有している事実自体に着目して課されるものであって，いずれも土地の取得者又は所有者がその土地を使用，収益，処分することにより得られるであろう利益に着目して課されるものではない。」と判示しているのである。また，不動産取得税に係る最高裁昭和48年判決は，「不動産取得税は，いわゆる流通税の一種であり，不動産の取得者が当該不動産により取得しあるいは将来取得するであろう利益に着目して課せられるものではなく，不動産の移転という事実自体に着目して課せられるのをその本質とするものであることに照らすと」という導入の後に前記引用部分を判示しているのであるから，これらの点に着目すれば，統一説がいうところの，「別意に解すべきことが租税法規の趣旨から明らかな場合」に該当する事例として捉えることも不可能ではなく，このような構成からすれば統一説の見解からも上記2つの最高裁判決の概念理解の部分については肯定されることになろう。

　　✍　なお，外国人の「住所」についての判断として，東京地裁平成7年9月27日判決（行集46巻8 = 9号777頁）が参考となる。すなわち，同地裁は，「原告は，不法入国後，日本人の夫と婚姻して子供をもうけ，夫との死別後はその子供と一緒に亡き夫が遺した家屋に居住して生活しているものであり，その居住の事実状態だけに着目すれば，原告肩書地が原告の生活の本拠であり住所であるとする原告の主張も理解しえないではないといえるが，しかし，翻って考えるに，原告は他人名義の旅券を用いてわが国に不法入国

した者であり，本来，わが国への入国それ自体が許されない違法なものだったのであるから，当然，その後のわが国での滞在ないし居住も法律上容認されたものではないのであって，かかる不法入国者は，もともとわが国内に生活全般の活動の中心となる本拠を置くこと自体が容認されていない立場にあることからすると，このような原告について，単にその違法な入国を基礎として作られた居住の事実状態だけをとらえて，そこに『住所を有する』と評価することには躊躇を感じざるをえないといわなければならない。…しかも，国民健康保険の制度は，一定地域の住民を強制加入させて，それら住民が相互に保険料を負担しあい，その拠出と国庫負担金などをもとに保険給付を行うものであり，基本的には，地域社会を構成する住民の連帯意識を基盤として運営される性質のものであるから，このような国民健康保険制度の持つ相互扶助及び社会連帯の精神からすると，その制度に強制的に加入せしめる対象となる被保険者は，少なくとも，わが国社会の構成員として社会生活を始めることができる者を当然の前提としているものと解すべきであり，不法に入国した外国人…についてまで，かかる制度の適用の対象者とし，保険に強制加入させることは，国保法の予定しないところというべきである。そうすると，外国人が国保法5条にいう『住所を有する』といえるためには，少なくともその者が適法にわが国に入国し在留しうる地位を有していることが必要であると解すべきであり，原告のように他人名義の旅券を用いてわが国に不法入国した者が，たとえ発覚を免れて，一定の場所で事実上継続的な居住関係を築いたとしても，係る居住場所があることをもって，国保法5条にいう『住所を有する』ということはできないといわざるをえない。」と判示する。また，東京地裁平成10年7月16日判決（判時1649号3頁）は，「個人の住所がどこにあるかを認定するに当たっては，居住関係を中心とした当該個人の客観的生活状況を基礎とし，その者の定住意思をも勘案して総合的に判断すべきであるが，我が国に在留する外国人の住所の認定については，日本人の住所の認定と全く同様に取り扱うことはできない」としつつ，客観的生活状況および定住意思を考慮して我が国に住所を有していると認め得る場合があることを論じている。

(4) 借用概念の解釈手法

上記のように，借用概念の統一説の考え方と目的適合説の考え方は相対的なものであるように思えるところであるが（谷口・講義54頁），法律の趣旨から私法と別意に解すべきことが明確ではない場合に，いずれに軸足を置いて判断すべきかの違いであるとみることもできよう。

このような点を踏まえてみると，渋谷雅弘教授が，「借用概念の解釈について統一説を採ったとしても，結局は規定の趣旨・目的に照らした法解釈という作業から逃れられる訳ではない。こうした困難は，経済的な事象を法的に把握しなければならないという点に由来しており，この困難に立ち向かうためには，私法を含めてあらゆるものを利用しながら工夫を重ねてゆくしかない」とされる理解が実際的であるといわざるを得ないように思われる（渋谷「借用概念解釈の実際」金子宏『租税法の発展』54頁（有斐閣2010））。

112　第2章　課税要件法と課税要件事実論

¶レベルアップ１！　武富士事件

　いわゆる武富士事件[6]最高裁平成23年2月18日第二小法廷判決（集民236号71頁）[7]を見てみよう。これは，亡Dらから外国法人の出資口数の贈与を受けたことについて贈与税の決定処分等を受けたX（原告・被控訴人・上告人）が，本件贈与日に日本に住所を有していなかったから，平成11年改正前の旧相続税法1条の2《定義》第1号により納税義務を負わないとして，本件各処分の取消しを求めた事案である（酒井・ブラッシュアップ272頁も参照）。

　第一審はX勝訴，控訴審はX敗訴，上告審はX勝訴と二転三転した事例である。ここでは，控訴審と上告審について確認することとする。

　控訴審東京高裁平成20年1月23日判決（訴月55巻2号244頁）[8]は，次のように住所の意義について論じている。

> 　「法令において人の住所につき法律上の効果を規定している場合，反対の解釈をすべき特段の事由のない限り，その住所とは，各人の生活の本拠を指すものと解するのが相当であり（最高裁判所昭和29年10月20日大法廷判決・民集8巻10号1907頁参照），生活の本拠とは，その者の生活に最も関係の深い一般的生活，全生活の中心を指すものである（最高裁判所昭和35年3月22日第三小法廷判決・民集14巻4号551頁参照）。そして，一定の場所が生活の本拠に当たるか否かは，住居，職業，生計を一にする配偶者その他の親族の存否，資産の所在等の客観的事実に，居住者の言動等により外部から客観的に認識することができる居住者の居住意思を総合して判断するのが相当である。なお，特定の場所を特定人の住所と判断するについては，その者が間断なくその場所に居住することを要するものではなく，単に滞在日数が多いかどうかによってのみ判断すべきものでもない（最高裁判所昭和27年4月15日第三小法廷判決・民集6巻4号413頁参照）。」

　そして，東京高裁は，相続税法上の住所を民法上の住所と同じく解釈すべきであるとした上で，次のように議論を展開している。

> 　「Xは，本件滞在期間以前は，本件杉並自宅に亡D，E及びGとともに居住し，本件杉並自宅を生活の本拠としていたものである。そして，〔1〕本件杉並自宅のXの居室は，Xが香港に出国した後も，家財道具等を含めて出国前のままの状態で維持され，Xが帰宅すれば，従前と同様にそのまま使用することができる状況にあったのであり，〔2〕Xは，本件滞在期間中も，1か月に1度は日本に帰国し，本件滞在期間を通じて4日に1日以上の割合で日本に滞在し，日本滞在中は，本件杉並自宅で起居し，特別な用事がない限り，朝夕の食事は，本件杉並自宅でとり，毎朝，本件杉並自宅からT社に出勤し，毎夕本件杉並自宅に帰宅するなど，日本滞在時の本件杉並自宅におけるXの生活の実態は，本件杉並自宅で起居する日数が減少したものの，本件滞在期間以前と何ら変わっていないのであり，〔3〕Xは，本件滞在期間前から，日本国内におい

8 借用概念論　　113

て，東京証券取引所一部上場企業であるＴ社の役員という重要な地位にあり，本件滞在期間中も引き続きその役員としての業務に従事して職責を果たし，その間に前記のとおり昇進していたのであり，〔4〕Ｘは，亡Ｄの跡を継いでＴ社の経営者になることが予定されていた重要人物であり，Ｘにとってｔ社の所在する日本が職業活動上最も重要な拠点（組織）であったのであり，〔5〕Ｘは，香港に滞在するについて，家財道具等を移動したことはなく，香港に携帯したのは，衣類程度にすぎず，〔6〕Ｘは本件贈与がされた当時，莫大な価値を有する株式等の資産を有していた一方，香港においてＸが有していた資産は，Ｘの資産評価額の0.1パーセントにも満たないものであり，〔7〕Ｘの居住意思の面からみても，香港を生活の本拠としようとする意思は強いものであったとは認められないのであって，これらの諸事情に，前示のとおり，本件事実関係の下では，香港における滞在日数を重視し，日本における滞在日数と形式的に比較してその多寡を主要な考慮要素として本件香港自宅と本件杉並自宅のいずれが住所であるかを判断するのは相当ではないことを考え合わせると，本件滞在期間中のＸの香港滞在日数が前記のとおりであり，Ｘが香港において前記のとおり職業活動に従事していたことを考慮しても，本件滞在期間中のＸの生活の本拠は，それ以前と同様に，本件杉並自宅にあったものと認めるのが相当であり，他方，本件香港自宅は，Ｘの香港における生活の拠点であったものの，Ｘの生活全体からみれば，生活の本拠ということはできないものというべきである。」

　東京高裁は，このように説示した上で，Ｘの香港を生活の本拠としようとする居住意思などの点に基礎を置いて事実認定を行い，生活全体からみて香港は生活の拠点ではあったものの生活の本拠とまではいえないと認定した。
　これに対して，最高裁は次のような判断を下した。

　「原審は，Ｘが贈与税回避を可能にする状況を整えるために香港に出国するものであることを認識し，本件期間を通じて国内での滞在日数が多くなりすぎないよう滞在日数を調整していたことをもって，住所の判断に当たって香港と国内における各滞在日数の多寡を主要な要素として考慮することを否定する理由として説示するが，前記のとおり，一定の場所が住所に当たるか否かは，客観的に生活の本拠たる実体を具備しているか否かによって決すべきものであり，主観的に贈与税回避の目的があったとしても，客観的な生活の実体が消滅するものではないから，上記の目的の下に各滞在日数を調整していたことをもって，現に香港での滞在日数が本件期間中の約３分の２（国内での滞在日数の約2.5倍）に及んでいるＸについて前記事実関係等の下で本件香港居宅に生活の本拠たる実体があることを否定する理由とすることはできない。このことは，法が民法上の概念である『住所』を用いて課税要件を定めているため，本件の争点が上記『住所』概念の解釈適用の問題となることから導かれる帰結であるといわざるを得ず，他方，贈与税回避を可能にする状況を整えるためにあえて国外に長期の滞在をするという行為が課税実務上想定されていなかった事態であり，このような方法による贈与税回避を容認することが適当でないというのであれば，法の解釈では限界があるので，そのような事態に対応できるような立法によって対処すべきもので

114　第2章　課税要件法と課税要件事実論

> ある。」

　最高裁では借用概念からの当然の帰結であるかのごとく判示されているが，議論すべきは，民法上の「住所」概念をどう理解するかの問題であり，本件の居住地の移転が租税回避のためであったか否かという問題は，主要事実を構成しないように思われる。留意すべきは，客観的に生活の多くの時間が香港で過ごされてきたと思われる者につき，仮にそこに居住の地を置いて今後も生活を続ける意思があるとはいえないことがある程度明らかである場合に，明らかとなっているかかる意思を客観的な事実として捉えるべきか否かという点である。これは，民法上の「住所」概念を巡る客観説と主観説の通常の対立とは，やや異なる問題である。

　すなわち，客観的な生活実態がある者につき，それでもそこに生活をし続ける意思がないと言い放つ者に対して住所を認定することの問題点はすでに民法上の議論においても指摘されているところであるが（石田喜久夫博士は，「本人の意思を完全に排除して法律関係を語るには，原則として，背理の疑いがある。」とされる（谷口知平＝石田編『新版注釈民法(1)総則(1)〔改訂版〕』336頁〔石田執筆〕（有斐閣2002））。），本件がそれに当たるかどうかについて関心を寄せるべきではなかろうか。およそ客観説が採用される理由が，主観というものが当事者の内心の問題であって，明らかでないその主観に住所該当性の判断の基礎を置くことの限界から出発していることを考えれば，明らかに贈与税の回避の目的のために暫定的に（須藤裁判長の補足意見参照）その地に居を構えているということがすでに客観的に認定されているのにもかかわらず，その認定された意思は客観的な事実として「住所」の要件事実となり得ないのか，あるいは裁判官の心証形成に働きかける間接事実となり得ないのかという問題として捉え直すこともできるように思われるのである。

　このことは租税回避の倫理上の問題を問うものでは決してない（要件事実論上，倫理上の問題は要件事実の認定に積極的な意味を有しない。）。課税要件が充足されない限り納税義務は観念し得ないのであるから，課税要件の充足を免れている者に対して立法上の手当なく納税義務が生じると考えることはできない。問題は，その租税回避問題に所在するのではなく，例えば，越境入学の目的だけのために親類の家を居住の地として登録をし，そこを住所として申請する者が，いず

8 借用概念論　　115

れ学校入学手続が終わり平時の生活に戻れば，親元から当該学校に通うような場合に，越境入学という主観が明らかであるにもかかわらず，それでもなお，その親類の家を住所と認定できるかという問題と似ているのである。仮に，学校教育法領域の規制回避のための住所を生活の本拠と認定することは困難であるとするのであれば，それと同じレベルの問題として捉えるべきであって，租税回避の目的（これを「節税の目的」としてもよい。）のための贈与に係る課税関係の確定後に日本にある自宅に戻るとした場合に，果たしてそれでもそこを生活の本拠と認定し得るのかという問題である。その限りにおいては，租税回避の目的で居住地の移転を行ったということが（租税回避の善し悪しの問題は別として）意味をもつはずである。

　本件では，租税回避目的の住所移転が最高裁においても認定されていることからすれば，このような意味で（倫理上の問題とは別の意味で），当事者の意思が明確であることが生活の本拠の認定に大きな認定材料となり得ると考えられるとする立場からすると，このことを十分に議論せず（住所複数説（☞住所複数説とは）によらなかったとしても），借用概念の統一説から当然に帰結される結論などと捉えることに無理はなかったのかという疑問につながるであろう（上記のとおり東京高裁も借用概念の統一説に立っているのである。）。この立場からは，最高裁が，「このことは，法が民法上の概念である『住所』を用いて課税要件を定めているため，本件の争点が上記『住所』概念の解釈適用の問題となることから導かれる帰結であるといわざるを得ず」と判示している部分については疑問の余地もあることになろう。

　また，「このような方法による贈与税回避を容認することが適当でないというのであれば，法の解釈では限界があるので，そのような事態に対応できるような立法によって対処すべきものである。」という点は，物事の本質ではないように思われる。このように論じてしまうと，租税回避否認のための解釈論の是非が問題となっているかのように誤解されかねないからである。

　もっとも，この説示は，原審東京高裁があたかも租税回避問題への対処として住所認定したことに対する警鐘であるとすれば意味があろう。もしそのように東京高裁判決を評価し得るとすれば，租税回避を直接問題視する同高裁の理論構成については，疑問を寄せるべきかもしれない。しかし，同判決はあくまでも居住の意思の認定を行っているようにも思えるし，租税回避問題への対処

116　第2章　課税要件法と課税要件事実論

としてみだりに拡大解釈や縮小解釈を展開する租税法律主義に反するような判断に踏み込んだものと評価すべきかどうかについては議論があろう。

　✍　このような意味では，最高裁判決における須藤正彦裁判長の補足意見の意味するところも分かりにくい。

　　　すなわち，同裁判長は，「本件贈与の実質は，日本国籍かつ国内住所を有するDらが，内国法人たる本件会社の株式の支配を，日本国籍を有し，かつ国内に住所を有していたが暫定的に国外に滞在したXに，無償で移転したという図式のものである。一般的な法形式で直截に本件会社株式を贈与すれば課税されるのに，本件贈与税回避スキームを用い，オランダ法人を器とし，同スキームが成るまでに暫定的に住所を香港に移しておくという人為的な組合せを実施すれば課税されないというのは，親子間での財産支配の無償の移転という意味において両者で経済的実質に有意な差異がないと思われることに照らすと，著しい不公平感を免れない。国外に暫定的に滞在しただけといってよい日本国籍のXは，無償で1,653億円もの莫大な経済的価値を親から承継し，しかもその経済的価値は実質的に本件会社の国内での無数の消費者を相手方とする金銭消費貸借契約上の利息収入によって稼得した巨額な富の化体したものともいえるから，最適な担税力が備わっているということもでき，我が国における富の再分配などの要請の観点からしても，なおさらその感を深くする。一般的な法感情の観点から結論だけをみる限りでは，違和感も生じないではない。しかし，そうであるからといって，個別否認規定がないにもかかわらず，この租税回避スキームを否認することには，やはり大きな困難を覚えざるを得ない。けだし，憲法30条は，国民は法律の定めるところによってのみ納税の義務を負うと規定し，同法84条は，課税の要件は法律に定められなければならないことを規定する。納税は国民に義務を課するものであるところからして，この租税法律主義の下で課税要件は明確なものでなければならず，これを規定する条文は厳格な解釈が要求されるのである。」とするが，この補足意見には疑問が残る。ここでは，贈与税回避スキームの問題を法感情の問題として捉える必要はない。裁判所が租税回避に対する「けしからん罪」など議論する場ではないのは当然である。ましてや，「国内での無数の消費者を相手方とする金銭消費貸借契約上の利息収入によって稼得した巨額な富の化体」などを説示する必要性はさらに分からない。本質をぼやかす意味しかないのではなかろうか。租税法律主義の見地から議論をすべきであるのは当然であり，そうであるがゆえに，上記言説は不要であるようにさえ思えるのである。このような補足意見をあえて裁判長が述べなければならなかった理由はどこにあったのであろうか。

　☞　**住所複数説**とは，住所相対説とか法律関係基準説とも呼ばれる考え方で（幾代通『民法総則〔第2版〕』82頁（青林書院1984）），生活環境に応じて複数の住所を認めてもよいとする考え方である（川井健『民法概論I民法総則〔第4版〕』53頁（有斐閣2008））。例えば，我妻栄博士は「住所の観念はすべての法律を通じて同一に解釈すべきではなく，それぞれの法律に従ってその意義を定むべきである」とか（我妻『民法I総則・物権法〔第2版〕』57頁（勁草書房2005），同『民法I総則・物権法〔第4版（新版）〕』52頁（一粒社1992）），内田貴東京大学名誉教授は「考え方としては，問題となる各々の法律関係ごとに関係の深い適切な場所を住所地とするのが妥当であろう」とされる（内田『民法I〔第4版〕』130頁（東京大学出版会2008））。これに対する見解が本件最高裁判決の採用した住所単数説であり，この点についても疑問が残る（酒井・ブラッシュアップ272

頁も参照)。

¶レベルアップ2！　旧所得税法161条6号の「貸付金」

　標準取引約款に則って行われたレポ取引に係る差額が平成14年改正前の旧所得税法161条6号〔現行1項10号〕にいう「貸付金（これに準ずるものを含む。）」の「利子」に当たらないとされた事例として，いわゆるレポ取引事件東京地裁平成19年4月17日判決（判時1986号23頁）[9]およびその控訴審東京高裁平成20年3月12日判決（金判1290号32頁）[10]がある。この事件では，概念の解釈などが争点とされている。

⑺　事案の概要

　X（原告・被控訴人・被上告人）は，子会社である米国S信託銀行との間で，米国S信託銀行がXの代理人として米国債またはドイツ国債のレポ取引（☞レポ取引とは）を行うことを内容とする契約（以下「本件代理契約」という。）を締結し，米国S信託銀行を代理人として，外国法人である各取引先との間でレポ取引を行った。

　　☞　**レポ取引**とは，証券の売買および再売買取引（Repurchase Transaction）である。レポ取引は，有価証券取引の一類型であり，一般的には，当初売買する有価証券と同種・同量の有価証券を将来一定価格で再売買するとの条件の下で，当該有価証券を売買し，その後に当該有価証券と同種・同量の有価証券を当該一定価格で再売買する取引をいう。

　税務署長Y（被告・控訴人・上告人）は，Xが米国S信託銀行を代理人として，外国法人である各取引先との間で平成11年12月から平成13年6月まで行った本

図表

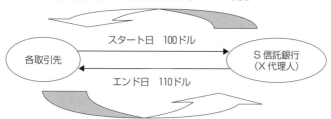

米国債またはドイツ国債の売却（スタート取引）
スタート日　100ドル
各取引先　　S信託銀行（X代理人）
エンド日　110ドル
米国債またはドイツ国債の買戻し（エンド取引）
エンド日110ドル－スタート日100ドル＝レポ差額α
α＝旧所得税法161条6号の「貸付金（これに準ずるものを含む。）」の「利子」に該当するか？

件各レポ取引において，同各取引先から受け入れた金額と交付した金額との差額（本件各レポ差額）につき，同各取引先に対して支払った本件各レポ差額が旧所得税法161条6号の「国内において業務を行なう者に対する貸付金（これに準ずるものを含む。）」の「利子」に該当し，同法6条《源泉徴収義務者》，212条《源泉徴収義務》1項，2項に基づき，Xには当該差額に係る所得税を源泉徴収し，納付する義務があるとして，所得税の各納税告知処分および各不納付加算税賦課決定処分を行った（本件各処分）。

本件は，Xにおいて，本件各処分に基づく金員を納付したものの，本件各レポ差額は旧所得税法161条6号に該当せず，源泉徴収義務がなく，また，本件各処分が憲法84条および14条に反する違法，違憲な処分であるから，上記納付した金員は法律上の原因に基づかない納付であるとして，誤納金返還および本件各処分の取消しを求めた事案である。

平成14年改正前所得税法161条《国内源泉所得》

　　この編において「国内源泉所得」とは，次に掲げるものをいう。

　六　国内において業務を行なう者に対する<u>貸付金</u>（これに準ずるものを含む。）で当該業務に係るものの<u>利子</u>（政令で定める利子を除く。）

所得税法は，「利子」について定義を設けていないものの，租税関係法令の用例にかんがみれば，利息（民404等）と同義であるといえることから，「利子」とは，元本債権から定期的に一定の割合で発生する法定果実を指すと解される（酒井・論点研究85頁）。この意義自体を巡っては，当事者間に争いがあるわけではなく，本件において問題となるのは，あくまでも旧所得税法161条6号にいう「貸付金（これに準ずるものを含む。）」の意義についてであるといえる。

㈠　当事者の主張

(a)　Yの主張　「貸付金（これに準ずるものを含む。）」は，いわゆる固有概念であるから，その意義は，所得税法施行令283条《国内業務に係る貸付金の利子》1項，租税特別措置法42条の2《外国金融機関等の債券現先取引等に係る利子の課税の特例》等の規定を考慮して，私法上の性質に左右されることなく，租税法規の趣旨・目的に照らし，その経済的実質に着目してその意義を租税法独自の見地から解釈しなければならない。「貸付金（これに準ずるものを含む。）」とは，債権者に対して信用を供与する目的で弁済期日まで一定期間が設けられた金銭債権であり，その金銭債権から果実（利子ないし利息）が発生し得る元本債権をいう。

8 借用概念論 　119

(b)　Xの主張　　旧所得税法161条6号の「貸付金」は，私法上の貸付金という概念を租税法に借用した概念であって，金銭消費貸借契約に基づく貸金を指す。「貸付金（これに準ずるものを含む。）」とは，金銭消費貸借の対象金銭（もしくはその前提となる債権）または準消費貸借など金銭消費貸借と同様もしくは類似の法律関係の目的である金銭（もしくはその前提となる債権）に限られる。

(ウ)　裁判所の判断

(a)　東京地裁平成19年4月17日判決　　東京地裁は，次のように概念の解釈手法について述べるところから判断を展開している。

> 「法令において用いられた用語がいかなる意味を有するかを判断するに当たっては，まず，当該法文自体及び関係法令全体から用語の意味が明確に解釈できるかどうかを検討することが必要である。その上で，なお用語の意味を明確に解釈できない場合には，立法の目的，経緯，法を適用した結果の公平性，相当性等の実質的な事情を検討の上，その用語の意味を解釈するのが相当である。以下においては，この手順を念頭におきながら検討を加えることとする。」
>
> 「まず，税法の解釈において使用される用語の用法が通常の用語の用法に反する場合，当該税法が客観性を失うことになるため，納税者の予測可能性を害し，また，法的安定性をも害することになることからすれば，税法中に用いられた用語が法文上明確に定義されておらず，他の特定の法律からの借用した概念であるともいえない場合であっても，その用語は，特段の事情がない限り，言葉の通常の用法に従って解釈されるべきである。
>
> 　そして，貸付金という言葉自体は，民商法等の私法において，明確に定義されている用語ではない。また，所得税法161条6号は，『貸付金（これに準ずるものを含む。）』と規定しているところ，その法文からすれば，貸付金として一般的に理解されている概念に，更に『これに準ずるものを含む。』と貸付金以外のものを付け加えた概念をもって『貸付金（これに準ずるものを含む。）』と規定している。したがって，同条における『貸付金（これに準ずるものを含む。）』は，一般的に理解されている貸付金という概念に加えて，一般的には貸付金そのものとは理解されていないがこれに準ずるものという限度において広がりをもつものが含まれるという趣旨で規定されたものといわざるを得ない。なお，ここでいう『貸付金』は，『利子』との関係において，金銭自体というよりも金銭債権を指すものと理解される〔。〕」

そして，東京地裁は，「以下，金銭債権を意味するものとの前提で述べる」として，Xの主張するような私法上の概念からの借用であるか否かについて次のように論ずる。

> 「更に進んで，『貸付け』という用語は，各種金融関係法規に散見される（銀行法2条，利息制限法66条，57条，信託業法39条等）が，明確にその意義を定めた規定はな

く，これらの貸付けについては，当事者の一方が金銭その他の物又は有価証券を相手方に交付し，後日同種のものの返還を受ける有償の契約を指しているという意味で消費貸借契約を基本として解釈されるが，必ずしも要物契約である民法の消費貸借そのものに限らないとみることができ，貸金業の規制等に関する法律（昭和58年法律第32号）の『貸付け』は，金銭の貸付け，金銭の貸借の媒介，手形の割引，売渡担保その他これらに類する方法によってする金銭の交付又は当該方法によってする金銭の授受の媒介をすべて含むと規定しており（同法2条1項），これらのことからすれば，社会一般において，そもそも『貸付け』という用語が，消費貸借契約に基づいて貸し付けられた場合にのみ限定して用いられるとの共通した認識があるとはいえない。」

かように，同地裁はXの主張する法律上の概念であるとの理解には消極的な態度を示したのである。

「以上検討したところによれば，所得税法161条6号『貸付金（これに準ずるものを含む。）』の『利子』とは，消費貸借契約に基づく貸付債権を基本としつつ，その性質，内容等がこれとおおむね同様ないし類似の債権の利子ということができる。したがって，付帯する合意いかんでは資産の譲渡や役務の提供の対価として発生する債権に付随して発生した利益をも含むと解する余地があるといえ，その意味で，原因となる法律行為の法形式のみからその適用の有無を判断できるものではない（この点において，Xの主張は採用できない。）〔。〕」

次に，Yの主張する経済的効果に着目して概念を理解すべきとする点に対して以下のように論じる。

「他方，社会通念上，私法上の消費貸借契約における貸付債権とその性質，内容等がおおむね同様ないし類似するか否かが問題となる。その意味において，その法形式等を全く考慮することなく，経済的効果のみに着目して，同条号の『貸付金（これに準ずるものを含む。）』の『利子』に該当するか否かを判断することもできない（この点において，Yらの主張も採用できない。）というべきである。」

このように，東京地裁はXの主張のみならずYの主張にも与していない。

「そうであるとすれば，結局のところ，本件各レポ取引（正確にはこれに基づくエンド取引時における売買代金債権）が所得税法161条6号『貸付金（これに準ずるものを含む。）』に該当するか否かは，本件各レポ取引の法形式及び経済的効果を踏まえ，本件各レポ取引のエンド取引における売買代金債権が，上述したように，消費貸借契約における貸付債権とその性質，内容等がおおむね同様ないし類似するか否かによって判断するのが相当であると解する。」

その上で，同地裁は，まずレポ取引の沿革について触れ，米国でのMRA,

英国での GMRA と呼ばれる標準契約書が作成された経緯に触れる。

> 「米国においては，…レポ取引に関与する市場関係者から，いわゆる倒産隔離を念頭に，担保付貸付けと判断されないよう，統一的な標準契約書を作成する動きが起こり，その結果1986年に MRA が作成され，その後，改正等がされ，本件各レポ取引において使用されている MRA が1996年に作成され」，また，「英国においては，1992年に GMRA が作成され，1996年には，英国国債のオープン・レポ・マーケット開設において導入された。英国法においては，担保権の登録制度が採用されていることから，レポ取引の法的性質が担保付貸付けと評価されると，登録を経ていないことから，スタート取引の時点において当該債券の完全な所有権移転がなされておらず，かつ，担保権も設定されていないという疑義を生じさせることになるため，倒産隔離を確保するべく，レポ取引が法形式的に売買であるということを明確にする必要があった。」

さらに，本件各基本契約書の内容について，次のように認定している。

> 「本件各レポ取引は，本件各基本契約を使用しているところ，本件各基本契約は，米国法人との間では MRA に，英国法人との間では GMRA に依拠しており，その処分証書たる契約書の条項においても売買及び再売買という法形式による契約類型を選択し採用することが明確に規定されているといえる…。
> 　すなわち，MRA1条及び GMRA1条においては，取引の当事者を買主，売主として表示しているほか，当該取引の目的につき，当事者の一方が当該財産権の所有権を移転し，その対価として代金が支払われることを内容としており，また，MRA12条及び GMRA13条は，標準様式による各取引が，単一の取引，契約を構成することを明示し，MRA3条及び GMRA3条は，スタート取引においては，買主の代金支払と引換えに，対象債券が買主へ譲渡される旨定め，さらに，MRA8条及び GMRA6条(g)項が，対象債券の権利が（特段の合意のない限り）買主に移転することを定めており，これらの MRA 及び GMRA の各条項は，MRA 及び GMRA に基づきなされるレポ取引が，売買及び再売買という法形式が採用されていることを明らかにしているものである。」

　そして，東京地裁は，これらの本件各基本契約の沿革および内容からすれば，本件各基本契約は，倒産隔離を果たすため，契約条項において売買および再売買により構成されることを明確に定めたものであって，他方，金融的取引の側面が存在し，それを示唆するかのような条項の存在によっても，その法的性質を変容させるまでのものとはいえないとする。このように本件各基本契約を整理した上で，同地裁は本件各レポ取引を複合的な性格を有するものと理解する。

> 「〔本件各基本契約に基づく本件各レポ取引は，〕売買・再売買を一つの契約で実行する複合的な性格を有する契約であると解するのが相当である。したがって，本件各

122　第 2 章　課税要件法と課税要件事実論

> レポ取引において，買主がエンド取引において有する再譲渡価格相当額の代金債権は，あくまでエンド取引時において，売主（X又は米国S信託銀行）に対して対象債券と同種・同量の債券の移転することと引換えに再譲渡価格相当額の代金の支払を請求する権利を意味するということになる。」

　東京地裁は，以上のように論じた上で，「本件各レポ取引のエンド取引における売買代金債権が消費貸借契約における貸付債権とその性質，内容等がおおむね同様ないし類似するとはいえない。」として，「所得税法161条6号『貸付金（これに準ずるものを含む。）』に該当し，当該レポ差額が『利子』に該当すると解することはできない。」と判示したのである。

　(b)　**東京高裁平成20年3月12日判決**　　控訴審において当事者の追加的主張はあったものの，東京高裁は原審の考え方を維持し，最高裁平成20年10月28日第三小法廷決定（税資258号順号11060）は上告不受理とした（🔍**6**―65頁も参照）。

　(エ)　**検　討**

　上記のとおり，本件において裁判所は，レポ取引とは倒産隔離の目的をあわせもつものであって，債券の売買と再売買という2つの取引の複合契約であるとし，これらの2つの取引のレポ差額は旧所得税法161条にいう「貸付金（これに準ずるものを含む。）」には該当しないと断じている。

　「貸付金（これに準ずるものを含む。）」については，まず貸付金を金融取引法からの借用概念として理解した上で，その性質に準ずるものに限定して解釈すべきとの見解があるところ（金子・租税法128頁，岩﨑政明『ハイポセティカル・スタディ租税法〔第2版〕』162頁（弘文堂2007）），裁判所は，このような構成をとらずに経済的実質に着目してみだりに拡大解釈を行うべきではないとの立場から，意義と範囲の外延の拡張に抑制的な判断を展開したのである。

> **民法587条《消費貸借》**
> 　消費貸借は，当事者の一方が種類，品質及び数量の同じ物をもって返還をすることを約して相手方から金銭その他の物を受け取ることによって，その効力を生ずる。

　ちなみに，民法587条の金銭消費貸借契約の要件事実は次のとおりである。

　　①　金銭等の返還の合意
　　②　金銭等の交付
　　③　弁済期の合意及び弁済期の到来

8 借用概念論　　123

　本件では，民法上の金銭消費貸借契約の存在が議論され，それに基づく貸付債権の存在が論じられるという構成は採用されていない。なお，金銭消費貸借契約においては，売買契約（民555）とは異なり，期限は契約にとって本質的なものであり，単なる附款（附款については，🔍**1**—12頁参照）ではない。

　✍　平成21年度税制改正において，所得税法161条6号が改正され，「債券の買戻又は売戻
　　条件付売買取引として政令で定めるものから生ずる差益として政令で定めるものを含
　　む。」というかっこ書きが追加された。これにより，平成21年4月以降は，レポ差額につ
　　き，原則として貸付金の利子と同様に取り扱われることとなり，他方，租税特別措置法
　　42条の2に該当する場合には非課税とされることとなった。なお，その後の改正により，
　　現行法では所得税法161条1項10号となっている。

現行所得税法161条《国内源泉所得》
　　この編において「国内源泉所得」とは，次に掲げるものをいう。
　十　国内において業務を行う者に対する貸付金（これに準ずるものを含む。）で当
　　該業務に係るものの利子（政令で定める利子を除き，債券の買戻又は売戻条件付
　　売買取引として政令で定めるものから生ずる差益として政令で定めるものを含
　　む。）

¶ レベルアップ3！　所得税法26条の「貸付け」

　所得税法26条《不動産所得》に規定する不動産等の「貸付け」をどのように解すべきかについては議論のあるところである。

所得税法26条《不動産所得》
　　不動産所得とは，不動産，不動産の上に存する権利，船舶又は航空機（以下この
　項において「不動産等」という。）の貸付け（地上権又は永小作権の設定その他他人
　に不動産等を使用させることを含む。）による所得（事業所得又は譲渡所得に該当
　するものを除く。）をいう。

この規定にいう「貸付け」は，あくまでも民法601条《賃貸借》を前提としたものと解すべきであろうか。

民法601条《賃貸借》
　　賃貸借は，当事者の一方がある物の使用及び収益を相手方にさせることを約し，
　相手方がこれに対してその賃料を支払うこと及び引渡しを受けた物を契約を終了し
　たときに返還することを約することによって，その効力を生ずる。

なお，民法601条の賃貸借契約の要件事実は次のとおりである。

124　　第2章　課税要件法と課税要件事実論

> ①　賃貸人が目的物を賃借人に使用収益させること
> ②　賃借人が賃貸人に賃料を支払うこと及び契約終了時に返還すること
> 　の合意があること

　上記の不動産賃貸借契約の要件事実が充足していれば，不動産の貸付けを観念できることになり，所得税法26条1項に規定する「貸付け」に該当するといえるのであろうか。

　この点について参考となる事例がある。X（原告・控訴人）が，不動産の賃貸借契約を合意解除した際，賃借人から預託されていた保証金の返還義務を免除されたことによる利益は，臨時所得に当たり平均課税が適用されるべきであるとし，所得税の確定申告につき更正の請求をしたところ，更正すべき理由がない旨の通知がなされたため，Xが，かかる処分の取消し等を求めた事案として，東京地裁平成22年3月26日判決（税資260号順号11407）がある。同地裁は，次のように説示している。

> 　「不動産所得とは，不動産，不動産の上に存する権利等の貸付けによる所得（事業所得又は譲渡所得に該当するものを除く。）をいうところ（法26条1項），貸付けとは，これによって貸主に一定の経済的利益をもたらすものをいい，有償契約である賃貸借契約がその中心となるものと解される。そして，賃貸借契約は，当事者の一方がある物の使用及び収益を相手方にさせることを約し，相手方がこれに対してその賃料を支払うことを約することによって成立する契約であるから（民法601条），上記の貸付けによる所得とは，使用収益期間に対応して定期的かつ継続的に支払われる賃料がその典型であるが，これに限らず，賃借人から賃貸人に移転される経済的利益のうち，目的物を使用収益する対価としての性質を有するもの又はこれに代わる性質を有するものをいうと解するのが相当である。」

　所得税法26条1項にいうところの「貸付け」の概念理解においては，「〔民法601条にいう〕賃貸借契約がその中心となると解される」とされているところからすれば，東京地裁は，賃貸借契約は単にその中心となるというだけであるから，むしろそれにとどまらないと論じていると理解すべきである。したがって，「貸付け」による所得のうち典型的ではないものの「賃借人から賃貸人に移転される経済的利益のうち，目的物を使用収益する対価としての性質を有するもの又はこれに代わる性質を有するもの」もそれに含まれると解することになるのである。なお，この判断は，控訴審東京高裁平成22年9月30日判決（税資260

号順号11523）においても維持されている（上告審最高裁平成23年3月4日第二小法廷決定（税資261号順号11632）は上告棄却・不受理）。

✍ このような判断は，すでになされていたところである。

航空機リース事件第一審名古屋地裁平成17年3月3日判決（判タ1238号204頁）[11]は，「所得税法上，不動産所得とは，不動産，不動産の上に存する権利，船舶又は航空機の貸付けによる所得であって，事業所得又は譲渡所得に該当するものを除いたものをいう（26条）ところ，ここでいう不動産等の貸付けとは，これによって貸主に一定の経済的利益をもたらすものであるから，有償双務契約である賃貸借契約（民法601条）がその中心となる（もっとも，これと同類の経済的目的を達する地上権や永小作権の設定も含まれる。）。

ところで，『貸付けによる』とは，『貸付けに基づいて』あるいは『貸付けを原因として』を意味すると解されるところ，賃貸借契約は，当事者の一方が相手方にある物の使用及び収益をなさしめることを約し，相手方がこれにその賃金（賃料）を払うことを約束することによって成立する契約である（民法601条）から，『貸付けによる所得』とは，借主から貸主に移転される経済的利益のうち，目的物を使用収益する対価としての性質を有するものを指すというべきである。

その典型例は，使用収益する期間に対応して定期的，継続的に支払われる賃料である（もっとも，その支払の態様については各種のものがあり得る。）が，これに限らず，権利金，礼金，更新料，転貸承諾料などのように，目的物を使用収益し得る地位を取得，確保する対価として一時的に支払われる経済的利益も，広い意味では目的物を使用収益する対価たる性質を有するから，『貸付けによる所得』に含まれ得る（権利金につき最高裁判所昭和45年10月23日第二小法廷判決・民集24巻11号1617頁参照）し，当該使用収益は，必ずしも有効な契約関係に裏付けられている必要はないから，占有権原を有しな

Tax Lounge　非課税貯蓄申告書に記載する「住所」

所得税法上の「住所」とは，生活の本拠をいうと解されている。この理解は，民法上の住所の概念に従って解釈すべきという通説に従ったものである。もっとも，民法の学説が住所複数説によっていることからすれば，法律の趣旨に応じたところで，1人にいくつかの住所を観念することも許容されていると理解できるのかもしれない。

さて，生活の本拠と住民票上の住所に相違があった場合，非課税貯蓄申告書等にはいずれの住所を記載すべきであろうか。

この場合，本来の「住所」である生活の本拠ではなく，住民票上の「住所」を記載すべきことが通達されている。所得税基本通達は「非課税貯蓄申告書等を提出する個人の生活の本拠である住所と確認書類に記載されている住所とが異なる場合には，当該非課税貯蓄申告書等に記載する住所は…『住民票の写し…』…に記載されている住所によることとする。」と通達しているのである（所基通10-16）。

これは，金融機関の営業所等の長が書類の確認を義務付けられていることとの関係で，現実的対応をしたところに理由があるのであるが，この所得税基本通達によれば，結果において，所得税法上の「住所」については，ダブルスタンダードが採られているということになりそうである。

い者が使用収益したことに基づいて支払われる賃料相当損害金も，これに含まれ得るというべきである。」と判示する。この判断は，控訴審名古屋高裁平成17年9月8日判決（税資255号順号10120）においても維持されている。

木村弘之亮教授は，「通例，租税法律は民事法に由来する諸概念を先験的に民事法と一致して用いているわけではなく，むしろ，租税法上の規範目的に合わせて用いている。所得税法26条1項にいう不動産の貸付けによる各種所得のカタログは，もっぱら民事法（民法601条）の意味における賃貸借をその内容とするわけではない。」と指摘される（木村・総則12頁）。

〔注〕
(1) 判例評釈として，渡部吉隆・曹時14巻6号90頁（1962），波多野弘・租税百選124頁（1968），田代隆・シュト8号35頁（1962），谷田貝三郎・民商47巻5号116頁（1963），鶴谷光夫・地方税13巻6号76頁（1962），野上敏行・税通39巻15号346頁（1984）など参照。
(2) 判例評釈として，吉良実・民商100巻4号698頁（1989），高梨克彦・シュト329号9頁（1989），山田二郎・昭和63年度主要民事判例解説〔判タ臨増〕328頁（1989），増井和男・ジュリ923号62頁（1988），波多野弘・判時1303号178頁（1989），下山芳晴・租税百選〔3〕64頁（1992），岩﨑政明・租税百選〔7〕80頁（2021），佐藤孝一・税通43巻12号177頁（1988）など参照。
(3) 判例評釈として，佐藤孝一・税通42巻13号198頁（1987）参照。
(4) 判例評釈として，山田二郎・判自239号112頁（2003），岩﨑政明・判時1834号168頁（2003），今村隆・ジュリ1262号173頁（2004），川嶋四郎・法セ49巻6号118頁（2004），太田幸夫・平成15年度主要民事判例解説〔判タ臨増〕252頁（2004），宇野聡・リマークス28号130頁（2004），渋谷雅弘・税研148号187頁（2009）など参照。
(5) 判例評釈として，野上敏行・税通39巻15号354頁（1984）参照。
(6) 株式会社武富士が訴訟当事者ではないため，本来的にこの名称には問題があると思われるが，一般的に通じている事件通称であるため，本書においても使用することとする。
(7) 判例評釈として，水野忠恒・税務事例43巻5号21頁（2011），渕圭吾・ジュリ1422号106頁（2011），浅妻章如・租税百選〔7〕30頁（2021），増田英敏・税弘59巻8号152頁（2011），品川芳宣・税研159号66頁（2011），小林宏之・判時2127号156頁（2011），長谷川俊明・国際商事法務39巻7号939頁（2011）など参照。
(8) 判例評釈として，仲谷栄一郎・国際税務28巻6号39頁（2008），川田剛・国際税務28巻6号31頁（2008），長谷川俊明・国際商事法務37巻3号318頁（2009），大淵博義・税務事例40巻4号1頁，5号1頁（2008），相澤拓也・立命館法政論集7号1頁（2009），占部裕典・同志社法学60巻1号21頁（2008），同・税理51巻5号86頁（2008），伊川正樹・速報判例解説3号〔法セ増刊〕283頁（2008），増井良啓・税研148号21頁（2009），堀口和哉・税務事例42巻3号26頁（2010）など参照。
(9) 判例評釈として，占部裕典・判時2008号164頁（2008），石井正・税務事例40巻3号27頁（2008）など参照。

(10)　判例評釈として，水野信次・銀法52巻 7 号40頁（2008），吉村政穂・税研141号95頁（2008），遠藤みち・税理51巻15号171頁（2008），増田英敏＝大島正志・TKC 税研情報18巻 2 号29頁（2009），占部裕典・速報判例解説 3 号〔法セ増刊〕295頁（2008），高岸直樹・税務事例41巻12号64頁（2009），渕圭吾・税研148号27頁（2009），石原忍・税務事例43巻 6 号26頁（2011）など参照。

(11)　判例評釈として，荻野豊・TKC 税研情報14巻 6 号51頁（2005），増田英敏＝堀光博・TKC 税研情報15巻 2 号34頁（2006），青柳達朗・ジュリ1341号192頁（2007），林仲宣・ひろば63巻 3 号50頁（2010）など参照。

128 第2章 課税要件法と課税要件事実論

9 真実に存在する法律関係に基づく課税

(1) 私法上の権利と私法上の法律関係

　我妻栄博士は，我が国の民法が，権利の体系として構成されている点を論じられる。すなわち，同博士は，法規範を含む社会規範は，社会に対する義務だけを認めることによっても構成することができるが，民法は，近世の自由主義法思想の影響を受け，特定の個人に権利を与え，他の者に対してこれを尊重すべきことを命ずることによって，私法的秩序を維持しようとして，権利本位に構成されていると論じられるのである（我妻・民法総則31頁）。

　この視角からすれば，義務の側から規定されている条文も権利の側から理解し直して考える必要がある。権利の側からの引き直しである（並木・概説20頁）。

　例えば，不法行為による損害賠償については，次のような引き直し（読み直し）が要求される（🔍**10**—139頁参照）。

民法709条《不法行為による損害賠償》
　　故意又は過失によって他人の権利又は法律上保護される利益を侵害した者は，これによって生じた損害を賠償する責任を負う。
　　　　　　　　　　　　　　　　↓
引き直し後の民法709条《不法行為による損害賠償》
　　責任能力を有する他人の故意又は過失によって違法に自己の権利又は法律上保護される利益を侵害された者は，それによって生じた損害の賠償を請求することができる。

　さて，そこで，私法上の「権利」，すなわち，「私権」とは何かが明らかにされる必要がある。ここでは，差し当たり，私権とは，一定の利益の享受の手段として私法が一定の資格を有する者に与える力であるとしておきたい。

　次に，私法上の法律関係を考えてみたい。ここでは，私法上の法律関係とは，私人の生活関係ないし社会関係のうち，法の規律および法的保障を受けるものであると解しておこう。

　このような一般的な理解を前提として，私権と私法上の法律関係との関係について考えると，私法上の法律関係の方が一般的には私権よりも広いことになろう。私法上の契約の成立は，私法上の法律関係であるが，私権は，私法上の

契約の有効な成立によって変動するという関係にある。

図表

(2) 租税法と「真実に存在する法律関係」

租税法の適用に当たって，課税要件事実の認定に必要な事実関係につき，通説において，「表面的に存在するように見える法律関係に即してではなく，真実に存在する法律関係に即して要件事実の認定がなされるべき」（金子・租税法148頁）とされることの意味内容について考えておきたい。

東京高裁平成20年4月23日判決（税資258号順号10947）[1]は，控訴人（原告・上告人）が支払先に支払った本件支払（給与あるいは外注費）が，消費税法上の仕入税額控除の対象となるか否かが争点とされた事件であるが，そこでは，控訴人と支払先との間の法律関係が問題とされている。同高裁判決を概観する前に，第一審東京地裁平成19年11月16日判決（税資257号順号10825）の説示を参照しておきたい。すなわち，同地裁は次のように判示している。

> 「最高裁昭和56年判決〔筆者注：最高裁昭和56年4月24日第二小法廷判決・民集35巻3号672頁〕によれば，給与所得については，とりわけ，給与支給者との関係において何らかの空間的，時間的な拘束を受け，継続的ないし断続的に労務又は役務の提供があり，その対価として支給されるものであるかどうかが重視されなければならないものとされるところ，具体的には，次に掲げる事項等を総合考慮して判定すべきである。
> ア　契約の内容が他人の代替を容認するかどうか（代替不可の場合は給与所得とされる。）。
> イ　仕事の遂行に当たり個々の作業について指揮監督を受けるかどうか（指揮監督を受ける場合は給与所得とされる。）。
> ウ　まだ引渡しを終わっていない完成品が不可抗力のため滅失した場合等において，その者が権利として報酬の請求をすることができるかどうか（報酬の支払請求権がある場合は給与所得とされる。）。
> エ　所得者が材料を提供するかどうか（材料を無償で支給されている場合は給与所得とされる。）。
> オ　作業用具を供与されているかどうか（作業用具を供与されている場合は給与所得とされる。）。」
> 「本件については，〔1〕本件各支払先と原告の契約の内容は，他人の代替を容認しないものであること，〔2〕本件各支払先は，仕事の遂行に当たり個々の作業について

原告の指揮監督を受けていること，〔3〕まだ引渡しを終わっていない完成品が不可抗力のため滅失した場合等においても，本件各支払先は原告に対し権利として報酬の請求をすることができること，〔4〕本件各支払先は，材料を無償で支給されていること，〔5〕本件各支払先は，各仕事先で作業するに当たり使用する工具及び器具等のうち，ペンチ，ナイフ及びドライバー等は各自で用意していたものの，作業台，脚立，夜間照明用の発電機及び足場等の大部分の工具及び器具等はdから無償で貸与されており，また，本件各支払先が各仕事先で着用する作業着については，原告がdの指定する業者から購入したものを本件各支払先に無償で貸与していたこと，その他，〔6〕原告がdに対し，本件各支払先を原告に在籍する者として記載した協力業者従業員名簿を提出していたこと，〔7〕原告は，本件各支払先に対して食事代，慰労会及び忘年会の費用の一部を負担し，これらの負担額を福利厚生費として経理処理しており，また，本件各支払先が受診した定期健康診断の費用を負担していることなどが認められることからすると，本件支出金は，本件各支払先の給与所得であると認めることができる。」

　この事件は控訴され，控訴審において，控訴人は，①私人間に真実に存在する法律関係は，私法上の契約関係に係る当事者の意思ないし認識，税務申告上の認識，租税回避の意思の有無等と関係なくまたはそれに反して成り立ち得るものではなく，当事者の意思の合致により選択された契約の結果が当事者以外の外部的機関の認定により覆されると，国民の経済活動に支障が生ずるし，②仮に本件各支払先が所得税源泉控除や社会保険料控除まで真実に認識していたとすれば，私法上，控訴人との法律関係につき請負契約を選択して自ら税務申告をすることはあり得ず，本件における真実に存在する法律関係が請負契約であることは証拠上も明白である旨主張した。

　これに対し，東京高裁平成20年4月23日判決は，次のように判示した。

　　「〔1〕控訴人と本件支払先との間の法律関係が雇用ないし請負のいずれに該当するかは，当該事案における当該業務ないし労務及び所得等の態様などの客観的な事実関係に即した法的評価に係る事柄であり，このような客観的な評価と控訴人の主観的な意図との間に認識・見解の相違が存するとしても，それによって当該法律関係の客観的な評価が左右されるものではなく，その客観的な評価に従って税務行政が遂行されることを論難する所論は当を得ておらず，〔2〕本件においても，上記のとおり，当該業務ないし労務及び所得等の態様等の客観的な事実関係を総合的に考察すれば，控訴人と本件支払先との間に真実に存在する法律関係は，客観的な評価としては，雇用契約又はこれに類する原因と認めるのが相当であり，本件の全証拠によっても，これを請負契約と評価し得る事実関係の存在を認めるに足りないというべきである。」

　このように，いかなる法律関係が真実に存在する法律関係であるかという点

を明らかにした上で，真実に存在する法律関係に即して要件事実の認定がなされるべきとされている考え方を同高裁も採用しているといえよう。

また，海外のSPC等を利用したスキームを実行して真実の法律関係を隠蔽したことについて，重加算税の賦課決定処分が相当であるとされた事例として，東京高裁平成20年9月10日判決（税資258号順号11019）がある。同高裁が判断を支持した原審東京地裁平成19年12月19日判決（税資257号順号10850）[2]は，次のように論じている。

> 「以上検討したところによれば，原告P4は，EB債1取引，EB債2取引，P22ローン取引及び匿名組合取引について，海外のSPC等を利用したスキームを実行して真実の法律関係と異なる外形を作出し，真実の法律関係を隠ぺいした上，その隠ぺいしたところに従って，P4家族に帰属する所得を意図的に申告しなかったものといえるから，重加算税の賦課要件をみたすことは明らかである。」
> 「また，原告P5社ないし合併前のP20は，EB債1取引に係る適正利息超過部分ないしP22ローンに係る利息につき源泉徴収義務を負うにもかかわらず，原告P4の指示のもと，真実の法律関係と異なる外形を作出してこれを隠ぺいし，納付を免れたものであるから，重加算税の賦課要件をみたすことは明らかである。原告らは，これらの取引について，現実の資金の動きに合致した経理処理を行っており，その原因行為たる契約内容等も帳簿上明らかにしていると主張するが，これらはまさに真実の法律関係と異なる外形の作出行為であって，隠ぺい行為にほかならない。」

ところで，上記にみるように，「真実に存在する法律関係に即して要件事実の認定がなされるべき」とする点と，私法上無効であってもそれを所得として課税対象に取り込む余地があるとされる通説的理解との関係はいかに整理されようか。

前述のとおり，租税法が法律関係に即して要件事実の認定がなされるべきとするのは，まさに，その私法上の法律関係の有効性によって成立する「私権」に従ってではなく，その基礎となる法律関係（金子宏東京大学名誉教授のいう「真実に存在する法律関係」）に従うという点にあると理解しておきたい。このような理解からすれば，租税法は，私法上の法律関係が存在する場合に，それを基礎に課税対象とされる所得を観念し得るかどうかを検討するのであって，それが有効に成立し得たか否かが直接に問われるものではない。すなわち，私権としての確立に即して要件事実の認定がなされるべきものではないという点を確認しておきたい。

✍ この点については，酒井・租税法と私法2頁以下において詳述したので，あわせてそちらも参照されたい。

132　第2章　課税要件法と課税要件事実論

¶レベルアップ！　違法所得課税と「真実に存在する法律関係」を基礎とする課税

　さて，「表面的に存在するように見える法律関係に即してではなく，真実に存在する法律関係に即して要件事実の認定がなされるべき」との見解は司法判断の支持するところでもあるが，ここで，注意しておきたい論点の1つに違法所得課税の問題がある。

　今日の我が国の所得課税は，取得型（発生型）所得概念の下，包括的所得概念を採用しているが，そこでは，所得がいかなる源泉から生じたものであるかを問わず課税の対象とされると考えられており，現金の形態のほか，現物給付や債務免除益等の経済的利益も課税対象とするのみならず，合法な利得とはいえない不法な利得も課税の対象と考えられているのである。例えば，金子宏教授は，「不法な利得は，利得者がそれを私法上有効に保有しうる場合のみでなく，私法上無効であっても，それが現実に利得者の管理支配のもとに入っている場合には，課税の対象となると解すべきであろう。」とされるのである（金子・租税法197頁）。

　この点につき，最高裁昭和46年11月9日第三小法廷判決（民集25巻8号1120頁）[3]は，次のように判示している。

> 　「利息制限法による制限超過の利息・損害金の支払がなされても，その支払は弁済の効力を生ぜず，制限超過部分は，民法491条により残存元本に充当されるものと解すべきことは，当裁判所の判例とするところであって（昭和35年(オ)第1151号同39年11月18日大法廷判決・民集18巻9号1868頁），これによると，約定の利息・損害金の支払がなされても，制限超過部分に関するかぎり，法律上は元本の回収にほかならず，したがって，所得を構成しないもののように見える。
> 　しかし，課税の対象となるべき所得を構成するか否かは，必ずしも，その法律的性質いかんによって決せられるものではない。当事者間において約定の利息・損害金として授受され，貸主において当該制限超過部分が元本に充当されたものとして処理することなく，依然として従前どおりの元本が残存するものとして取り扱っている以上，制限超過部分をも含めて，現実に収受された約定の利息・損害金の全部が貸主の所得として課税の対象となるものというべきである。もっとも，借主が約定の利息・損害金の支払を継続し，その制限超過部分を元本に充当することにより，計算上元本が完済となったときは，その後に支払われた金員につき，借主が民法に従い不当利得の返還を請求しうることは，当裁判所の判例とするところであって（昭和41年(オ)第1281号同43年11月13日大法廷判決・民集22巻12号2526頁），これによると，貸主は，いったん制限超過の利息・損害金を収受しても，法律上これを自己に保有しえないことがありうるが，そのことの故をもって，現実に収受された超過部分が課税の対象となりえ

ないものと解することはできない。」

　次に，すでに本シリーズの『ステップアップ租税法と私法』において述べた例であるが（酒井・租税法と私法108頁以下参照），売春斡旋契約が発覚することを避けるため，当事者が通謀してタレント斡旋契約と表示していたような場合の課税関係をどのように考えるべきであろうか。タレント斡旋契約という通謀虚偽表示を無視して，民法上無効である売春斡旋契約を基礎とした課税を行うべきということになるのか。

　民法90条（公序良俗）と94条（虚偽表示）を基礎とするこの2つの無効な法律行為を前提とした事例に対する考え方の違いは，タレント斡旋契約という通謀虚偽表示には当事者の内心的効果意思の合致がないのに対して，売春斡旋契約には当事者の内心的効果意思の合致があるという点にあるといえよう。すなわち，この2つの無効契約の間に介在する大きな差異は，当事者間に内心的効果意思の合致があるのかないのかという点である。無効契約の両当事者は，通謀して形式上タレント斡旋契約を締結しているものの，かかる表示行為には当事者の内心的効果意思の合致がみられないのである。

Tax Lounge　　戦費を賄うための「軍税」制度

　戦費をどのように調達するかは，古くからの戦時における難問であった。例えば，ヨーロッパでは30年戦争（1618-48年）当時，高価な傭兵軍兵士の俸給を不払いにすることが常態化されていたが，そのことは兵士の反乱や無秩序な掠奪を招いた。他方，軍税を一般住民から徴収することも住民にとっては大変な負担であったが，兵士により掠奪がなされるよりはよほど被害が少なかった。

　軍税には支援金や寄附金という形での徴収という起源と，「免焼金」と呼ばれる脅迫的な財物徴収の慣行という起源の2つをもつ。免焼金とは，包囲軍や占領軍が行う個々の都市や村落に対する焼討ちや掠奪の代替として強要する金銭や物品のことである。焼討ちなどをしない代わりに金銭等を強要するというわけである。法的手段としての免焼金は非常に古くから存在していたが，中世における戦争法の下では，富というものは，焼討ちや掠奪によって得られるものであったから，免焼金はいわばその代納金であったわけだ。免焼金は，焼討ち隊長と呼ばれる将校がその都市や農村，修道院に与えることのできる損害程度を見積もり，それよりも若干少ない額を支払うように要求するものであったともいう（鈴木直志「戦争が戦争を養う」森征一編『法文化としての租税』83頁以下（国際書院2005））。

134　第2章　課税要件法と課税要件事実論

> **民法90条《公序良俗》**
>   公の秩序又は善良の風俗に反する法律行為は，無効とする。
> **民法94条《虚偽表示》**
>   相手方と通じてした虚偽の意思表示は，無効とする。
> 2　前項の規定による意思表示の無効は，善意の第三者に対抗することができない。

　このように考えると，多くの学説が契約の無効や不存在の場合に真実に存在する法律関係に基づく課税を行うとする点を再構築することができるのではないかと思われる。すなわち，当事者の内心的効果意思の合致に依拠するという契約成立論の考え方をトレースして，内心的効果意思の合致するところに法律関係を構成し，その関係の上に課税を行うとする枠組みである。そして，この見地からは，かかる契約が私法上有効であるか否かには左右されないという，きわめて租税法的な見方をベースにした法律行為として構成し直すことを可能にする。まさに，経済的成果たる所得移転の根拠は，法律行為の法的有効性にあるのではなく，当事者の内心的効果意思の合致したところにこそあるからである。このような理解こそが，真実に存在する法律関係に基づく課税の実現であるといえるのではなかろうか。

　そうであるならば，契約が無効の場合には，真実に存在する法律関係に基づく課税が行われるべきというときの真実に存在する法律関係とは，法律効果の有効無効を問わず，当事者の内心的効果意思の合致したところの法律関係（法律構成）に基づいて課税を行うという意味であると理解すべきであろう。

　このような考え方は，後発的理由による更正の請求についての考察からも確認をすることができる。

　国税通則法23条《更正の請求》2項1号は，「その申告，更正又は決定に係る課税標準等又は税額等の計算の基礎となった事実に関する訴えについての判決（判決と同一の効力を有する和解その他の行為を含む。）により，その事実が当該計算の基礎としたところと異なることが確定したとき」には，「その確定した日の翌日から起算して2月以内」に更正の請求ができると規定している。

> **国税通則法23条《更正の請求》**
> 2　納税申告書を提出した者又は第25条《決定》の規定による決定（以下この項において「決定」という。）を受けた者は，次の各号のいずれかに該当する場合（納税申告書を提出した者については，当該各号に定める期間の満了する日が前項に規定す

る期間の満了する日後に到来する場合に限る。）には，同項の規定にかかわらず，当該各号に定める期間において，その該当することを理由として同項の規定による更正の請求（以下「更正の請求」という。）をすることができる。
一 その申告，更正又は決定に係る課税標準等又は税額等の計算の基礎となった事実に関する訴えについての判決（判決と同一の効力を有する和解その他の行為を含む。）により，その事実が当該計算の基礎としたところと異なることが確定したとき その確定した日の翌日から起算して2月以内

文理が示すとおり，判決が下されたということを問題としているのではなく，判決によりその事実が計算の基礎としたところと異なることが確定したことを問題としているのである。

したがって，例えば，訴訟において，外形がタレント斡旋契約であったものが，実は売春斡旋契約であると判断されたとした場合に，売春斡旋契約であるという判断が下され無効との判決が下りたとしても，事実が計算の基礎としたところと異ならないのであれば，更正の請求をすることはできないということになろう。

そのことを明確に判示した裁判例として，東京地裁平成14年5月24日判決（税資252号順号9126）がある。同地裁は次のように説示している。

「所得税法は，一定期間内に生じた経済的利益について，これに担税力を認めて課税の対象とするものであり，経済的成果の原因となった行為について，私法上は無効，取消し，解除といった理由により，その効力がないものとして取り扱われることとなる場合であっても，このような行為に基因する経済的成果が実際に発生し，納税義務者の側においてこれが存続している事実が存するときは，かかる経済的成果に担税力を認めて所得税を課税すべきものと解するのが相当である。」

この事件は，不動産の売買契約に基づいて売買代金を受領した後に，条件が成就しなかったとしてかかる売買契約を解除する旨の意思表示が示されたものの，原告が受領した売買代金を返還しなかった事案である。その後，不動産について真正な登記名義の回復を原因とする原告への所有権移転登記手続を命ずる旨の判決が確定したが，原告はその時点までに売買代金等の返還をしていなかった。上記東京地裁は，「以上の事実を踏まえれば，原告が本件売買契約に基づいて得た売買代金による経済的成果は，依然として原告の側において存続しているものといわざるを得ない。」として，原告の主張を斥けたのである。

国税通則法23条2項1号は，「計算の基礎となった事実」が「当該計算の基

礎としたところと異なることが確定したとき」に更正の請求ができると規定されており，上記事件においては，ここにいう課税計算の基礎となった事実が異なることが確定していないという判断が示されたわけである。

また，軽油引取税決定処分の取消訴訟である名古屋地裁平成18年3月23日判決（判タ1236号175頁）は，輸入した軽油について輸入申告をする前に第三者に保税転売した上，当該第三者が輸入申告および軽油引取税の納付申告をした後に，当該軽油を買い戻す法形式がとられた場合に，当該売買は通謀虚偽表示であって無効であり，軽油を輸入，譲渡した者は原告会社であるとした軽油引取税決定処分が適法とされた事例であるが，「課税要件充足の判断の在り方について」として，次のように説示している。

> 「国民が一定の経済的目的を達成しようとする場合，私法上は複数の手段，形式が考えられる場合があるが，私的自治の原則ないし契約自由の原則が存在する以上，当該国民は，原則として，どのような法的手段，法的形式を用いるかについて，選択の自由を有するというべきである。そして，憲法84条の定める租税法律主義の下においては，国民が，その判断によって特定の法的手段，法的形式を選択した場合，課税要件が充足されるか否かの判断も当該手段，形式に即して行われるべきことは当然であり，租税法の定める否認規定（所得税法157条，法人税法132条等）によらずして，課税庁が当該手段，形式を否認し，あるいはこれを引き直すことは許されないといわねばならない。
>
> もっとも，このことは，当事者が作出した手段，形式の外形をそのまま承認しなければならないということを意味するものではなく，上記外形が実体を伴わないもの，仮装されたものにすぎない場合には，その実質に従って課税要件の充足を検討すべきことは当然であり，かつ，これは事実認定の問題であるから，租税法律主義に反するものでないことも明らかである。そして，当該法律行為を行った当事者の意図・目的，それに至る経緯，これによって享受することとなった効果等を総合的に検討した結果，特段の合理的理由がないのに，ある法的・経済的目的を達成するための法的形式としては著しく迂遠，複雑なものであって，社会通念上，到底その合理性を是認できないと客観的に判断される場合には，その外形的な手段，形式にかかわらず，当事者の真意がいずれにあったのかという事実認定上の問題を避けて通ることはできないというべきである。」

〔注〕
(1) 判例評釈として，林仲宣・税弘57巻4号168頁（2009），同・税法561号295頁（2009），嶋協・税務事例43巻4号26頁（2011）など参照。
(2) 判例評釈として，志賀櫻・税弘56巻4号128頁（2008）参照。
(3) 判例評釈として，可部恒雄・昭和46年度最高裁判所判例解説〔民事篇〕645頁（1972），

中川一郎・シュト117号 1 頁（1971），清永敬次・民商67巻 4 号563頁（1973），松澤智・ひろば25巻 2 号53頁（1972），北野弘久・昭和46年度重要判例解説〔ジュリ臨増〕49頁（1972），中里実・租税百選〔3〕42頁（1992），山田二郎・税務事例 4 巻 1 号 4 頁（1972），竹下重人・判評158号17頁（1972），藤谷武史・租税百選〔4〕56頁（2005）参照。

10 課税要件事実論の展開

(1) 実体法規の形式を基礎とする考察と要件確定

ある法律効果の発生要件が何か，法文にある一定の要件を権利（または法律関係）の発生要件または障害要件のいずれと理解すべきかというような要件の確定の問題は，いずれも実体法の解釈によって決められるべき事柄である。そして，この解釈は，主張・立証責任の分配という視点に立ったものでなければならない。この意味における実体法規の解釈に当たっては，各実体法規の文言，形式を基礎として考えると同時に，主張・立証責任負担の面での公平・妥当性の確保に常に考慮すべきである。具体的には，法の目的，類似または関連する法規との体系的整合性，当該事件の一般性・特別性または原則性・例外性およびその要件によって要証事実となるべきものの事実的態様とその立証の難易などが総合的に考慮されなければならないとされている（司法研修所『民事訴訟における要件事実〔第１巻〕〔増補版〕』10頁（法曹会1986））。

(2) 要件事実論的思考と形式的条文の適用との乖離

Yの行為によりXに損害が生じた場合，YはXの権利を侵害したことになる。例えば，Yが大量の腐臭物をマンションの共通廊下に長期間放置していたために，その腐臭物から出た汚水が隣家のXの部屋に流れ込んでXの玄関の床が腐食し，Xの権利（自己の財産権が侵害されない権利や平穏な環境で生活をする権利）が侵害されたという場合を考えてみよう。

図表１

Yの行為が民法709条《不法行為による損害賠償》の定める行為に該当すれば，YはXの受けた損害を賠償する責任があることになる。すなわち，Yに故意または過失があれば損害賠償責任があることになり，Yに故意または過失がなけ

れば損害賠償責任がないことになる。民法709条はこのように解釈することができる。

　✐　伊藤滋夫創価大学名誉教授は，事実に法律を適用する際に考えるべき民法の要件は民法の条文にあるままの形ではないという点を，民法709条と旧民法415条を使って説明される（伊藤・入門19頁）。ここでは，この論旨をもとに論じることとする。

> **民法709条《不法行為による損害賠償》**
> 　故意又は過失によって他人の権利又は法律上保護される利益を侵害した者は，これによって生じた損害を賠償する責任を負う。

　このように，民法709条の読み方は，「故意又は過失〔が証明されたときは〕…損害を賠償する責任を負う」と補って読むことになる。もっとも，同条は，「故意又は過失によって」としか規定されておらず，「故意又は過失があった場合」と「故意又は過失がなかった場合」のいずれでもない場合については規定されていない。したがって，もし，証明の有無まで読み込んで，民法709条を「故意又は過失〔が証明されたときは〕…損害を賠償する責任を負う」と補って解釈するとすれば，文理に反するのではないかという問題が惹起される。そのように補って読むとすれば，自然と，故意または過失が証明されなかった場合には，損害賠償責任が生じないということになり，上記の例でみると，Yに過失はあったとしても，それを証明できない限り，Xには損害賠償請求権を観念できないことになる。要件事実論的な視角から民法709条を眺めた場合には文理から離脱することになるが，そのように条文を解釈しないとそもそも「裁判のしようがない」ということになると考えられているのである（伊藤・入門23頁）。裁判所は，民法という実体法に照らして権利の存否を判断するので，こうした事実の存否が不明の場合でも裁判の基準として適用できる裁判規範としての民法がないと機能しないと考えられているのである。

　すなわち，上記の例で，Yの大量の腐臭物を放置していたという「行為」に故意または過失があったことが証明されれば，XはYに対し民法709条に基づく損害賠償を請求し得ることになる。

　もっとも，「故意又は過失によって」との規定からすれば，それが証明できない限り損害賠償請求ができないとするのはきわめて常識的であるとみることも可能であるように思われるが，次に旧民法415条との関係でこのことを考えるとどうであろうか。

> **旧民法415条《債務不履行による損害賠償》**
> 　債務者がその債務の本旨に従った履行をしないときは、債権者は、これによって生じた損害の賠償を請求することができる。債務者の責めに帰すべき事由によって履行をすることができなくなったときも、同様とする。

　債務不履行の原因たる「債務者の責めに帰すべき事由」があったとする。例えば、債務者Y（売主）が商品引渡しを債権者X（買主）に行うべき場合に、それを怠ったとすると、Xは、Yの債務不履行に基づいて生じた損害について、Yに対して引渡請求権に基づく損害賠償を求め、Yは発生した損害につき損害賠償責任を負うことになる。

図表2

　旧民法415条は、「債務者の責めに帰すべき事由によって引渡しが期限より遅れたことが証明されたときは損害賠償責任がある」と規定しているわけではない。民法は、「証明があったとき」に損害賠償責任があると規定しているわけではないのである。すると、民法の規定のとおりに適用しようと思っても、「責めに帰すべき事由があったとき」と「なかったとき」については裁判において決着をつけられるものの、裁判官が真偽不明に陥った場合の取扱いが民法上は必ずしも明確ではないということになる。実際問題として、「責めに帰すべき事由があった」のか「なかった」のかが判然としないことは少なくないであろう。この場合、「責めに帰すべき事由によって履行をすることができなくなったとき」を「責めに帰すべき事由によって履行をすることができなくなった〔と証明された〕とき」と補って解釈すべきかどうかが問題となる。このような解釈手法は、前述の民法709条の例からすれば妥当であり、素直な解釈であるように思われる。

　しかし、民法の通説は、Yの責めに帰すべき事由があったか否かが不明であっても、Yの責めに帰することができない事由があり、引渡しが遅れたのはそのような事由のためであったということが証明されない限り損害賠償責任が発生すると解釈されてきたのである。すなわち、民法709条の例にならって、「責

10 課税要件事実論の展開　141

図表3

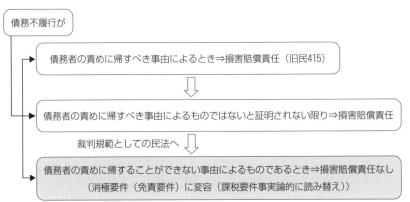

めに帰すべき事由によって履行をすることができなくなったとき」を「〔Yの〕責めに帰すべき事由によって履行をすることができなくなった〔と証明された〕とき」に損害賠償責任が生じると補って解釈するのではなく，むしろその反対に，「〔Yの〕責めに帰すべき事由によ〔るものではなかった〕と証明され〔ない限り〕」損害賠償責任が生ずると補って解釈することとされてきたのである。換言すれば，民法415条は，責めに帰すべき事由が証明不十分のときには，同条を適用して損害賠償責任を認めるということになるところ，これを証明がされたときの形に置き換えると，「債務者〔Y〕の責めに帰することができない事由によるものであるときに限って，損害賠償責任がない。」と消極要件の形に改めて考える必要があるということになるのである。

これは，このように考えないと，契約関係における信頼が保護されないと解されたからではあるが，このように，「証明の問題を考えて妥当なように要件を考えようとすると，その要件が条文の形式と必ずしも一致しないということ」になる（伊藤・入門26頁）。

先の例でいえば，Yは，商品の引渡しの不履行が自らの責めに帰することができない事由によるものであるとの証明が不十分である以上，免責要件が充足されず損害賠償責任を負わなければならなくなるのである。

ここで，民法上の損害賠償請求権規定である709条と旧415条を改めて比較してみよう。

142   第2章　課税要件法と課税要件事実論

　民法709条によると，玄関が使いものにならなくなったことについてＹの過失が証明されたときに，Ｙに損害賠償責任が生じる。これに対して，旧民法415条では，荷物が届かなかったことについてＹに責任があると証明されたときに，Ｙに損害賠償責任が生じるのではない。Ｙの責任で荷物が届かなかったわけではないということが証明されない限り，Ｙに損害賠償責任が生じるのである。この点が民法709条と旧415条とで大きく異なるところである。つまり，民法709条を，Ｙに故意または過失があったときにＹに損害賠償責任が生じるとする積極要件規定と解したのに対して，旧415条は，Ｙの責任でないときに限ってＹに損害賠償責任が生じないとして，消極要件規定と解しているのである。

　なお，平成30年の民法改正によって，上記旧民法415条は下記のとおり改正されている。

旧民法415条《債務不履行による損害賠償》
　債務者がその債務の本旨に従った履行をしないときは，債権者は，これによって生じた損害の賠償を請求することができる。債務者の責めに帰すべき事由によって履行をすることができなくなったときも，同様とする。

↓

現行民法415条《債務不履行による損害賠償》
　債務者がその債務の本旨に従った履行をしないとき又は債務の履行が不能であるときは，債権者は，これによって生じた損害の賠償を請求することができる。ただし，その債務の不履行が契約その他の債務の発生原因及び取引上の社会通念に照らして債務者の責めに帰することができない事由によるものであるときは，この限りでない。

　従来の条文の記載ぶりからすると，債務不履行の中でも履行不能の場合にのみ，債務者の責めに帰すべき事由がないことによる免責が可能であって，また，その主張・立証について，損害賠償請求を行う債権者側にあるとも読めるというような解釈上の疑義が指摘されてきた。そこで，平成30年改正では，かような点等の疑義を払拭すべく，上記のように改められ，「債務者の責めに帰することができない事由によるものであるときは，この限りでない。」とされるにいたっている。旧民法415条が，解釈によって，債務者の責任でないときに限って債務者に損害賠償責任が生じない消極要件規定と整理されてきたことは既述のとおりであるが，改正後の民法では，債務不履行が，債務者の責めに帰す

ることができない事由によるものであったことについて，債務者の側が主張・立証責任を負うことがクリアにされているのである。

(3) 課税要件事実論の展開

さて，このように実定法の条文の形式と必ずしも一致しなくなるような要件抽出は，租税法律主義という実定法の文理解釈を基礎とする厳格な解釈姿勢が求められる租税法領域においても，妥当性を有するものなのであろうか（増田英敏「租税法における要件事実論の有用性—租税法律主義の視点から」伊藤・租税法101頁も参照）。

松澤智教授は，「裁判官は，法律に拘束されるから，紛争を解決するための裁判の前提は『法律』であるので，裁判の前提たる法命題から具体的判断基準を引き出さねばならない。裁判官は，具体的事件を処理するに当たっては，立法府たる国会の定立した法のなかから判断基準たる規範を探し出さなければならないことが要請されるのである。…裁判規範としての性格をもつ租税法は，平常においては潜在化しており，顕在化しない。租税行政庁と納税者とが法解釈をめぐって争うときに初めて顕在化するのであり，それは補充的性格をもつということができる。これは，申告納税制度のもとにおいてこそ明確に裁判規範の性格が現われるものということができる。けだし，申告納税制度のもとにおいては，租税実体法，すなわち納税要件法の法解釈を第一に行うのは，まず納税者たる国民であって租税行政庁ではないから，法解釈の争いが生ずるということは，法の当然に予定しているところといいうるからである。しかし，かつてのような，賦課課税制度のもとでは，法解釈は課税行政庁〔ママ〕が行い，納税者において，右の処分に不服があるときにのみ取消を求めるのであるから，行政処分に適法性の推定が働くとする行政法学の通説に従う限りは，あえて補充的な裁判規範たるの性質を論ずる必要はなかったからである。<u>これまで，租税法が補充的にも裁判規範をもつという本質を看過していたのは，申告納税制度こそ租税法の基礎であるとする納税者主権主義の本質を理解していなかったからである。</u>」とされる（松澤『租税法の基本原理』122頁（中央経済社1983））。

(4) 慎重論

谷口勢津夫大阪大学名誉教授は，「課税要件法を，解釈によって『立証責任

144　第2章　課税要件法と課税要件事実論

の分配という視点』を踏まえた『裁判規範』として，再構成（場合によっては『補正』）しようとする見解」に対して，「この見解によれば，例えば，消費税の仕入税額控除に係る帳簿等の『保存』要件…を，『法定帳簿等が存在し，納税者においてこれを所持しているということ』を超えて，『法及び令に規定する期間を通じて，定められた場所において，税務職員の質問検査権に基づく適法な調査に応じて，その内容を確認することができるように提示できる状態，態様で保存を継続していること』として再構成する場合…には，税法の目的等の総合的考慮は，たとえそれが訴訟法の領域における考慮であっても，実体法（課税要件法）の解釈作業の一環としてなされるものである以上，課税要件法の領域における法解釈と法創造との限界を曖昧にし，ひいては租税法律主義の下での厳格解釈の要請に反する結果をもたらすおそれがある。」と論じられる。したがって，「司法過程における要件事実論それ自体の機能・有用性を否定するものではないが…課税要件法の解釈に要件事実の観点からアプローチする場合には，常に『法解釈の限界』を明確に意識した慎重な解釈態度をとるべきであろう」とされ，「とりわけ，課税の範囲を拡大する結果につながるような要件事実論的解釈については，特に慎重な判断が必要であろう」とされる（谷口・講義57頁）。

　　✍　本書において，筆者が租税法律主義に多くの紙幅を割いているのは，この点についての慎重な態度を基礎とした議論を展開する必要があると考えているからである。

11 租税訴訟における訴訟物・証明責任の分配

(1) 租税訴訟における訴訟物

　課税要件は，一般に納税義務者，課税物件，課税物件の帰属，課税標準および税率の5つからなるため，理論的には，これらのすべてについて課税処分の実体的違法事由として主張・立証しなければならないとも解されるが，実務上はそのようには取り扱われていない。

図表1

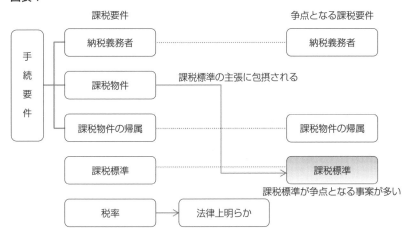

ア　課税処分取消訴訟の訴訟物
(ア)　違法性一般—通説・判例

　課税処分取消訴訟の訴訟物（🔍 5—56頁参照）は，他の行政処分取消訴訟と同様に（🔍 11 ¶ レベルアップ3！—168頁参照），「当該処分の違法性一般」と解するのが，通説・判例である。例えば，所得税決定処分および無申告加算税賦課決定処分取消請求事件である最高裁昭和49年4月18日第一小法廷判決（訟月20巻11号175頁）[1]は次のように判示している。

146　第2章　課税要件法と課税要件事実論

> 「被上告人のした本件決定処分は，上告人の昭和38年における総所得金額に対する課税処分であるから，その審査手続における審査の範囲も，右総所得金額に対する課税の当否を判断するに必要な事項全般に及ぶものというべきであり，したがって，本件審査裁決が右総所得金額を構成する所得給与所得の金額を新たに認定してこれを考慮のうえ審査請求を棄却したことには，所論の違法があるとはいえない（なお，本件審査裁決は，審査請求を棄却しているから，不利益変更の禁止に触れないことはいうまでもない。）。そして，本件決定処分取消訴訟の訴訟物は，右総所得金額に対する課税の違法一般であり，所得給与所得の金額が，右総所得金額を構成するものである以上，原判決が本件審査裁決により訂正された本件決定処分の理由をそのまま是認したことは，所論の違法は認められない。」

このように，課税処分取消訴訟における訴訟物は，原告の主張する具体的事由ではなく，「違法性一般」と理解する考え方が支配的である。この違法性一般について，実体的違法性と手続的違法性の両面から以下確認することとしよう。

(a)　**実体的違法性**　　原処分の税額が正しい税額を上回っている場合には，その処分は違法とされることになるが，その際には正しい税額を超える部分が取り消される。

　給与等の受給者が，支払者により誤って所得税の源泉徴収をされた場合において，当該年分の所得税の額から誤徴収額を控除して確定申告をすることはできないとした所得税更正処分取消請求事件として最高裁平成4年2月18日第三小法廷判決（民集46巻2号77頁）[2]がある。同最高裁は次のように判示している。

> 「課税処分の取消訴訟における実体上の審判の対象は，当該課税処分によって確定された税額の適否であり，課税処分における税務署長の所得の源泉の認定等に誤りがあっても，これにより確定された税額が総額において租税法規によって客観的に定まっている税額を上回らなければ，当該課税処分は適法というべきである。
> 　原審の適法に確定した事実関係の下において，上告人らの本件各収入が給与所得でなく，一時所得又は退職所得であるとしても，本件各更正処分等に係る納付すべき税額は，右の場合の正当な納付すべき税額を下回るとした原審の判断は，正当として是認することができる。そうすると，いずれにしても本件各更正処分等は違法とはいえないのであって，本件各収入が給与所得であるかどうかについて判断するまでもなく，上告人らの本件各請求は理由がない。」

さて，原告の行う訴訟物の特定としては，違法とする課税処分を特定して，かかる処分の取消しを求める旨を主張すれば足りると考えられており，その際，

請求を理由付ける請求原因の主張は不要であるとされている（佐藤繁「課税処分取消訴訟の審理」鈴木忠一＝三ヶ月章監修『新・実務民事訴訟講座(10)』56頁（日本評論社1982））。

 ✎ このような考えは，違法性一般を訴訟物と捉える見解ではあるが，原処分で考慮されなかった新たな課税根拠が主張されることになる納税者の防御権の確保や訴訟遅延防止等のため，いわば本案前の手続として被告たる課税庁に当該処分の適法性を具体的に主張させ，これに基づいて原告が具体的違法事由を特定し，それが審判の対象となるとする見解がある（杉本良吉「裁判の今日的課題―行政事件訴訟」判時465号6頁（1967），杉本良吉発言「税務訴訟における諸問題」司法研修所論集39号162-166頁（1968））。この主張に対しては，審理の対象と訴訟物の乖離という難点が指摘されている（大江・要件事実租税法〔上〕192頁）。

(b)　**手続的違法性**　課税処分の手続の適法性については，原告がその欠如等を明示的に争わない限り，被告課税庁において積極的に主張することは要しないと解されている。この点については，権利自白（🔍**3**―32頁参照）の見地から理解されている（佐藤・前掲稿60頁）。すなわち，そこでは，被告から黙示的に「手続要件に関しては適法要件をすべて充足している」との包括的な法律的主張があり，原告がこれを認めるという一種の権利自白が成立しているとする理論的な説明が試みられている。

東京地裁昭和34年2月4日判決（民集17巻4号629頁）は，審査決定通知書に附記された理由が不備であるときはその決定は取り消されるべきである旨判示された事例であるが，ここでは，実体的違法性を問わず，手続的違法性のみを主張する取消訴訟の適法性につき，次のように判示して，訴訟提起における原告の訴えの利益を肯定している。

> 「被告は，本訴において，原告は，本件更正及び審査決定の課税標準及び税額の点につき争っていないから，右処分の取消を求める法律上の利益を欠くと主張する。
> しかしながら，本件口頭弁論の全趣旨によると，原告は本件各処分課税標準額及び税額の点についても不服であるが，原告としては，右処分の通知書に理由の附記を欠いていたことだけで右処分の取消原因となると考え，金額の点についての争に入るに先立って，専ら争点を右に限定して，その判断を求めるため，金額の点については本訴で取消原因として主張することを控えたものと認められ，かように原告が青色申告書の更正または審査決定の金額の点について不服をもっていることがうかがわれる場合においては，後に説明する青色申告制度の趣旨から考えて単に右処分の通知書に理由の附記を欠いたことだけを違法事由として，その処分の取消を求める利益を有するものと解するのが相当と考えるから，本件訴は，訴の利益があるというべきであって，

148　第2章　課税要件法と課税要件事実論

被告の本案前の主張は理由がない。」

　　松澤智教授は、「具体的違法事由として課税処分の内容の違法すなわち課税処分において認定された課税標準又は税額の多寡が争われる場合には、当該課税処分の違法性の有無は、右処分において認定された課税標準又は税額が既に一義的に存在している実際の客観的な課税標準又は税額を超えているか否かという、処分によって具体化された違法性の存否として決せられるのであるが（したがって、それは角度を変えていえば、実質的には客観的所得の確認ないし租税債務の確認を本質とする）、課税処分の手続の違法が争われる場合には、その違法が法律要件的意味を有する、課税をなすにあたっての手続であることを前提としたうえで、当該処分自体にその瑕疵があったか否かという特定の行政処分そのものの違法性の存否として決せられるのである（それは当該処分自体に存する瑕疵を理由とする取消権（形成権）を本質とする）」と指摘される。この考え方が通説であるといえよう（松澤「租税行政法」金子宏ほか編『租税法講座(3)租税行政法』321頁（ぎょうせい1975））。

　　また、石川明博士は、「行政処分の取消原因として手続的なものと実体的なものとが併存する場合に、そのいずれを主張するかにより訴訟物は別個になるというべきであろう。これに反して、例えば実体法的取消原因が併存しているがいずれを主張しても取消の効果が変わらない場合には、そのいずれを主張するかにより訴訟物は別個にならない」と指摘される（石川＝木川統一郎「行政訴訟における訴訟物」訟月22巻5号1435頁(1976)）。

(イ)　少数説

　その他、課税処分取消訴訟の訴訟物についての別説としては、次の見解がある。

(a)　課税標準等の決定方法の合理性を訴訟物と捉える見解　　課税標準等の決定方法が合理的であるか否かが訴訟物として審理の対象となるとする見解（白石健三「税務訴訟の特質」税理7巻12号8頁(1964)、町田顕「税法事件の審理について」判タ201号174頁(1967)）がある。これは、推計課税における推計方法の合理性の争いにおける見解である。　例えば、東京地裁昭和38年10月30日判決（行集14巻10号1766頁）[3]は、次のように判示する。

　　　「当裁判所の見解によれば、所得額の認定に関する課税処分の取消訴訟は、民事訴訟における債務不存在確認訴訟とは趣きを異にし、必ずしも租税債務の額を直接確定することを目的とするものではなく、むしろ、所得額の認定方法が合理的と認められるものであるかどうかを争うことを主眼とするものと解される。この見地からすれば、所得額の認定方法がいずれかの点で不合理な要素を含み、この不合理を除去して、あらためて合理的な方法により所得を算定すれば、その額が課税庁の認定額を下廻ると認められる場合に、たとえ、その不合理を除去し合理的な認定方法がいかにあるべき

> かを確定しただけでは、ただちに所得額を最終的に算出することができない場合でも、合理的な認定方法がいかにあるべきかを確定し、課税庁がこれに拘束されてあらためて所得額を算定しなおさなければならない拘束力を惹起するかぎりにおいて請求は特定しているものと解し得るのみならず、その限度で紛争の実際的解決にも役立つものであり、原告がかような確定を訴求する利益を有することは否定し得ないところである。他面、かような訴を認めることによって、訴訟手続において判断の対象とすることが必ずしも適当でない、はんさな計算上の問題や会計処理上の問題を一応訴訟の対象外とすることによって、簡易迅速に実際上の目的を達し得ることともなるので、かような訴の適法性を否定すべき理由はないといわねばならない。」

　この見解に対しては、課税処分取消訴訟が、通常、課税庁の認定した所得の存否、その計上時期、帰属者等を巡って争われるものであるとの認識を前提として、「これを単に認定方法が合理的であるかどうかという訴訟であると要約したのでは、争いの実体ないし当事者の訴訟に寄せる機能から遊離してしまっているといえよう」という批判がある（山田二郎『税務訴訟の理論と実際〔増補版〕』14頁（財経詳報社1976））。

(b)　違法状態の排除説　　抗告訴訟の本質を行政処分によって生じた違法状態の排除にあるとした上で、当該処分の取消しは形式上の手がかりにすぎないとする見解がある。

　　📎　田中二郎裁判官（当時）は、いわゆるまからずや事件最高裁昭和42年9月19日第三小法廷判決（民集21巻7号1828頁）[4]における少数意見として、「更正処分の取消訴訟の本質をどう考えるべきか、その訴訟物をどう理解すべきかが問題である。従来一般には、更正処分の取消訴訟は、特定の更正処分そのものの取消を求める訴訟として理解されてきた。…更正処分の取消訴訟を法文の字句に即して形式的に解釈すれば、右のような考え方も一応成り立つであろう。しかし、この訴訟の本来の狙いに即して実質的に解釈すれば、確定申告額の正当性を主張する納税者たる原告は、更正処分によって正当な納税額を超える課税をされたことに対して、当該更正処分を形式上の手がかりとして、実質的に当該更正処分による課税の違法を主張し、その違法状態の排除を求めているものにほかならない」と述べられる。

(c)　争点主義の見地からの訴訟物議論　　金子宏東京大学名誉教授は、処分理由との関係における税額の適否が訴訟物であると捉えられる（金子・租税法1100頁）。
　同教授は、「総額主義については、手続的保障原則との関係で問題がある。」とされ、理由附記との関係を指摘される。すなわち、法が理由の附記を要求している理由は、処分適正化機能（☞処分適正化機能とは）と争点明確化機能（☞争点明確化機能とは）にあるところ、理由の差替えを自由に認めることは理由を附

記しないで処分を行うのと結果的に同じことであり，せっかく理由附記を要求した法の趣旨の大半を失わせることになりかねないとされるのである（金子・租税法1100頁）。なるほど，このような点からすれば，「租税争訟の審理の対象ないし訴訟物は処分理由との関係における税額の適否」ということになり，理由の差替えは原則として認められないと解するのが法の趣旨にかなうことになろう。

- ☞ **処分適正化機能**とは，理由附記のもつ機能の1つで，手続的保障の見地から処分庁の判断の慎重・合理性を担保してその恣意を抑制する機能をいう。
- ☞ **争点明確化機能**とは，処分の理由を示して不服申立てに便宜を与えるとする，理由附記の機能をいう。

なお，この見解に立ちつつ，推計による課税処分に対して，なお原告が実額を主張して争うことを許すことが理論的な一貫性を有するか議論の余地があるとの指摘もある（大江・要件事実租税法〔上〕192頁）。

イ　課税処分無効確認訴訟の訴訟物

課税処分無効確認訴訟の訴訟物は，課税処分取消訴訟の訴訟物と同様に「違法性一般」なのであるが，その程度が重い点が異なり，当該課税処分の無効事由となる違法性一般，すなわち，重大かつ明白な瑕疵一般の存否と解される（最高裁昭和36年3月7日第三小法廷判決・民集15巻3号381頁[5]，最高裁昭和37年2月23日第二小法廷判決・訟月8巻4号710頁，最高裁昭和39年10月22日第一小法廷判決・民集18巻8号1762頁，園部逸夫編『注解行政事件訴訟法』240頁（有斐閣1989），大江・要件事実租税法〔上〕192頁，酒井克彦・租税百選〔7〕204頁（2021））。

なお，最高裁昭和48年4月26日第一小法廷判決（民集27巻3号629頁）[6]は，課税庁が登記簿の記載等に基づいて譲渡所得を認定して課税処分をしたところ，当該登記が実は本人の知らない間に第三者が自らの所有する土地等を本人の名義にしたものであったという事案において，次のように判示する。

> 「課税処分が課税庁と被課税者との間にのみ存するもので，処分の存在を信頼する第三者の保護を考慮する必要のないこと等を勘案すれば，当該処分における内容上の過誤が課税要件の根幹についてのそれであって，徴税行政の安定とその円滑な運営の要請を斟酌してもなお，不服申立期間の徒過による不可争的効果の発生を理由として被課税者に右処分による不利益を甘受させることが，著しく不当と認められるような例外的な事情のある場合には，前記の過誤による瑕疵は，当該処分を当然無効ならしめるものと解するのが相当である〔。〕」

金子宏教授は，「租税確定処分は第三者の利害に影響するところが少なく，したがってそれを信頼する第三者の保護を考慮する必要性が少ないこと，および租税実体法上理由のない利得の保有を国および地方団体に認めることは正義・公平の観点から見て適切でないこと，の2点を考えると，租税確定処分は，課税要件に関する重大な瑕疵があれば，その瑕疵が明白でなくても，無効であると解すべきであろう。」と論じられる（金子・租税法921頁）。

　他方，上記の最高裁昭和48年判決も，課税処分について，一般に明白性の要件が必要でないとするものではなく，課税処分については，「例外的な事情」がある場合に限って，明白性の要件がなくとも無効となる余地を残したものと理解すべきであろうとする見解もある（大江・要件事実租税法〔上〕192頁）。

✎ 課税処分取消訴訟の訴訟物との関係

　　課税処分無効確認訴訟の訴訟物を課税処分取消訴訟のそれと比較すると，課税処分の違法性一般ということでは共通する。この点につき，無効事由は取消事由の量的一部にすぎず，「大は小を兼ねる」関係に立つとする考え方がある（大江・要件事実租税法〔上〕193頁）。例えば，最高裁昭和33年9月9日第三小法廷判決（民集12巻13号1949頁）は，行政処分取消訴訟の出訴期間内に提起された行政処分無効確認請求はその取消訴訟を含むものと解すべきであるとする（高知地裁昭和57年10月4日判決・行集33巻10号2037頁も参照）。

　　そのため，同一の課税処分について取消訴訟と無効確認訴訟が別訴として提起され，併合審理されない場合は，二重起訴（民訴法142）に当たることとなる（前掲高知地裁昭和57年10月4日判決，横浜地裁昭和61年2月19日判決・判時1206号24頁，名古屋地裁平成6年10月28日判決・訟月41巻6号1581頁，大江・要件事実租税法〔上〕193頁）。この際，併合審理されている場合には審判の二重起訴の問題は生じないが，取消訴訟が適法である限り，無効確認訴訟には訴えの利益はないと考えられる（札幌高裁昭和60年11月26日判決・税資147号503頁）。

(2)　租税訴訟における主張・立証責任

ア　法律要件分類説等

　抗告訴訟における主張・立証責任の分配については，行政行為の公定力（🔍⯅—301頁参照）を理由として，すべて原告が主張・立証責任を負うとする見解などが過去においては議論されてきた。また，法治行政の原則を理由として，むしろ，すべて被告行政庁が行政行為の適法性について主張・立証責任を負うとする見解もあった。いずれの見解にしても，その根拠とするところと主張・立証責任の分配について合理的な説明が展開されてきたとはいいがたい。

　近時は，民事訴訟における法律要件分類説（🔍⯅—43頁，⯅—165頁参照）を抗告

152　第2章　課税要件法と課税要件事実論

訴訟にも持ち込もうとする考え方が実務では支配的であるといえよう（加藤就一「立証責任(1)」小川英明＝松澤智編『裁判実務大系（20）租税争訟』50頁（青林書院1988））。なお，行政法学においては，個別具体説（☞個別具体説とは）や権利制限・拡張区分説（☞権利制限・拡張区分説とは）が展開され，それぞれ有力な学説となっているが，民事訴訟法学にいう修正法律要件分類説などの議論（🔍**4**—46頁）と親和性を有する。

　　☞　**個別具体説**とは，適用すべき法規の立法趣旨，行政行為の特性，当事者間の公平，事案の性質，事物に関する立証の難易等によって，具体的事案についていずれの当事者の不利益に判断するべきかを画する考え方である。ここでは，公益と私益の調整を図り，正義と公平を実現しようとする行政法規およびこれが定める行政法関係の特殊性を前提にしており，行政法規の具体的実現としての行政行為の特質にかんがみ，立証の難易を考えあわせ，正義公平の要請に合するよう分配しようとする試みが看取される。

　　☞　**権利制限・拡張区分説**とは，基本的人権の尊重および法治主義という憲法上の原則から，国民の権利を制限する租税法のような侵害規範が基礎となる行政処分については被告行政庁が主張・立証責任を負い，他方，権利の拡張を求める場合には国民の側，すなわち原告が主張・立証責任を負うとする見解である（塩野・行政法Ⅱ170頁，泉徳治ほか編『租税訴訟の審理について〔改訂新版〕』148頁（法曹会2002），司法研修所編『行政事件訴訟の一般的問題に関する実務的研究〔改訂版〕』158頁法曹会2000）。

　　✍　法律要件分類説に対しては，租税法規が必ずしも訴訟における主張・立証責任の分配を考慮して立法していないとの批判がある。この点について，東京地裁平成11年3月30日判決（訟月46巻2号899頁。🔍**20**—348頁参照）は，「租税関係法規を含め行政法規は行政手続を念頭において規定される結果，訴訟上の要件事実の分類を意識した表現が用いられていない場合もあるものと解される」としながらも，消費税法30条《仕入れに係る消費税額の控除》7項については，その限りにないと説示している。

　　✍　国税通則法15条《納税義務の成立及びその納付すべき税額の確定》などにおいて，「納税義務」概念が使用されていることが，民法上の債務法と租税債務法との共通性を示唆していると指摘する見解がある。木村弘之亮教授は，国税通則法の施行以降，租税債務法は公法のカテゴリーよりも民事法のカテゴリーを一層多く用いている点に着目される。例えば，同条2項1号は，所得税の納税義務が暦年の終了時に成立するとしているが，同条1項は，「〔納税義務が〕成立する場合には，その成立と同時に特別の手続を要しないで納付すべき税額が確定する国税を除き，国税に関する法律の定める手続により…納付すべき税額が確定されるものとする。」と規定する。この点につき，同教授は，「租税債務関係においては，当該請求権は，債務者（＝納税義務者）から具体的な金銭給付（税通34条1項，地税13条1項）を要求しうる債権者（国又は地方公共団体）の権利として（法治国家であるので直接に法律により抽象的に）成立する。」と述べられる（木村・総則24頁）。

　　民事訴訟の法律要件分類説を採用することは，このような点に関心を寄せる立場からも肯定されるように思われる。

イ 課税処分取消訴訟における個別検討

　課税処分取消訴訟においては，租税法律関係の特殊性（租税法は，基本的に侵害規範であり，国民に義務を課するものである。🔍168頁の📖課税訴訟における主張・立証責任も参照），課税訴訟の構造，個々の租税法規定の立法趣旨，当事者間の公平，事案の性質，立証の難易等を考慮して，真偽不明の場合にいずれの当事者の不利益に判断するのが妥当かという観点から決すべきである。このような見地からは，課税要件については，原則として，被告課税庁が主張・立証責任を負うと解すべきことになる。すなわち，原告は個々の処分の具体的違法事由についての主張・立証責任を負わないと解されており，その処分が実体的違法性あるいは手続的違法性を具備していることは，被告において抗弁として主張・立証すべき事由であると考えられる（佐藤繁「課税処分取消訴訟の審理」鈴木忠一＝三ヶ月章監修『新・実務民事訴訟講座⑽』56頁（日本評論社1982））。なお，具体的な課税要件事実の検討については，第3章を参照されたい。

㋐ 収入金額または益金

　収入金額または益金について，被告課税庁に主張・立証責任があることについては争いがない。この点，最高裁昭和38年3月3日第三小法廷判決（訟月9巻5号668頁）[7]は，「所得の存在及びその金額について決定庁が立証責任を負うことはいうまでもないところである。」として，所得の存在およびその金額について課税庁が立証・立証責任を負うとしている。

㋑ 必要経費または損金

　必要経費または損金（以下「必要経費等」という。）については争いがあるが，課税権を主張する側にその主張・立証責任を負わせるという法律要件分類説に従えば，被告課税庁に経費の不存在（通常は一定額を超えては存在しないこと）について主張・立証責任があると考えるべきであろう。法律要件分類説に従わなかったとしても，①税額を算出する基礎となる課税標準の前提となる所得は，収入から必要経費を控除した額と定められ，必要経費が明らかにならなければ所得額が確定できないことや，②実質的観点からみても，被告課税庁は，更正を行った以上，収入および必要経費についての資料を把握しているはずであり，この点についての立証が困難とはいえないし，一般に収入を得るためには何がしかの経費を伴うのが通常であるから，その存否・金額が不明の場合にその部分に課税するのは妥当でないと説明することも可能であろう。

154　第2章　課税要件法と課税要件事実論

✍ 必要経費等の事実上の推定

　　納税者にとって有利な事柄である必要経費等については，ある程度これを合理的に裏付ける程度の主張・立証を納税者側に課すべきとの見解もある。そもそも，必要経費等は納税者の支配領域内にあり，納税者としては，必要経費等に係る証拠資料を整えておくことは容易でもある。このような事情を考慮して，課税庁が具体的な証拠に基づき一定額の必要経費の存在を明らかにし，これが収入との間に合理的対応関係を有すると認められる場合は，これを超える額の必要経費は存在しないものと事実上推定されるとする見解も根強く，この見解によれば，納税者は，課税庁の提示する金額を超える必要経費等の具体的内容を明らかにし，これを合理的に裏付ける程度の主張・立証をしなければ，上記推定を覆すことができないとするのである（🔍**12**—181頁以下参照。泉・前掲書151頁，佐藤・前掲稿78頁）。

✍ 暗号資産の損失に係る主張・立証責任

　　暗号資産の取引に係る雑所得の金額に誤りがあるか争われた裁決事例において，国税不服審判所は，雑所得の金額は原処分庁がその主張・立証責任を負うものであるが，請求人の主張する個人間取引及び海外取引には損失が生じていることを前提とすると，当該各取引は請求人に有利な事柄である上，その取引は請求人の支配領域内の出来事であるから，その主張・立証は，請求人の方が原処分庁より容易であるところ，請求人が積極的にこれを主張・立証しているとはいい難いとした上で，結論として，請求人の主張する個人間取引及び海外取引はなかったと推認するのが相当であるとして請求人の請求を棄却した（高松国税不服審判所令和5年6月15日裁決・裁決事例集未登載）。

(ウ)　所得控除・税額控除

　所得控除に係る主張・立証責任の分配については見解が分かれる。村上博巳教授は，「所得税法（同法89①）によれば，原則として所得税はその年分の課税総所得金額に，一定の税率を乗じて課税される。そこで，納税義務者が課税標準となる所得（課税総所得金額）を取得した事実は，課税権の権利成立事実であるから，課税庁の証明責任に属する」とされる（村上『証明責任の研究〔新版〕』442頁（有斐閣1986））。この見地からすれば，課税総所得金額が所得控除後の金額であることとあわせ考えれば，所得控除については被告課税庁に主張・立証責任があることになろう。他方，所得控除に該当する事実は，税額の減少を招来する事実でもあると考えると別の結論が導出されよう（加藤・前掲稿50頁）。

　また，税額控除についても議論のあるところであるが，これについては，所得控除が，標準的な納税者に必要な生活費の保障を目的とするものであり，その実質は必要経費等に準ずるものであるのに対して，税額控除は一般的に恩恵的・政策的な理由に基づく税額の特別な減額事由といい得ると考えると，税額控除についてのみ原告納税者に主張・立証責任があるとする考え方が導出される（紙浦健二「税務訴訟における立証責任と立証の必要性の程度」判タ315号48頁（1975））。

11　租税訴訟における訴訟物・証明責任の分配　155

　しかしながら，所得税法を前提として考えるとこれらの見解には与しづらい。なぜなら，所得控除や税額控除の沿革からすると，税額控除であったものが所得控除に改正されたり，あるいは所得控除であったものが税額控除に組み替えられたりした当時の議論において，訴訟法における主張・立証責任の分配問題が考慮に入れられていたとは思えないからである。すなわち，これらの両控除は現行制度のみを前提とすると，所得控除には標準的な納税者に必要な生活費の保障を目的とすると思われるような性質を見出すことが可能というだけにとどまり，その内容を具体的に吟味することなく所得控除の性質論と税額控除の性質論を総じて語ることは，本質に目を向けないことを意味すると思われるからである。よって，所得控除や税額控除の内容を見ながら個別的にこれを考察していくほかないのではなかろうか。

　そこで，所得税法を前提とした場合におおむねいえることは，人的控除や基礎控除あるいはある意味で社会的な義務とされる支払に係る控除のようなものは被告課税庁が主張・立証責任を負い，恩恵的な性質を有する控除や異常な担税力の減殺への考慮が目的とされるようなものは原告納税者が主張・立証責任を負うと解するのが相当なのではなかろうか（🔍 ¶ レベルアップ1！参照）。

　なお，海外在住の親族の扶養控除（所法84①）が争点となっている事例の場合の扶養親族該当性（所法2①三十四）の主張・立証責任の分配については見解が分かれ得るが，証拠との距離を考慮に入れると，原告納税者に負担させると解するのが合理的であるように思われる。もっとも，このような利益衡量説（🔍 **4**—47頁参照）的な見解には反論も予想されると本書第3版〔平成26年発行〕に記載したところ，その翌年，平成27年度税制改正において，この点の規定の創設がなされた。

所得税法2条（定義）
　三十四　扶養親族　居住者の親族（その居住者の配偶者を除く。）並びに児童福祉法…第27条第1項第3号（都道府県の採るべき措置）の規定により同法第6条の4（定義）に規定する里親に委託された児童及び老人福祉法…第11条第1項第3号（市町村の採るべき措置）の規定により同号に規定する養護受託者に委託された老人でその居住者と生計を一にするもの（第57条第1項に規定する青色事業専従者に該当するもので同項に規定する給与の支払を受けるもの及び同条第3項に規定する事業専従者に該当するものを除く。）のうち，合計所得金額が48万円以下である者をいう。

156　第2章　課税要件法と課税要件事実論

✍　**日本国外に居住する親族に係る扶養控除等の書類**

　　確定申告において，非居住者である親族に係る扶養控除，配偶者控除，配偶者特別控除または障害者控除の適用を受ける居住者は，親族関係書類（☞親族関係書類とは）および送金関係書類（☞送金関係書類とは）を確定申告書に添付し，または確定申告書の提出の際提示しなければならない[8]。

☞　**親族関係書類**とは，次の①または②のいずれかの書類をいう。
　①　戸籍の附票の写しその他国または地方公共団体が発行した書類でその非居住者がその居住者の親族であることを証するものおよびその親族の旅券の写し
　②　外国政府または外国の地方公共団体が発行した書類で，その非居住者がその居住者の親族であることを証するもの

☞　**送金関係書類**とは，その非居住者である親族の生活費または教育費に充てるためのその居住者からの支払が，必要の都度，行われたことを明らかにするものをいう。

✍　扶養控除は居住者が扶養親族を有することが要件であり（所法84①），扶養親族とは，①居住者の親族等であること，②その居住者と生計を一にしていること，③青色事業専従者等に該当しないこと，④その者の合計所得金額が48万円以下であることが要件事実となる（所法2①三十四）。ところで，ここにいう「合計所得金額」とは，所得税法70条《純損失の繰越控除》および同法71条《雑損失の繰越控除》の規定を適用しないで計算した場合における同法22条に規定する「総所得金額，退職所得金額及び山林所得金額の合計額」をいう（所法2①三十イ(2)）。

　　この場合，所得税法22条2項は「総所得金額」を，同条3項は「退職所得金額」および「山林所得金額」を定めているが，国外で得た所得金額もこれらの金額から排除されていないため，かかる所得金額についての主張・立証責任の分配が問題となり得る。証拠との距離を考えた場合には納税者に分配すべきであろうが，納税者は合計所得金額が48万円以下であったことにつき一応の証明で足りると解すべきではなかろうか。それ以上に所得がないことの証明は，「悪魔の証明」（☞悪魔の証明とは）であると考えられるからである。

☞　**悪魔の証明**とは，例えば，土地の所有権の帰属を証明する際に，当該所有権の由来を原始時代から遡って逐一立証することは不可能であり，このような証明を求めることをいう。特定の事実の証明がなされたとしても，その後現在にいたるまでの間における権利発生の可能性がある以上，厳密には現在の時点で権利が存在するとかしないとかはいえない。そこで，権利推定に対する反対証明は，このような困難性のために悪魔の証明と呼ばれるのである（伊藤眞『民事訴訟法〔第7版〕』375頁（有斐閣2020））。

所得税法22条

　　居住者に対して課する所得税の課税標準は，総所得金額，退職所得金額及び山林所得金額とする。

2　総所得金額は，次節《各種所得の金額の計算》の規定により計算した次に掲げる金額の合計額（第70条第1項若しくは第2項《純損失の繰越控除》又は第71条第1項《雑損失の繰越控除》の規定の適用がある場合には，その適用後の金額）とする。
　一　利子所得の金額，配当所得の金額，不動産所得の金額，事業所得の金額，給与所得の金額，譲渡所得の金額（第33条第3項第1号《譲渡所得》に掲げる所得に係る部分の金額に限る。）及び雑所得の金額（これらの金額につき第69条《損益

通算》の規定の適用がある場合には，その適用後の金額）の合計額
二　譲渡所得の金額（第33条第３項第２号に掲げる所得に係る部分の金額に限る。）及び一時所得の金額（これらの金額につき第69条の規定の適用がある場合には，その適用後の金額）の合計額の２分の１に相当する金額
3　退職所得金額又は山林所得金額は，それぞれ次節の規定により計算した退職所得の金額又は山林所得の金額（これらの金額につき第69条，第70条又は第71条の規定の適用がある場合には，その適用後の金額）とする。

(エ)　税　額

課税標準に対して適用される「税率」は，法律に明定されているものであるから，その主張・立証は不要であると考えられている。また，税額は，法律効果であって，法律要件ではないので，要件事実にはなり得ない。

¶レベルアップ１！　所得控除・税額控除の主張・立証責任

(ア)　所得控除と税額控除との垣根

所得控除とは，納税義務者の個人的事情を考慮してその担税力に即応した所得税負担とするために課税標準から控除するものであるが（泉美之松『所得税法の読み方―所得税法の基礎―〔増補版〕』501頁（東京教育情報センター1983)），いくつかの意味をもつ控除の混在である。

金子宏教授は，所得控除を次の５つに大別できると説明される（金子・租税法209頁)。すなわち，①基礎控除，配偶者（特別）控除および扶養控除（配偶者特別控除以外については，「基礎的な人的控除」という。）など最低限の生活を維持するのに必要な部分は担税力をもたないという考慮によるもの，②障害者控除，寡婦控除，勤労学生控除など通常の者に比較して生活上追加的経費が必要であるという考慮によるもの（なお，令和２年度税制改正において，ひとり親控除が創設されている。)，③雑損控除，医療費控除で，一定の金額を超える出費が納税者の担税力を弱める点の考慮によるもの，④社会保険料控除，生命保険料控除，地震保険料控除など保険が法令によって加入が義務付けられていたり，大多数の人々にとって加入するのが普通であるため，所得のうちこれらの保険料に充てた部分が担税力をもたないという考慮に基づくもの，⑤公益的事業への個人の寄附を奨励することを目的とした特別措置としての寄附金控除である。

金子説にいう④⑤を政策的措置とみることも可能であるが，④の社会保険料控除のうち，加入が義務付けられているものについては，むしろ，生活費の固

定経費部分であるとみることも可能であり，このように捉えると，その部分は①に含めることができるかもしれない[9]。また，これを租税類似の性質を有するものと捉え，二重課税の排除として社会保険料控除を捉えるとすると（畠山武道『租税法〔新版〕』105頁（青林書院2000）），むしろ，税額控除類似のものと位置付けられよう[10]。

このように現行所得税法上，所得控除の性質を一義的に示すことができないとすれば[11]，現行所得税法において，所得控除と税額控除の間に明確に線引きをすることは困難であるように思われる。

(イ) 沿 革

このことは，沿革からも確認することができる。すなわち，ある時期までは税額控除に含まれていたものが後の税制改正において所得控除とされている項目がある。

例えば，現行所得税法上の所得控除である扶養控除[12]は，大正15年改正所得税法から昭和22年改正所得税法まで税額控除であったし，同じく障害者控除[13]，寡婦控除[14]，勤労学生控除[15]については，昭和26年改正所得税法から昭和42年改正までの間，税額控除であった。すでに廃止された老年者控除[16]についても，同期間は税額控除とされていた[17]。この昭和42年度税制改正は税制の簡素化という観点からの改正である[18]。

生命保険料控除についても，大正15年改正所得税法から昭和22年改正所得税法までの間は税額控除とされていたのである。また，最近では，再び，低所得層の納税者の負担軽減のために，人的控除を税額控除に戻した方がよいとする見解もある（水野・租税法382頁)[19]。

このように，簡素化の議論（人的控除）や政策的目的（寄附金控除）といった理由で所得控除に移行されてきた沿革にかんがみれば，両者の理論上の垣根は，必ずしも明確ではないということが分かる[20]。

(ウ) 主張・立証責任論

このようにみてくると，現行所得税法の解釈において，所得控除と税額控除との差異を理論的観点から強調することの妥当性について疑問が惹起される。しばしば，租税訴訟における主張・立証責任の所在を議論する際に，所得控除と税額控除との差異が取り上げられる。すなわち，所得控除がいわば必要経費に類似した性格を有することから，その主張・立証責任については，通常の課

税標準のそれと同様に扱うべきであるのに対して，税額控除に係る主張・立証責任は，その適用を主張する原告納税者の側にあるとする議論である。

この点については，例えば，渡辺伸平氏が，「（所得控除の）実質は，やはり必要経費（損費）に準ずるものとみられ，本来『課税所得』の算定上当然に控除さるべき性質のものであり，単に恩恵的なものではない。つまり，これらは，明文上当然控除さるべきものとされている基礎控除をも含め，本質的には，所得源泉をなす継続（循環）的収益活動の過程における，人間（元本）自体の維持・再生産の上で，必須的に需要せられる標準的必要生活費の保障（原価性）を意味するものである。右控除の形式は，その控除すべきものの性質上，特に，必要生活費と，そうでないものとの区分を明確にして課税の画一的公平を図る等の理由から技術的に考慮された結果にすぎない。したがって，右各種の所得控除事由は損費と同様，その不存在が課税（発生）要件事実を構成するものと解さなければならない。」とし，「これに反し，各種の税額控除事由は，一般に恩恵的または政策的な理由に基づく税額の特別な減額事由とみられ，その不存在が課税（租税債権発生）要件事実を構成するものでないことはいうまでもない。」とされるがごときである（渡辺『税法上の所得をめぐる諸問題』司法研究報告書19輯1号98頁（司法研修所1967)[21]。このような見解は，アメリカ連邦所得税法が，必要経費についても所得控除についても，人的控除（personal exemption)[22]を除けば，いずれも deduction[23]と示されているということに通じる考え方であるように思えるが[24]，必要経費が事業関連性を要請するのに対して，所得控除は所得の処分に当たる個人的な支出にすぎないと考えると，上記の見解については各論において大幅な修正が必要なように思われるのである。すなわち，そもそも所得控除は必要経費と同じ性質を有するとする議論には自ずから限界があるように思えるのである。

水野忠恒一橋大学名誉教授が，必要経費と所得控除との違いについて，「必要経費等とは，事業との関連性のある支出，もしくは，所得を生ずるために支出した費用であり，投下資本の回収部分に該当するのであるが，これに対して，所得控除とは，納税者の個人的支出であり，本来，所得の消費にあたるものである。しかし，居住者またはその者と生計を一にする配偶者の親族で一定の者（所税令205条以下）については，担税力を減殺する事情のある場合に，その控除を認めるのである。」と論じられるように（水野・租税法361頁），両者の違いは歴

160　第2章　課税要件法と課税要件事実論

然としているのではなかろうか。

　そうであるならば，主張・立証責任の所在は，理論上の差異があいまいな所得控除か税額控除かという切り分けではなく，法律要件分類説の考え方に沿って，より具体的に控除の性質に応じて考えるべきであろう。私見としては，差し当たり，次のように整理するのが理論的なのではないかと考える。すなわち，①課税最低限の構成要素としての配偶者（特別）控除，扶養控除，基礎控除，強制加入に係る社会保険料控除の主張・立証責任は被告課税庁側にあると考え，②納税者の担税力に影響を及ぼす異常な支出に対する配慮としての雑損控除，医療費控除や，生活上追加的経費がかかることを考慮事項とする障害者控除，寡婦控除，ひとり親控除，勤労学生控除，二重課税の緩和調整のために規定されている配当控除，外国税額控除についての主張・立証責任は，必要経費のそれと同様に考え，原則としては被告課税庁側にあるものの，課税庁側主張後に原告納税者側からの積極的な主張・立証がなされないときは，場合によってはその不存在についての事実上の推定が働くことがあると考えるべきではなかろうか（なお，必要経費の主張・立証責任については，🔍**12**—181頁を参照）[25]。

　他方，③政策目的から特例的に認められる生命保険料控除，地震保険料控除，小規模企業掛金等控除，寄附金控除，強制加入以外の社会保険料控除などの所得控除のほか，租税特別措置法に規定する寄附金控除，試験研究費が増加した場合の特別控除や住宅借入金等特別控除などの控除については，原告納税者側に主張・立証責任があると解すべきではなかろうか。

㈎　通達に関する主張・立証責任

　旧財産評価基本通達189《特定の評価会社の株式》は，次のように通達し，株式保有特定会社については，評価会社の資産の保有状況や営業の状態等が一般の会社とは異なるものとして，「特定の評価会社の株式」として評価することとされていた。

旧財産評価基本通達189《特定の評価会社の株式》

　　178《取引相場のない株式の評価上の区分》の「特定の評価会社の株式」とは，評価会社の資産の保有状況，営業の状態等に応じて定めた次に掲げる評価会社の株式をいい，その株式の価額は，次に掲げる区分に従い，それぞれ次に掲げるところによる。

(1)　（略）

(2)　株式保有特定会社の株式

11 租税訴訟における訴訟物・証明責任の分配 161

> 　課税時期において評価会社の有する各資産をこの通達に定めるところにより評価した価額の合計額のうちに占める株式及び出資の価額の合計額（189-3《株式保有特定会社の株式の評価》において「株式等の価額の合計額（相続税評価額によって計算した金額）」という。）の割合が25％以上（178《取引相場のない株式の評価上の区分》に定める中会社及び小会社については，50％以上）である評価会社（次の(3)から(6)までのいずれかに該当するものを除く。以下「株式保有特定会社」という。）の株式の価額は，189-3《株式保有特定会社の株式の評価》の定めによる。

　上記通達の合理性が争点とされた事例がある。

　原告（被控訴人）らは，亡Ｃの死亡によって開始した相続に係る相続税の申告をしたところ，Ｋ税務署長から，各相続税に係る更正処分および各過少申告加算税賦課決定処分（本件各更正処分）を受けたことにつき，本件各更正処分は，本件相続に係る相続財産中のＡ株式会社およびＢ株式会社の各株式の価額の評価額を誤ってされたものであり，相続税法22条《評価の原則》に違反するものであるなどと主張して，本件各更正処分及び本件各賦課決定処分（本件各処分）の取消しを求めた事案である。

> **相続税法22条《評価の原則》**
> 　この章で特別の定めのあるものを除くほか，相続，遺贈又は贈与により取得した財産の価額は，当該財産の取得の時における時価により，当該財産の価額から控除すべき債務の金額は，その時の現況による。

　この事件において，東京地裁平成24年3月2日判決（判時2180号18頁）は，「法人企業統計を基に算定された資本金10億円以上の金融業及び保険業を除く全ての業種の営利法人の株式保有割合の数値が，平成元年度においては7.38％，平成2年度においては7.88％と，同通達189の(2)において大会社が株式保有特定会社に該当するか否かの基準とされている25％と比して一見して格段に低いものとなっていたこと…からすれば，評価通達の平成2年改正がされた当時においては，…評価通達に定めるところにより算定した株式保有割合が25％以上である大会社につき，一律に，資産構成が類似業種比準方式における標本会社に比して著しく株式等に偏っているものとして株式保有特定会社に該当するものと扱うことには，…合理性があったものというべきである。」として，同通達には当初は合理性があったとした上で，次のように判示した。

162　第2章　課税要件法と課税要件事実論

> 「しかし，〔1〕評価通達の平成2年改正がされた後，平成9年の独占禁止法の改正によって従来は全面的に禁止されていた持株会社が一部容認されることとなり（同法9条4項1号参照），これを契機として，商法等において，持株会社や完全親子会社を創設するための株式交換等の制度の創設，会社の合併に関する制度の合理化，会社分割制度の創設といった企業の組織再編に必要な規定の整備が進められるなど，本件相続の開始時においては，評価通達の平成2年改正がされた当時と比して，会社の株式保有に関する状況は大きく変化したものというべきところ，〔2〕本件相続の開始時を調査期間に含む平成15年度の法人企業統計を基に算定された資本金10億円以上の金融業及び保険業を除く全ての業種の営利法人の株式保有割合の数値は16.31％であり，平成元年度及び平成2年度のそれのように同通達189の(2)において大会社が株式保有特定会社に該当するか否かの基準とされている25％と比して，一見して『格段に低い』ものとまでは評価し難いこと，〔3〕本件全証拠によっても，本件相続の開始時において上記〔2〕の営利法人につき時価（相続税評価額）に基づいて株式保有割合を算定した場合の数値が，おしなべて平成15年度の法人企業統計を基に算定された上記〔2〕の株式保有割合の数値（16.31％）よりも大幅に低くなるものと推認すべきような証拠ないし事情は見当たらないこと，〔4〕法令上，子会社の株式の取得価額（最終の貸借対照表において別に付した価額があるときはその価額）の合計額の当該会社の総資産の額に対する割合が100分の50を超える会社が持株会社とされ，特別な規制がされていること〔独占禁止法9条4項1号（本件相続開始時の同条5項1号）〕などに鑑みれば，…少なくとも本件相続の開始時においては，評価通達に定めるところにより算定した株式保有割合が25％以上である大会社の全てについて，一律に，資産構成が類似業種比準方式における標本会社に比して著しく株式等に偏っており，その株式の価額の評価において類似業種比準方式を用いるべき前提を欠くものと評価すべきとまでは断じ難いものというべきである。そうすると，少なくとも本件相続の開始時を基準とすると，評価通達189の(2)の定めのうち，大会社につき株式保有割合が<u>25％以上である評価会社を一律に株式保有特定会社としてその株式の価額を同通達189-3の定めにより評価すべきものとする部分については，いまだその合理性は十分に立証されているものとは認めるに足りないものといわざるを得ない。</u>」

　この判断は，その後控訴審東京高裁平成25年2月28日判決（税資263号順号12157）においても維持されている。

　東京地裁は，上記のとおり，通達についての合理性は，課税庁に主張・立証責任があると理解した上で，財産評価基本通達189の(2)について，「いまだにその合理性は十分に立証されているものとは認めるに足りない」とした。

　財産評価基本通達のように，通達に従った評価がなされる場合においての，その適用される通達には法源性がないのであるから，このような行政処分の前段階として，当該通達が法律の解釈として合理性を有したものであるかどうかが判定されなければならない。

その理解の上で，上記判決は，通達の合理性についての主張・立証責任が課税庁にあるとの判断を示した事例として注目されるところである。なお，この判決の後，国税庁は25％基準を50％基準に変更する通達改正を行っている。

図表 2

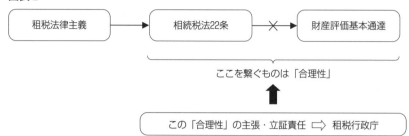

¶レベルアップ 2 !　行政訴訟における主張・立証責任

これまで，民事訴訟法を中心とした議論を前提として論じてきたが，租税法が行政法の一分野としての側面を有することから，ここでは，行政法学における証明責任等の議論も参照しておきたい。学説の名称などに若干の差異もみられるため，概観しておくこととしよう。

(ア) 証明責任と立証責任

一般に，証明責任とは，自己に有利な法律効果を導く法規の要件事実が存否不明の際に，裁判所が，この法規を適用し得ないことによって生ずる一方の当事者の敗訴の危険または不利益をいうとされている（司法研修所編『民事訴訟における要件事実(1)〔増補版〕』5頁以下（法曹会1985））。証明責任（客観的証明責任）は，訴訟前に抽象的・客観的に定められていることから固定しており，これに対して，証拠提出責任（主観的証明責任）は，当事者が証明責任による敗訴の危険または不利益を免れるために，裁判所に証拠を提出する行為責任ないし必要性をいい，当事者の具体的な本証・反証に応じて，原告と被告との間を振子運動のように移動すると説明されている（春日偉知郎「行政訴訟における証明責任」南博方＝高橋滋編『条解行政事件訴訟法〔第3版補正版〕』212頁（弘文堂2009））。

立証責任とは，弁論主義の下において，自己に有利な法規の適用の基礎となる要件事実がいずれの当事者によっても主張されなかった結果，裁判所がこの事実を裁判の基礎になし得ないことによって生ずる一方の当事者の不利益をい

164　第2章　課税要件法と課税要件事実論

い，原則として，その対象および範囲は証明責任のそれと一致するといわれている（春日・前掲稿203頁）。この点は前述したとおりである（🔍❹—42頁参照）。

> ✎　職権探知主義（🔍❸—31頁参照）の下では，裁判所が訴訟資料収集の機能および責任をもつため，当事者の主張・立証責任は問題とはならないとされているが，行政事件訴訟法7条《この法律に定めがない事項》により，行政訴訟においても，民事訴訟同様，弁論主義が採用されており，職権証拠調べの規定はあくまでも弁論主義（🔍❸—31頁参照）を補充するものにすぎないため，行政訴訟においても主張・立証責任の問題が生ずる（瀧川叡一「行政訴訟の請求原因，立證責任及び判決の効力」民事訴訟法学会編『民事訴訟法講座(5)』1441頁（有斐閣1964））。

(イ)　高度の蓋然性

証明度（🔍❹—41頁参照）については，「高度の蓋然性」の証明が要求されているとするのが通説であるといえよう。

例えば，この点，推定被爆線量が閾値を大きく下回る場合であっても，治癒能力に放射線が影響した可能性が否定できないとした原爆被爆者医療給付認定申請却下処分取消請求事件が参考となる。原子爆弾被爆者の医療等に関する法律（昭和32年法律第41号。平成6年法律第117号により廃止。以下「法」という。）7条1項は「厚生大臣は，原子爆弾の傷害作用に起因して負傷し，又は疾病にかかり，現に医療を要する状態にある被爆者に対し，必要な医療の給付を行う。ただし，当該負傷又は疾病が原子爆弾の放射能に起因するものでないときは，その者の治ゆ能力が原子爆弾の放射能の影響を受けているため現に医療を要する状態にある場合に限る。」とし，同法8条1項は「前条第1項の規定により医療の給付を受けようとする者は，あらかじめ，当該負傷又は疾病が原子爆弾の傷害作用に起因する旨の厚生大臣の認定を受けなければならない。」と規定している。かかる事件では，この原爆症認定申請の却下処分の適法性が問題とされた。

福岡高裁平成9年11月7日判決（判タ984号103頁）は，上記の被爆者医療給付認定は放射線起因性を具備していることの証明があった場合に初めてされるものであるが，原子爆弾による被害の甚大性，原爆後障害症の特殊性，法の目的，性格等を考慮すると，認定要件のうち放射線起因性の証明の程度については，物理的，医学的観点から「高度の蓋然性」の程度にまで証明されなくても，被爆者の被爆時の状況，その後の病歴，現症状等を参酌し，被爆者の負傷または疾病が原子爆弾の傷害作用に起因することについての「相当程度の蓋然性」の証明があれば足りると解すべきであると判断した。

しかしながら，上告審最高裁平成12年7月18日第三小法廷判決（判時1724号29頁）は，次のように判示しかかる原審判断を覆している。

> 「これらの規定によれば，同法8条1項に基づく認定をするには，被爆者が現に医療を要する状態にあること（要医療性）のほか，現に医療を要する負傷又は疾病が原子爆弾の放射線に起因するものであるか，又は右負傷又は疾病が放射線以外の原子爆弾の傷害作用に起因するものであって，その者の治ゆ能力が原子爆弾の放射線の影響を受けているため右状態にあること（放射線起因性）を要すると解される。」
> 「行政処分の要件として因果関係の存在が必要とされる場合に，その拒否処分の取消訴訟において被処分者がすべき因果関係の立証の程度は，特別の定めがない限り，通常の民事訴訟における場合と異なるものではない。そして，訴訟上の因果関係の立証は，一点の疑義も許されない自然科学的証明ではないが，経験則に照らして全証拠を総合検討し，特定の事実が特定の結果発生を招来した関係を是認し得る高度の蓋然性を証明することであり，その判定は，通常人が疑いを差し挟まない程度に真実性の確信を持ち得るものであることを必要とすると解すべきであるから，法8条1項の認定の要件とされている放射線起因性についても，要証事実につき『相当程度の蓋然性』さえ立証すれば足りるとすることはできない。」

このように最高裁は，「高度の蓋然性」までは要求されず「相当程度の蓋然性」で足りるとする原審判断を覆している。このような考え方は，国の経営する病院において化膿性髄膜炎の対処療法としてルンバールの施術を受けた上告人が，嘔吐，けいれん等の発作等を起こし，その後，右半身不随等の後遺症が残ったため，損害賠償を請求した事案において，最高裁昭和50年10月24日第二小法廷判決（民集29巻9号1417頁）が，「訴訟上の因果関係の立証は，一点の疑義も許されない自然科学的証明ではなく，経験則に照らして全証拠を総合検討し，特定の事実が特定の結果発生を招来した関係を是認しうる高度の蓋然性を証明することであり，その判定は，通常人が疑いを差し挟まない程度に真実性の確信を持ちうるものであることを必要とし，かつ，それで足りるものである。」と判示するのと同様の理解に立つものと思われる（春日・前掲稿204頁も同旨）。

(ウ) 法律要件分類説

(a) 法律要件分類説

民事訴訟における証明責任の分配において，現在の通説は，法律要件分類説（規範説）に従っているといわれる。再説すると法律要件分類説とは，各当事者は自己に有利な法規の要件事実について証明責任を負い，具体的には，権利の主張者が権利根拠事実について証明責任を負うとし，他方，その相手方が，権利根拠規定に基づく法律効果の発生を妨げる権利障害

事実や一度発生した法律効果を後に再び否定する権利消滅事実等についての証明責任を負うという考え方である（🔍**4**―43頁も参照）。

このような民事訴訟の考え方を原則的に適用するという考え方（民訴法理適用説）[26]からすれば，行政訴訟においても法律要件分類説が妥当する。

> ✐ 法治主義の立場から行政庁は処分の適法性をすべて立証する必要があるとする法治主義根拠説のほか，すべての法規を憲法秩序から評価し直すことが重要であるとする憲法秩序機能説に妥当性を見出す最近の実務的見解もある（斎藤浩『行政訴訟の実務と理論』198頁（三省堂2007）参照）。

法律要件分類説によれば，次のように整理することができる。まず，権限行使（根拠）規定について，権利の発生を定める規定の法律要件に当たる事実は，その権利発生を主張する被告課税庁がこの規定の要件事実である行政処分の適法性についての主張・立証責任を負い，権利障害規定について，法律行為の無効等権利の不発生を定める規定の法律要件に当たる事実は，かかる権利発生がなかったことを主張する原告納税者が主張・立証責任を負うとする。そして，権利消滅規定の法律要件に当たる事実は，その権利が消滅したことを主張する当事者が証明責任を負い，権利阻止規定の法律要件に当たる事実は，その権利行使を阻止し得ることを主張する当事者が主張・立証責任を負うこととなる。

このような見解は，田中二郎博士の公定力推定説（☞公定力推定説とは）に対する見解として主張されたものである。

> ☞ **公定力推定説**とは，行政行為の適法性の推定を根拠に，取消しを求める原告に違法性の主張・立証責任を要求する見解である（田中二郎『行政法総論』276頁（有斐閣1957），同『新版行政法〔全訂第2版〕（上）』345頁（弘文堂1974））。

(b) 法律要件分類説への反論　個別の事案ごとに，当事者の公平・事案の性質・主張・立証の難易などを考慮の上，主張・立証責任を定立するという学説が個別具体説（🔍152頁参照）である。雄川一郎博士は，一般的な証明責任の分配原則として，「当事者の公平・事案の性質・事物に関する立証の難易等」が挙げられるとし，具体的事案ごとに，いずれの当事者に不利益な判断をするかを決しなければならないとされる（雄川『行政争訟法〔再版〕』214頁（有斐閣1966））。また，兼子仁東京都立大学名誉教授は，「その場合に独自の要件分配法規における処分要件がむしろ多く各『特殊法』により規律されているとすれば，立証責任分配も行政法の一般法理論としてだけでなく各『特殊法』の法論理によって

精密に究明されなければならない」とされる（兼子『行政法総論』299頁（筑摩書房1983））。

　他方，権利制限・拡張区分説（🔍150頁参照）は，国民の自由を制限し，国民に義務を課する行政処分（侵害処分）の取消しを求める訴訟においては，被告行政庁がその適法であることの主張・立証責任を負担し，国民の側から国に対して，自己の権利領域・利益領域を拡張することを求める申請の却下処分（受益処分の拒否）の取消しを求める訴訟においては，原告が原則としてその申請の根拠法規に適合する事実についての主張・立証責任を負うとする。これは，行政処分の法的効果の差異に主張・立証責任の分配基準を求める考え方である。

> 　　　高林克己「行政訴訟における立証責任」田中二郎ほか編『行政法講座(3)』300頁（有斐閣1965），南博方編『注釈行政事件訴訟法』83頁（有斐閣1972）は，国民の自由を制限し，国民に義務を課する行政行為の取消しを求める訴訟においては，被告行政庁がその行為の適法なることの主張・立証責任を負担し，国民の側から国に対して，自己の権利領域を拡張せんことを求める請求の却下処分の取消しをする場合には，原告がその請求権を基礎付ける事実について主張・立証責任を負担するとされる（権利制限・拡張区分説）。
> 　　　この考え方を進展させたものとして，司法研修所編『行政事件訴訟の一般的問題に関する実務的研究〔改訂版〕』172頁（法曹会2000）は，権利制限・拡張区分説に対して，「この説は，行政処分の趣旨に即応しており，基本的には正しいものと考えられる。しかし，この考え方だけで，複雑多岐な行政処分に関する法規のすべてに対応できるものではなく，この考え方を基本として，個々の法規の条文解釈や，その法規の趣旨・目的等をも参照することによって，初めて，主張立証責任の分配を決することができるものであろう。その場合にも，ある者にとっては侵害処分であるが他の者にとっては受益処分であるようないわゆる二重効果的行政処分など，やはり，主張立証責任の分配を決するには決め手を欠くようなものもあり得る。結局，この考え方を基本とし，これに法律要件分類説（規範説）や個別具体説の方法論をも取り入れて，主張立証責任の分配を決していくことになろう」とする。

　法律要件分類説に対する批判としては，①同学説の演繹的方法に対する疑問視とともに，②公法規定が，私法規定とは規律の対象・目的等を異にしているにもかかわらず，民事訴訟における法律要件分類説（規範説）を類推適用して，権限行使・権限不行使の両規定を分配基準とするが，かような類推の根拠が不明確であるという点が指摘され得る。また，③実体法上，権限行使規定と権限不行使規定とを区別することが可能かどうかという疑問や，④法律要件分類説による主張・立証責任分配の形式性および実質的根拠の欠如という点も問題とされている（ここに示した批判論の整理は，春日・前掲稿207頁による。）。

　さらに，個別具体説を基礎とし，当事者の利益状況を考慮した主張・立証責

168　第2章　課税要件法と課税要件事実論

任の分配を模索される考え方もある。この考え方は，行政処分の実質面に着目をし，侵害処分については原則として被告行政庁が主張・立証責任を負うとする。具体的に申請拒否処分については，申請制度における原告の地位にかんがみて，それが自由の回復・社会保障請求権の充足であるときには被告行政庁が主張・立証責任を負うとする。他方，申請が資金交付請求である場合には原告が主張・立証責任を負うとする立場である。実質説とも呼ばれる。また，小早川光郎東京大学名誉教授は，行政庁が立法を誠実に執行すべき任務の一環として，行政処分の関係者に対して法定要件に対応する事実を調査・検討すべき調査義務を有するとの立場から，被告行政庁が，処分を適法ならしめる主要事実について，調査義務の範囲において主張・立証責任を負担しなければならないとされる（小早川「調査・処分・証明―取消訴訟における証明責任問題の一考察」成田頼明ほか編『行政法の諸問題（中）』〔雄川一郎先生献呈論集〕249頁（有斐閣1990））。

　いまだに通説は形成されていないとされているが（橋本博之『要説行政訴訟』81頁（弘文堂2006），芝池義一『行政救済法議義〔第3版〕』90頁（有斐閣2006）），前述のとおり，実務では法律要件分類説が採用されている。

> ✍　課税訴訟における主張・立証責任
> 　　課税処分には一般の行政処分にはない特殊性があるといわれている。これに関し，岩﨑政明横浜国立大学名誉教授は，「まず租税行政庁が課税処分をする場合には，その直接関知しない，個々の納税者において一定の課税期間中に生じた多様な所得発生事実の存否・数額を認定しなければならないという困難がある」し，「課税が大量・反覆的に行われる性質のものであり，しかも，租税確定権には除斥期間が定められているため，同認定は極めて短期間のうちに行われなければならないという制約」があるという点を指摘される（岩﨑「租税訴訟における証明責任」南博方＝高橋滋編『条解行政事件訴訟法〔第4版〕』252頁（弘文堂2014），同「立証責任」小川ほか・租税争訟211頁）。

¶レベルアップ3！　総額主義と争点主義

㋐　違法性一般説と修正違法性一般説

　当事者が裁判所に申立てをし，裁判所が訴えについて審理をし判断をするいずれの段階であっても，その対象が定まらなければ紛争の解決にはたどり着かない。この場合の審判の対象となる単位を訴訟物（🔍**5**―56頁参照）という。民事訴訟においては，その単位は訴えの変更がない限り，訴えの段階から判決効果の発する段階まで，同じであると解されている。すでに提起した訴訟と同じ訴訟物の訴訟を提起すると二重訴訟の禁止に触れるし，1つの訴訟手続の中で

11 租税訴訟における訴訟物・証明責任の分配　　169

訴訟物が2つあると訴えの併合があることになる。また，訴訟物の変更があると訴えの変更の手続の問題が生ずることになる。さらに，判決の既判力の客観的範囲も訴訟物の判決によって決まるとされている（塩野・行政法Ⅱ194頁，新堂幸司『新民事訴訟法〔第6版〕』316頁以下（弘文堂2019））。

　課税処分取消訴訟において審理の対象となるのは，訴訟要件と訴訟物であるが，通説・判例によると，同訴訟における訴訟物は，前述のとおり，処分の主体，内容，手続，方式等すべての面における違法性，いわゆる違法性一般であると解されている（違法性一般説。兼子一『民事訴訟法体系〔増訂版〕』165頁（酒井書店1965），原田尚彦『行政法要論〔全訂第7版補訂2版〕』408頁（学陽書房2012），人見剛「訴訟物」南博方＝高橋滋編『条解行政事件訴訟法〔第4版〕』213頁（弘文堂2014））。

　他方，違法性一般説を基礎としながらも，この通説の枠内において，処分についての訴訟物を処分の違法性一般とみることはできないとして，処分を類型化して考える修正違法性一般説も主張されている。

　この見解を支持する判例も散見される。例えば，最高裁昭和42年4月21日第二小法廷判決（訟月13巻8号985頁）[27]の事例において，上告人である国税局長は，旧法人税法25条8項各号のいずれを理由としても，青色申告の承認取消しが処分の主体，相手方，手続，効果，目的をすべて同一にする以上，常に同一の処分であって，同項各号別にそれぞれ別個の取消処分が成立するものではないと論じ，同項3号該当を理由とした青色申告承認の取消しについて，上告人が同項1号該当を理由として支持したとしても，上告人において別個の新たな取消処分をしたものと認めるべきではなく，その処分の同一性は失われない旨を主張した。これに対して，同最高裁は，次のように判示している。

　「法25条8項1号は，備付帳簿書類の種類，その記載項目，記載方法等の瑕疵，いわば外観的にその帳簿書類が青色申告の基礎として適応性を欠くことを理由として右申告書提出承認を取り消す場合であり，同項3号は，備付帳簿書類の記載事項の全体についてその真実性を疑うに足りる不実記載の存在，いわば内容的にその帳簿書類が同様の適応性を欠くことを理由として右申告書提出承認を取り消す場合である。その帳簿書類によっては正確な所得算出が不可能であるため，青色申告書提出の承認が取り消されることは両者同様であるとしても，右1号と3号とでは，処分庁においてその承認取消を相当とするかどうかを認定判断すべき事項を異にすること明らかであるから，両者それぞれ別個の取消処分を構成するものと解すべきであって，このことは，同条9項が，右承認取消を通告するにあたって，その取消の基因となった事実が8項各号のいずれに該当するものであるかを附記すべきことを特に定めていることからも

170 第2章 課税要件法と課税要件事実論

> 窺うことができる。従って，これと趣旨を同じくする原判決の判断は，相当といわなければならない。」

　上記最高裁では，違法性一般説ではなく，修正違法性一般説を採用していることが分かる。

　また，行政処分の理由附記制度の趣旨を重んじる見地から，理由の差替えや追完を制限するため，取消訴訟の訴訟物を係争処分について公式に表示された処分理由に関する違法性一般に限定する見解として個別違法性事由説も主張されている（金子・租税法1098頁以下）。

　このように，違法性一般説に対して部分的な修正を主張する見解もあるが，いずれにしても，処分の同一性は，当該処分の根拠法規である実定行政法規の個別解釈によらざるを得ないように思われる。すなわち，処分の同一性は，個別の法規が処分類型についていかなる立法政策を採っているかによって決定されると解すべきであろう（中尾巧『税務訴訟入門〔第5版〕』200頁（商事法務2011））。

　課税処分取消訴訟の訴訟物が違法性一般であるとしても，処分の同一性の捉え方によって，訴訟物の範囲は異なることとなるため，この問題は処分の同一性をどのように解するかということと深く関わる。この点で，総額主義と争点主義が対立している。

(イ)　総額主義と争点主義

　総額主義とは，課税処分の同一性を，それによって確定された税額の同一性によって捉えようとする考え方である。これに対して，争点主義とは，課税処分の同一性を，処分理由の同一性によって捉えようとする。

(a)　総額主義

総額主義とは，課税処分取消訴訟における審理の対象は処分が確定した税額が正しいかどうかであり，その処分理由自体を強調する必要はないという考え方であるから，この考え方によれば，理由の差替えは審査請求の審理または訴訟における口頭弁論の終結時まで原則として自由に認められることになる。

　課税処分の取消訴訟において審理の対象となるのは，訴訟要件と訴訟物であるが，この訴訟物について，前述のとおり，通説・判例は違法性一般説を採る。総額主義は，この点に根拠を求めるもので，課税処分取消訴訟はその実質が租税債務の不存在確認訴訟であると理解する。

したがって，この考え方によれば，課税処分取消訴訟においては真実の税額の確定が追求されることになるから，あらゆる理由を訴訟の場に持ち込んで，課税処分の税額全体が果たして妥当であったのかどうかを争い，1回限りで解決（一回的解決）させるべきと考えるのである。極論をいえば，この立場は理由自体にはあまり関心を寄せる必要はなく，要するに税額全体の適否のみが問題となると考えるのである。

このような見解を無限定に進めていくと，更正処分を行う際に理由が附記されていなければならないとする法の要請を軽視することにもつながりかねない。すなわち，理由附記には，処分の理由を相手方に知らせて不服の申立てに便宜を与えるという争点明確化機能があるとされているが（金子・租税法977, 1100頁）[28]，その機能不全を招来するおそれや租税法律主義の内容である手続的保障原則に抵触しかねないという問題がある（金子・租税法1099頁以下）。また，総額主義によると，処分が争訟で取り消されてしまえば，判決の既判力（民訴法114）や拘束力（行訴法33①）により，他の理由で処分ができなくなるという問題点も指摘されている（岡村忠生＝渡邊徹也＝髙橋祐介『ベーシック税法〔第7版〕』〔髙橋執筆部分〕345頁（有斐閣2013））。

(b) 争点主義　これに対して，争点主義は，処分理由およびその理由を基礎として決定される税額が訴訟物になると考える。この考え方によれば，審理の対象は処分時の理由に限定されるという理解を基礎とするので，税額の適正性は，処分時の理由との関係で判断されることになる。すなわち，理由の差替えは原則として認められないこととなる。

このことを逆説的にみると，制限期間内であれば理由さえ差し替えれば課税処分を何度も行うことが可能であり，紛争が1回で解決しないおそれを生ずる。他方，納税者も処分理由以外の理由を持ち出すことは不可能となるため，処分理由に合致しない別の税額の減少理由がある場合には，別にある税額減少理由をもってしても訴訟上主張し得ないことになり，救済面でも制約を受けることになる。その場合には，訴訟による解決とは別に更正の請求をするなど，別途の救済手法を持ち出さねばならず，訴訟経済的観点からは問題を内包しているといえよう。

(ウ)　理由附記制度の形骸化と総額主義

総額主義が一回的解決を図るには適した考え方であると思われるが，必ずし

も「総額主義＝理由の差替えを無限定に認める」という構図で説明をしなければならないわけではない。

訴訟物が違法性一般であるという理解に基礎を置き，そこから導かれる総額主義によるとしながらも，理由附記制度を重視して，理由の差替えには一定の制限を設けるべきという考え方が妥当なのではなかろうか。争点主義を採用しながらも，事実関係が同一である場合には理由の差替えを認めようとする見解も有力であり，両主張の開差は必ずしも大きくはないように思われる。

これまでの判例が青色申告の場合にも総額主義に立っていると解し得たとしても（最高裁昭和56年7月14日第三小法廷判決・民集35巻5号901頁），法が要請する理由附記制度の趣旨を没却することがあってはならないのは当然なのであるから，理由附記の潜脱となる場面ではその差替えは認められないと理解すべきであろう。

¶レベルアップ４！　理由の差替え

㋐　主張制限と理由の差替え

行政事件訴訟法10条《取消しの理由の制限》1項は原告側の主張制限を規定するものであるが，主として被告の側の主張制限の問題として論ぜられるのが，被告による処分理由の差替えまたは追完の許否である。

行政事件訴訟法10条《取消しの理由の制限》
　取消訴訟においては，自己の法律上の利益に関係のない違法を理由として取消しを求めることができない。

最高裁昭和53年9月19日第三小法廷判決（判時911号99頁）は，「一般に，取消訴訟においては，別異に解すべき特別の理由のない限り，行政庁は当該処分の効力を維持するための一切の法律上及び事実上の根拠を主張することが許されるものと解すべきである」と判示しており，一般論として，判例は行政庁の主張制限を認めていないようである。

しかし，この点について，塩野宏東京大学名誉教授は，「最高裁判所の定式は，必ずしも一律的適用には，親しまないものがあり，具体的には，当該処分制度の仕組みに即した考察が必要である」と論じられる。そして，処分の根拠要件が相手方の個別の行為ではなく，相手方に存する事情の全体的評価である

ことがあり，例えば，公務員に対する分限処分は国家公務員法上当該官職に必要な適格性を欠く場合になされるのであって，表面に現れた当該公務員の個別の行為に対する評価が問題となるわけではないが，訴訟の段階においては，説明事由のみならず，処分を支えるすべての事由が裁判所の審理の対象になるとされる（塩野・行政法Ⅱ186頁。東京高裁昭和34年1月30日判決（行集10巻1号171頁）も参照）。同様に，国税通則法上の更正・決定処分についても，当該年分に客観的に存在する所得額を認定した上での税額の確定を目途とすることから，この処分に対する不服とは客観的な税額を巡る争いとみれば，税務署長は処分を維持するためにあらゆる理由を主張することができるとみることができる。

(イ)　理由附記の根拠と手続的違法性

最高裁昭和38年5月31日第二小法廷判決（民集17巻4号617頁）[29]は，次のように論じ，理由が附記されていないことを更正処分の取消理由として肯定している。

> 「一般に，法が行政処分に理由を附記すべきものとしているのは，処分庁の判断の慎重・合理性を担保してその恣意を抑制するとともに，処分の理由を相手方に知らせて不服の申立に便宜を与える趣旨に出たものであるから，その記載を欠くにおいては処分自体の取消を免れないものといわなければならない。」

> ✎　さらに，同最高裁は，「どの程度の記載をなすべきかは処分の性質と理由附記を命じた各法律の規定の趣旨・目的に照らしてこれを決定すべきであるが，所得税法（昭和37年法律第67号による改正前のもの，以下同じ。）45条〔筆者注：現行155条〕1項の規定は，申告にかかる所得の計算が法定の帳簿組織による正当な記載に基づくものである以上，その帳簿の記載を無視して更正されることがない旨を納税者に保障したものであるから，同条2項が附記すべきものとしている理由には，特に帳簿書類の記載以上に信憑力のある資料を摘示して処分の具体的根拠を明らかにすることを必要とすると解するのが相当である。」と判示する。

すでに多くの事例において，法の要請する理由附記が欠落しているとして更正処分が取り消されているが，それらの判断においては，上記最高裁判例が基礎とされることが多いといえよう（例えば，最高裁昭和47年3月31日第三小法廷判決（民集26巻2号319頁），最高裁昭和49年4月25日第一小法廷判決（民集28巻3号405頁），最高裁昭和49年6月11日第三小法廷判決（訟月20巻9号170頁）など）。

上記の判決では理由附記の根拠として，「処分適正化」および「争点明確化」が示されているが（金子・租税法977，1100頁），これを理由附記の機能の観点から眺めつつ，機能不全を指摘する学説がある。例えば，占部裕典教授は，実際問

題として，訴訟段階における処分理由の差替えが「いとも簡単に」なされていることから，処分適正化機能および争点明確化機能が十分に働いているかについて疑問を呈される（占部「更正にかかる処分理由の差替えの許容性―更正の除斥期間経過後に処分理由の差替えは認められるか―」同志社56巻3号2頁（2004）以下）。

(ウ) 更正処分理由と訴訟における主張

(a) 学説の対立

課税処分取消訴訟において，課税庁は，更正通知書に附記した理由以外の理由を主張し得るかどうかという点がしばしば議論される[30]。

この問題を巡っては学説が対立している。すなわち，制限説（☞制限説とは）と無制限説（☞無制限説とは），事実関係同一説（☞事実関係同一説とは）の対立であるが，処分理由の差替えの許容性は，事実関係同一説によって判断されているといえよう。

☞ **制限説**とは，行政処分が必ず法所定の特定の理由に基づいて行われるべきであるとする考え方である。

　金子宏教授は，理由附記が求められている理由を，「手続的保障の見地から，それによって処分庁の判断が慎重で合理的に行われることを担保するため」とし，「適正な手続で処分をしなおせば処分内容が異なったものとなることは十分にありうることであるから，手続的違法は租税行政処分の独立の取消原因となると解すべき」とされ（金子・租税法1129頁），内容的違法がなくても手続的違法によって処分が取り消される旨を論じられる。

　この考え方は，処分理由の差替え論における制限説として展開される。すなわち，理由を異にすれば，別個の行政処分となるはずとする制限説からすれば，当初の更正処分理由とは異なる理由を訴訟において主張することは許されないとする，理由の差替えに対する消極的見解が展開されることになるのである。

☞ **無制限説**とは，課税処分取消訴訟を租税債務不存在確認訴訟と理解し，その審理の対象を課税庁の決定した所得金額の存否そのものであるとする以上，通常の民事訴訟である債務不存在確認訴訟におけると同様に，課税庁の課税根拠に関する主張も，口頭弁論の終結にいたるまで適時提出することを妨げられないから，訴訟が提起されてから課税庁が新たに課税根拠を探索しその主張を構成することもできるとする考え方である（高須要子「青色申告に対する更正処分取消訴訟における処分理由のさしかえの可否（最判昭和56.7.14）」ひろば34巻11号77頁（1981）以下参照）。

☞ **事実関係同一説**とは，訴訟物については，無制限説と同様の立場に立つものの，課税処分において理由附記が求められている趣旨から，理由の差替えを事実関係の同一である範囲に限定する考え方である（松澤智「青色申告の法理（3・完）―更正理由差替え主張の制限を中心として」判時1074号12頁（1983），佐藤繁「課税処分取消訴訟の審理」鈴木忠一＝三ヶ月章監修『新・実務民事訴訟講座(10)』72頁（日本評論社1982），泉・前掲書138頁）。

(b) 事 例

事実関係同一説を採用した事例として東京地裁平成8年11月

29日判決（判時1602号56頁）[31]を確認しておこう。

　同地裁は，理由の差替えの適否について次のように論じる。

> 「課税処分の取消訴訟における実体上の審判の対象は，当該課税処分によって確定された税額の適否であり，課税処分における課税行政庁の認定等に誤りがあっても，これにより確定された税額が総額において租税法規によって客観的に定まっている税額を上回らなければ当該課税処分は適法と解すべきであること，白色申告に対する更正の場合でも，それについての異議決定や裁決には理由附記が要求されているにもかかわらず（国税通則法84条4項，5項，101条1項），一般的に訴訟における理由の差し替えが許されていることとの均衡などからみて，青色申告に対する更正の取消訴訟においても，更正処分庁は，被処分者に格別の不利益を与える場合でない限り，更正通知書の附記理由と異なる主張を訴訟において主張することが許されるものというべきである。」

　ところで，原告（控訴人・上告人）は，訴訟における理由の差替えを認めると，理由附記制度の趣旨を没却することになる旨の主張をしていたが，この点については，次のように判示した。

> 「確かに，更正処分庁が，理由の差し替えによって救済されることを前提に，敢えて恣意的な理由を記載した場合に，訴訟において更正の根拠となる理由の差し替えを許すことは，更正理由の附記の趣旨に照らして認められないものというべきであるが，青色申告に対する更正における理由附記の不備は更正の取消事由とされ，その不備は後日の裁決等による理由附記によっても治癒されないものと解することによって，更正処分庁の恣意の抑制と不服申立ての便宜付与という法の趣旨は一応担保されるものと考えられるし，被処分者に格別の不利益を与えないような場合にまで理由の差し替えを禁ずる必要はないものと解されるから，原告会社の右主張は採用することができない。」

　その上で，本件法人税更正において被告税務署長の主張する理由の差替えが許されるかどうかについて検討を加えている。すなわち，この事件において問題となった更正理由には，①役員報酬が支給されたSらは就学中であり，取締役として経営に参加していないこと，②Sらの振込口座を原告が支配管理していること，および③Sらと原告との親子関係という続柄，生年月日，就学中の学年次，役員報酬額の事実から，原告会社の役員報酬は原告に実質的に帰属し，取締役会で決議されている役員報酬に係る「当面の支給額」が法人税法施行令69条2号（当時）所定の支給限度額に当たるから，原告会社の役員報酬全額を原告に対する過大な役員報酬と認定する，というものであった。

176 　第2章　課税要件法と課税要件事実論

　これに対して，訴訟において被告税務署長（被控訴人・被上告人）が主張する更正処分の根拠は，原告会社が法人税法2条《定義》10号に該当する同族会社であることに加え，上記①ないし③の事実から，Ｓらに対して役員報酬を支払うことは，経済的実質的見地において，通常の経済人の行為として不合理かつ不自然なものと認められるとして，同族会社の行為計算の否認規定の適用があるというものであった。

法人税法2条《定義》
　十　同族会社　会社…の株主等…の3人以下並びにこれらと政令で定める特殊の関係のある個人及び法人がその会社の発行済株式又は出資…の総数又は総額の100分の50を超える数又は金額の株式又は出資を有する場合その他政令で定める場合におけるその会社をいう。

　これらの相違点について，東京地裁は，次のように説示した上で，原告の主張を排斥している[32]。

　「本件更正理由と本件訴訟における更正の根拠との間には，事実的争点について共通性があり，原告会社が同族会社であることは争いがないのであるから，右理由の差し替えによって原告会社の防御に格別の不利益を与えるものではないと認められる。また，被告Ｊ税務署長が本件法人税処分時において主張した経済的実質的観点からの評価否認とするか，本件訴訟において主張する同族会社の行為計算の否認とするかによって，理由に附記すべき基本的事実，資料に相違がないこと，及び弁論の全趣旨によれば，本件において，更正処分庁が，理由の差し替えによって救済されることを前提に，敢えて恣意的な理由を記載したと認めることもできない。」
　「また，過大役員報酬かどうかについては，本件訴訟における被告Ｊ税務署長の主張を前提とすれば判断する必要がないことになるが，右は本件訴訟における争点を本件更正理由より絞るものではあっても，新たな争点を付け加えるものではない。そうであるとすれば，右のような理由の差し替えを認めても，原告会社に格別の不利益を与えることにはならないものというべきである。」

　この判決について，占部裕典教授は，「附記理由との『理由の同一性』という視点からだけではなく，『基本的事実の同一性』を前提としたうえで，原告の防御に不利益を与えるか否かという基準により差替えの許容性が判断される」事例の1つとして捉えられる（占部「租税訴訟における審理の対象―理由附記及び理由の差替えをめぐる諸問題―」小川ほか・租税争訟125頁）。このような傾向においては，「『基本的事実の同一性』が存すればほぼ機械的に防御に不利益は存しないとして判断されている」と指摘される。

(c) 検 討　理由の差替えが認められるケースであったとしても，そのことからそれ自体のみで理由附記の趣旨たる慎重なる処分庁の判断や恣意性の排除という機能が否定されることにはならない。しかしながら，理由附記のもう1つの趣旨である争点を明確化するという点については，問題が残る。争点を明確化するために理由附記を法が要請していることにかんがみれば，理由の差替えが無限定になされるとそもそも法の予定しているところから乖離していくおそれがあるといわざるを得ない。そうであるならば，争点が不明確にならない程度において，理由の差替えがなされるのであれば別として，そうでない場合にまでこれを許容することは難しいということになろう。

　もっとも，争点の明確化とは，処分の相手方にとって，訴えの準備に資するようにという要請であることをもあわせ考えると，その相手方にとって予測の範囲内での理由の差替えであれば，争点明確化機能を没却するとまではいえないように思われる。この場合の判断は，処分の相手方，すなわち納税者にとっての予測可能性の問題であるから，納税者の予測可能性の及ばない基本的事実の同一性が介在しないような事情がある場合には理由の差替えは許容されないと解すべきではなかろうか。

〔注〕
(1)　判例評釈として，鎌田泰輝・税弘22巻110頁（1974），堺澤良・税務事例7巻1号23頁（1975），木村弘之亮・ジュリ604号134頁（1976）など参照。
(2)　判例評釈として，青柳馨・平成4年度最高裁判所判例解説〔民事篇〕46頁（1995），吉良実・民商107巻3号431頁（1992），浅沼潤三郎・判時1458号196頁（1993），水野忠恒・平成4年度重要判例解説〔ジュリ臨増〕62頁（1993），佐藤孝一・税通47巻9号192頁（1992），吉村典久・租税21号248頁（1993），同・租税百選〔7〕222頁（2021），石原直樹・平成5年度主要民事判例解説〔判タ臨増〕282頁（1994），牛嶋勉・税研106号204頁（2002）など参照。
(3)　判例評釈として，原田尚彦・租税百選160頁（1968），大塚正民・シュト33号1頁（1964），千木良志気雄・税通20巻6号206頁（1965），川村俊雄・税弘15巻105頁（1967）など参照。
(4)　判例評釈として，村井正・法学論集〔関西大学〕17巻5号58頁（1968），同・行政百選Ⅰ〔4〕202頁（1999），渡部吉隆・曹時20巻1号144頁（1968），須貝脩一・シュト70号9頁（1968），高田敏・民商58巻4号103頁（1968），遠藤博也・ジュリ398号335頁（1968），福永政彦・ひろば21巻6号49頁（1968），塩野宏・租税百選〔2〕216頁（1983），高柳信一・法協85巻11号119頁（1968），小幡純子・租税百選〔4〕233頁（2005）など参照。
(5)　判例評釈として，神谷昭・判評39号1頁（1961），白石健三・曹時13巻6号56頁

178　第2章　課税要件法と課税要件事実論

(1961)，柳瀬良幹・民商45巻3号98頁（1961），岸田貞夫・税通33巻14号232頁（1978），芝池義一・行政百選Ⅰ〔4〕184頁（1999）など参照。

(6)　判例評釈として，可部恒雄・昭和48年度最高裁判所判例解説〔民事篇〕532頁（1977），小早川光郎・判評194号25頁（1975），同・行政百選Ⅰ197頁（1979），石川善則・ひろば27巻6号62頁（1974），岸田貞夫・税通33巻14号234頁（1978），松島諒吉・租税百選〔2〕58頁（1983），乙部哲郎・民商69巻5号119頁（1974），松澤智・税弘22巻5号125頁（1974），横山茂晴・ジュリ543号150頁（1973），関本秀治・法民88号31頁（1974），塩野宏・租税百選〔3〕156頁（1992），福家俊朗・行政百選Ⅰ〔5〕164頁（2006），中川丈久・租税百選〔4〕200頁（2005）など参照。

(7)　判例評釈として，小川英明・租税百選〔3〕206頁（1992）参照。

(8)　高山政信「非居住者である親族について扶養控除等を受ける場合の留意点」税務事例55巻3号64頁（2023）も参照。

(9)　畠山武道北海道大学名誉教授は，「所得税法は，納税者の個人的事情をより具体的に考慮し，あるいは特定の政策目的を達成するために，特定の支出の控除を認めている」と述べられる（畠山『租税法〔新版〕』101頁（青林書院2000））。

(10)　所得控除の一義的な性格付けが難しいのは，我が国所得税法に限ったことではない。Richard Goode氏は，所得控除の主要な目的として，「(1)事業所得以外の所得を得るための費用である項目，あるいはこうした費用と区別することがむずかしいある種の項目について控除を認めること，(2)経済上の所得に対してもろに課税することから生ずるか酷さを緩和すること，(3)ある種の社会的に望ましいとされる活動を進んで支持するよう奨励すること，および，(4)連邦制度における政府間の友好関係を推し進めること」を挙げられる。Richard Goode, *The Individual Income Tax*, Brookings Institution, 1964〔塩崎潤訳〕『個人所得税―「最良の租税」の研究―』161頁（今日社1996）。

(11)　現行の所得控除について，吉村典久「所得控除と応能負担原則―所得税法における主観的担税力の考慮―」金子宏『所得課税の研究』235頁（有斐閣1991）は，「単なる政策控除項目の総体，極言すれば，特定の政策に基づく控除項目の『はきだめ』となっているといっても過言ではな〔い〕」と述べられる。

(12)　大正2年所得税法改正において創設された。

(13)　当初，不具者控除として昭和25年改正所得税法において所得控除に導入されたが，翌年の人的控除の大幅な改正の際に，税額控除とされた。

(14)　昭和26年改正所得税法において創設された。昭和56年改正所得税法からは寡夫控除も導入されている。

(15)　昭和26年改正所得税法において創設された。

(16)　昭和26年改正所得税法において創設された。昭和42年改正所得税法からは所得控除とされたが，平成17年改正所得税法で廃止された。

(17)　税制簡素化の見地から，人的控除についてはできるだけ所得控除に統合すべきとの議論を踏まえ，税額控除であった障害者控除，老年者控除，寡婦控除，勤労学生控除を所得控除に改めることとした（昭和41年9月14日付け政府税制調査会答申「税制簡素化についての中間報告」21頁）。

(18)　藤田晴『所得税の基礎理論』83頁以下（中央経済社1992）は，「税制の簡明化のため控除形式を統一するよりは，むしろ控除の数を減らすことを重視すべき」とされる。

(19)　なお，「人的控除を税額控除に切り替えた場合には，低所得階層で，なおかつ，家族の

規模が大きい世帯が，もっとも課税上の救済を受けることになる」（水野・租税法382頁）。このような考え方から，カナダでは1988年改正により，慈善寄附控除，医療費控除，社会保険料控除が税額控除とされた（Canadian Income Tax Act §118(1)(c) "Personal Credit"）。

⒇　水野忠恒教授は，個人的事情を斟酌することは，「かえって教育費控除や寒冷地控除などにまで拡大されるおそれがあるのであり，所得控除のもつもともとの概念のあいまいさが，課税ベースを侵食するすることになりかねない」とされ，所得控除の概念があいまいであることを前提として，その拡張に対して解釈論上の警鐘を鳴らされる（水野「所得税改革のあり方—租税法の視点」税研83号37頁（1999）以下）。

㉑　なお，紙浦健二「税務訴訟における立証責任と立証の必要性の程度」判タ315号46頁（1975）は，各種の所得控除については，標準的な納税者に必要な生活費の保障を目的とするものであり，その実質は必要経費に準ずるものと解されることから，各種所得控除事由については課税庁にその不存在についての主張・立証責任があり，税額控除については，一般に恩恵的・政策的な理由に基づく税額の特別の減額制度といえるので，税額控除事由については納税者にその存在についての主張・立証責任があるとする。大野重國＝東亜由美＝木下雅博『租税訴訟実務講座〔改訂版〕』203頁（ぎょうせい2005）も同旨。他方，加藤就一「立証責任⑴」小川英明＝松澤智編『裁判実務大系⒇租税争訟法』59頁以下（青林書院1988）は，「所得控除，税額控除等の特別の控除事由については納税者に立証責任がある」とされ，「所得控除は，各種の政策的な理由に基づいて（このことは租税特別措置法に定められている各種の特別の所得控除事由において著しいというべきである），経済的には既に発生している所得を課税上減額するものであって，恩恵的な側面は否定できない（標準的必要生活費の保障は，本来福祉立法において考慮すべきものであって，税法において必ず考慮しなければならないものではないというべきであるから，税法においてもその保障を考慮するのは正に政策的な理由に基づくもので，恩恵的側面は否定できないと考える），から，その立証責任は納税者にあるものと考える。」と主張される。瀧川叡一「行政訴訟の請求原因，立證責任及び判決の効力」民事訴訟法学会『民事訴訟法講座⑸』1446頁（有斐閣1964）も「所得税法11条の3ないし6（災害，醫療費，扶養親族等の控除）」を「權利障碍規定であるから，その要件事實は原告の立證責任に屬する」とされる。

㉒　Internal Revenue Code §151(a), (b), (c), (d), §152(a).

㉓　Internal Revenue Code §163(a), §164(a), §165, §166, §170, §212, §215.

㉔　See. C. Harry Kahn, *Personal Deductions in the Federal Income Tax*, Princeton University Press, 1960. なお，カナダにおいても "deduction" が使用されている。Canadian Income Tax Act §18(1)(a), (t), §20(1)(c), §63. Peter W. Hogg, Joanne E. Magee, Jinyan Li, 'deductibility' *Principle of Canadian Income Tax Law 5thed.* 189pp. Thomson Canada Limited (2005).

㉕　もっとも，社会保険料が租税類似の性質を有するとして，社会保険料控除を二重課税排除と捉えるとすれば（畠山・前掲注⑼105頁），配当控除や外国税額控除のように扱うべきであるという考え方にもたどり着くが，社会保険料と税が根本的に性質を異にすると考える立場からは是認し得ないであろう（最高裁平成18年3月1日大法廷判決・民集60巻2号587頁参照）。

㉖　瀧川叡一「行政訴訟における立証責任」垂水克己編『訴訟と裁判』〔岩松裁判官還暦記

180　第2章　課税要件法と課税要件事実論

念〕470頁以下（有斐閣1956），同・前掲注(21)1444頁，斎藤秀夫「税務訴訟の立証責任と適法性の推定」『訴訟と裁判』532頁（有斐閣1956）。

(27)　判例評釈として，清永敬次・シュト69号5頁（1967），中村盛雄・ひろば21巻3号50頁（1968），青木康・税通32巻11号206頁（1977）など参照。

(28)　更正通知書に理由を附記することの要請は，この「争点明確化機能」と「処分適正化機能」のためであると解されている。

(29)　判例評釈として，浦谷清・民商50巻1号132頁（1964），高柳信一・租税百選〔2〕156頁（1983），中川一郎・シュト16号22頁（1963），渡部吉隆・曹時15巻7号90頁（1963），同・ひろば16巻8号25頁（1968），北野弘久・税法151号17頁（1963），同・税理27巻5号51頁（1984）など参照。

(30)　原処分庁が原処分時または異議棄却時に主張した理由が裁決で排斥されたにもかかわらず，これと同じ理由を訴訟になって主張する「理由のむし返し」の議論はここでは取り扱わない。理由のむし返しについては，例えば，山本洋一郎「審判所の裁決と訴訟での主張制限―『行政部内における最終判断』の危機―」石島弘ほか編『納税者保護と法の支配』〔山田二郎先生喜寿記念〕365頁以下（信山社2007）など参照。

(31)　判例評釈として，松澤智・ジュリ1131号134頁（1988），上西左大信・税通59巻15号254頁（2004），増田稔・平成9年度主要民事判例解説〔判タ臨増〕234頁（1998），田中治＝近藤雅人・税通56巻11号203頁（2001），品川芳宣・TKC税研情報7巻2号1頁（1998），武田昌輔・判時1618号185頁（1998）など参照。

(32)　控訴審東京高裁平成10年4月28日判決（税資231号866頁）及び上告審最高裁平成11年1月29日第三小法廷判決（税資240号407頁）も第一審の判断を維持している。

12　必要経費等の事実上の推定

(1)　法律要件分類説に従った必要経費等の主張・立証責任

　法律要件分類説（🔍**4**—43頁以下，**11**—165頁参照）に従うならば，一見すると，権利発生要件（🔍**4**—44頁参照）たる事実である総収入金額等や益金額等については被告課税庁側に主張・立証責任があるとしても，その権利障害要件（🔍**4**—44頁参照）あるいは権利消滅要件（🔍**4**—44頁参照）たる事実については原告納税者が主張・立証責任を負うべきであり，この際，必要経費や損金がそれに当たるとする考え方も採れないことではないように思われる。

　しかしながら，所得税法や法人税法の構造からこの点を考えると，上記の見方には問題があることが分かる。課税要件が「課税物件」であり，その具体的な数額的表現が「課税標準」である。ここにいう「課税標準」とは，所得税法22条1項に従えば，「総所得金額，退職所得金額及び山林所得金額」であり，法人税法21条《各事業年度の所得に対する法人税の課税標準》に従えば，「各事業年度の所得の金額」である。総収入金額等や益金額等ではないのである。

　そうであるとすると，被告課税庁は，「総所得金額，退職所得金額及び山林所得金額」あるいは「各事業年度の所得の金額」の計算に必要な事実について主張・立証責任を負うと解するべきであろう。

> **所得税法22条**
> 　居住者に対して課する所得税の課税標準は，総所得金額，退職所得金額及び山林所得金額とする。

> **法人税法21条《各事業年度の所得に対する法人税の課税標準》**
> 　内国法人に対して課する各事業年度の所得に対する法人税の課税標準は，各事業年度の所得の金額とする。

　この点，法律要件分類説の立場から，瀧川叡一氏は，「法は一定の要件事実の存在するときに限って徴税官庁に対し課税処分をなすことを授権するのであるから，原則として，被告徴税官庁において右の要件の存在を立証する責任を負うことは当然である。所得税法についていえば，納税義務者たる原告に課税

標準たる一定の所得が存在したことは被告徴税官庁の主張責任に属する。所謂必要経費の立証責任については争いがあるが，法律上課税標準となる所得の額は，総収入から必要経費を控除した額と定められているのであるから（所得税法第9条第1項第4号，第7号，第10号），被告行政庁の立証責任に属すると解すべきである。即ち行政庁としては必要経費が行政庁の認定した額しかないことを立証しなければならないのである。訴訟当事者間の公平の見地から必要経費の立証責任を負うと説く見解もあるが，いずれも法規の要件事実の定め方を無視したものであって，不当である。これに反し，所得税法第11条の3乃至6（災害等による損失，医療費，生命保険料，扶養親族の控除）所定の事実は，課税処分の権利障礙事実として原告の立証責任に属するのである。裁判例は比較的早くからこの種訴訟の立証責任が原則として被告行政庁にあることを認め，最近では殆ど例外を見ない。これは行政訴訟のうちこの種訴訟の形態が債務不存在確認訴訟に最も類似していたためであろう」と論じられる（瀧川「行政訴訟における立証責任」垂水克己ほか編『訴訟と裁判』〔岩松裁判官還暦記念〕488頁（有斐閣1956））。

(2)　司法の態度

また，司法判断においても，所得税の必要経費等といった所得金額計算上の消極的事由を含め，課税標準についての主張・立証責任が被告課税庁にあるとしている。

例えば，最高裁昭和38年3月3日第三小法廷判決（訟月9巻5号668頁）[1]は，「所得の存在及びその金額について決定庁が立証責任を負うことはいうまでもないところである。」とする。このように最高裁は，所得の存在についての主張・立証責任を被告課税庁にあるとしている。この事例は推計課税の事案であった。解釈の仕方によって見解が分かれ得るところであるが，消極的事由をも含めて所得金額の計算に関する主張・立証責任を被告課税庁にあるとしたと，理解することが可能であろう。

次の徳島地裁昭和33年3月27日判決（行集9巻3号433頁）は，より明確に，被告課税庁に必要経費の主張・立証責任があると論じている。

> 「必要経費の主張は所得額を減額する事由ではあるが，被告が原告主張額より多額の必要経費を主張するということは，換言すれば，所得が原告主張額より大である旨の主張の一部を構成するものであり…他方において，更正決定は原告の申告額を更正

⓬　必要経費等の事実上の推定　183

するということに本質があるから，原則として必要経費についても被告行政庁が立証
責任を負うものと解すべく，従って被告がその主張額の存在を立証し得ないときは，
結局において当事者間に争いのない額は，所得が少となる方の主張額，換言すれば必
要経費の大である主張額となるものと解するのを相当する。そこで，双方に争いのあ
る必要経費について検討する。
　(1)　公租公課
　　各成立に争いのない…〔筆者注：証拠〕を総合すると，(a)事業税は，被告が更正決
　定をした当時の調停税額としては，３万620円であったこと，(b)自転車税200円，(c)商
　工会議所会費200円，(d)固定資産税4,980円のうち，土地240坪に対しては1,230円，家
　屋74.5坪に対しては3,750円であり，営業用の店舗，倉庫は15坪であることを認め得べ
　く，他に右認定に反しこれを左右し得る証拠は何ら存在しない。従って，固定資産税
　中営業に関する公租公課は1,524円（店舗分15坪の土地および家屋に対するもの）で
　あり，また公租公課全額は３万2,544円である。
　(2)　火災保険料
　　各成立に争いのない…〔筆者注：証拠〕を総合すれば，(a)K海上保険株式会社に対
　する事業用店舗兼住宅一棟の保険料は680円，(b)N海上火災保険株式会社に対する事
　業用店舗兼住宅１棟の保険料1,110円のうち３分の２，他の３分の１は事業用商品に
　対するものであることを認め得べく，他に右認定に反し，これを左右し得る証拠はな
　い。また，弁論の全趣旨からすれば，右認定の建物のうち事業用と住宅用とは各２分
　の１宛であることが窺知される。従って，これらの事実によると，各住宅用分を差引
　いて両会社に支払った事業用店舗分保険料（(a)340円，(b)370円）および，事業用商品
　保険料（370円）は，合計1,080円である。
　(3)　減価償却金
　　事業用固定資産減価償却金が3,305円で…被告主張はこれを認め得べき証拠が存在
　しないから，当事者間に争いのない9,767円（原告主張額）であるとするのが相当であ
　る。」

　また，次の大阪地裁昭和40年５月11日判決（行集16巻６号1015頁）[2]は，所得金
額の主張・立証責任につき，「総収入金額から必要な経費を控除した金額」の
存在についての主張・立証責任としており，かような立場から「必要経費につ
いても被告主張以外の経費が存在しないことについて」被告税務署長がその責
任を負うと述べている。

　　「本件のような更正決定の取消請求事件については，被告が所得（総収入金額から
　必要な経費を控除した金額）の存在について立証責任を負い，必要経費についても被
　告主張以外の経費が存在しないことについての立証責任を負うものと解すべきところ，
　原告主張のO株式会社への加工賃5,200円が支払われていないと認めるに足りない。
　すなわち成立に争いのない乙第９号証（O株式会社の売上原簿）には，成立に争いの
　ない甲第１号証記載の『工料』5,200円に対応する記載がなく，O株式会社に対して原
　告から工賃5,200円が支払われたかどうか疑問がある。しかし証人Eの証言によれば，

184　第2章　課税要件法と課税要件事実論

> ○株式会社は原告の依頼により賃加工を引受けたことがあること，その場合○株式会社自体が賃加工を引受ける場合と同社の下請の店に加工を斡旋する場合とがあること，後者の場合には同社の売上原簿に記載されないこと，甲第1号証に乙第9号証に記載のない工料5,200円の記載があるのは担当者が原告からの外註加工を下請けの店に斡旋した時のことをメモなどで記憶していて，甲第1号証に書き出したとも考えられることが認められる。従って○株式会社の売上原簿である乙第9号証に工賃5,200円の記載がないことから直ちにこれが支払われていないとは認めがたく，かえって原告が○株式会社に賃加工を依頼し同社がこれを下請けの店に斡旋したため同社の売上原簿に記載されなかった可能性が強い。そうすると結局，原告主張のように○株式会社へ加工賃5,200円が支払われたものと認めるのほかならない。」

　このように大阪地裁は，具体的に，被告の立証によって原告が主張する加工賃の支払を崩すことができなければ，原告主張の加工賃の支払があったと認めるほかはないと論じている。

⑶　国税通則法116条

　国税通則法116条《原告が行うべき証拠の申出》は，必要経費や損金の額の存在等について，自己に有利な事実につき課税処分の基礎とされた事実と異なる旨を原告が主張・立証しようとするときには，被告側主張の日以後遅滞なく異なる事実を具体的に主張・立証すべき旨を次のように規定する。

> **国税通則法116条《原告が行うべき証拠の申出》**
> 　国税に関する法律に基づく処分（更正決定等及び納税の告知に限る。以下この項において「課税処分」という。）に係る行政事件訴訟法第3条第2項《処分の取消しの訴え》に規定する処分の取消しの訴えにおいては，その訴えを提起した者が必要経費又は損金の額の存在その他これに類する自己に有利な事実につき課税処分の基礎とされた事実と異なる旨を主張しようとするときは，相手方当事者である国が当該課税処分の基礎となった事実を主張した日以後遅滞なくその異なる事実を具体的に主張し，併せてその事実を証明すべき証拠の申出をしなければならない。ただし，当該訴えを提起した者が，その責めに帰することができない理由によりその主張又は証拠の申出を遅滞なくすることができなかったことを証明したときは，この限りでない。
> **2**　前項の訴えを提起した者が同項の規定に違反して行った主張又は証拠の申出は，民事訴訟法…第157条第1項《時機に後れた攻撃防御方法の却下》の規定の適用に関しては，同項に規定する時機に後れて提出した攻撃又は防御の方法とみなす。

　この規定は昭和59年3月に改正されたものであるが，それまでは，証拠申出の順序に関する規定であったものが，納税環境整備の一環として上記のように

12　必要経費等の事実上の推定　185

なったのである。これは，昭和58年11月付け政府税制調査会答申「今後の税制のあり方についての答申」を受けて改正されたものである。

同答申は次のように述べている（同答申42頁）。

> 「現行国税通則法第116条は，証拠申出の順序（税務訴訟においては，裁判所が税務当局側の主張を合理的と認めたときは，原告（納税者）がまず証拠の申出をするものとする。）について定めている。この規定は，納税者は政府の行政上の決定が誤っていることを示す証拠をまず最初に持ってくる責任を負うべきであるという指摘（シャウプ勧告）に基づき設けられたものであるが，訴訟手続上，活用されているとは言えない状況にあるので，この規定の適正な活用を図り，併せて，訴訟経済に資する観点から，同条の規定を例えば次のように改正することが適当である。
> 『課税処分取消訴訟においては，訴えを提起した者が必要経費の存在及びその金額その他の自己に有利な事実につき課税処分の基礎とされた事実と異なる旨を主張しようとするときは，税務署長等がその課税処分の基礎となった事実を明らかにした日以後遅滞なくその異なる事実を具体的に主張し，併せてその事実を証明すべき証拠の申出をするものとする。
> なお，その者の責めに帰すべき事由がない場合を除き，その後に提出した攻撃防禦方法は，時機に後れた攻撃防禦方法とみなして，民事訴訟法第139条（現行157条１項）の規定を適用するものとする。』」

この国税通則法116条の改正の経緯によれば，被告課税庁の主張の後，原告納税者から遅滞なく必要経費や損金についての積極的な主張・立証がなされないと，場合によっては必要経費等の不存在についての事実上の推定（🔍**2**—23頁参照）が働くおそれがあるといえよう。

　✒　シャウプ勧告は，訴訟における証拠について次のように論じている。
「附録D　C節　第7款訴訟　b払戻訴訟
（前略）
　このような訴訟〔編注：払戻訴訟〕ならびに詐欺または刑事犯の行為を含んでいるもの以外の租税の徴収に関する訴訟においては，納税者は政府の行政上の決定が誤っていることを示す証拠を先ず最初に持って来る責任を負うべきである。」
　このシャウプ勧告を受け，昭和25年度の税制改正において，所得税法，法人税法等訴訟規定をもつ各租税法に，証拠申出の順序に関する規定が設けられた。
　なお，上記勧告が単なる証拠申出の順序に関するものであるのか，あるいは，主張・立証責任の分配原則に関するものであるのかについては意見が分かれたが，立法担当者は単に証拠申出の順序を定めたものとしている（武田・コンメ5136頁）。

¶レベルアップ１！　事実上の推定が認められた事例

広島高裁令和２年12月16日判決（税資270号順号13499）の事例を見てみよう[(3)]。

本件は，控訴人（原告）が，本件各事業年度において，B社との間で，合計3件のマンション建築工事の請負契約を締結するために，同請負契約の締結の都度，第三者との間でコンサルタント業務契約を締結し，同契約に基づいて情報の提供を受け，コンサルタント業務の対価として金員（以下「本件各金員」という。）を支払ったとして，本件各金員を本件各工事の完成工事原価として損金の額に算入したところ，原処分庁が，これを否認した上，控訴人が隠蔽ないし仮装に基づく過少申告をしたとして，重加算税賦課決定を行ったため，控訴人が，本件各処分は違法であると主張して，その取消しを求めた事案である。

本件において，控訴人は，本件各金員の支出は，丙を受託者（契約相手方）とするコンサルタント業務契約に基づくものであり，控訴人の帳簿書類に記載のあるコンサルタント業務契約と，締結日，場所，役務の内容および対価において同一で，異なるのは相手方のみで，使途も明確であって，本件各契約書および本件各領収書は架空のものではない旨を主張したところ，広島高裁は，「契約の当事者は，契約の重要な要素であり，相手方が異なることは契約が異なることに他ならず，当該契約に基づく債務の履行（業務の履行や金銭支払義務の履行）も当然異なってくるのであるから，本件各金員の支出の実態を検討し，かつ，その法的性質等を検討する際に，真実の作成名義人が記載されていない本件各契約書及び本件各領収書の記載内容を実体のあるものとして検証することはできない。本件各契約書及び本件各領収書は，その作成名義人が実在せず，かつ，その作成経緯からしても，架空のものと認める他はなく，控訴人の前記主張は失当である」として排斥している。

また，控訴人は，被控訴人国（被告）が強力な税務調査権限を有していることを踏まえると，本件のような事案には，本件各金員の支出について損金の額に算入することができないことが事実上推認され，控訴人において，本件各金員の支出と業務との関連性を合理的に推認させるに足りる具体的な立証を行うべきとする考え方（事実上の推定論）は妥当しないと主張した。

これに対して，広島高裁は，次のように判示して，必要経費の否認に関する事実上の推定を肯定した[4]。

> 「必要経費の存否及び額についての立証責任は，原則として課税庁側にあると解すべきであるものの，必要経費の支出は，納税義務者の直接支配する領域内になり，納税義務者は当該具体的事実を熟知していることが通常であるし，実額課税である青色

申告の場合においては，これに加えて納税義務者は，帳簿書類を備え付け，これに個々の取引を記帳し，その帳簿書類を保存するなどして，事業所得等の金額を正確に記録することが義務付けられており，かつ税務署長は，当該帳簿書類について，必要な指示をすることができるものとされていること（法人税法126条１項，２項参照）などに鑑みると，青色申告の納税義務者である控訴人が，帳簿書類の記載と異なる経費の主張（簿外経費の存在の主張）をする場合には，控訴人において，必要経費として支出した金額，支払年月日，支払先及び支払内容等の事実につき，具体的に特定して主張立証をし，業務との関連性についても主張立証すべきあって，仮に控訴人において，上記の主張立証をすることができない場合には，業務との関連性が否定され，当該必要経費は事実上存在しないものと推定されることもやむを得ないというべきである。」

(4)　国税通則法116条２項

昭和58年11月付け政府税制調査会答申については，次のように述べている点も注目される（同答申43頁）。

「税務調査又は不服審査の段階で呈示しなかった帳簿書類を税務訴訟の段階になってから提出することがあるが，これは，異議申立て，審査請求，訴訟という順序で順次争点を整理してその争点を中心に審理を進めるという権利救済の趣旨に反するばかりでなく，その審理が遅延し，他の納税者の迅速な権利救済を阻害することになるという問題がある。また，税務調査の際に帳簿等が提示されなかったので，やむを得ず推計により課税したところ，税務訴訟の段階になってからその呈示を拒否した帳簿等を証拠として提出し，実額による課税を主張する場合があるが，この場合にも同様の問題が生ずる。

そこで，このように税務調査又は不服審査の段階で帳簿書類を呈示しなかった場合等に対処するため，証拠提出の制限ないし実額の主張の制限に関する規定を設けるべきであるとする意見があったが，いわゆる実額証拠法との関係その他法制上の問題もあるので，更に検討を続けることとし，当面は，…証拠申出に関する規定や信義誠実の原理に由来する民事訴訟法第139条《時機に遅れた攻撃防禦方法の却下》の活用，証拠の評価の面での不利益な取扱い等，訴訟実務上での取扱いにより対処することが望まれる。」

上記答申を受けた改正案の提出後，昭和59年３月16日付け日本弁護士連合会「所得税法等の一部を改正する法律案並びに法人税法の一部を改正する法律案に対する意見書」は，この点につき次のように意見を述べていた。

「一　所得税法等の一部を改正する法律案第３条による国税通則法116条の改正案によれば，（中略）〔筆者注：同条条文〕となっている。これは現行法と異なり，処分取消訴訟において課税庁側〔被告〕の主張を合理的であるかどうかを問う前に，納税者側〔原告〕から，まず反対事実の主張および証拠の申出をなさしめるものとし，これ

に遅れた場合には，時機に遅れたものとみなして民事訴訟法139条により裁判所は却下すべきものとしている。本来，裁判所の裁量にゆだねるべき民事訴訟法の適用について，租税手続法の中に『みなし』規定を設けること自体，まことに奇異の感を否めない。政府税制調査会の『中期答申』以来の経過に鑑み，この規定の意図するところは，租税訴訟における主張と立証責任の実質を，原告の側に転換するところにあり，しかもその内容は，原告の訴訟活動のみを封じ，被告の事実主張の遅延について同様の規定を欠くことは，争訟法の基本たるべき当事者対等主義を著しく損なうものといわねばならない。国民の権利救済の道をせばめるにひとしい争訟手続上の重要な『改正』が，法制審議会や法曹三者協議など，事前に十分論議をつくされる機会もなく，突如，国会に提案され，早期の成立を期せられている事態は，到底黙過し難いところである。

　訴訟の基本構造に照らすならば，処分の適法性の立証責任を負う被告において，まず課税の根拠とした認定事実を明確かつ具体的に主張・立証すべきであり，争点を確定した上で原告の十分な反証をなさしめるのが当然である。この基本に立ちかえることによって訴訟経済にも資する結果が得られるのである。民事訴訟法139条は，課税処分取消訴訟の対象を課税標準の多寡に求める立場に依存して，被告が，数額の算定の基礎となった事実と方法を自在に差替え，それによって訴訟が遅延している現状を是正するためにこそ活用されるべきものである。」

　「以上のとおり，国税通則法の改正及び記帳義務の法制化には多くの難点があり，右法制化には反対するものである。」

¶レベルアップ2！　主張・立証責任の転換

　上述のように，通説・判例は，所得金額の計算に関する主張・立証責任を被告課税庁にあると解するのであるが，一定の場合には，その主張・立証責任は原告納税者に転換されると解する立場もある。

　田中二郎博士は，「そもそも，立証責任の分配の原則というものは，事案の性質に照らし，立証の難易や対立する当事者間の均衡を考え，公平の見地に基づいて立てられた原則であって，租税法律関係の特殊性にかんがみ，さらに租税訴訟の構造に照らして考えると，課税処分等の税務行政庁の行為が合理的と認められる場合には，立証責任を転換し，納税義務者において，課税等の違法であることを立証するを要すると解するのが公正妥当ではないかと思う」と論じられる（田中・租税法380頁）。また，阿部泰隆神戸大学名誉教授は，「これでは脱税天国を奨励するようなものである。課税処分は侵害処分であるとだけとらえると，こういう考え方になるが，納税者間の公平も重要な法益である。現に，源泉徴収にかかる税は100％ガラス張りとなっている。所得を知るのは納税者であるから，本来は納税者に所得の立証責任を課し，立証できない（しない）者，

12 必要経費等の事実上の推定　189

Tax Lounge　　**税率100％の特別法**

　昭和21年の税制改正において制定された特別法に「戦時補償特別措置法」というものがある。これは，終戦時に国が莫大な戦時補償債務を軍需会社等に負っていたところ，この債務を消滅させるために税率を100分の100（同法13）とする「戦時補償特別税」を課すための法律であった。

　戦時中には，国家総動員法に由来する工場事業場使用収用令に基づいて工場設備等が強制収用され，さらに，終戦後にその収用された工場設備等の返還をいったん受けた軍需会社等が同時に上記の戦時補償特別税の適用を受けたわけである。このことによって，国が債務の免除を受けることを可能とするものであった。同法は，昭和20年8月15日以前の国に対する未決済の請求権を戦時補償請求権と定義し（同法1），この請求権を課税客体としたのである。

　ゼロ戦の製造で有名な中島飛行機株式会社（後に富士重工業株式会社となる。）がこの租税の適用を巡って，不当課税の取消しを求めて争った事件があるが，最高裁昭和38年10月29日第三小法廷判決（訟月9巻12号1373頁）は同社の主張を排斥している。

　なお，これは昭和24年9月3日付けで東京国税局長が行った審査決定の取消しを求める事件であったが，最高裁判決が下されるまでに14年間もの年月を要している。

税務調査に協力しない者に対しては多少は過大な課税処分も許容されるようにすべきであり，仮に課税庁に所得の立証責任があるとしても，税務調査に協力しない納税者との関係では信義誠実の原則や課税資料の偏在という関係から，その立証責任を緩和すべきであろう」と指摘される（阿部『行政の法システム（上）〔新版〕』126頁（有斐閣1997））。

〔注〕
(1)　判例評釈として，小川英明・租税百選〔3〕206頁（1992）参照。
(2)　判例評釈として，竹下重人・シュト52号29頁（1966）参照。
(3)　原審広島地裁令和2年3月18日判決（税資270号順号13400）は原告の請求を棄却したため，原告が控訴したものである。
(4)　なお，最高裁令和3年5月14日第二小法廷決定（税資271号順号13562）において上告不受理とされている。

第3章

課税要件事実論—各論

192 第3章 課税要件事実論—各論

13 所得税法—訴訟費用の必要経費性が争われた事例

(1) 事案の紹介

弁護士であるX（原告）が，課税処分の取消訴訟（以下「本件訴訟」という。）に要した費用等（以下「本件訴訟費用」ともいう。）は，当該訴訟に係る判決の確定に伴い受領した還付加算金（以下「本件還付加算金」という。）を得るために直接要した費用であるから，還付加算金に係る雑所得の金額の計算上，必要経費に該当するなどとして更正の請求をしたところ，税務署長Y（被告）は，当該費用等は必要経費に該当しないとして更正すべき理由がない旨の通知を行った。

これに対し，Xは，本件訴訟費用は所得税法37条《必要経費》1項にいう「直接要した費用」に当たり，同概念は業務との関連性を問わないものであるとの法律的な主張を展開した。

この事案は，国税不服審判所平成20年12月9日裁決（裁決事例集76号161頁）を素材に一部加工して作成したものである。

ア 請求の趣旨

① YがXに対し，平成○年○月○日付けでなした，同人の同○年分の所得税に係る更正の請求に対する更正すべき理由がない旨の通知（処分）を取り消す。

② 訴訟費用はYの負担とする。

との判決を求める。

イ 請求原因

① Xは，平成○年分の所得税（雑所得のみ）について，同○年○月○日に，総所得金額○円，納付すべき金額○円とする確定申告をしたこと。

② XはYに対し，平成○年○月○日付け「所得税の更正請求書」をもって，同○年分の所得税について，請求原因⑤を理由とする税額の更正を請求したこと。

③ Yは，平成○年○月○日付けをもって，請求原因②の更正の請求に対し，更正すべき理由がない旨の通知をしたこと。

④ Xは，請求原因③の通知処分を不服として平成○年○月○日，Yに対し

て異議申立てをしたが，同年○月○日付けで棄却されたため，同年○月○日，国税不服審判所に対し本件通知処分について審査請求をしたところ，これも同年○月○日付けで棄却する旨の裁決がされ，同日頃にその旨通知されたこと。

⑤　Xは，雑所得として確定申告をした本件還付加算金の必要経費として算入されるべき，本件還付加算金を得るために下線<u>直接要した費用として本件訴訟費用○万円を支払ったこと。</u>

⑥　請求原因②の更正の請求を理由付ける事実。

ウ　抗　弁

①　Xの平成○年分の雑所得（還付加算金のみ）に係る総収入金額は○万円であること。

②　抗弁①に係る必要経費は零円であること。

③　Xの平成○年分の所得控除の合計額は，○円であり，これを超えないこと。

(2)　裁決の要旨

国税不服審判所は，次のように裁決し，Xの請求を棄却した。

「㈠　本件訴訟は，別件各更正処分等で原処分庁が認定した所得税額の多寡を争うものであり，本件訴訟費用等は，本件訴訟を追行するために支払われたものであるところ，本件訴訟の結果により別件各更正処分等に係る所得税等の一部が本件各過納金として還付され，その際に本件各還付加算金が付されたとしても，本件訴訟は本件各還付加算金を得るために提起されたものではなく，本件訴訟の結果として本件各還付加算金が発生したにすぎない。

そして，過納金に付される還付加算金は，…一種の利子と解され，過納金の発生の原因にかかわらず支払われること及び過納金に係る国税等の納付がなければ発生しないものであることを考え合わせれば，本件訴訟費用等と本件各還付加算金との関係は直接的なものとまではいえない。

そうすると，<u>本件訴訟費用等は，本件各還付加算金を得るために直接要した費用と</u><u>いうことはできない。</u>

また，本件において，還付加算金を得るための行為は，Xにとって業務とはいえず，<u>所得を生ずべき業務について生じた費用ともいえないから，</u>本件訴訟費用等は雑所得の金額の計算上必要経費に算入することはできない。

㈡　これに対し，Xは，本件各還付加算金は不当利得に対する損害賠償金的性格を有し，本件各過納金と一体不可分のものであること，本件訴訟費用等及び本件借入金利息等は投下資本に該当することは明らかであり，原資の維持に必要な部分として，

194 第3章 課税要件事実論—各論

所得を構成しないことから，本件訴訟費用等は，本件各還付加算金を得るために直接要した費用として必要経費に算入できる旨それぞれ主張する。
　しかしながら，上記(イ)のとおり，本件訴訟は本件各還付加算金を得るために提起されたものではなく，本件訴訟の結果として本件各還付加算金が発生したにすぎないことから，本件各還付加算金が本件各過納金と一体不可分のものとはいえず，また，還付加算金は，過納金の発生の原因にかかわらず支払われるものであって，過納金に付される一種の利子であることから，損害賠償の性格を有していない。
　また，上記(イ)のとおり，本件訴訟費用等は，本件各還付加算金を得るために直接要した費用ということはできないから，必要経費に算入することはできない。
　したがって，これらの点に関するＸの主張には，いずれも理由がない。」

(3) 所得税法上の必要経費の考え方

ア 所得税法37条の要件事実

　本件において，Ｘは，還付加算金を得るために本件訴訟費用を支払ったものであり，所得税法37条1項にいう「直接要した費用の額」は，業務関連性を要求するものではないと主張する。そこで，同条項にいう「直接要した費用の額」とはいかなるものをいうのかという点に関心が及ぶ。このことは，「業務」に関連性を有しない費用であっても，所得税法37条1項の適用により必要経費性が認められる余地はあるのであろうかという問題関心につながる。

　所得税法37条1項は，「これらの所得〔筆者注：不動産所得，事業所得又は雑所得〕の総収入金額に係る売上原価その他当該総収入金額を得るため直接に要した費用の額『及び』その年における販売費，一般管理費その他これらの所得を生ずべき業務について生じた費用…の額」を必要経費に算入すべき金額と規定している。

所得税法37条《必要経費》
　その年分の不動産所得の金額，事業所得の金額又は雑所得の金額…の計算上必要経費に算入すべき金額は，別段の定めがあるものを除き，これらの所得の総収入金額に係る売上原価その他当該総収入金額を得るため直接に要した費用の額 及びその年における販売費，一般管理費その他これらの所得を生ずべき業務について生じた費用（償却費以外の費用でその年において債務の確定しないものを除く。）の額とする。

　ここで，上記規定の「及び」の位置を変更させて解釈することができるかという点が問題となる。すなわち，「これらの所得〔筆者注：不動産所得，事業所得又

は雑所得〕の総収入金額に係る売上原価『及び』その他当該総収入金額を得るため直接に要した費用の額，その年における販売費，一般管理費その他これらの所得を生ずべき業務について生じた費用…の額」あるいは，「これらの所得〔筆者注：不動産所得，事業所得又は雑所得〕の総収入金額に係る売上原価『及び』その他当該総収入金額を得るため直接に要した費用の額，その年における販売費，一般管理費『及び』その他これらの所得を生ずべき業務について生じた費用…の額」と解することはできるであろうか。

別の見方をすれば，この問題は，①売上原価，②その他直接要した費用の額，③販売費，一般管理費，④その他これらの所得を生ずべき業務について生じた費用の額と4つに分類して（または①売上原価，②その他直接要した費用の額，③販売費，一般管理費その他これらの所得を生ずべき業務について生じた費用の額と3つに分類して）理解すべきであるのか（図表1-1），❶売上原価，その他直接要した費用の額，❷販売費，一般管理費，その他これらの所得を生ずべき業務について生じた費用の額，と2種類のものを規定していると理解すべきなのか（図表1-2）という問題関心である。

図表1－1

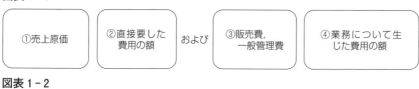

①売上原価	②直接要した費用の額	および	③販売費，一般管理費	④業務について生じた費用の額

図表1－2

❶売上原価，その他直接要した費用の額	および	❷販売費，一般管理費，その他これらの所得を生ずべき業務について生じた費用の額

この点，「その他」の前にある①売上原価と，「その他」の後にある②直接要した費用の額を別の性質のものと理解することは文理上困難であるように思われるのである。それは上述したとおり「及び」の位置するところをみれば判然とするからである。また，③販売費，一般管理費，④その他これらの所得を生ずべき業務について生じた費用の額についてみると，③と④を分解して理解すると，「その年における」という修飾が③販売費，一般管理費にのみ掛かり，④その他これらの所得を生ずべき業務について生じた費用の額には掛からないこ

とになってしまうが，それでは，④その他これらの所得を生ずべき業務について生じた費用の額に「償却費」が含まれているのにもかかわらず，償却費の計上において「その年における」という期間対応が無視されることとなり，解釈として妥当とはいえないことにもなる。このように考えると，③販売費，一般管理費と④その他これらの所得を生ずべき業務について生じた費用の額を別々に解することも適当であるとはいえまい。したがって，同じ条文内における「その他」の並びを考えると，①売上原価と②その他直接要した費用の額及び③販売費，一般管理費と④その他これらの所得を生ずべき業務について生じた費用の額について，それぞれを別々のものとして分解して解することは問題があるように思えるのである。

　もっとも，「その他」の後に記載されている語句と「その他」の前に掲げられている語句とは独立した関係にあると解されていることから，「△△その他○○」といった場合には，△△と○○とは並列的な関係にあると理解されている（酒井・フォローアップ75頁）。しかしながら，「△△その他○○及び□□その他◎◎」といった規定の場合に，△△，○○，□□，◎◎を単なる並列とみることは「及び」が前と後ろを連結する機能（酒井・フォローアップ68頁）をもつものであることを無視した解釈ではなかろうか。「▽▽及び◆◆」と規定されている場合に，▽▽が一括りのグループであり，◆◆が一括りのグループである場合には，前段グループと後段グループが「及び」で括られていると解するのが最も素直な解釈であると思われる。

　また，このような解釈は「の額」の位置からみても肯定される。すなわち，「①，②の額」と「③，④の額」と2つのグループに分けて解釈するべきであり（図表1-2），文理上「①の額」「②の額」「③の額」「④の額」と規定されているわけではない点に注意すべきであろう。

　この理解を所得税法37条1項に当てはめて考えると，「▽▽及び◆◆」とは，すなわち，「売上原価的グループ『及び』販売費，一般管理費的グループ」という括りで同項を理解することになる。さらにいえば，「売上原価的グループ」とは必要性との関係性が直接に存する費用グループであり，「販売費，一般管理費的グループ」とは必要性との関係が間接にとどまる費用グループであるとみるべきではなかろうか。「及び」の前の売上原価やそれ以外の業務に直接要した費用は，「売上原価的な直接必要経費」を指し，「及び」の後の販売費，一

般管理費やそれ以外の業務について生じた費用は「一般対応の必要経費」を指すと解するべきではなかろうか（図表2）。

図表2

（ⅰ）直接必要経費
〔売上原価やそれ以外の収入金額を得るために直接要した費用〕

及び

（ⅱ）一般対応の必要経費
〔販売費，一般管理費やそれ以外の業務について生じた費用〕

イ　業務関連性

このように，所得税法37条1項の「及び」の前の括りを，売上原価とその他直接要した費用の額に分け，前者は業務関連費用とし，後者は業務に関連しない費用をも含むと解することは不自然であることからすれば，②その他直接要した費用の額もやはり業務関連性の認められる費用と解するのが正しいと考える。

①売上原価，③販売費，一般管理費，④その他これらの所得を生ずべき業務について生じた費用の額を業務関連費用とした上で，②その他直接要した費用の額だけ業務関連性を問わないと位置付けることはきわめて不自然である。所得税法37条は，（ⅰ）直接必要経費も（ⅱ）一般対応の必要経費もともに業務に関連した費用を必要経費に算入することを示した規定であるとみるべきであろう。

かくして，所得税法37条1項の必要経費算入規定の要件事実としては「業務に関連する費用であること」が導出されることになり，前段の❶グループの要件事実には，「業務に関連する費用」で「収入を得るために直接費した費用であること」が，後段の❷グループの要件事実には，「業務に関連する費用」で「業務について生じた費用であること」が要求されよう。

したがって，所得税法37条1項の必要経費の規定を3つないし4つに分解することは文理解釈上問題があるところではあるが，そのような文理に反する理

図表3

（ⅰ）業務関連・直接必要経費
〔売上原価やそれ以外の収入金額を得るために直接要した費用〕

及び

（ⅱ）業務関連・一般対応の必要経費
〔販売費，一般管理費やそれ以外の業務について生じた費用〕

解を前提として，「売上原価」や「販売費，一般管理費」が業務に直接関係した費用であることや，「販売費，一般管理費」に続く「その他これらの所得を生ずべき業務について生じた費用」が文理上業務関連費用であることを肯定した上で，「売上原価」に続く「その他当該総収入金額を得るため直接に要した費用の額」については，業務に関連を有しない費用の額が含まれるとする解釈は妥当ではない。ここでは「業務」は主要事実と位置付けられる。

ウ　還付加算金と業務関連性

㋐　還付加算金の法的性質

　還付加算金が業務活動との関連性を有するものであるかどうかは，還付加算金がいかなるものであるのか，その性質を見極め，そしてその利得が何らかの業務活動によって得られるものであるかどうかという点を考察しておく必要がある。

　ドイツ連邦共和国の法人である原告（被控訴人・上告人）が，都民税等の減額更正により生じた過納金の還付を受けたところ，その際に支払われた還付加算金は起算日を誤って算定されており，正当な金額の一部しか支払われていないとして，被告（控訴人・被上告人）に対し，還付加算金の残額等の支払を求めた事案において，第一審東京地裁平成18年7月14日判決（民集62巻9号2458頁）は，「還付加算金は，過納金の性質が課税主体と納税者との間における不当利得に類するものであり，これを納税者に還付する場合には，これを保持していた課税主体において，その期間に対応した利子に相当するものを納税者に支払うのが衡平にかなうものとして定められたものということができる」として，還付加算金を期間に対応した利子に相当するものと位置付けている。この事案は控訴され，控訴審において判断が覆えされているものの，還付加算金が利子ないし利息の性質を有していることについては争いがない。

　すなわち，控訴審東京高裁平成19年6月27日判決（民集62巻9号2488頁）は，地方税にかかる過誤納金の還付加算金の起算日を説明するくだりにおいて，次のように説示しているのである。

　　「地方税にかかる過誤納金の還付加算金の起算日については，従来一律に納付又は納入の日の翌日とされていたが，地方税法の昭和44年法律第16号による改正によって，更正の請求の期間が延長されて税の納付又は納入の時から遅れて更正の請求がされることが予想されること，及び民法の不当利得の規定によれば善意の受益者は利益の存する限度で利得を返還すれば足り，利得について利息を付して返還する必要がないと

> されていること等を勘案して，原則として，税額の確定が課税庁により行われた場合
> …には納付又は納入の日の翌日を起算日とし，それ以外の場合には更正があった日，
> 更正の請求がされた日等を基準として起算日とすることになった。さらに，昭和50年
> 改正によって，…これらの申告が法人税の更正，決定に伴って義務的に行われるもの
> であって，法律的には課税庁が税額の確定をした場合と変わらないという理由から，
> 納付日の翌日を起算日とすることとされたものである。」

　そして，上告審最高裁平成20年10月24日第二小法廷判決（民集62巻9号2424頁)[1]は，かかる判断を覆し原審に差し戻したが，そこでも，還付加算金の性質が利子であるという点については否定をしていない。さらに，差戻控訴審東京高裁平成21年7月15日判決（裁判所HP）は，「還付加算金制度は，地方団体の徴収金に関する不当利得の返還に伴う民法上の利息の特則であると解される。」としている。

　　✎　同判決は，還付加算金は損害賠償としての性質を有するとする立場に立ち，利息であることを論じている。

　また，被控訴人（被告）が控訴人（原告）に対してした法人事業税および法人都民税の減額更正・決定処分により生じた過納金の還付に際し，被控訴人が，還付加算金の算定の起算日について上記減額更正・決定処分の日の翌日から1か月を経過する日の翌日とし，還付加算金を過少申告加算金のみを対象として算出したとして，控訴人が，還付加算金の起算日は納付の日の翌日と解した上で，その支払を求めた事案として，東京高裁平成21年5月20日判決（裁判所HP）がある。この事件において，控訴人は，還付加算金のほか，これに対する訴状送達の日の翌日から年5分の割合による遅延損害金の支払を求めたのであるが，これに対して同高裁は，「還付加算金は，還付金につき生じる利息の性質を有するものであるから，これに対して生じる遅延損害金は民法405条《利息の元本への組入れ》の重利に該当するところ（なお，租税法律関係についても，それを排除する明文の規定あるいは特段の理由がない限り，私法規定が適用ないし準用されると解される。），本件において，同条の規定に基づいて元本組入れがなされたことについての主張，立証はされていないから，控訴人の遅延損害金に係る請求は理由がないというべきである。」と断じている。

　これらは地方税法上の還付加算金の事案であるが，国税における事案ではどうであろうか。次のような事例を確認したい[2]。例えば，静岡地裁昭和47年6

200 第3章 課税要件事実論―各論

月30日判決（行集23巻6=7号487頁）は，次のように説示し，「還付金に附する一種の利子」としている。

> 「税務署長が納税者の所得の申告を増額する更正決定をしたところ，それが審査請求の結果取消されたときは，税務署長はその過納金をすみやかに還付しなければならない。その還付は一種の不当利得の返還といえよう。そして租税を滞納した場合に延滞税が課されることとのバランスなどを考慮して右の還付には還付加算金が加算して支払われる。この還付加算金は当該税金が納付された日の翌日から還付のための支払決定の日までの日数に応じその金額に年7.3パーセントの割合を乗じて算出される。それは国が不当利得を返還するに当って還付金に附する一種の利子と考えられる。原告は還付加算金に課税の過誤に対する罰科の性格があるというがそれは納税者を右過誤がなかったのと同じ経済的立場に置こうとする配慮から課税官庁の悪意とか過失の有無にかかわらず支払われるものであって，損害賠償ないし罰科の性格をもつものとはいえない。」

また，神戸地裁昭和52年3月29日判決（訟月23巻3号617頁）[3]は，「還付加算金は，各租税法に規定する各種還付金並びに過誤納金の還付に当り，原則として右還付金等の発生の翌日から還付（又は充当）の日までの期間に応じ年7.3パーセントの割合で加算されるものであるが，右の各種還付金及び過誤納金のうち誤納金に附せられる加算金については，これらに損害賠償的性格を帯有せしめる余地は全くないのであって，これらの加算金は，租税を滞納した場合に延滞税等が課されることとのバランスなどを考慮して，還付金に附する一種の利子と解するのが相当である。」として，ここでも「還付金に附する一種の利子」としている。この判断は，控訴審大阪高裁昭和52年8月30日判決（税資95号412頁）[4]および上告審最高裁昭和53年7月17日第二小法廷判決（訟月24巻11号2401頁）においても維持されている。

近時の裁判例を挙げれば，被控訴人（原告）が，控訴人（被告）に対し，A食品の滞納国税のうち法定納期限等が本件譲渡担保契約に確定日付が付された日以降の分については，国税徴収法24条《譲渡担保権者の物的納税責任》6項により，本件譲渡担保契約が優先し，上記売掛金債権からは国税の徴収をすることはできないとして，本件処分のうち滞納国税に係る部分の取消しを求めるとともに不当利得の返還を請求した事例として高松高裁平成19年11月20日判決（判タ1273号170頁）がある。同事件において，被控訴人は，還付加算金請求と選択的に，附帯請求として不当利得につき悪意の受益者に対する年5分の利息の請求および訴状送達の日の翌日以後の民法所定の年5分の遅延損害金を附帯請求し

ているが，これに対して，同高裁は，「還付加算金は，国税の納付が遅滞した場合に延滞税が課せられるのと同様に，還付金等が生じた場合に生じる一種の利息として，不当利得の趣旨も勘案して定められたものであることに照らせば，還付加算金の制度はその請求が可能な場合には上記附帯請求を排除する趣旨であると解されるから，上記附帯請求にはいずれも理由がないこととなる。」と判示している。

　この点は，金子宏東京大学名誉教授が，「還付金等が還付されまたは充当される場合は，利息として，国または地方団体がそれを保有していた期間…の日数に応じ，その金額に租税特別措置法93条２項に規定する特例基準割合…で計算した金額が加算される…。これを，還付加算金という」としているとおり（金子・租税法924頁），上記裁判例の理解と学説の通説の理解は，還付加算金を利息とみているという点では一致しているのである。

　このように還付加算金の法的性質は利息であると解するべきであろう。なお，ここでは，利息の性質を有するかどうかのみを問題としており，仮に賠償金的性質を併有するとしても，そのことが利息としての性質を否定するものではないという点を指摘しておきたい。

(イ)　利子収入に関する所得の必要経費性

　所得税法23条《利子所得》２項は，次のとおり規定しており，そもそも時間価値（time value）である利子所得は時の経過によって自動的に所得が発生するものであることから，必要経費を観念し得ないであろう。

所得税法23条《利子所得》
2　利子所得の金額は，その年中の利子等の収入金額とする。

　佐藤英明神戸大学名誉教授は，担税力に応じた計算をすることを予定している所得税法が何らかの経費・損失も控除しないとしていることは，「利子所得を，その稼得にまったく経費等を必要としない所得と考えていることがわかる」と述べられる（佐藤「利子所得の意義と変則的な利子に関する課税方法」税務事例研究10号40頁（1991））。

　このように所得税法は利子に対する必要経費を観念していないのであるが，その理由は必ずしも判然としないものの，他の所得に比して時間的価値という同所得の性格論から，稼得のためのリスクや犠牲が観念できないと考えられて

いるのである。

 ✍ もっとも，清永敬次博士は，「利子所得にも必要経費がありうる」とされる（清永・税法89頁）。例えば，所得税法23条に規定する利子所得について，時間的価値を得るために元本を維持し続けるに要する直接的な支出として，銀行にいわゆる歩積み，両建て預金をしている場合における銀行借入れに対する利子や利子を稼ぐために資金を借り入れた場合の借入金利子などは，必要経費として観念し得るということかもしれない。もっとも，利子所得については，実定法上必要経費が認められていないのであるから，解釈論には限界があるところであるが，雑所得における利子に係る所得については，観念する余地があるのかもしれない。

㈡　国税通則法58条

　上記のとおり，還付加算金の法的性質は利息であるといえよう。この点は，国税通則法の立法担当者も，同法58条（還付加算金）について，「この条は，還付金等を還付し，又は充当する場合に，その還付金等に付する一種の還付利子である還付加算金について規定する。」と述べるとおりである（志場・精解678頁）。

国税通則法58条《還付加算金》

　国税局長，税務署長又は税関長は，還付金等を還付し，又は充当する場合には，次の各号に掲げる還付金等の区分に従い当該各号に定める日の翌日からその還付のための支払決定の日又はその充当の日…までの期間…の日数に応じ，その金額に年7.3パーセントの割合を乗じて計算した金額（以下「還付加算金」という。）をその還付し，又は充当すべき金額に加算しなければならない。
　一　還付金及び次に掲げる過納金　当該還付金又は過納金に係る国税の納付があった日（…）
　　　イ～ハ　（略）
　二　更正の請求に基づく更正…により納付すべき税額が減少した国税…に係る過納金　その更正の請求があった日の翌日から起算して３月を経過する日と当該更正があった日の翌日から起算して１月を経過する日とのいずれか早い日（…）
　三　前二号に掲げる過納金以外の国税に係る過誤納金　その過誤納となった日として政令で定める日の翌日から起算して１月を経過する日

　そうであるとすると，還付加算金は時の経過に応じて得られる time value であって，その所得源泉はあくまでも時間の経過であるから，業務によって得られた利得と性格付けることは困難であると思われる。すなわち，税務署長が納税者の所得の申告を増額する更正決定をしたところ，それが取り消されたときは，税務署長はその過納金をすみやかに還付しなければならないのであり，その還付は一種の不当利得の返還といえよう。そして，還付加算金は，当該税金

が納付された日の翌日から還付のための支払決定の日までの日数に応じ，その金額に年7.3％の割合を乗じて算出される。それは再言すれば，国が不当利得を返還するに当たって還付金に付する一種の利子であるからである。

このことは，還付加算金の金額の計算が，日数に応じて計算される点からも明らかである。

　✍　還付加算金が利息であって業務活動によって得られたものではないということにとどまらず，国税通則法58条の還付加算金の計算期間の始期について考えると，還付加算金が還付請求権の発生時から過納金返還までの期間利息であることは明らかであるから，計算期間の途中に発生する訴訟費用が還付加算金を得るために直接要する費用に当たるとする解釈は困難であるといわざるを得ない。

㈍　所得税法37条１項の要件事実と「業務」該当性

仮に，本件において，Xが，行政行為に公定力がある以上，Xらが別件取消訴訟を遂行し，別件取消判決の確定という結果を勝ち得なければ，本件還付加算金を得ることはなかった旨主張するとした場合，還付加算金が納税者の業務によって得られたものといえるのであろうか。

ところで，所得税法上は，「業務」についての定義規定を置いていない。また，「業務」という用語の意味を条文の文脈から無理なく導き出すこともできない。となると，一般に租税法上の概念はこれを固有概念または借用概念として捉えた上で，解釈論を展開することが通常であるが，そのいずれにも該当しない場合には，一般概念として理解され得る。固有概念については，租税法律主義の要請する法的安定性や予測可能性の見地から同概念該当性については消極的に考える必要があるが，管見するところ，「業務」を固有概念と承認する見解は確認できない。また，私法上の概念からの借用としてこれを捉えることが考えられるが，私法上の概念としても「業務」の概念は判然としない。

　✍　労働法領域では，例えば，「業務災害」における「業務」とは，「労働契約上，労働者が使用者の支配下にあることをいい，必ずしも具体的な作業に従事していることは要求されない。」と説明されているが（高橋ほか・小辞典257頁），所得税法上の概念を労働法領域の概念理解に合致させる合理的な理由はない。

そこで，一般概念としてこれを理解することが考えられる。一般の辞書によれば，「業務」とは，「１　職業や事業などに関して，継続して行う仕事。」，「２　法律で，社会生活において反復・継続して行う活動のこと。」（デジタル大辞泉）とされている。一般概念として捉える場合，法律領域での解釈を示す２番目の

204　　第3章　課税要件事実論―各論

定義はここでは採用すべきでないため，1番目の定義に関心を寄せたい。そうすると，一般に「業務」とは，反復あるいは継続してなされる職業上の仕事と理解されているようである。

　所得税法上「業務」についての定義規定がない上，特段，私法上定義された概念の借用ではないと思われるところ，一般概念としてこれを理解し，上記のような解釈によることが妥当であるように思われる。このように考えると，「業務」該当性を確認させる間接事実は，「反復性ないし継続性のある職業上の仕事であること」ということになりそうである。このような理解によれば，単なる time value である還付加算金の取得は，継続性のある職業上の仕事という性質を有していないから，「業務」と認定することは困難であるように思われるのである。もっとも，所得税法上の「業務」の範囲はより広範であるとの理解もあり得ることから，次に所得税法上，「業務」該当性が争点となった事例も確認しておきたい。

　所得税法37条1項との関係で「業務」該当性が争点となった事例として，東京高裁平成18年3月16日判決（税資256号順号10346）がある。同高裁は次のように判示している。

> 「ある支出が所得税法37条1項の必要経費に該当するというためには，事業主が，事業に関連するもの，あるいは事業の遂行に資するものと主観的に判断して，その支出がされたというだけでは足りず，客観的に見て，それが当該事業の業務と直接ないし密接な関連を持ち，かつ，業務遂行上通常必要な支出であることを要し，その判断は，当該事業の業務内容等個別具体的な諸事情に則して社会通念に従って実質的に行われるべきものである。
> 　そして，一般的な税理士の業務内容として，顧客等に対する金銭の貸付けや債務保証が含まれているとは解し難いし，上記認定事実によれば，本件各貸付け等がされた債務者には，顧問契約を締結していない乙も含まれており，乙に対する貸付けや債務保証は，控訴人〔筆者注：第一審原告〕の税理士業の開業前に行われていること，締結された顧問契約の内容は，税務代理や税務相談といった一般的な税理士の業務内容を委託の対象とするものであり，金銭の貸付けや債務保証は含まれていないこと，控訴人が税理士業に係る顧問先に対して一般的に金銭の貸付けや債務保証の依頼に応じているとはいえないことが認められるのであり，控訴人の税理士業において，顧客等に対して金銭の貸付けや債務保証を行うことが，その業務と直接ないし密接な関係を持ち，業務の遂行上通常必要なものということはできない。
> 　控訴人は，税理士法2条による税理士業務の範囲は，実際の税理士の業務範囲を限定するものではなく，実際の顧客のニーズは税務申告書の作成といったような事務的なレベルにとどまるものではなく，多岐にわたる旨を主張する。

しかしながら，仮に，実際の税理士業務の範囲が，通常の税務代理や税務相談にとどまることなく，顧客に対する経営コンサルティング的な要素等を含むようになってきているとしても，顧客の経営や運転資金の調達等についての助言，指導等を行うことは格別，これに伴って税理士自身が直接顧客に対して資金融通を行い，債務保証をするというようなことまでは，税理士業務に通常付随的に伴う業務であるとはいい難く，本件各損失額が，控訴人の税理士業及びこれに付随して行われるコンサルティング業務の必要経費に当たるということもできない。この点に関する控訴人の主張は，採用することができない。」

このような理解を前提とすると，本件において，還付加算金取得活動を業務と認定することは難しいといわざるを得ない。なお，いうまでもないが，還付加算金を得るような訴訟活動が弁護士にとって業務であるかどうかはこの際別問題であり，還付加算金を得た納税者にとっての業務性がここでは問題となるのである。

このような検討からすれば，本件裁決は妥当であるとの結論になる。

¶レベルアップ１！　更正の請求の主張・立証責任

更正の請求は，原告納税者の側が自己に有利に確定税額を変更することを求めるものであるから，主張・立証責任は原告納税者にあると解される。京都地裁昭和49年4月19日判決（訟月20巻8号109頁）[5]は次のように判示し，この点を明らかにしている。

「申告納税の所得税にあっては，納付すべき税額は，原則として，納税者のする申告によって確定し，その申告がない場合又はその申告に係る税額が税務署長の調査したところと異なる場合に限り，例外的に税務署長の処分によって確定する。このように，納税申告が具体的な租税法律関係を形成する行為として公法行為の性質をもつことに鑑み，法は，その申告内容に過誤があることを理由として更正の請求をなしうる場合を制限的に列挙し（国税通則法23条1項各号），またその手続上，請求者において，更正請求書に，納税申告に係る課税標準額又は税額等，その更正の請求をする理由，当該請求をするに至った事情の詳細その他参考となるべき事項を記載すべきものとし（同法23条2項），請求の理由が課税標準たる所得が過大であること等当該理由の基礎となる事実が一定期間の取引に関するものであるときは，その取引の記録等に基づいて，その理由の基礎となる事実を証明する書類を添付すべきものとして（同法施行令6条），請求者側でまずその過誤の存在を明らかにすることを要求している。
　右規定は，申告内容の過誤から生じる納税者の不利益を救済するため，租税行政の法的安定の要請を，一定の要件のもとに制限する趣旨のものと考えられ，このことやその規定の文言等に照らすと，自ら計上記載した申告内容の更正を請求する納税者側

206 第3章 課税要件事実論—各論

において，その申告内容が真実に反するものであることの主張立証をすべきであると解するのが相当である（最判昭和39年2月7日税務訴訟資料38号67頁参照）。
　そうだとすると，税務署長は，更正請求の調査手続において右の点の主張立証がない限り，その納税者の提出した申告書に記載された所得金額等をそのまま正当なものとして，納付すべき税額をその申告どおり確定すればたり，請求者に対する通知書にもこの旨を記載すればたりるというべきである。すなわち，この場合には，税務署長は納税者の真実の所得金額等まで認定することを要しないのであり，この点において，税務署長がその調査したところに従い納税者の所得金額等を具体的に認定して行う更正又は決定の場合と異なるのであって，所得税法155条2項〔筆者注：青色申告書に係る更正の理由附記〕が後者について規定する理由付記は，所得金額等の具体的な認定を伴なわない前者には適用がないといわなければならない。」

　更正すべき理由がない旨の通知処分の取消訴訟における主張・立証責任についても，同様に原告納税者にあるというべきであろう。この点につき，広島高裁昭和63年8月10日判決（税資165号491頁）は次のように判示している。

　「更正の請求に対する更正をすべき理由がない旨の通知処分の取消訴訟においては，申告により確定した税額等を納税者に有利に変更することを求めるのであるから，納税者において，確定申告書の記載が真実と異なる旨の立証責任を負うものと解するのが相当である。従って，控訴人〔筆者注：第一審原告〕は，真実の所得が先の確定申告額を下回ることの立証責任を負い，その主張にかかる所得算定上の減算要素である横領被害による損失確定の事実を立証しなければならない。」

📝　なお，品川芳宣筑波大学名誉教授は，「更正の請求方式において税務通達の取扱いの違法性が争点となっている場合には，当該通知処分の適法性（当該税務通達の取扱いの適法性）は，その取扱いを定めた税務官庁において立証すべきものと考えられる。」と論じられる（品川『租税法律主義と税務通達』184頁（ぎょうせい2003），同「不整形地等の評価の合理性と更正すべき理由がない旨の通知処分に係る立証責任」TKC税研情報9巻6号11頁（2000））。

¶レベルアップ2！　直接業務関連性と間接業務関連性

　必要経費の算入要件である業務関連性については，議論のあるところであるが，直接的な業務関連性をいうとする立場と直接的なものまでは求められていないとする立場の対立がある。

(ア)　直接業務関連性説

　これまで必要経費の判定が争われた事例は枚挙にいとまがない。
　必要経費の算入要件である業務関連性につき直接的な業務関連性をいうと解

されるという点を論じた事例として，山形地裁平成11年3月30日判決（訟月47巻6号1559頁）がある。同地裁は，「事業所得の計算上，個人の支出が必要経費に算入されるためには，それが事業活動と直接の関連を持ち，事業の遂行上必要な費用でなければならないところ，一般的な農家の経営実態に照らすと，農業経営には1台の4輪自動車があれば十分であり，事業の遂行上2台以上の自動車の保有が必要であることは考えられない」などとして農業所得標準率を判断しているが（控訴審仙台高裁平成15年5月8日判決（税資253号順号9339）において，控訴は棄却されている。），このような事例は多く散見されるのである。

　例えば，水戸地裁昭和58年12月13日判決（税資134号387頁）は，「当該支出が必要経費として控除されるためには，それが事業活動と直接の関連をもち，事業の遂行上必要な支出であることを要する」と判示しているし（広島地裁平成13年2月22日判決（税資250号順号8843）も同旨），福岡地裁平成5年5月18日判決（税資195号365頁）も，「ある支出が右必要経費として特定事業の総収入金額から控除されているためには，客観的にみてそれが当該事業の業務と直接関係をもち，かつ，業務遂行上通常必要な支出であることを要する」とする。

　実父Hから長男である控訴人（原告・上告人）が賃貸業用土地の贈与を受けた際に，控訴人が支出した登録免許税および不動産取得税は同人の不動産所得の金額の計算上，必要経費に算入されないとした事例として，大阪高裁平成10年1月30日判決（税資230号337頁）がある。同高裁は，「所得税法においては，ある支出が必要経費として控除され得るためには，それが客観的にみて事業活動と直接の関連をもち，事業の遂行上直接必要な費用でなければならないというべきである。」とした上で，「本件費用は，控訴人が実父Hから本件土地の贈与を受けたことに伴い生じた費用ということができる。そして，贈与は，財産の移転自体を目的とする無償行為であるから，贈与によって資産を取得する行為そのものは，所得を得るための収益活動とみることはできないというべきである。控訴人が本件土地の贈与を受けたことが，不動産賃貸事業の用に供する目的であり，その後同事業の用に供されたからといって，贈与によって本件土地を取得した行為そのものの性格に変化はなく，収益活動となるものということはできない。」とする[6]。

　　✍　ほかにも，青森地裁昭和60年11月5日判決（税資147号326頁）[7]は，「或る支出が所得税法37条1項の必要経費として総所得金額から控除されうるためには，客観的にみてそ

208　第3章　課税要件事実論─各論

れが当該事業の業務と直接関係をもち，かつ業務の遂行上通常必要な支出であることを
要し，その判断は当該事業の業務内容など個別具体的な諸事情に即し社会通念に従って
実質的に行われるべきである。」と判示する。また，東京地裁平成6年6月24日判決（税
資201号542頁）は，「業務を営む者が支出した費用のうち，必要経費に算入されるのは，
それが事業活動と直接の関連を有し，当該業務の遂行上必要なものに限られるべきであ
り，それ以外の費用は，家事費（所法45条1項）に該当し，必要経費には算入されない
というべきである。」と説示する（控訴審東京高裁平成8年4月26日判決（税資216号
311頁）および上告審最高裁平成9年10月28日第三小法廷判決（税資229号340頁）にお
いても維持されている。）。

　そのほかにも，業務との直接関連性が必要経費算入の要件であるとする判断
は多く，裁判例の支持するところであると思われる。

　　✍　例えば，前述の青森地裁昭和60年11月5日判決や，証券会社の歩合制外務員の支払っ
　　た利息が事業所得の計算における必要経費に算入することができないとした前述の東京
　　地裁平成6年6月24日判決のほか，固城親陸会・商工連合会・朝鮮総連本部・京都保護
　　育成会等への支出は，事業に直接関連がないもので必要経費への算入が許されないとし
　　た京都地裁昭和60年3月29日判決（税資179号4134頁），同事件の控訴審大阪高裁平成2
　　年10月26日判決（税資179号3970頁），福利厚生費に関し，従業員に対する結婚祝金，夜
　　食代金および新年会，忘年会費用の必要経費該当性を判断した青森地裁昭和61年4月15
　　日判決（税資152号41頁），キャバレー，レストランの経営者が所有するボートに，店の
　　客を乗せることがあるとしても，そのボートの維持・管理のための支出が事業の経営に
　　直接関連する支出とは認められないとした水戸地裁昭和58年12月13日判決（税資134号
　　387頁）などが参考となろう。その他，東京地裁平成15年7月16日判決（判時1891号44
　　頁），広島地裁平成13年10月11日判決（税資251号順号9000），広島地裁平成13年2月22
　　日判決（税資250号順号8843），徳島地裁平成7年4月28日判決（行集46巻4＝5号463
　　頁），大阪高裁平成2年9月26日判決（税資184号70頁），徳島地裁平成元年10月27日判
　　決（税資174号354頁），高松高裁平成2年7月30日判決（税資180号440頁），最高裁平成
　　3年3月8日第二小法廷判決（税資182号585頁），名古屋地裁平成元年2月17日判決
　　（税資190号672頁），大阪地裁昭和59年2月29日判決（税資172号2691頁）などがある。

　また，学説においても，佐藤英明教授は，「必要経費は，所得を得るための特
定の経済活動（所得稼得活動）との結びつきによって判断すると理解されてきま
した。すなわち，特定の経済活動と直接の関連を有し，その経済活動を行なう
ために客観的にみて必要な支出が必要経費であるとされてきたのです。」と論
じられる（佐藤『スタンダード所得税法〔第4版〕』280頁（弘文堂2024））。

　このように，業務関連性については直接関連性が要請されるといわれている。

　清永敬次博士は，納税者が納付した所得税を必要経費として控除できない理
由について（所法45①二），「所得税は納税者の人的事情をも考慮して課税される
ものであるから事業活動との結びつきは必ずしも直接的なものでないことなど

から，必要経費としての控除を認めないものと思われる。」とされる（清永・税法105頁）。業務関連性が直接的でなければならないという考え方は，業務を営む者の同業者に対する見舞金の支出のうち，その業務との関連性が希薄であれば必要経費に算入することができないとする課税実務にも通じよう（所基通37-9の６。今井慶一郎ほか『所得税基本通達逐条解説〔令和６年版〕』410頁（大蔵財務協会2024）に示されている所得税基本通達37-9の６の解説参照）。

　このような判断を展開した事例として，弁護士会役員の交際費等の必要経費該当性が争点となった東京地裁平成23年８月９日判決（判時2145号17頁）[8]がある。これは，弁護士業を営み，日本弁護士連合会副会長等の役員を務めた原告（控訴人）が，これらの役員としての活動に伴い支出した懇親会費等を事業所得の金額の計算上必要経費に算入して確定申告をしたところ，処分行政庁が，これらの費用については，所得税法37条１項に規定する必要経費に算入することはできないなどとして，更正処分等を行ったため，原告が被告国（被控訴人）に対し処分の一部の取消しを求めた事案である。

　東京地裁は次のように説示している。

　　「所得税法37条１項は，事業所得の金額の計算上必要経費に算入すべき金額は，別段の定めがあるものを除き，〔1〕所得の総収入金額にかかる売上原価その他当該総収入金額を得るため直接に要した費用の額及び〔2〕販売費，一般管理費その他所得を生ずべき業務について生じた費用（償却費以外の費用でその年において債務の確定しないものを除く。）の額とする旨を定めている。そして，…原告は，弁護士業を営んで事業所得を得ているところ，本件各支出は，いずれも上記〔1〕の原告の弁護士業による収入を得るため直接に要した費用でないことは明らかであるから，これらが上記〔2〕の所得を生ずべき業務について生じた費用（一般対応の必要経費）に該当するか否かが問題となる。
　　ところで，事業所得の金額の計算上必要経費が総収入金額から控除されることの趣旨は，投下資本の回収部分に課税が及ぶことを避けることにあると解されるところ，個人の事業主は，日常生活において事業による所得の獲得活動のみならず，所得の処分としての私的な消費活動も行っているのであるから，事業所得の金額の計算に当たっては，事業上の必要経費と所得の処分である家事費とを明確に区分する必要がある。そして，所得税法37条１項は，上記のとおり，一般対応の必要経費について『所得を生ずべき業務について生じた費用』であると規定している。また，同法45条１項は，家事上の経費（以下『家事費』という。）及びこれに関連する経費（以下『家事関連費』という。）で政令に定めるものは必要経費に算入しない旨を定めているところ，同条項を受けた所得税法施行令96条１号は，家事関連費のうち必要経費に算入することができるものについて，経費の主たる部分が『事業所得…を生ずべき業務の遂行上

210　第3章　課税要件事実論─各論

必要』であることを要すると規定している。このような事業所得の金額の計算上必要経費が総収入金額から控除されることの趣旨や所得税法等の文言に照らすと，ある支出が事業所得の金額の計算上必要経費として控除されるためには，当該支出が所得を生ずべき事業と直接関係し，かつ当該業務の遂行上必要であることを要すると解するのが相当である。そして，その判断は，単に事業主の主観的判断によるのではなく，当該事業の業務内容等個別具体的な諸事情に即して社会通念に従って客観的に行われるべきである。」

東京地裁は，上記のように説示した上で，「そうすると，本件各支出が原告の事業所得の金額の計算上必要経費として控除されるためには，本件各支出が原告の事業所得を生ずべき業務と直接関係し，かつその業務の遂行上必要であることを要するということになる。」と論じ，直接業務関連性説の立場から判断を展開している。

(イ)　間接業務関連性説

これに対し，上記事件の控訴審東京高裁平成24年9月19日判決（判時2170号20頁）[9]は，次のとおり直接業務関連性は所得税法37条1項の要件とはならない旨判示している（なお，最高裁平成26年1月17日第二小法廷決定（税資264号順号12387）は上告不受理としている。）。

　「所得税法施行令96条1号が，家事関連費のうち必要経費に算入することができるものについて，経費の主たる部分が『事業所得を‥生ずべき業務の遂行上必要』であることを要すると規定している上，ある支出が業務の遂行上必要なものであれば，その業務と関連するものでもあるというべきである。それにもかかわらず，これに加えて，事業の業務と直接関係を持つことを求めると解釈する根拠は見当たらず，『直接』という文言の意味も必ずしも明らかではない〔。〕」

東京高裁は，上記のとおり説示し，「直接業務関連性」は所得税法37条1項の必要経費の要件事実ではないと論じている。そして，次のように，控訴人が弁護士会等の役員等として行う活動は，控訴人の「事業所得を生ずべき業務」に該当すると認めることはできないとするのである。

　「本件各支出は，控訴人が，仙台弁護士会の次期会長予定者若しくは会長若しくは常議員会の常議員又は東北弁連の理事又は日弁連の次期副会長予定者若しくは副会長，理事若しくは業務改革委員会の副委員長又は弁護士として行った活動に要した費用である。
　ここで，弁護士会とは，弁護士及び弁護士法人（以下『弁護士等』という。）を会員

とし，弁護士等の指導，連絡及び監督に関する事務を行うことを目的とする法人であり（弁護士法31条，36条，36条の2），日弁連は，弁護士等及び弁護士会を会員とし，弁護士等及び弁護士会の指導，連絡及び監督に関する事務を行うことを目的とする法人である（同法45条，47条）。また，東北弁連は，仙台高等裁判所の管轄区域内の弁護士会が，共同して特定の事項を行うため，日弁連の承認を受けて設けた法人格なき社団であり（同法44条参照）仙台高等裁判所の管轄区域内の弁護士会の連絡及びこれらの弁護士会所属会員相互間の協調，共済並びに懇親に関する事項のほか，弁護士等の品位保持及び業務改善に関する事項を行うこと等を目的としている…。なお，仙台弁護士会会長，東北弁連理事，日弁連理事及び日弁連副会長は，それぞれの団体の役員である…。また，仙台弁護士会常議員会とは，同弁護士会の運営に関する事項等を審議することを目的とする同会の機関であり…日弁連弁護士業務改革委員会とは，弁護士業務改革のため調査，研究等を行うことを目的とする日弁連の機関である…。

そうすると，弁護士会等と個々の弁護士は異なる人格であり，弁護士会等の機関を構成する弁護士がその権限内でした行為の効果は，弁護士会等に帰属するものであるから，控訴人が弁護士会等の役員等（弁護士会等の各種委員会の委員等を含む。以下同じ。）として行う活動は，弁護士会等の業務に該当する余地はあるとしても，社会通念上，控訴人の『事業所得を生ずべき業務』に該当すると認めることはできない。」

しかしながら，判決はここで終わらず，次のように続いている。

「もっとも，控訴人の弁護士会等の役員等としての活動が控訴人の『事業所得を生ずべき業務』に該当しないからといって，その活動に要した費用が控訴人の弁護士としての事業所得の必要経費に算入することができないというものではない。なぜなら，控訴人が弁護士会等の役員等として行った活動に要した費用であっても，これが，先に判示したように，控訴人が弁護士として行う事業所得を生ずべき業務の遂行上必要な支出であれば，その事業所得の一般対応の必要経費に該当するということができるからである。」

東京高裁は，このように論じて，結論的には，「控訴人が弁護士として行う事業所得を生ずべき業務の遂行上必要な支出であれば，その事業所得の一般対応の必要経費に該当するということができる」として，控訴人が支払った弁護士会の役員活動として参加した懇親会費等の多くの部分について必要経費性を認めているのである（二次会費用については否認している。）。

ここでのロジックは，①所得税法37条1項には「直接」業務関連費であることを要求する直接の記述はないこと，②所得税法施行令96条の規定ぶりから，「業務に関連」していれば必要経費算入が許容されると解釈できることに基づいていると思われる。

212　第3章　課税要件事実論―各論

　すなわち，所得税法37条1項の要件事実を，同法45条《家事関連費等の必要経費不算入等》の委任規定である所得税法施行令96条《家事関連費》の反対解釈から導出しているようである。

所得税法37条《必要経費》
　その年分の不動産所得の金額，事業所得の金額又は雑所得の金額…の計算上必要経費に算入すべき金額は，別段の定めがあるものを除き，これらの所得の総収入金額に係る売上原価その他当該総収入金額を得るため直接に要した費用の額及びその年における販売費，一般管理費その他これらの所得を生ずべき業務について生じた費用（償却費以外の費用でその年において債務の確定しないものを除く。）の額とする。

所得税法45条《家事関連費等の必要経費不算入等》
　居住者が支出し又は納付する次に掲げるものの額は，その者の不動産所得の金額，事業所得の金額，山林所得の金額又は雑所得の金額の計算上，必要経費に算入しない。
一　家事上の経費及びこれに関連する経費で政令で定めるもの

所得税法施行令96条《家事関連費》
　法第45条第1項第1号《必要経費とされない家事関連費》に規定する政令で定める経費は，次に掲げる経費以外の経費とする。
一　家事上の経費に関連する経費の主たる部分が不動産所得，事業所得，山林所得又は雑所得を生ずべき業務の遂行上必要であり，かつ，その必要である部分を明らかに区分することができる場合における当該部分に相当する経費
二　前号に掲げるもののほか，青色申告書を提出することにつき税務署長の承認を受けている居住者に係る家事上の経費に関連する経費のうち，取引の記録等に基づいて，不動産所得，事業所得又は山林所得を生ずべき業務の遂行上直接必要であったことが明らかにされる部分の金額に相当する経費

　所得税法施行令96条1号は，「業務の遂行上必要」かつ「必要である部分を明らかに区分することができる」場合に，当該部分に該当する経費以外の経費が，所得税法45条1項1号にいう必要経費に算入されない家事関連費であるとする規定である。すると，所得税法施行令96条1号にいう「必要経費に算入されない家事関連費」の要件事実は，「業務の遂行上必要でない」又は「必要である部分を明らかに区分することができない」ものであるということになる。すなわち，図表4の網掛け部分が，「必要経費に算入されない家事関連費」である。

図表4　家事関連費

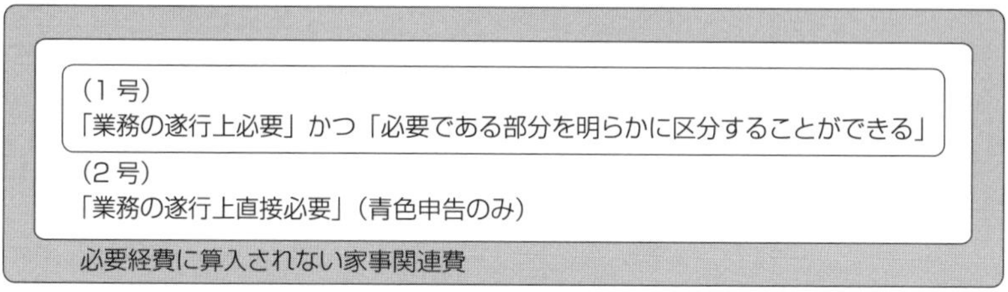

> （1号）
> 「業務の遂行上必要」かつ「必要である部分を明らかに区分することができる」
> （2号）
> 「業務の遂行上直接必要」（青色申告のみ）

必要経費に算入されない家事関連費

　このような所得税法施行令96条1号の理解から，「業務の遂行上必要」であれば必要経費に算入されるべきとするのが，上記東京高裁の判断であるといえよう。しかし，ここには，「必要である部分を明らかに区分することができる」という要件の欠落があるように思えてならない（もっとも，同判決の具体的な判示部分においては，かかる明らかであるか否かという要件を二次会費用について適用し，否認している。）。

　✎　所得税法37条の解釈において，同法45条の委任規定である所得税法施行令96条を使って解釈することの是非が問題となり得るかもしれない。もっとも，この点については，すでに判例が採用してきたアプローチであったとみることも可能である。

図表5　東京高裁平成24年9月19日判決の説示

① 弁護士会等の業務に該当する余地はあるとしても，社会通念上，控訴人の「事業所得を生ずべき業務」に該当すると認めることはできない。
② 事業所得を生ずべき業務の遂行上必要な支出であれば，その事業所得の一般対応の必要経費に該当する。

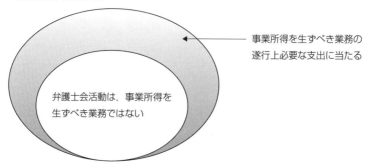

　すなわち，いわゆる大嶋訴訟審最高裁昭和60年3月27日大法廷判決（民集39巻2号247頁。🔍 6—64頁）は，「不動産所得，事業所得，山林所得及び雑所得の金額の計算については，それぞれその年中の総収入金額から必要経費を控除すること，右の必要経費は当

214 第3章 課税要件事実論─各論

該総収入金額を得るために必要な経費であり，家事上の経費，これに関連する経費（当該経費の主たる部分が右の総収入金額を得るために必要であり，かつ，その必要である部分が明瞭に区分できる場合における当該部分に相当する経費等を除く。…）等は必要経費に算入しないことを定めている。」としている。これは，所得税法37条の必要経費の算入規定の要件事実を，所得税法施行令96条から導出するアプローチである。この部分はかっこ書きではあるが，このようなアプローチを判例は以前から採用してきたというべきかもしれない。

¶レベルアップ3！ 業務によらない所得としての「雑所得」

㋐ 雑所得の性格

本件においては，還付加算金が雑所得に分類されることについては争点となっていないようであるが，この点はすでに確定された解釈であるといえよう。

そこで，雑所得の性格についてみるところ，雑所得が何らかの業務によって得られた所得のみを規定しているものと解するのは妥当ではなかろう。そもそも，雑所得とは，包括的所得概念を前提としたバスケット・カテゴリーであって，その源泉の態様は様々である。

> **所得税法35条（雑所得）**
>   雑所得とは，利子所得，配当所得，不動産所得，事業所得，給与所得，退職所得，山林所得，譲渡所得及び一時所得のいずれにも該当しない所得をいう。

所得税法は，所得を源泉などの態様に応じて10の所得区分に分類しているが，いずれの所得区分にも当てはまらない所得を雑所得と規定していることから，雑所得は，積極的な意義付けがなされ得ない所得区分であると説明されることが多い[10]。例えば，金子宏教授が，雑所得を公的年金等とその他の雑所得に区分した上で，「その他の雑所得とは，…他の種類の所得のように統一的なメルクマールがなく，積極的に定義することは不可能である。」とされるようにである（金子・租税法308頁）。

公的年金等に係る雑所得の問題をひとまずおけば，雑所得を統一的なメルクマールによって積極的に定義することが不可能であるということは，換言すれば，他の所得区分との関係においてのみ雑所得該当性を確認することができるということを意味する。

　　✍ バスケット・カテゴリーとしての規定から，雑所得を積極的に定義することは不可能であるといわれることが多いが，このようなバスケット・カテゴリー的な規定をするの

は雑所得だけではない。すなわち，一時所得も利子所得から譲渡所得に該当しない所得（以下「8つの所得以外の所得」という。）のうちの一定の性質を有する所得区分として規定されており，その限りでは雑所得と類似の性質を有するといえる（一時所得の性質や要件については，注解所得税法研究会・注解911頁以下，酒井・論点研究201頁以下）。ただし，これら8つの所得以外の所得のうち，営利を目的とする継続的行為から生じた所得であること，および，労務その他の役務または譲渡の対価としての性質を有することの2つの要件のうちいずれかを満たすときは雑所得として，いずれの要件も欠くときには一時所得として所得税が課されることになる（🔍**15**─236頁の図表2参照）。

　所得の源泉を問わずすべての所得を課税対象として捉える包括的所得概念の考え方は，雑所得なくして成り立ち得ないともいえる。このような意味では，雑所得の有する消極的性質は理論上は非常に重要な意味を有しているといっても過言ではない。包括的所得概念が所得の源泉を問わないという立場に立つことと，所得を源泉の違いに応じて分類した上で課税ルールを定めている現行所得税法の考え方は，実は雑所得という所得区分があって初めて両立し得るのである。

　このように雑所得には，様々な源泉の所得が混入している。さらにいえば，源泉が必ずしも判明していない所得については，所得区分が判然としないことになるが，それが所得である限り，包括的所得概念の下，担税力を指標とする所得課税がなされることになる。したがって，源泉不明所得については雑所得として課税されることになると思われる。

　この点をこれまでの必要経費の理解とあわせて整理すると，雑所得は，業務による所得と業務活動とは何ら関係のない所得とに区分することができるところ，還付加算金は何ら業務活動によって得られた所得ではない点からすれば後者に分類される。所得税法37条1項の適用問題との関係でみると，業務活動によって得られた所得のみが，必要経費算入の問題に関わるのであって，還付加

図表6

216 第3章 課税要件事実論─各論

算金のような業務活動によって得られた所得以外の所得については，必要経費
算入の余地はないとする解釈が導出されるのではなかろうか。

(イ) 所得税基本通達改正概観

国税庁は令和2年分から，雑所得の金額を①公的年金等に係る雑所得，②業
務に係る雑所得，③①②以外の雑所得と3つの区分で構成されるような形での
確定申告書を作成していた。確定申告用紙は法定されたものではなく，あくま
でも所得税法についての国税庁の解釈を様式化したものであるから，いわば同
庁はこの段階で，所得税法35条《雑所得》をかように解釈していたものといえよ
う。

その後，国税庁はパブリックコメントを実施し，同条の解釈通達である所得
税基本通達35-1《その他雑所得の例示》ないし35-2《業務に係る雑所得の例示》の改
正案を示した。その上で，令和4年10月7日をもって図表7のように通達を改
正した。

ここでは，従来の所得税基本通達35-1の《雑所得の例示》という表題を《その
他雑所得の例示》に変更している。同通達の柱書きから明らかなとおり，所得税
法35条1項の「雑所得」を①公的年金等，②業務に係る雑所得，③その他雑所
得の3つに分類した上で，②については35-2において，③については35-1に
おいて例示する形で改正通達を発遣したのである。

条文の基本的な読み方として，「その他」は「その他の」との表記とは異な
り，「その他」の前に示された例と「その他」の後に示された例とが並列である
ことはいうまでもない。すなわち，そのことは，①公的年金等に係る雑所得と
②業務に係る雑所得に並列して③その他雑所得が観念されているということを
意味する。ここでの関心事項は，②と③が並列であるという点である。

ここにいう「係る」を「関わる」と解釈することが許されるとすれば，②が
業務に関わる雑所得であるのに対して，③は業務に関わらない雑所得であると
いうことを意味する。そうであるとすると，③のその他雑所得の例示の雑所得
はすべて業務に関わらないものということになる。すなわち，上記図表6の考
え方で通達改正がなされたのである。

図表 7　所得税基本通達新旧対照表（令和 4 年 10 月 7 日付け課個2–21ほか）

（注）アンダーラインを付した部分は，改正部分である

改正後	改正前
（その他雑所得の例示） **35-1**　次に掲げるようなものに係る所得は，その他雑所得（公的年金等に係る雑所得及び業務に係る雑所得以外の雑所得をいう。）に該当する。 (1)〜(11)　省 略 (12)　譲渡所得の基因とならない資産の譲渡から生ずる所得（営利を目的として継続的に行う当該資産の譲渡から生ずる所得及び山林の譲渡による所得を除く。）	**（雑所得の例示）** **35-1**　次に掲げるようなものに係る所得は，雑所得に該当する。 (1)〜(11)　同 左 （新設）
（業務に係る雑所得の例示） **35-2**　次に掲げるような所得は，事業所得又は山林所得と認められるものを除き，業務に係る雑所得に該当する。 (1)〜(6)　省 略 (7)　営利を目的として継続的に行う資産の譲渡から生ずる所得 (8)　省 略 （注）　事業所得と認められるかどうかは，その所得を得るための活動が，社会通念上事業と称するに至る程度で行っているかどうかで判定する。 　　なお，その所得に係る取引を記録した帳簿書類の保存がない場合（その所得に係る収入金額が300万円を超え，かつ，事業所得と認められる事実がある場合を除く。）には，業務に係る雑所得（資産（山林を除く。）の譲渡から生ずる所得については，譲渡所得又はその他雑所得）に該当することに留意する。	**（事業から生じたと認められない所得で雑所得に該当するもの）** **35-2**　次に掲げるような所得は，事業から生じたと認められるものを除き，雑所得に該当する。 (1)〜(6)　同 左 (7)　不動産の継続的売買による所得 (8)　同 左

218　第 3 章　課税要件事実論―各論

〔注〕

(1)　判例評釈として，鎌野真敬・平成20年度最高裁判所判例解説〔民事篇〕542頁（2011），同・ジュリ1379号105頁（2009），岩﨑政明・判時2048号153頁（2009），堺澤良・税務事例41巻12号56頁（2009），今村隆・自研86巻 4 号138頁（2010），豊田孝二・速報判例解説 4 号〔法セ増刊〕257頁（2009），林仲宣・税弘57巻 6 号132頁（2009），浅妻章如・法協128巻11号2931頁（2011），酒井克彦・税65号 9 号10頁（2010），酒井・ブラッシュアップ392頁など参照。

(2)　国税不服審判所裁決例として，例えば，国税不服審判所昭和53年 7 月19日裁決（裁決事例集16号12頁）は，還付加算金を，賦課徴収手続の瑕疵等の賠償として支払うという性質のものではなく，納税者を過誤納がなかったのと同じ経済的立場に置こうとする配慮および納税者が国税を滞納した場合に延滞税が課せられることとのバランスを考慮して支払われるものと解するのが相当であるとして，非課税規定の適用はなく，雑所得に該当するとしている。

(3)　判例評釈として，武内光治・税理21巻 3 号197頁（1978），高梨克彦・シュト184号 1 頁（1977）など参照。

(4)　判例評釈として，白崎浅吉・税通33巻14号120頁（1978），戸松秀典・判評235号127頁（1978）など参照。

(5)　判例評釈として，高梨克彦・シュト151号 1 頁（1974）参照。

(6)　引用箇所は，原審神戸地裁平成 9 年 2 月17日判決（税資222号456頁）の一部を変更して論じた部分である。なお，上告審最高裁平成12年 7 月17日第一小法廷判決（税資248号343頁）において，上告は棄却されている。

(7)　判例評釈として，林仲宣・シュト297号 1 頁（1986）参照。

(8)　判例評釈として，山田二郎・税法566号463頁（2011），増田英敏・税弘60巻 6 号114頁，7 号96頁（2012），牛嶋勉・税務事例研究129号36頁（2012），千田喜造・税理55巻 2 号150頁（2012），一杉直・国税速報6195号16頁（2011），豊田孝二・速報判例解説12号〔法セ増刊〕205頁（2013），長島弘・税務事例44巻 9 号10頁（2012）など参照。

(9)　判例評釈として，三木義一・青山法学論集〔青山学院大学〕54巻 4 号11頁（2013），品川芳宣・税研168号78頁（2013），同・T&AMaster486号18頁（2013），浅妻章如・速報税理2013年 2 月 1 日号40頁（2013），一杉直・国税速報6252号37頁（2013），伊川正樹・税法569号15頁（2013），山田麻未・税法571号233頁（2014），佐々木栄美子・税理55巻15号88頁（2012），橋本守次・税務事例44巻12号 1 頁（2012），佐藤孝一・税務事例45巻 2 号 1 頁（2013），金子友裕・税務事例45巻 2 号31頁（2013）など参照。

(10)　武田昌輔監修『コンメンタール所得税法』2673頁（第一法規加除式）は，「所得税法は，所得とは何かという定義は与えずに所得を10種類に分類し，各種所得について具体的にその内容を定めているが，最後に雑所得というバスケット・カテゴリーを設け，他の所得分類に該当しないものはすべてこの所得分類で受ける方法をとっている。」とする。

14 所得税法─給与所得該当性

(1) 事案の紹介

X社（原告）は，①民間教育機関および公的教育機関（以下「教育機関等」という。）から講師による講義等の業務を，一般家庭から家庭教師による個人指導の業務を，それぞれ受託する一方，②X社の上記①の各業務に係る講師または家庭教師としてX社と契約を締結し，上記①の教育機関等における講義等または一般家庭における個人指導の業務を行った者に対し，当該契約所定の金員（交通費を除く。以下「本件各金員」という。）を支払っていた（以下，X社との間の契約に基づき教育機関等における講師として講義等の業務を行う者を「本件塾講師」といい，一般家庭における家庭教師として個人指導の業務を行う者を「本件家庭教師」といい，両者をあわせて「本件塾講師等」という。また，X社に対して講義等を委託した教育機関等を「本件教育機関等」といい，家庭教師による個別指導の業務を委託した一般家庭を「本件会員」という。）。

図表1

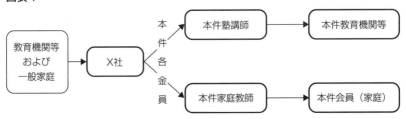

X社は，本件塾講師等に対して支払った本件各金員が所得税法28条（給与所得）1項に規定する給与等に該当しないことを前提として，本件各金員につき源泉所得税の源泉徴収をせずに申告をしたところ，税務署長Y（被告）は，本件各金員は給与等に該当するとして納税告知処分を行った。これに対し，X社が同処分の取消しを求めて提訴したのが本件である。

なお，これは東京高裁平成25年10月23日判決（税資263号順号12319）[1]を素材として加工したものである。

220　第3章　課税要件事実論―各論

⑵　前提事実

　X社は，教育機関等から本件塾講師による講義等の業務を受託するなどの事業等を行っている。X社のホームページやパンフレットには，次のような記載がある。

　本件塾講師になることを希望する者は，講師仮登録をした後，原則としてX社の事務所にて，教科テスト，講師適正テストおよび面接を受けた上で，登録がなされる。X社は，本登録をした者の中から，本件塾講師となる者の候補者を選定する。当該候補者は，X社の事務所で「紹介研修」において，仕事先の特徴や講師としての心構え，仕事先で受ける面接や模擬授業のコツなどについて具体的なレクチャーを受け，その後，教育機関等における面接に合格すると本件塾講師として講義等の業務に当たる。X社においては，本件塾講師が指導を行うに当たり，必ず研修を行っている。

　X社と本件教育機関等との間の「基本登録規約」には，業務契約として，雇用契約であることを示す内容はない。

ア　請求の趣旨

①　YがX社に対し，平成○年○月○日付けでなした源泉所得税の納税告知処分を取り消す。

②　訴訟費用はYの負担とする。

との判決を求める。

イ　請求原因

①　Yは，平成○年○月○日付けで，X社が支払った本件金員を所得税法28条1項に規定する給与等に当たるとして納税告知処分をしたこと。

②　X社は，請求原因①の納税告知処分を不服として，平成○年○月○日，本件各処分につき，Yに対して異議を申し立てたが，同年○年○月○日付けで棄却されたため，同年○月○日，国税不服審判所長に対し審査請求をしたところ，これも同年○月○日付けで棄却されたこと。

③　請求原因①の納税告知処分は，本件金員が事業所得または雑所得であるにもかかわらず，給与所得であると認定した違法があること。

ウ　抗弁

①　X社が支払った本件金員は，給与所得に該当すること。

②　本件塾講師等の平成○年分の給与所得金額は○円，同○年分の給与所得

金額は○円，同○年分の給与所得金額は○円であること。

③　本件塾講師等の平成○年分の所得控除の合計額は○円，同○年分の所得控除の金額は○円，同○年分の所得控除の金額は○円であること。

⑶　判決の要旨

ア　東京地裁平成25年4月26日判決

第一審東京地裁平成25年4月26日判決（税資263号順号12210。以下「本件地裁判決」という。）は，次のように判示して，給与所得に該当することを前提とした課税処分を適法とした。

> 「最高裁昭和56年判決は，業務の遂行ないし労務の提供…から生ずる所得が所得税法上の事業所得と給与所得のいずれに該当するかを判断するに当たっては，租税負担の公平を図るため，所得を事業所得，給与所得等に分類し，その種類に応じた課税を定めている所得税法の趣旨，目的に照らし，当該業務ないし労務及び所得の態様等を考察しなければならないなどとした上で，その『判断の一応の基準』として，『事業所得とは，自己の計算と危険において独立して営まれ，営利性，有償性を有し，かつ反覆継続して遂行する意思と社会的地位とが客観的に認められる業務から生ずる所得をいい，これに対し，給与所得とは雇傭契約又はこれに類する原因に基づき使用者の指揮命令に服して提供した労務の対価として使用者から受ける給付をいう。なお，給与所得については，とりわけ，給与支給者との関係において何らかの空間的，時間的な拘束を受け，継続的ないし断続的に労務又は役務の提供があり，その対価として支給されるものであるかどうかが重視されなければならない。』と判示している。すなわち，同判決は，労務の提供等から生ずる所得の給与所得該当性について，①そのような所得のうち『自己の計算と危険において独立して営まれ，営利性，有償性を有し，かつ反覆継続して遂行する意思と社会的地位とが客観的に認められる業務から生ずる所得』を給与所得の範ちゅうから外した上で（これにより，労務の提供等が自己の計算と危険によらないものであること〔労務の提供等の非独立性〕が，給与所得該当性の判断要素として位置付けられることになる。），②労務の提供等から生ずる所得が『雇傭契約又はこれに類する原因に基づき使用者の指揮命令に服して提供した労務の対価として使用者から受ける給付をいう。なお，給与所得については，とりわけ，給与支給者との関係において何らかの空間的，時間的な拘束を受け，継続的ないし断続的に労務又は役務の提供があり，その対価として支給されるものであるかどうか』を重視して判断するという枠組みを提示したものであるが，同判決も明示しているとおり，そこに示されているのは，飽くまでも『判断の一応の基準』にとどまるものであって，業務の遂行ないし労務の提供から生ずる所得が給与所得に該当するための必要要件を示したものではない。」
>
> 「〔給与所得を規定する所得税法28条1項では，〕国会議員が国から受ける給与を意味する『歳費』（憲法49条）が給与所得に含まれることを明らかにしており，また，例えば，法人の役員が当該法人から受ける報酬及び賞与が給与所得に含まれることは特

222　第3章　課税要件事実論—各論

に異論がないところ，これらの者の労務の提供等は，自己の危険と計算によらない非独立的なものとはいい得ても，使用者の指揮命令に服してされたものであるとはいい難いものであって，労務の提供等が使用者の指揮命令を受けこれに服してされるものであること（労務の提供等の従属性）は，当該労務の提供等の対価が給与所得に該当するための必要要件とはいえないものというべきである。最高裁平成17年判決が，米国法人の子会社である日本法人の代表取締役が親会社である米国会社から付与されたいわゆるストック・オプションを行使して得た利益を給与所得に当たると判断するに当たって，『雇用契約又はこれに類する原因に基づき提供された非独立的な労務の対価として給付されたものとして，所得税法28条1項所定の給与所得に当たる』との判示をしているのも，以上に述べたような考え方を前提としたものであると解される。」

イ　東京高裁平成25年10月23日判決

控訴審東京高裁平成25年10月23日判決（以下「本件高裁判決」という。）は，次のように一部追加・変更した上で，本件地裁判決の判断を維持した。

> 「最高裁昭和56年判決…，最高裁平成13年判決〔筆者注：民法上の組合の組合員が組合の事業に係る作業に従事して支払を受けた収入に係る所得が給与所得に当たるとした最高裁平成13年7月13日第二小法廷判決・裁判集民事202号673頁〕及び最高裁平成17年判決…は，当該所得が給与所得に該当するかに関し，これを一般抽象的に分類すべきものではなく，その支払（収入）の原因となった法律関係についての当事者の意思ないし認識，当該労務の提供や支払の具体的態様等を考察して客観的，実質的に判断すべきことを前提として，それぞれの事案に鑑み，いわゆる従属性あるいは非独立性などについての検討を加えているものにすぎず，従属性が認められる場合の労務提供の対価については給与所得該当性を肯定し得るとしても（したがって，そのような観点から従属性を示すものとされる点の有無及び内容について検討するのは何ら不適切なものではない。），従属性をもって当該対価が給与所得に当たるための必要要件であるとするものではない〔。〕」
>
> 「そして，給与所得に該当することが明らかな国会議員の歳費や会社の代表取締役の役員報酬・役員賞与などは，それらの者の労務の提供が従属的なものとはいい難く，従属性を必要要件とする解釈は，歳費及び賞与を給与所得として例示列挙する所得税法28条1項の解釈として採り得ない（X社が挙げる職務専念義務などによって従属性における指揮命令関係を直ちに肯定することはできない）〔。〕」

(4)　給与所得該当性

ア　給与所得の範囲

所得税法28条1項は次のとおり規定しているが，通説・判例は，原則的には，雇用関係またはこれに類する関係に基づき支給される労務の対価を給与所得とする[2]。

> ### 所得税法28条《給与所得》
>
> 　給与所得とは，俸給，給料，賃金，歳費及び賞与並びにこれらの性質を有する給与（以下この条において「給与等」という。）に係る所得をいう。

　例えば，金子宏東京大学名誉教授は，給与所得を「勤労性所得（人的役務からの所得）のうち，雇用関係またはそれに類する関係において使用者の指揮・命令のもとに提供される労務の対価を広く含む概念」であるとし，「非独立的労働ないし従属的労働の対価と観念することもできる」と論じられる（金子・租税法246頁）。このように，学説は，支払の原因となる法律関係が雇用関係あるいは雇用関係類似のものであるのかどうか，労務提供がいかなる形で行われたものであるのかという2つの異なる観点から，給与所得の範囲を定義付けてきた。

　　✐　給与所得の定義については多くの学説が同様の捉え方をする。例えば，清永・税法91頁，水野・租税法229頁，注解所得税法研究会・注解512頁，山田二郎『税法講義〔第2版〕』66頁（信山社出版2001），岡村忠生『所得税法講義』174頁（成文堂2007）など参照。

　判例においても，同様にこれらのアプローチが採用されている。もっとも，前者に軸足を置くか，後者に軸足を置くかについては，事例に応じて異なっているといえる。

　弁護士が特定の顧問先から受ける報酬の所得区分が，事業所得と給与所得のいずれに該当するかが争点となったいわゆる弁護士顧問料事件において，最高裁昭和56年4月24日第二小法廷判決（民集35巻3号672頁[3]。以下「最高裁昭和56年判決」ともいう。）は，次のように説示し，給与所得に当たるとして納税者の主張を斥けている。

> 　「給与所得とは雇傭契約又はこれに類する原因に基づき使用者の指揮命令に服して提供した労務の対価として使用者から受ける給付をいう。なお，給与所得については，とりわけ，給与支給者との関係において何らかの空間的，時間的な拘束を受け，継続的ないし断続的に労務又は役務の提供があり，その対価として支給されるものであるかどうかが重視されなければならない。」

　この最高裁昭和56年判決の給与所得該当性に係る判断メルクマールは，その後の裁判例においても，おおむね支持されてきたものといえる。例えば，外国親会社から付与されたストック・オプションを日本子会社の従業員が行使したことによる権利行使益が給与所得もしくは雑所得に該当するかあるいは一時所

得に該当するかが争点とされたいわゆる親会社ストック・オプション訴訟において，最高裁平成17年1月25日第三小法廷判決（民集59巻1号64頁[4]。以下「最高裁平成17年判決」ともいう。）は，次のように説示している。

> 「本件権利行使益は，雇用契約又はこれに類する原因に基づき提供された非独立的な労務の対価として給付されたものとして，所得税法28条1項所定の給与所得に当たるというべきである。」

このように修正を加えつつも，「給与所得とは雇傭契約又はこれに類する原因に基づき使用者の指揮命令に服して提供した労務の対価」という最高裁昭和56年判決の解釈が継承されてきたのである。

 ✍ なお，注意が必要であるが，「使用者からの支給」という点については，承継されておらず，その点を強調して主張した納税者の主張は排斥されている。

判例が「雇用契約」を基礎とし，それに類する原因としているのに対して，学説は，前述の金子説にみられるように「雇用関係」という点から捉えており，学説の方がその範囲をより広角に捉えているようにも思われる。

イ　弁護士顧問料事件最高裁昭和56年判決

給与所得該当性を検討するに当たっては，前述の最高裁昭和56年判決が参考となる。同判決は，事業所得については独立性要件によって説明し，給与所得については従属性要件によって説明している。

図表2

事業所得 〔独立性による説明〕	給与所得 〔従属性による説明〕

すなわち，「事業所得とは，自己の危険と計算において独立して営まれ，営利性，有償性を有し，かつ，反覆継続して遂行する意思と社会的地位とが客観的に認められる業務から生ずる所得をいい，これに対し，給与所得とは雇傭契約又はこれに類する原因に基づき使用者の指揮命令に服して提供した労務の対価として使用者から受ける給付をいう。」とするのである。この事業所得の要件の部分を「独立性要件」といい，給与所得の要件の部分を「従属性要件」と

呼ぶことが多い。

　ここにいう「従属性」とは，指揮命令に服するかとか，空間的・時間的拘束を受けるような立場での役務提供かどうかという「地位」の見地からの考察であるのに対して，「独立性」とは，自己の危険と計算における意味での独立性であるから，いわばリスクや資金を自分で負担せずに行われた役務に対する対価かどうかという「負担」の見地からの考察であるとみることができる。

(ｱ) 独立性要件―事業所得該当性

　事業所得と給与所得を画するメルクマールの１つに独立性要件がある。最高裁昭和56年判決がいうように，自己の危険と計算において独立して営まれるような業務から生じた所得は事業所得に該当するというわけである。

　この点，前述の最高裁平成17年判決は，「本件権利行使益は，雇用契約又はこれに類する原因に基づき提供された非独立的な労務の対価として給付されたものとして，所得税法28条１項所定の給与所得に当たる」と判示しているが，ここにいう「非独立的」とは上記の独立性を有しない所得であるという意味であり，給与所得該当性が独立性のない所得という観点から論じられた珍しい判断であった。

(ｲ) 従属性要件―給与所得該当性

　最高裁昭和56年判決は，さらに，なお書きにおいて，「とりわけ給与所得者との関係において何らかの空間的，時間的な拘束」を受けたものを給与所得というとしている。素直に理解すれば，この空間的，時間的な拘束とは，給与支給者と給与受給者との関係を指していると理解することができそうである。しかしながら，そのように理解すると，前段で給与支給者と給与受給者との関係

図表３　雇用契約に限定しない解釈

について，「雇傭契約又はこれに類する原因に基づき」としているのであるか
ら，改めて給与支給者と給与受給者との関係を論じる必要はないように思われ
る。

　そこで，この疑問点について考えたい。

　最高裁昭和56年判決によれば，給与支給者と給与受給者との関係は「雇傭契
約」という法律関係がある場合のみならず，「これに類する原因」のある関係
をも含むものとしているのであるから，その判断は難しいところである。そこ
で，前段では，単に「これに類する原因」と説示するにとどめ，これを明らか
にするために，同判決は，なお書きにおいて「何らかの空間的，時間的な拘束」
を受ける関係があるかどうかが重要であると説明したのではないかと思われる。

図表4　使用者の指揮命令に限定しない解釈

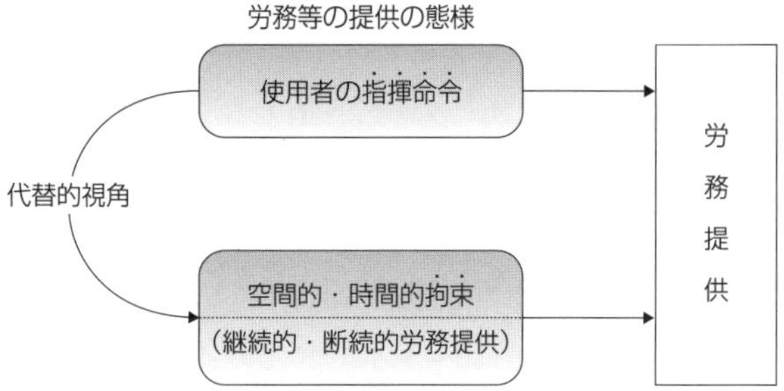

労務等の提供の態様

使用者の指揮命令

代替的視角

空間的・時間的拘束
（継続的・断続的労務提供）

労
務
提
供

　すなわち，雇用契約がないと指揮命令関係を観念できないが，その場合であ
っても，指揮命令があったとまではいえないとしても，空間的ないし時間的な
拘束があれば（その場合には継続的ないし断続的な労務の提供が要求されるが），給与所
得に該当し得ることを最高裁昭和56年判決は明らかにしたのではなかろうか。
この点は，同判決が，必ずしも雇用契約のみにこだわっているわけではないと
いう態度を示していることの帰結の1つともいえよう。

　すると，空間的ないし時間的拘束の有無は，使用者の指揮命令に服している
か否かが必ずしも明確ではない労務提供関係下においては，重要な要件となる
と解することができる。

図表5　給与所得該当性

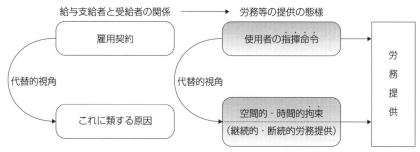

ウ　親会社ストック・オプション訴訟最高裁平成17年判決

　上記のとおり，最高裁昭和56年判決は，事業所得については独立性要件によって説明し，給与所得については従属性要件によって説明している（前掲図表2参照）。これに対して，最高裁平成17年判決は，独立性要件のみから給与所得該当性を判示したのである。

　一部前述した部分と重なるが，最高裁平成17年判決は次のように判示している。

> 「事実関係によれば，本件ストックオプション制度は，B社グループの一定の執行役員及び主要な従業員に対する精勤の動機付けとすることなどを企図して設けられているものであり，B社は，上告人〔筆者注：第一審原告〕が上記のとおり職務を遂行しているからこそ，本件ストックオプション制度に基づき上告人との間で本件付与契約を締結して上告人に対して本件ストックオプションを付与したものであって，本件権利行使益が上告人が上記のとおり職務を遂行したことに対する対価としての性質を有する経済的利益であることは明らかというべきである。そうであるとすれば，本件権利行使益は，雇用契約又はこれに類する原因に基づき提供された非独立的な労務の対価として給付されたものとして，所得税法28条1項所定の給与所得に当たるというべきである。所論引用の判例は本件に適切でない。」

　このように，最高裁平成17年判決は，「非独立的な労務の対価」をもって給与所得に該当するとしたのである。

エ　2つの最高裁判決

　これら2つの最高裁判決は，異なる課税要件で給与所得該当性を判断している。2つの最高裁判決をどのように理解すべきであろうか。

　考えられる立論として，最高裁平成17年判決が，最高裁昭和56年判決にいう

図表 6

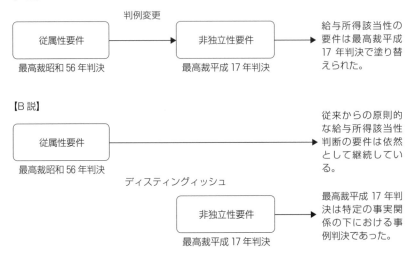

　給与所得該当性の要件（従属性要件）を塗り替えたとする見解（ここでは，「A説」という。）と，依然として最高裁昭和56年判決の給与所得該当性の要件は原則的に存在しており，むしろ，最高裁平成17年判決の給与所得該当性の要件（非独立性要件）は例外的なものとする見解（ここでは，「B説」という。）があり得よう。

　この点については，最高裁平成17年判決が，最高裁昭和56年判決の法的拘束力を減じたものとみるべきではないと思われる。まして大法廷判決による判例変更がなされたわけでもないのである（裁判所法10三）。したがって，最高裁昭和56年判決が依然として判例としての先例拘束性を有していることには間違いがない。すると，B説が妥当というべきであろう（図表6）。

　ところで，上記の引用箇所のうち「所論引用の判決は本件に適切でない。」としたように，最高裁平成17年判決は，最高裁昭和56年判決の射程範囲がストック・オプションの権利行使益に係る所得区分が争われた事例には及ばないと判示したのであるが，弁護士顧問料事件は弁護士が委嘱契約をしている会社から得た顧問料の所得区分が争われた事例であり，そこでの支給者は役務の提供を受けた者であって，二当事者間での役務提供とそれに対する対価の支払が基礎となっている事例であった。これに対して，親会社ストック・オプション訴

訟では，ストック・オプションの権利行使益を受けた者は，ストック・オプション契約に基づき直接の雇用関係にない子会社従業員であり，その者が親会社から受けたストック・オプションに基づいて経済的利益の給付を得たという事例であった。すなわち，受給者は労務の提供を，支給者である親会社に対して行ったものではなく，子会社に対して行ったものであるから，経済的利益の受給者と支給者の関係が労務の提供者と労務を受けた者という関係にあるものではなかったのである。労務の提供者と労務提供を受けた者以外の者によって経済的利益の給付がなされたという，いわば特異なケースであり，最高裁昭和56年判決の役務提供とそれに対する給付という関係を表す二当事者関係の事案とは異なるものであった。労務提供者（受給者）および労務の提供を受けた者（子会社），そして経済的利益の支給者（親会社）という三当事者関係がその基礎にあったのである。

　このことは，単に事実関係において，二当事者関係か三当事者関係かという違いだけを意味するのではなく，最高裁昭和56年判決において，給与所得該当性が議論されている際には，使用者以外の者による給付に係る所得が給与所得に該当するか否かというような論点が全く議論されてはいなかったというところが重視された結果である，と思われるのである。

Tax Lounge　　**台湾の土地増値税と孫文の構想**

　台湾の土地増値税は，少数の者が土地について独占ないし投機問題が生じるのを未然に防ぐという趣旨をもつ，土地に対する重課措置である。中華民国憲法143条3項は，「私有の土地は，地価に応じて納税しなければならず，かつ政府は，地価に照らして買収することができる。土地の価値にして，自然高騰の部分に対し，国家が土地増値税を徴収し，これを人民が共に享受するものに帰せしめねばならない」と規定する。

　具体的には，土地購入時と売却時との時価を比較して，譲渡益が多くなるほど段階的に高くなる累進税率構造となっている。

　孫文は，「三民主義」の『民主主義』第2講において，「土地価格が増加する理由はみんなの力，みんなの功労によるもので，地主は地価の騰落に関しては少しも関係がない。」「このような進歩と改良の功労はみんなの力によって経営された結果である。そのためこのような改良と進歩によって上昇した地価は，みんなの所有に帰すべきであり，個人が所有してはならない。」と述べている。この考え方が背景にあるというわけである（林家慧「台湾における土地増値税に関する一考察—税率半減措置を中心として—」国士舘大学政経論集12号37頁（2009）を参考にした。）。

ストック・オプション制度は最高裁昭和56年判決の当時，少なくとも我が国においてはなじみのない制度であったといえるものである。したがって，このような新種のインセンティブ報酬制度に係る所得の所得区分が給与所得に該当するか否かを判断する先例とはなり得ないものであることは明白である。このようなことから，最高裁平成17年判決は最高裁昭和56年判決を「本件に適切でない」としてディスティングィッシュ（☞ディスティングィッシュとは）したと解することができよう。

もっとも，最高裁昭和56年判決の当時になかった雇用形態や勤務体系，あるいは給与支給制度であるからといって，それらすべてが同判決の射程範囲外にあると解するのは短絡にすぎる。最高裁平成17年判決が最高裁昭和56年判決を射程外にあるとしたのは，再述するが役務提供を受けた者以外の者から受けた給付が給与所得に該当するかどうかというきわめてユニークな論点が，およそ当該判決の当時，論点にはなり得ないものであったからである。そのように考えると，非独立性要件のみを給与所得該当性の要件とした最高裁平成17年判決の考え方の射程範囲は必ずしも広いものとはいえないようにも思えるのである。このように考えるとＢ説が妥当であるように思われる（図表6参照）。

☞　**ディスティングィッシュ（Distinguish）** とは，先例と区別するという意味である。現に問題となっている事件に関し，一見当てはまりそうな先例がある場合に，その先例の事実関係とこの事件の事実関係との間には，「重要な事実」に差異があり，したがって当該先例を適用してこの事件を解決するのは適当でないことをいう。判例法の運営に関する1つの技術であると説明されている（酒井・フォローアップ129頁）。

このように，給与所得については「非独立的」な労務の対価という捉え方と「従属的」な労務の対価という捉え方の2つの観点から整理されてきているのである。

図表7　給与所得の要件事実

14 所得税法—給与所得該当性 231

〔注〕

(1) 判例評釈として，中川大志・名城法学論集〔名城大学〕42号35頁（2015），宮崎綾望・速報判例解説17号〔法セ増刊〕233頁（2015），長島弘・税務事例46巻12号22頁（2014），47巻2号20頁（2015），酒井克彦・税務事例46巻1号1頁，2号20頁（2014）など。ファルクラム租税法研究会＝酒井克彦・税弘63巻8号105頁，9号191頁（2015）も参照。

(2) 給与所得の範囲については，酒井克彦「給与所得の意義としての非独立的な立場からの労務提供対価—所得区分を巡る諸問題—」税務事例38巻3号50頁（2006）以下も参照。

(3) 判例評釈として，園部逸夫・租税百選〔2〕64頁（1983），同・ジュリ746号92頁（1981），同・曹時35巻4号137頁（1983），原田尚彦・昭和56年度重要判例解説〔ジュリ臨増〕49頁（1982），碓井光明・判時1020号156頁（1982），清永敬次・民商85巻6号113頁（1982），玉國文敏・租税百選〔3〕52頁（1992），高野幸大・租税百選〔4〕63頁（2005），奥谷健・租税百選〔7〕76頁（2021）など参照。

(4) 判例評釈として，増田稔・平成17年度最高裁判所判例解説〔民事篇〕39頁（2008），同・ジュリ1310号147頁（2006），塩崎勤・民情226号94頁（2005），吉村政穂・租税百選〔4〕70頁（2005），酒井貴子・租税百選〔7〕78頁（2021），川田剛・国際税務25巻6号42頁（2005），品川芳宣・税研121号42頁（2005），安井和彦・税務事例37巻5号29頁（2005），鳥飼重和・法セ51巻3号6頁（2006），堀口和哉・税務事例38巻9号10頁（2006），橋本慎一朗・税研148号55頁（2009），酒井克彦・国税速報5580号5頁，5594号5頁（2004），5685号5頁（2005），酒井・ブラッシュアップ119頁など参照。

232　第3章　課税要件事実論—各論

15　所得税法—一時所得該当性

(1)　事案の紹介

　X（原告）は，自宅のパソコン等を用いてインターネットを介して購入代金および当たり馬券の払戻金の決済を銀行口座で行えるという日本中央競馬会が提供するサービスを利用し，馬券を自動的に購入できる市販のソフトを使用して馬券を購入していた。Xは，同ソフトを使用して馬券を購入するに際し，馬券の購入代金の合計額に対する払戻金の合計額の比率である回収率を高めるように，インターネット上の競馬情報配信サービス等から得られたデータを自らが分析した結果に基づき，同ソフトに条件を設定してこれに合致する馬券を抽出させ，自らが作成した計算式によって購入額を自動的に算出していた。この方法により，Xは，毎週土日に開催される中央競馬のすべての競馬場のほとんどのレースについて，数年以上にわたって大量かつ網羅的に，1日当たり数百万円から数千万円，1年当たり10億円前後の馬券を購入し続けていた。Xは，このような購入の態様をとることにより，当たり馬券の発生に関する偶発的要素を可能な限り減殺しようとするとともに，購入した個々の馬券を的中させて払戻金を得ようとするのではなく，長期的にみて当たり馬券の払戻金の合計額と外れ馬券を含むすべての馬券の購入代金の合計額との差額を利益とすることを意図し，実際に本件の公訴事実とされた平成○年から同○年までの3年間は，平成○年に約1億円，平成○年に約2,600万円，平成○年に約1,300万円の利益を上げていた。しかしながら，Xは確定申告をしていなかった。

　そこで，税務署長Y（被告）は，Xの上記の利益に係る所得税について一時所得に該当し，当たり馬券に係る総収入金額から控除できる金額は当該当たり馬券の購入費用のみであるとして所得税決定処分および無申告加算税賦課決定処分を行った。Xは，Xの馬券から得た収入は雑所得に当たり，外れ馬券の購入費用は，雑所得の金額の計算上控除し得る必要経費に該当するとして，決定処分等の取消しを求めて提訴した。

　この事案は，いわゆる馬券訴訟最高裁平成27年3月10日第三小法廷判決（刑集69巻2号434頁）[1]を素材として加工したものである。

ア　請求の趣旨

① 　YがXに対し，平成〇年〇月〇日付けでなした同人の同〇年分から同〇年分の所得税の更正処分を取り消す。

② 　訴訟費用はYの負担とする。

との判決を求める。

イ　請求原因

① 　Yは，平成〇年〇月〇日付けで，Xの同〇年分から同〇年分の所得税について，当たり馬券から得られた収入を雑所得ではなく，一時所得であるとし，それぞれ次の金額とする決定処分をしたこと。

　(i) 　平成〇年分…総所得金額を〇円 (給与所得〇円，一時所得〇円)，納付すべき税額を〇円

　(ii) 　平成〇年分…総所得金額を〇円 (給与所得〇円，一時所得〇円)，納付すべき税額を〇円

　(iii) 　平成〇年分…総所得金額を〇円 (給与所得〇円，一時所得〇円)，納付すべき税額を〇円

② 　Xは，請求原因①の決定処分を不服として，平成〇年〇月〇日，本件各処分につき，Yに対して異議を申し立てたが，同年〇月〇日付けで棄却されたため，同年〇月〇日，国税不服審判所長に対し審査請求をしたところ，これも同年〇月〇日付けで棄却されたこと。

③ 　請求原因①の決定処分は，当たり馬券から得られた収入を雑所得ではなく，一時所得であると認定した違法があること。

ウ　抗弁

① 　Xの平成〇年分から同〇年分の所得税に係る馬券収入は，利子所得，配当所得，不動産所得，事業所得，給与所得，退職所得，山林所得，譲渡所得，一時所得のいずれの所得にも該当しない所得ではないため，雑所得に該当しないこと。

② 　Xの平成〇年分の給与所得金額は〇円，同〇年分の給与所得金額は〇円，同〇年分の給与所得金額は〇円であること。

③ 　Xの平成〇年分の所得控除の合計額は〇円，同〇年分の所得控除の金額は〇円，同〇年分の所得控除の金額は〇円であること。

(2) 判決の要旨

　最高裁平成27年3月10日第三小法廷判決は，一時所得該当性について次のように判示する。

> 「所得税法34条1項は，一時所得について，『一時所得とは，利子所得，配当所得，不動産所得，事業所得，給与所得，退職所得，山林所得及び譲渡所得以外の所得のうち，営利を目的とする継続的行為から生じた所得以外の一時の所得で労務その他の役務又は資産の譲渡の対価としての性質を有しないものをいう。』と規定している。そして，同法35条1項は，雑所得について，『雑所得とは，利子所得，配当所得，不動産所得，事業所得，給与所得，退職所得，山林所得，譲渡所得及び一時所得のいずれにも該当しない所得をいう。』と規定している。
> 　したがって，所得税法上，営利を目的とする継続的行為から生じた所得は，一時所得ではなく雑所得に区分されるところ，営利を目的とする継続的行為から生じた所得であるか否かは，文理に照らし，行為の期間，回数，頻度その他の態様，利益発生の規模，期間その他の状況等の事情を総合考慮して判断するのが相当である。
> 　これに対し，Ｙは，営利を目的とする継続的行為から生じた所得であるか否かは，所得や行為の本来の性質を本質的な考慮要素として判断すべきであり，当たり馬券の払戻金が本来は一時的，偶発的な所得であるという性質を有することや，馬券の購入行為が本来は社会通念上一定の所得をもたらすものとはいえない賭博の性質を有することからすると，購入の態様に関する事情にかかわらず，当たり馬券の払戻金は一時所得である，また，購入の態様に関する事情を考慮して判断しなければならないとすると課税事務に困難が生じる旨主張する。しかしながら，所得税法の沿革を見ても，およそ営利を目的とする継続的行為から生じた所得に関し，所得や行為の本来の性質を本質的な考慮要素として判断すべきであるという解釈がされていたとは認められない上，いずれの所得区分に該当するかを判断するに当たっては，所得の種類に応じた課税を定めている所得税法の趣旨，目的に照らし，所得及びそれを生じた行為の具体的な態様も考察すべきであるから，当たり馬券の払戻金の本来的な性質が一時的，偶発的な所得であるとの一事から営利を目的とする継続的行為から生じた所得には当たらないと解釈すべきではない。また，画一的な課税事務の便宜等をもって一時所得に当たるか雑所得に当たるかを決するのは相当でない。よって，Ｙの主張は採用できない。
> 　以上によれば，Ｘが馬券を自動的に購入するソフトを使用して独自の条件設定と計算式に基づいてインターネットを介して長期間にわたり多数回かつ頻繁に個々の馬券の的中に着目しない網羅的な購入をして当たり馬券の払戻金を得ることにより多額の利益を恒常的に上げ，一連の馬券の購入が一体の経済活動の実態を有するといえるなどの本件事実関係の下では，払戻金は営利を目的とする継続的行為から生じた所得として所得税法上の一時所得ではなく雑所得に当たるとした原判断は正当である。」

　また，同最高裁は，本件外れ馬券の購入代金の必要経費該当性について次のように判示した。

> 「雑所得については，所得税法37条1項の必要経費に当たる費用は同法35条2項2号により収入金額から控除される。本件においては，外れ馬券を含む一連の馬券の購入が一体の経済活動の実態を有するのであるから，当たり馬券の購入代金の費用だけでなく，外れ馬券を含む全ての馬券の購入代金の費用が当たり馬券の払戻金という収入に対応するということができ，本件外れ馬券の購入代金は同法37条1項の必要経費に当たると解するのが相当である。
>
> これに対し，Yは，当たり馬券の払戻金に対応する費用は当たり馬券の購入代金のみであると主張するが，Xの購入の実態は，上記のとおりの大量的かつ網羅的な購入であって個々の馬券の購入に分解して観察するのは相当でない。また，Yは，外れ馬券の購入代金は，同法45条1項1号により必要経費に算入されない家事費又は家事関連費に当たると主張するが，本件の購入態様からすれば，当たり馬券の払戻金とは関係のない娯楽費等の消費生活上の費用であるとはいえないから，家事費等には当たらない。
>
> 以上によれば，外れ馬券を含む全ての馬券の購入代金という費用が当たり馬券の払戻金という収入に対応するなどの本件事実関係の下では，外れ馬券の購入代金について当たり馬券の払戻金から所得税法上の必要経費として控除することができるとした原判断は正当である。」

(3)　一時所得の要件と主張・立証責任

一時所得に該当しないということを主張・立証するには，いかなる要件事実を押さえるべきであろうか。

> **所得税法34条《一時所得》**
>
> 　一時所得とは，利子所得，配当所得，不動産所得，事業所得，給与所得，退職所得，山林所得及び譲渡所得以外の所得のうち，営利を目的とする継続的行為から生じた所得以外の一時の所得で労務その他の役務又は資産の譲渡の対価としての性質を有しないものをいう。

所得税法34条は，次のように要件を分解することができる。条文に則して確認をすると，「一時所得とは，①利子所得，配当所得，不動産所得，事業所得，給与所得，退職所得，山林所得及び譲渡所得以外の所得〔8つの所得以外の所得〕のうち，②営利を目的とする継続的行為から生じた所得以外の一時の所得〔一時の所得〕で③労務その他の役務又は資産の譲渡の対価としての性質を有しないもの〔対価としての性質を有しない〕をいう。」とされているから，一時所得に該当するためには次の要件事実をすべて充足する必要がある。

┌───┐
│ ①　8つの所得以外の所得であること。   │
│ ②　継続的行為から生じた所得以外の一時の所得であること。│
│ ③　対価としての性質を有しないものであること。   │
└───┘

　ここで注意が必要なのは，これらの3つの要件事実をすべて充足しなければ一時所得に該当することはないと規定されている点である。

図表1

利子所得
配当所得
不動産所得
事業所得
給与所得 ｝ いずれにも該当しない（争いのない事実）
退職所得
山林所得
譲渡所得

　他の8つの所得に該当しない場合，所得税法には，2つのバスケットカテゴリーがある。

図表2

　すなわち，他の8つの所得に該当しない場合に，一時所得の要件に該当すれば一時所得，該当しなければ雑所得となるのである。このような意味では，一

図表3

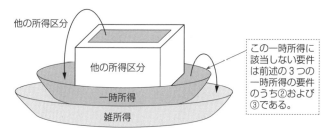

時所得の要件は，実は雑所得の要件としての意味をも有しているといえよう。

そして，②および③の要件はいずれをも充足すれば一時所得（ケース1），片方でも充足しなければ雑所得に該当することになる（ケース2，3，4）。

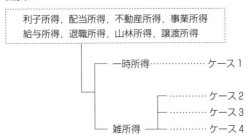

図表4

図表5

	①他の8つの所得以外の所得	②一時の所得	③対価としての性質を有しない	所得区分
ケース1	○（充足）	○	○	一時所得
ケース2	○（充足） ⎫ （本件）	○	×	雑所得
ケース3	○（充足） ⎬	×	○	雑所得
ケース4	○（充足） ⎭	×	×	雑所得
ケース5	×	○	○	雑所得等
ケース6	×	○	×	雑所得等
ケース7	×	×	○	雑所得等
ケース8	×	×	×	雑所得等

(4) **主張・立証活動**

ア 「8つの所得以外の所得」要件

本件においては，この点について当事者間に争いがない。

イ 「継続的行為から生じた所得以外の一時の所得」要件

一時所得は，「物の給付と所得との間に相当因果関係がないこと，ある原因によって偶然に所得が帰属すること」と説明されることがあるように（阿南主税『所得税法体系』650頁（ビジネス教育出版社1969）），その所得の源泉の性質に着目して判断すべき所得類型であると思われる。

「役務の対価たる性質」を有する所得が雑所得とされた昭和27年改正につい

238　第3章　課税要件事実論—各論

ては，「一時所得の概念を偶発的な所得に限定する考え方から，『役務の対価た
る性質』を有する所得はたとえ一時の所得であっても雑所得とすることとされ
〔た〕（その結果それまで一時所得とされていた著述家等以外の者の原稿料等は雑所得に移さ
れ，従前どおり全額が課税の対象とされた。）」と説明されている（武田昌輔編『コンメン
タール所得税法』2632頁（第一法規加除式））。このような説明からすれば，この改正
は，一時所得を単に「一時の所得」か否かという点のみで判断するのではなく，
一時所得が課税の対象から除外されていた理由である「所得源泉性」の有無に
よって判断するという姿勢を一層徹底するために行われたと理解することも可
能である。

　　　🖉　泉美之松氏は，「一時所得というのは，次の三要件のいずれにも該当するものである
　　　ことを要する。」とし，「(1)営利を目的とする継続的行為から生じたものではないこと。
　　　(2)労務その他の役務の対価または資産の譲渡の対価たる性質を有しないものであること。
　　　(3)一時的性質のものであること。」として，一時的性質を要件の1つとしている（泉『所
　　　得税法の読み方〔全訂版〕—所得税法の基礎—』58頁（東京教育情報センター1980））。

　沿革をみれば，一時所得とは所得源泉性の認められない所得であったと理解
できるから，本来所得源泉性の認められるであろう原稿料収入が一時所得に分
類されていたこと自体に矛盾があったとも解し得る。

　そして，一時所得の判断に当たっては，一時的に発生した所得であるという
点のみを判断基準としてみるべきか，もしくは，本質的に所得源泉性の有無を
みるべきかという議論が重要性を増してくる。一時的な所得は，経験則的には
所得源泉性が認められないことが多いであろう。問題となるのは，現象面とし
て一時的に発生する所得であっても，所得源泉性が認められる所得について，
これを一時所得に分類すべきか否かという場合である。そもそも，一時所得と
は所得源泉性の認められない所得区分であるという点から，「所得源泉性の認
められないこと」を同所得の要件事実として捉えることが可能となる。この点
にかんがみれば，たとえ一時に発生する所得であったとしても，そのことのみ
をもって一時所得に分類すると理解することは妥当ではないと思われる。

　　　🖉　忠佐市氏も，一時所得を「定型的な所得源泉を有しない」不規則的，偶発的な所得と
　　　される（忠『租税法要綱〔第9版〕』12頁（森山書店1979））。

　この点，大島隆夫氏は，「極めて寡作な作家の所得などは現象的には一時の
所得であっても性質的には一時の所得とはいえないので一時所得ではない」と
し，逆に「性質的に一時所得であっても現象的に一時の所得でなければ一時所

得ではないことになるかといえば，こちらの方は例えばたまたま保険の満期が重なったから一時所得であるはずの保険金が一時所得でなくなるかといえばそうとはいえない。」と論じられる（大島＝西野襄一『所得税法の考え方・読み方〔第2版〕』275頁（税務経理協会1988））。このように，一時所得は，単に現象として「一時の所得」であるという点よりも，その利得が「営利を目的とする継続的行為から生じた所得以外」のものであるという点にこそ意義があると整理することができるのである。

すなわち，一時所得の要件事実を考えるに当たっては，「継続的行為から生じた所得」が一時所得から除外されていることと，「一時の所得」であることの2つの場面で，ある種の継続的な性質が排除されている点に気がつく必要がある。要するに，継続的行為から生じた所得が一時所得に該当しないだけではなく，一時の所得でない所得も一時所得に該当しないのである。

そうすると，前述の一時所得の要件事実は，次のように解析することも可能であると思われる。

① 8つの所得以外の所得であること。
② 継続的行為から生じた所得でないこと。
③ 一時の所得であること。
④ 対価としての性質を有しないものであること。

つまり，一見すると類似したこの2つの継続性のいずれに該当しても，一時所得には当たらないということになるのである。

図表6

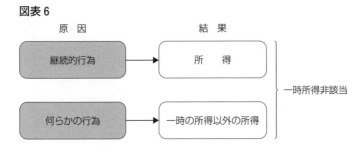

図表6が示すとおり，継続的行為から生じた所得の場合は，その発生する所得の態様（結果）が一時のものであるかどうかにかかわらず，原因が継続的行

為に基づく限り，その原因によって生じた所得は一時所得に該当しないことになる。また，原因が継続的な行為であるかどうかにかかわらず，何らかの行為により発生した所得が「一時の所得以外の所得」であれば，その所得は一時所得に該当しないことになる。このように解するのが最も文理に素直な解釈であるといえよう（酒井克彦「所得税法上の一時所得該当性の議論にみる『一時の所得』要件（上）（中）（下）―継続的に受ける所得の一時所得該当性―」税務事例56巻3号1頁，4号1頁，5号1頁（2024）参照）。

　もっとも，「一時の所得」を現象（結果）としてのみ捉えるのは，所得源泉があるか否かを判断の基礎とするという考えに必ずしも合致しない。そうであれば，一時の所得とは，その表面的な形態（結果）により判断するのではなく，所得源泉性を認めるに足りる程度にその行為（原因）に継続性が認められるか否かという点から判断をすることが要請されよう。

　なお，一回的行為が連続・継続した場合の継続的行為性も問題となり得る。

　所得の基礎が所得源泉となり得ない臨時的・不規則的なものであっても，連続して継続的行為となるに及んで所得源泉とみられるにいたる場合があり得る。

　この点，名古屋高裁金沢支部昭和43年2月28日判決（行集19巻1＝2号297頁)[2]は次のように判示している。

> 　「一時所得とは，…その所得が前各号に規定する定型的所得源泉を有する所得や，その他営利を目的とする継続的行為から生じたいわゆる所得源泉ある所得以外の所得を指すものであって，右所得源泉の有無は，所得の基礎に源泉性を認めるに足る継続性，恒常性があるか否かが基準となるものと解するのが相当である。
> 　従って所得の基礎が所得源泉になり得ない臨時的，不規則的なものであれば，所得源泉と認められる程度にまで強度に連続するなら格別，たとえこれが若干連続してもその性質は一時所得としての性質に変りはないものであり，前記控訴人〔筆者注：第一審原告〕主張の通達はこの趣旨に理解すべきであるが，これに反し，一回的な行為としてみた場合所得源泉とは認め難いものであっても，これが連続して継続的行為となるに及んで所得源泉とみられるに至る場合即ち所得が質的に変化する場合のあることも否定することはできない。」

　そもそも，継続的行為とは一回的行為が連続することによって成り立つものである。

図表7　名古屋高裁金沢支部昭和43年2月28日判決

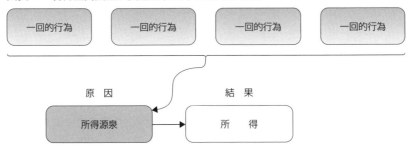

　上記名古屋高裁金沢支部判決が述べるとおり，連続的行為性から，継続的行為の有無を判断することもあり得るのである。
　この判決では，一時所得の性質を，単なる臨時的な所得というのではなく，「所得源泉を有しない」臨時的な所得としており，さらに，その「所得源泉性」の有無の判断に当たって，「所得の基礎に源泉性を認めるにたる」継続性・恒常性の有無を基準と解すべきであるとする。
　このことは，一時所得の性質を「所得源泉性」の有無によって判断しようとする解釈態度の表れである。所得の臨時性や不規則性は直接的に一時所得の判断に結びつくのではなく，そのような性質を有する所得が，通常「所得源泉」を基礎としていないという点に結びつき，継続的な源泉性が認められない所得が一時所得に区分されると考えられているように思われる。

　　📎　国税不服審判所昭和46年5月21日裁決（裁決事例集2号5頁）は，「営利を目的とする継続的行為に当たらない一時的な資金の貸付けであり，かつ，利息の定めがない場合においても，その貸付けの時点において，その貸付けの資金の運用により相当額の利益の分配があることを予測し得る状態におかれ，かつ，これを予期して貸付けを行ったと認められるときは，その貸付金の元本額を超えて返済を受けた部分の金額は，所得源泉を有しない臨時的な所得である一時所得ではなく，雑所得とすることが相当である。」と判断した。

　とかく強調されやすいが，一時所得の判断に当たっては，単に臨時性や偶発性といった表面的な現象のみをみるべきではない。臨時性や偶発性は，そのような性質を帯有する所得が，通常，継続的な所得源泉性を有しないという点で意味を有するのである。したがって，臨時性や偶発性が認められるからといって，必ずしも一時所得該当性の要件が充足されるわけではないという点を改め

て再確認すべきである。ノウハウやビジネスモデルなどの知的資源や固定設備といった物的資源が所得源泉である場合，これらの活用によって稼得された所得については，表面的な臨時性や偶発性を捉えて一時所得とみることには無理があるといえよう。

　例えば，この点につき，取引業者から供与を受けた中元，歳暮等について一時所得該当性を否定した刑事事件であるいわゆる日通課長事件東京高裁昭和46年12月17日判決（判タ276号365頁[3]。以下「東京高裁昭和46年判決」という。）は，所得税法34条1項にいう継続的行為とは，「量的な概念ではなくて，質的な概念であり，それは必らずしも規則的・不可不的に発生するものであることを要せず，不規則的・不許不的に発生するものであることをもって足りるもの」としているのである。

> ✍　一時所得の要件事実に所得源泉性を持ち込むことに否定的な見解として，本件最高裁判決の原審大阪高裁平成26年5月9日判決（刑集69巻2号491頁）[4]がある。
> 　　そもそも，本件の第一審大阪地裁平成25年5月23日判決（刑集69巻2号470頁）[5]は，一時的かつ偶発的に生じた所得である点が一時所得の特色であり，所得発生の基盤となる一定の源泉から繰り返し収得されるものは一時所得ではなく，一時所得とはそのような所得源泉を有しない臨時的な所得であるとした上で，所得源泉性を認め得るか否かは，その所得の基礎に源泉性を認めるに足りる程度の継続性，恒常性があるか否かが基準となり，所得発生の蓋然性という観点から所得の基礎となる行為の規模（回数，数量，金額等），態様その他の具体的状況に照らして判断することになると説示して，一時所得の判断基準として「所得源泉性（がないこと）」を挙げていた（この用語は，人造絹糸の先物取引（清算取引）による所得の区分に関する前述の名古屋高裁金沢支部昭和43年2月28日判決で使われたものである。）。
> 　　これに対して，本件大阪高裁は，「一時所得の沿革を見ると，戦前の所得税法では，一定の所得源泉から生じた利得のみを課税対象とする考え方が支配的で，一時的又は偶発的な所得は課税対象から除外されてきたが，暫時〔ママ〕これらを課税対象とする方向に進み，昭和22年の所得税法の第2次改正で，他の所得分類に該当しない所得のうち『営利を目的とする継続的行為から生じた所得以外の一時の所得』が課税対象とされ，なお，昭和25年に雑所得も課税対象となり，さらに，昭和27年の改正時に，一時所得を偶発的な所得に限定するとの考え方に基づいて，一時所得に『労務その他の役務の対価たる性質を有しないもの』との文言が追加されたというものである…。このような沿革から見ても，一時所得は，利子所得等の所得分類に該当しない補充的な所得分類であり，一時的，偶発的に生じた所得である点に特色があるといえる。もっとも，原判決がいう所得源泉性がどのような概念かは上記判断要素によってもなお不明確である上，一時所得や雑所得をも課税対象とした現行の所得税法の下で，これを一時所得かどうかの判断基準として用いるのには疑問がある。また，原判決は，一回的な行為として見た場合所得源泉とは認め難いものであっても，強度に連続することによって所得が質的に変化して（所得の基礎に源泉性を認めるに足りる程度の）継続性，恒常性を獲得すれば，所得

源泉性を有する場合がある旨説示するのであるが…，結局，所得源泉という概念から継続的所得という要件が導かれるわけではなく，どのような場合に所得が質的に変化して所得源泉性が認められるのかは明らかでなく，それ自体に判断基準としての有用性を見いだせない…。

そうすると，一時所得に当たるかどうかは，所得税法34条1項の文言に従い，同項の冒頭に列挙された利子所得から譲渡所得までの所得類型以外の所得のうち，『営利を目的とする継続的行為から生じた所得以外の一時の所得』で『労務その他の役務又は資産の譲渡の対価としての性質を有しないもの』かどうかを判断すれば足り，前者については，所得源泉性などという概念を媒介とすることなく，行為の態様，規模その他の具体的状況に照らして，『営利を目的とする継続的行為から生じた所得』かどうかを判断するのが相当である。」と判示しており，所得源泉性による判断に対して否定的である。ただし，本件大阪高裁判決もその所得源泉性に係る論拠に若干の相違はあるものの，本件馬券購入から生じた所得については結果的には雑所得であると判示し，結論としては第一審判決を支持した。

ウ 「対価としての性質を有しない」要件

㋐ 「対価」と「対価としての性質」

所得税法34条1項の文理に従えば，何らかの経済的受領があった場合に，それを，何かの「対価」とまではいえないとしても，Yが「対価としての性質」（所法34①）を有していることを主張・立証すれば，一時所得には該当しないことになる。

そこで，この「対価としての性質」について検討を要する。

信者から受ける寄進の所得の種類が争点となった東京地裁昭和27年8月2日判決（行集3巻8号1669号）[6]の事例をみてみよう。

この事例において，同地裁は，神道教師として50～60人の信者をもち，自宅に祭壇を設け，信者の供物その他の寄進により米，味噌等の食糧品に事欠くことなく，生計費を大幅に低減できる程度にこれらの寄進を継続的に受けている事実があるとすれば，それはもはや単なる贈与の域を出て，所得税法（昭和25年法律第71号による改正前）上の事業等所得の一種に属するものと解すべき旨判示した。ある具体的な収入が対価であるかどうかは，その所得者がその収入を対価として認識しているかどうか，あるいは対価を得る目的でその行為をしたかどうか，というような所得者の主観的意図・動機とは距離を置いて，客観的にみて対価性を有すると認められるかどうかにより判断すべきであろう。ここでは，対価性を客観的に判断するという視点から，その神道教師としての地位や当該給付を提供する者との関係などを前提とした上で対価性を解釈すべ

244 第3章 課税要件事実論—各論

しとする判断が下されたものと考えられる。

このように給付を受ける者の地位や給付提供者との関係などを前提とした上で，対価性を判断するという枠組みが一時所得該当性の理解との間で整合的であると考えられる。例えば，大学教授や医師等が入学や入院等に関して受験生，患者等から受ける金銭等については，個別的にみると一回限りの臨時的収入ではあるものの，それは，大学の教授あるいは医師という地位や職務を離れては想定しづらいものでもあると考えられる。社会通念上の中元や歳暮とは性質が異なるものもあるであろう。

　　✑　世話のお礼や感謝の気持ちの表現として贈られたものについては，一種の贈与に該当することとなり，所得税法上は課税対象とはならず（所法9①十七），贈与税の対象となるのであるが，社交上の必要によるもので，贈与者と受贈者の関係等に照らして社会通念上相当と認められるものについては，贈与税を課税しないこととして取り扱われている（相基通21の3-9）。

ある給付が一般的に人の地位や職務行為に対応，関連してなされる場合には，そこには何らかの対価性を認めることができるのであって，その限りにおいて一時所得には該当せず，雇用契約またはこれに類する原因に基づく場合には給与所得，事業に関するものである場合には事業所得，その他の場合には雑所得と解するのが相当である。

　　✑　所得税基本通達34-1《一時所得の例示》の(5)が，「法人からの贈与により取得する金品（業務に関して受けるもの及び継続的に受けるものを除く。）」として，対価の性質と相容れない「贈与」を一時所得に含まれると通達していることからすれば[7]，ここでも「対価」あるいは「対価としての性質」に該当しないことが一時所得該当性の要件と解されていることが分かる。

納税者の支出が「対価」であるか否かについては，これまでもしばしば議論されてきた[8]。例えば，医療費控除に係る医療費について定める所得税法73条2項にいう「対価」の解釈が問題となることがある。

所得税法73条《医療費控除》
2　前項に規定する医療費とは，医師又は歯科医師による診療又は治療，治療又は療養に必要な医薬品の購入その他医療又はこれに関連する人的役務の提供の対価のうち通常必要であると認められるものとして政令で定めるものをいう。

この点につき，特別養護老人ホーム入所者に係る措置費徴収金の医療費控除該当性が争点とされた事例において，大阪地裁平成9年10月31日判決（行集48巻10号859頁）[9]は，次のように説示しており，「対価」をサービスの内容との直接的

な関係性に求めているように思われる。

> 「措置費徴収金については，入所者が特別養護老人ホームにおいて受けるサービスの内容とは直接には関係なく，入所者又はその扶養義務者の負担能力に応じて定められるいわゆる応能負担の原則が採られている。これは，老人ホームの入所者及びその扶養義務者は一般的に負担能力を有していること，老人ホームに入所すれば日常生活に必要なほとんどのサービスが受けられることから，在宅の要介護老人と負担の均衡を図る必要があること，入所者の主体的な利用意識を高めることなどの理由から政策的に定められたものである。このように，措置費徴収金は，入所者が特別養護老人ホームにおいて受けるサービスの内容とは直接に関係がなく，個々の入所者が受けるサービスの対価とみることはできない。」

✐ 同種の事件として，大阪地裁平成10年4月21日判決（税資231号700頁），同事件の控訴審大阪高裁平成11年1月14日判決（税資240号1頁），大阪地裁平成11年4月27日判決（税資242号370頁），大阪地裁平成11年11月24日判決（税資245号341頁）などがあり，それぞれにおいて所得税法73条にいう医療費控除の対象となる「対価」の有無が争点とされているが，これらの判決においても，対価については直接的な支出のあるものを前提としているようである。

　これに対して，前述の東京高裁昭和46年判決の原審東京地裁昭和45年4月7日判決（判時600号116頁[10]。以下「東京地裁昭和45年判決」という。）は，「一時所得の要件の一である『労務その他の役務の対価としての性質を有しないもの』（所得税法34条1項，旧法9条1項9号）にいう『対価性』は，弁護人のいうごとく給付が具体的な役務行為に対応する場合に限られるものではなく，本件のごとく，給付が一般的に人の地位，職務行為に対応，関連してなされる場合をも含むと解するのが相当である」と判示しており，大阪地裁平成9年10月31日判決とは異なる解釈を示している。

　このように判断が分かれるのは，医療費控除の規定である所得税法73条が「対価」であることを求めているのに対して，同法34条が「対価としての性質」を求めるにとどまっているという点に違いがあるからではないかと思われる。

✐ 京都地裁平成23年4月28日判決（訟月58巻12号4182頁）[11]の事例において原告（納税者）は，「対価とは，役務の提供があり，これに対応して金銭等の反対給付がされるという相関関係の中で形成されるものであり，その典型は，役務を提供する者に対して，その役務の買い手が代金を支払う関係である。そして，対価支払というのは，当事者間における自由な合意を基礎として，提供された役務に対する相手方の自発的な代価の支払を基本的な要素とする。このように考えると，対価を得て行う役務の提供に該当するとする際には，その基本的特性として，①役務の提供があらかじめ義務付けられたものではなく，役務の提供者と代金の支払者との間での合意形成を基本とすること（任意性），

②役務の提供とそれに対応した代金支払があること（関連性ないし結合性），③当該役務と当該代金が同等の経済的価値をもつこと（同等性）が求められる。」として，対価性の基本的特性，基本的要素を主張したが，判決では検討されていない（この点については，田中治「消費税における対価を得て行われる取引の意義」北野弘久先生追悼論集刊行委員会編『納税者権利論の課題』555頁（勁草書房2012））。このような考え方とは異なり，吉村典久教授は，「ある役務が提供されたからこそ（反対）給付を行ったという関係，すなわち，役務の提供と（反対）給付との間の因果関係をベースに両者の関連性を判断すべきである」と論じられる（吉村「消費税の課税要件としての対価性についての一考察」金子宏編『租税法の発展』409頁（有斐閣2007））。

この点も，「対価としての性質」とする所得税法34条の議論とは文理を異にする消費税法2条《定義》1項8号にいう「事業として対価を得て行われる資産の譲渡及び貸付け並びに役務の提供」の解釈の問題である。

㈠ 給付を受ける者の地位と対価性

上記の大阪地裁平成9年10月31日判決は，一部が「対価」と認められるとしてもそれを切り分けることができないとして全体を「対価」に当たらないと判断した。これに対して，東京地裁昭和45年判決は正反対の結論を導出した。すなわち，被告人（納税者）・弁護人側が，「本件各年分の資産の増加…の源泉は，㈠業者がN社から工事を請負いあるいは物品を納入する等大口取引があった際，管財課長として契約に関与した被告人にリベートとして供与したもの，㈡N社の取引業者で管財課を窓口とするものおよび関連会社が，中元，歳暮として贈与したもの，㈢業者らが被告人の昇進祝，住宅改築祝，訪米の餞別等として贈与したものによって構成されている。そしてこのうち右㈠のリベートが雑所得を構成するとしても，㈡，㈢の各収入は，所得税法34条1項にいう『労務その他の役務の対価』たる性質を有しないし，継続的収入でもないから一時所得を構成すべきものである。けだし，同条にいう『対価』性とは，役務に該当する行為があり，これと給付とが具体的に関係があると解すべきものであるのに，㈡，㈢の収入分については，各業者の中元等の供与と被告人の如何なる役務行為が対応関係にあるかが不明であり，…いずれも継続的収入とはいえない。」と主張したのに対して，同地裁は，「一時所得の要件の一である『労務その他の役務の対価としての性質を有しないもの』（所得税法34条1項，旧法9条1項9号）にいう『対価性』は，弁護人のいうごとく給付が具体的な役務行為に対応する場合に限られるものではなく，本件のごとく，給付が一般的に人の地位，職務行為に対応，関連してなされる場合をも含むと解するのが相当であるから，前記収入は，同法条にいう『対価性』を備えたものであるのみならず，一時的な

性質を有するものでもないから，一時所得ではなく雑所得を構成するものと認める。」と判示しているのである。

やはり所得税法34条が「対価としての性質」を有する所得を排除していることから，支給が直接的な対価でなかったとしても「一般的に人の地位，職務行為に対応，関連してなされる場合」には一時所得に該当しないと解されているのではなかろうか。

> ✎　金子宏東京大学名誉教授は，行政裁判所昭和6年10月20日判決（行録42輯926頁），行政裁判所昭和7年5月7日判決（行録43輯408頁），行政裁判所昭和13年10月18日判決（行録49輯763頁）などの戦前の行政裁判所の判決を引用し，役員や従業員が会社から受ける特別慰労金・給与金・功労謝金等が賞与として課税の対象となるのか，それとも一時所得として課税の対象となるのかが争われた事例においては，いずれも，賞与として給与に該当し課税の対象になると判断されてきた点を指摘し，「所税34条が，一時所得の意義につき『労務その他の役務の対価としての性質を有しないもの』としているのは，そのような経緯を反映するものであろう。」と説明される（金子・租税法247頁＊参照）。

国会議員の政治献金および裏献金に係る雑所得課税の適法性が争われた事案において，東京地裁平成8年3月29日判決（税資217号1258頁）は，「供与が具体的な役務行為に対応する場合だけでなく，一般的に人の地位及び職務に関連してなされる場合も，偶発的とはいえないものについては，対価性の要件を充たす」とした。政治家への政治献金は，政治家の地位およびその職務である政治活動を前提とし，一般的，抽象的であれ政治活動に対する負託を伴って継続的に供与される性質のもので，その趣旨からして政治家という地位および職務に関連した必然的な所得というべきものであり，その供与がなされることによって負託に係る政治活動を行う動機が形成される関係にあることもあわせ考えると，対価性の要件を満たし，雑所得として所得税の課税対象になると解されると判示している。

同判決は，一時所得の判断に当たって，給付と役務との間に個別的，直接的な関係性を要求してはおらず，給付を受ける者の地位や給付提供者との関係などを前提とした上で，対価性を判断している。このような解釈姿勢を基にして継続的な所得源泉性の有無を判断するという枠組みは，一時所得の趣旨に整合性を有する捉え方であると思われる。例えば，従業員が会社から棚卸資産を無償で供与されたとしても，それが従業員という立場や使用者との関係を前提とした支給であるとすれば，そこには何らかの対価性があるとみることができる

のであって，一時所得に当たることにはなりそうにない。金子宏教授は，「法人から役員への新株の低額発行の場合の時価との差額は給与にあたると解すべきであろう」とされるが（金子・租税法305頁），このような解釈も役員としての地位を考慮した対価性の解釈が前提とされているように思われる[12]。

このように，一時所得の要件とされている「対価性」を，例えば直接の役務提供関係などに基づいた範囲内における個別的役務提供の「対価」と解するのは妥当ではないと思われる。給付を受ける者の地位から対価性を捉えようとする考え方は，継続的な所得源泉を有するか否かによって一時所得を画そうとすることと符合する解釈であると考えられる。

このような意味で，東京地裁昭和45年判決および東京高裁昭和46年判決は妥当であるといえよう。

¶レベルアップ！　馬券訴訟最高裁平成27年3月10日第三小法廷判決の分析

本件最高裁判決は，被告人を有罪としたものの，被告人が主張した馬券収入の雑所得該当性を肯定した上で，外れ馬券の購入費用の全額を雑所得の金額の計算上必要経費に算入すべきであるとの判断を示した。

刑事事件ではありながらも，本件最高裁判決は，一時所得か雑所得かを論じる点においてきわめて重要な説示を展開していることから，同判決の示唆するところを以下で分析してみたい。

本件最高裁判決は，所得税法34条1項および同法35条《雑所得》1項を示すのみで，次に「したがって」として結論を導出している。すなわち，次に述べる説示の根拠は所得税法の2つの条文だけだということである。

> 「所得税法34条1項は，一時所得について，『一時所得とは，利子所得，配当所得，不動産所得，事業所得，給与所得，退職所得，山林所得及び譲渡所得以外の所得のうち，営利を目的とする継続的行為から生じた所得以外の一時の所得で労務その他の役務又は資産の譲渡の対価としての性質を有しないものをいう。』と規定している。そして，同法35条1項は，雑所得について，『雑所得とは，利子所得，配当所得，不動産所得，事業所得，給与所得，退職所得，山林所得，譲渡所得及び一時所得のいずれにも該当しない所得をいう。』と規定している。
> したがって，所得税法上，営利を目的とする継続的行為から生じた所得は，一時所得ではなく雑所得に区分されるところ，営利を目的とする継続的行為から生じた所得

であるか否かは，文理に照らし，行為の期間，回数，頻度その他の態様，利益発生の規模，期間その他の状況等の事情を総合考慮して判断するのが相当である。」

　ここで着目をしたいのは，本件最高裁判決が一時所得の課税要件として，「営利を目的とする継続的行為から生じた所得」を抽出している点である。前述したとおり，一時所得の要件である「営利を目的とする継続的行為から生じた所得以外の一時の所得」を「営利を目的とする継続的行為から生じた所得以外の所得」と「一時の所得」という2つの課税要件として捉えているとみることができよう。

　✍　この点，前述の東京高裁昭和46年判決は，「所得税法第34条第1項に規定する一時所得とは，イ，利子所得，配当所得，不動産所得，事業所得，給与所得，退職所得，山林所得および譲渡所得以外の所得であること，ロ，営利を目的とする継続的行為から生じた所得以外の所得であること，ハ，労務その他の役務または資産の譲渡の対価としての性質を有しないものであること並びにニ，その性質が一時のものであることの4つの要件をすべて満たした所得であり，…所得税法第35条第1項に規定する雑所得とは右の利子所得，配当所得，不動産所得，事業所得，給与所得，退職所得，山林所得，譲渡所得および一時所得のいずれにも該当しない所得である。」として，イ（他の8つの所得以外の所得），ロ（営利を目的とする継続的行為から生じた所得以外の所得），ハ（労務その他の役務または資産の譲渡の対価としての性質を有しないもの）に加えて，ニとして，「その性質が一時のものであること」としており，「一時の所得」であることを一時所得の要件としているのである。
　　このように「一時の所得」という要件を別建てで議論する必要性を筆者も有しているが，これに対しては反論もある（例えば，木山泰嗣「判例の変遷にみる税法の解釈適用—判断基準の複雑化傾向は，なぜ平成27年に生じたのか？—」青山法学論集〔青山学院大学〕62巻2号24頁（2020））。

　そして，「営利を目的とする継続的行為から生じた所得以外の所得」が一時所得の課税要件であるから，これに該当しなければ，すなわち，「営利を目的とする継続的行為から生じた所得」であれば，雑所得に該当するとしているのである。
　さらに，本件最高裁判決は，かかる「営利を目的とする継続的行為から生じた所得」という要件事実を間接事実によって基礎付けることを論じている。すなわち，「行為の期間，回数，頻度その他の態様，利益発生の規模，期間その他の状況等の事情を総合考慮して判断する」としているのである。この総合考慮における間接事実（事情）の素材として，ここでは，「行為の期間，回数，頻度

図表 8

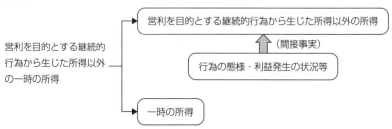

その他の態様」（以下「行為の態様」という。）と「利益発生の規模，期間その他の状況」（以下「利益発生の状況」という。）等の事情を掲げている。

　本件最高裁判決が，「営利を目的とする継続的行為から生じた所得」を基礎付ける間接事実として，行為の態様や利益発生の状況を抽出するにいたっているのはなぜであろうか。この疑問に対する糸口が「文理に照らして」という表現であろう。つまり，所得税法34条1項の文理に照らせば，「営利を目的とする継続的行為から生じた所得」からは，①営利目的性と②継続的行為性のいずれもが充足される必要がある。そして，本件最高裁判決は，①営利目的性を基礎付ける間接事実として利益発生の状況，②継続的行為性を基礎付ける間接事実として行為の態様という2つの重要な間接事実を提示しているのではなかろうか。

　そうであるとすると，「営利を目的とする継続的行為から生じた所得」を「営利目的を有する行為から生じた所得」と「継続的行為から生じた所得」の2つに分解することができるという構成を可能とするかもしれない。そのように解すると，所得税法34条1項に規定する一時所得該当性の要件は次のようになる。

> ① 他の8つの所得以外の所得であること。
> ② 営利を目的とする行為から生じた所得以外の所得であること。
> ③ 継続的行為から生じた所得以外の所得であること。
> ④ 一時の所得であること。
> ⑤ 対価としての性質を有しないものであること。

　この5つの要件をすべて満たしたもののみが一時所得に該当するという理解になる。この要件抽出の考え方が妥当すると次のような解釈が展開されよう。

❶ 営利目的行為かつ非継続的行為　から生じた所得　→　雑所得
❷ 非営利目的行為かつ非継続的行為から生じた所得　→　一時所得
❸ 非営利目的行為かつ継続的行為　から生じた所得　→　雑所得
❹ 営利目的行為かつ継続的行為　　から生じた所得　→　雑所得【最高裁】

　そして，この❶ないし❹が示す要件につき，その行為の性質についてどのように判断するかという点を本件最高裁判決の説示に合わせて考えると，営利目的行為であるか否かは「利益発生の状況」によって判断することとし，継続的行為であるか否かは「行為の態様」によって判断することになる。
　かように要件を分解することができるとすると，❶ないし❹のうち，一時所得に該当するのは，❷の非営利目的行為かつ非継続的行為から生じた所得のみということになりそうである。
　そして，この理解を前提に，間接事実との関係を表したのが図表9である。
　このように考えると，営利目的性とは利益発生の状況等によって基礎付けられる要件であるということになるが，そのことは，利益の発生という結果から，営利を目的としていたかどうかを判断するということを意味する。なるほど，そのような客観的な観点から営利目的性の有無を判断することには一定の理解を寄せることも可能であるが，所得税法34条1項は「営利を目的とし」と規定しているのであって，あくまでも営利を目的としていれば，その要件は充足するはずである。結果が伴わなかったとしても，営利を目的とする投資等の行為はあり得ることを考えると，利益発生の状況から営利目的性を判断するというのは，むしろ，「文理に照らし」ていないようにも思われる。利益発生に結び付

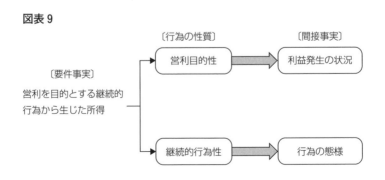

図表9

図表10

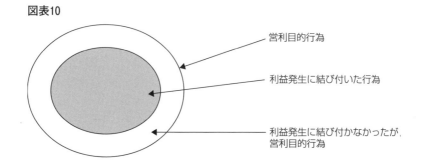

かなくとも、営利を目的とした行為から生じた所得であれば一時所得に該当しないはずであるから、営利目的性を利益発生の状況等で基礎付ける間接事実の捉え方は文理に反しているというべきであろう。

また、「営利目的性」と「継続的行為性」の間接事実をそれぞれが対応するように論じるのであれば、説示の順番も、「利益発生の状況」の次に「行為の態様」を並べるはずである。しかしながら、本件最高裁判決は、「行為の態様」に続けて「利益発生の状況」を示しているのである。

このように考えると、営利目的性を利益発生の状況で判断すべきと本件最高裁判決が構成しているのではないと解することができる。すなわち、本件同最高裁判決が、図表11のようにわざわざ裃袈懸けとなるような説示を展開したとみるのは不自然であろう。

すると、「営利を目的とする継続的行為から生じた所得」という要件は「営利目的性」と「継続的行為性」の2つの要件に分離できるものの、本件最高裁

図表11

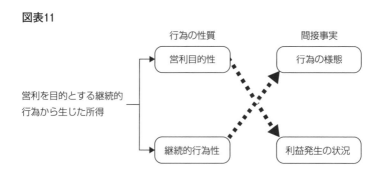

判決は，それらの別々の間接事実を提示したということではないと解される。すなわち，「営利を目的とする継続的行為から生じた所得」という要件を判断するのは，行為の態様や利益発生の状況等の総合判断としているにすぎないとみるべきであろう。したがって，営利目的性を結果で眺めようとしているのではなく，利益発生の状況はあくまでも，「営利を目的とする継続的行為から生じた所得」の判断を基礎付ける間接事実であるということである。

　　そして，ここにいう営利目的性は，文理上，あくまでも継続的行為性の修飾語であるから，文理に照らせば重要視されるべきは何よりも継続的行為性であるということになろう。そもそも，非回帰性（非継続性）の所得として制限的所得概念の下において課税対象とされていなかった一時の所得が現行の一時所得の淵源である。包括的所得概念を導入するに当たって一時所得が課税されることとなったのであるが，この沿革からも，一時所得該当性の最大のメルクマールが継続性であることは理解しやすい。

図表12

また，「営利を目的とする継続的行為」を営利目的性と継続的行為性に分解すると，「営利を目的とする非継続的行為から生じた所得」や，「営利を目的としない継続的行為から生じた所得」が一時所得に該当するという結論になるが，そのような理解は妥当であろうか。

❶　営利目的の非継続的行為　から生じた所得　→　一時所得？
❷　非営利目的の非継続的行為から生じた所得　→　一時所得？
❸　非営利目的の継続的行為　から生じた所得　→　一時所得？
❹　営利目的の継続的行為　　から生じた所得　→　雑所得【最高裁】

そこで，「一時の所得」要件が加わると，さらなるふるいにかけられるのである。

254　第3章　課税要件事実論—各論

---

❶　営利目的の非継続的行為　から生じた所得　＋　一時の所得　→　一時所得

❷　非営利目的の非継続的行為から生じた所得　＋　一時の所得　→　一時所得

❸　非営利目的の継続的行為　から生じた所得　＋　一時の所得　→　一時所得

❹　営利目的の継続的行為　　から生じた所得　＋　一時の所得

　　　　　　　　　　　　　　　　　　　　　　　　→　雑所得【最高裁】

　しかし、「営利を目的とした継続的行為」は雑所得に該当するが、「営利を目的としない継続的行為から生じた所得」が雑所得に該当しないという結論を導出することは妥当ではない。そこで、さらに、「一時の所得」要件がスクリーンにかけられるのである。そもそも、「営利を目的とした継続的行為から生じた所得」が雑所得と規定されているのではなく、「営利を目的とした継続的行為から生じた所得以外」の「一時の所得」が一時所得に該当すると規定されているのである。したがって、結論としては次のようになるであろう。

Tax Lounge　条文の「項」と「条」，「号」

　条文を見ていると、第1条や第1号には必ず「1」あるいは「一」が記載されているのに、第1項だけは記載がないことに気がつく。これはなぜであろうか。

　また、「条」や「号」には枝番号がつくことがある。例えば、「第3条の2」というようにである。しかし、「項」には枝番号が存在しない。

　項番号とは、ある項が何番目の項であるかということを見分けやすくするために便宜的につけられる符牒にしかすぎないのである。これは、第3条、第5号というようにその条名や号名を表すという固有名詞的なものとは異なる。したがって、一番目の項は当然に見分けられるため、見分けのための符牒としての第1項は必要ないというわけだ。

　「条」や「号」はその内容と番号が付着しているので、前の「条」や「号」に加除があっても、単純に番号をずらせばよいというわけにはいかず、枝番を付することで条ずれや号ずれを回避することになる。これに対して、「項」は単純に頭から付された番号にすぎないので、枝番の必要がない。

　そもそも、「項」とは単なる文章の区切りにすぎない（林修三『法令用語の常識』154頁（日本評論社1958））。頭と背の間の区切りである「項（うなじ）」を意味するということであろうか。

15 所得税法——一時所得該当性 255

---

❶ 営利目的の非継続的行為　から生じた所得　＋　非「一時の所得」→　雑所得

❷ 非営利目的の非継続的行為から生じた所得　＋　非「一時の所得」→　雑所得

❸ 非営利目的の継続的行為　から生じた所得　＋　非「一時の所得」→　雑所得

❹ 営利目的の継続的行為　　から生じた所得　　　　　　　　　→　雑所得

本件最高裁は，❹のことを説示したと理解できるのである。

なお，本件最高裁判決を受けて，国税庁は，平成30年2月付けで，所得税基本通達34-1を以下のように改正した。

所得税基本通達34-1 《一時所得の例示》

次に掲げるようなものに係る所得は，一時所得に該当する。

(1)　（略）

(2)　競馬の馬券の払戻金，競輪の車券の払戻金等（営利を目的とする継続的行為から生じたものを除く。）

(注)1　馬券を自動的に購入するソフトウエアを使用して定めた独自の条件設定と計算式に基づき，又は予想の確度の高低と予想が的中した際の配当率の大小の組合せにより定めた購入パターンに従って，偶然性の影響を減殺するために，年間を通じてほぼ全てのレースで馬券を購入するなど，年間を通じての収支で利益が得られるように工夫しながら多数の馬券を購入し続けることにより，年間を通じての収支で多額の利益を上げ，これらの事実により，回収率が馬券の当該購入行為の期間総体として100％を超えるように馬券を購入し続けてきたことが客観的に明らかな場合の競馬の馬券の払戻金に係る所得は，営利を目的とする継続的行為から生じた所得として雑所得に該当する。

2　上記(注)1以外の場合の競馬の馬券の払戻金に係る所得は，一時所得に該当することに留意する。

3　競輪の車券の払戻金等に係る所得についても，競馬の馬券の払戻金に準じて取り扱うことに留意する。

〔注〕

(1)　判例評釈として，楡井英夫・平成27年度最高裁判所判例解説〔刑事篇〕91頁（2017），佐藤英明・ジュリ1482号10頁（2015），山田二郎・アコード・タックス・レビュー8号13頁（2016），高橋祐介・法教421号42頁（2015），木山泰嗣・青山ビジネスロー・レビュー〔青山学院大学〕5巻1号193頁（2015），同・税通70巻9号190頁（2015），今井康介・法時87巻11号169頁（2015），田中治・租税百選〔6〕88頁（2016），一高龍司・平成27年度重要判例解説〔ジュリ臨増〕195頁（2016），渡辺充・税理61巻4号2頁（2018），中村和洋・法セ61巻3号10頁（2016），長島弘・税務事例47巻4号9頁，7号36頁（2015），酒井克彦・税通70巻7号97頁（2015），同・中央ロー・ジャーナル〔中央大学〕12巻3号99頁（2015）など参照。

(2) 第一審福井地裁昭和39年12月11日判決（訟月11巻 6 号935頁）においても一時所得該当性は否定されている。上告審最高裁昭和47年11月 9 日第一小法廷判決（税資66号940頁）では上告棄却。判例評釈として，広瀬時江・税通23巻 9 号195頁（1968），須貝脩一・シュト78号 6 頁（1968）参照。

(3) 判例評釈として，島村芳見・税務事例 9 巻10号17頁（1977）参照。また同事件を扱った論稿として，酒井克彦「所得税法の所得区分判定における事実認定上の視角―いわゆる日通課長事件再考―」中央ロー・ジャーナル〔中央大学〕18巻 2 号 3 頁（2021）も参照。

(4) 判例評釈として，手塚貴大・ジュリ1474号 8 頁（2014），長島弘・税務事例46巻 7 号42頁（2014），図子善信・速報判例解説16号〔法セ増刊〕217頁（2015）など参照。

(5) 判例評釈として，佐藤英明・ジュリ1459号 8 頁（2013），高橋祐介・法教398号38頁（2013），末崎衛・税法570号167頁（2013），木山泰嗣・税通68巻15号178頁（2013）など参照。

(6) 判例評釈として，小木曽競・宗教百選82頁（1972），畠山武道・宗教百選〔2〕96頁（1991）など参照。

(7) 金子宏代表編『税務百科大辞典 3 』199頁〔白崎浅吉執筆〕（ぎょうせい1980）によれば，「贈与」とは，「当事者の一方が自己の財産を無償で相手方に与える意思を表示し，相手方がこれを受諾することによって成立する契約」とされている。片務・無償契約であるから，「対価」の観念とは相容れないといえよう。

(8) 岡村忠生京都大学名誉教授は，「税法で用いられる対価の概念は借用概念ではないと考えられる。」とされ，興味深い議論を展開される（岡村「収入金額に関する一考察」法学論叢〔京都大学〕158巻 5 ＝ 6 号202頁（2006）以下）。

(9) 控訴審大阪高裁平成10年 7 月31日判決（税資237号971頁）においても判断は維持されている。その後，最高裁平成11年 2 月 4 日第一小法廷決定（税資240号624頁）において上告不受理とされた。なお，判例評釈として，渋谷雅弘・租税27号165頁（1999）参照。

(10) 判例評釈として，竹下重人・シュト109号 7 頁（1971）参照。

(11) 判例評釈として，川田剛・税務事例43巻 9 号 1 頁（2011），三木義一・アコード・タックス・レビュー 5 号 1 頁（2013），長島弘・税務事例46巻10号10頁（2014），松井宏・税理54巻13号156頁（2011）など参照。

(12) 国税不服審判所昭和49年 1 月31日裁決（裁決事例集 7 号11頁）は，株式会社の増資払込みに際し，当該会社の全株式を所有する親会社が割当てを受けた新株引受権を失権したため，親会社の社長が株主である地位に基づかないで当該新株引受権を与えられて払込みを行った場合には，新株引受けによって額面価額を上回る経済的利益を受けているのであるから，この経済的利益は収入金額となり，一時所得として課税するのが相当であると判断した。株式引受けに伴うプレミアム相当部分は未実現利益であること，本件株式は取引所相場がなく市場性がないこと，株式の評価額が争われているが，その判断が判然としないこと，といった問題点が残されていると指摘する見解もある（市川深『所得税重要判例コンメンタール〔 3 訂版〕』181頁（税務経理協会2000））。

16　法人税法─収益事業の範囲

(1)　事案の紹介

　本件は，宗教法人であるＸ（原告）が，死亡したペット（愛玩動物）の飼い主から依頼を受けて葬儀や供養等を行う（以下「ペット葬祭」といい，その事業を「ペット葬祭業」という。）などして，金員を受け取ったことに対し，税務署長Ｙ（被告）から，ペット葬祭業は法人税法２条《定義》13号および同法施行令５条《収益事業の範囲》１項各号所定の収益事業に当たるとして，各事業年度（以下「本件各事業年度」という。）における法人税の更正処分および無申告加算税賦課決定処分（以下，両者をあわせて「本件課税処分」という。）を受けたため，ペット葬祭業は宗教的行為であって収益事業に当たらないなどと主張して，同処分の取消しを求めた抗告訴訟である。

　この事案は，いわゆるペット葬祭業事件最高裁平成20年９月12日第二小法廷判決（集民228号617頁）⁽¹⁾を素材として加工したものである。

ア　請求の趣旨

①　ＹがＸに対し，平成○年○月○日付けでなした同○年度分の法人税更正処分および無申告加算税賦課決定処分を取り消す。

②　訴訟費用はＹの負担とする。

との判決を求める。

イ　請求原因

①　Ｘは，宗教法人であること。

②　Ｘは，平成○年分の事業年度（同○年○月○日から翌○年○月○日まで。以下「本件事業年度」という。）の法人税について，同○年○月○日に収益事業に係る所得金額を○万円，納付すべき税額を○円とする確定申告をしたこと。

③　Ｙは，Ｘの本件事業年度の法人税について，平成○年○月○日付けで収益事業の所得金額を○万円，納付すべき税額を○円とする更正をしたこと。

④　Ｘは，請求原因③の更正処分について，平成○年○月○日，Ｙに対して異議を申し立てたところ，Ｙは同年○月○日これを棄却する決定をしたため，Ｘはさらに，同年○月○日，国税不服審判所長に対し審査請求をした

258　第3章　課税要件事実論─各論

ところ，これも同年〇月〇日付けで棄却されたこと。

⑤　Yの請求原因③の更正処分は，非収益事業に係る金員を益金に算入するという違法があること。

ウ　抗　弁

①　Xの本件事業年度における収益事業に係る益金は，抗弁④を除くと，Xの申告に係る〇円であること。

②　Xは，請負契約に基づくペット葬祭に係る役務提供を行ったこと。

③　Xは，継続的に抗弁②のペット葬祭業を行っていること。

④　Xは抗弁②に関して，別紙のとおり，読経料等の名目で〇円を受領したこと（別紙省略）。

⑤　Xの本件事業年度における収益事業に係る損金は，Xの申告に係る〇円であること。

エ　再抗弁

①　Xは公益法人等であること。

②　抗弁②のペット葬祭の際に受領する金員は，喜捨，布施，僧侶の行う供養に対するお礼であり，対価性がないため，Xの行う抗弁③のペット葬祭業は，収益事業には該当しないこと。

✎　原審名古屋高裁平成18年3月7日判決（税資256号順号10338）によれば，以下の事実が認定されている。
　①　宗教法人Xは，「X動物霊園」の名称で，境内にペット用の火葬場，墓地，納骨堂等を設置し，死亡したペットの引取り，葬儀，火葬，法要等を行っている。
　②　Xによるペットの葬儀および火葬は，ペット専用の葬式場において，人間用祭壇を用いて僧侶が読経した後，死体を火葬に付する。パンフレットおよびホームページには，その料金につき，動物の重さ等と火葬方法との組合せにより8,000円から5万円の範囲で金額を定めた表が掲載されている。
　③　ペットの死体を境内のペット専用の墓地に埋蔵するに当たっては，年間2,000円の管理費のほか，個別墓地を利用する場合には，一定の場合に1万円の継続利用料，納骨堂を利用する場合には，3万5,000円または5万円の永代使用料の支払を求められる。

(2)　判決の要旨

最高裁平成20年9月12日第二小法廷判決は次のように判示する。

「本件ペット葬祭業は，外形的に見ると，請負業，倉庫業及び物品販売業並びにそ

の性質上これらの事業に付随して行われる行為の形態を有するものと認められる。法人税法が，公益法人等の所得のうち収益事業から生じた所得について，同種の事業を行うその他の内国法人との競争条件の平等を図り，課税の公平を確保するなどの観点からこれを課税の対象としていることにかんがみれば，宗教法人の行う上記のような形態を有する事業が法人税法施行令5条1項10号の請負業等に該当するか否かについては，事業に伴う財貨の移転が役務等の対価の支払として行われる性質のものか，それとも役務等の対価でなく喜捨等の性格を有するものか，また，当該事業が宗教法人以外の法人の一般的に行う事業と競合するものか否か等の観点を踏まえた上で，当該事業の目的，内容，態様等の諸事情を社会通念に照らして総合的に検討して判断するのが相当である。前記事実関係によれば，本件ペット葬祭業においては，Xの提供する役務等に対して料金表等により一定の金額が定められ，依頼者がその金額を支払っているものとみられる。したがって，これらに伴う金員の移転は，Xの提供する役務等の対価の支払として行われる性質のものとみるのが相当であり，依頼者において宗教法人が行う葬儀等について宗教行為としての意味を感じて金員の支払をしていたとしても，いわゆる喜捨等の性格を有するものということはできない。また，本件ペット葬祭業は，その目的，内容，料金の定め方，周知方法等の諸点において，宗教法人以外の法人が一般的に行う同種の事業と基本的に異なるものではなく，これらの事業と競合するものといわざるを得ない。前記のとおり，本件ペット葬祭業が請負業等の形態を有するものと認められることに加えて，上記のような事情を踏まえれば，宗教法人であるXが，依頼者の要望に応じてペットの供養をするために，宗教上の儀式の形式により葬祭を執り行っていることを考慮しても，本件ペット葬祭業は，法人税法施行令5条1項1号，9号及び10号に規定する事業に該当し，法人税法2条13号の収益事業に当たると解するのが相当である。」

(3) 法人税法施行令5条1項にいう「請負業」

ア 請負業の要件事実

本件は，宗教法人の行うペット葬祭業が収益事業として法人税法上の課税事業に該当するかどうかが争われた事案であるが，Xの行った葬祭業が請負業等に当たるか否かが中心的論点である。

この点，第一審名古屋地裁平成17年3月24日判決（判タ1241号81頁）[2]は，「Xが行う合同葬，一任葬及び立会葬は，いずれも，Xがペットの葬儀を執り行い，ペットの死体を焼却することを約し，他方，ペット供養希望者が『料金表』ないし『供養料』の表題が付された金額表に記載された金員を交付することを約しているのであるから，死体の焼却については請負契約と解される。」と判示している。

そこで，Xの行うペット葬祭業が法人税法施行令5条1項10号にいう「請負

260　第3章　課税要件事実論―各論

業」に該当するか否かが検討されなければならない。定石に従えば，法人税法や法人税法施行令に定義規定のない「請負業」をどのように理解するべきかについては，「請負」を借用概念と捉えるべきか，あるいは固有概念と捉えるべきかという点が問題となろう。

法人税法2条《定義》

この法律において，次の各号に掲げる用語の意義は，当該各号に定めるところによる。

十三　収益事業　販売業，製造業その他の政令で定める事業で，継続して事業場を設けて行われるものをいう。

法人税法施行令5条《収益事業の範囲》

法第2条第13号《定義》に規定する政令で定める事業は，次に掲げる事業（その性質上その事業に付随して行われる行為を含む。）とする。

十　請負業（事務処理の委託を受ける業を含む。）のうち次に掲げるもの以外のもの

イ　法令の規定に基づき国又は地方公共団体の事務処理を委託された法人の行うその委託に係るもので，その委託の対価がその事務処理のために必要な費用を超えないことが法令の規定により明らかなことその他の財務省令で定める要件に該当するもの

ロ　土地改良事業団体連合会が会員又は国若しくは都道府県に対し土地改良法第111条の9に掲げる事業として行う請負業

ハ　特定法人が農業者団体等に対し農業者団体等の行う農業又は林業の目的に供される土地の造成及び改良並びに耕うん整地その他の農作業のために行う請負業

ニ　私立学校法…第3条《定義》に規定する学校法人がその設置している大学に対する他の者の委託を受けて行う研究に係るもの（…）

ホ　国民健康保険団体連合会が次に掲げる者の委託を受けて行うもの（…）

(1)　国又は都道府県，市町村（特別区を含む。）若しくは高齢者の医療の確保に関する法律…第48条《広域連合の設立》に規定する後期高齢者医療広域連合

(2)　全国健康保険協会，健康保険組合，国民健康保険組合，国家公務員共済組合，地方公務員共済組合又は日本私立学校振興・共済事業団

(3)　社会保険診療報酬支払基金又は独立行政法人環境再生保全機構

(4)　国民健康保険団体連合会をその社員とすることその他の財務省令で定める要件に該当する公益社団法人

法人税法施行令5条1項10号の「請負業」における「請負」を借用概念と捉えて，統一説に立ち民法632条《請負》の観点から判断することは妥当であろうか。

> **民法632条《請負》**
> 請負は，当事者の一方がある仕事を完成することを約し，相手方がその仕事の結果に対してその報酬を支払うことを約することによって，その効力を生ずる。

　法人税法施行令5条1項10号の「請負」を民法からの借用概念と位置付けた上で，通説である統一説の立場から，収益事業たる請負業該当性を判断するに当たっては，民法の請負契約に係る要件事実を確認する必要があろう。
　すなわち，請負契約（民632）における要件事実は，次のとおりである。

> ①　「仕事の完成」を約すること（内容面）。
> ②　（その仕事の結果に対し）報酬を支払うこと（報酬面）。

　課税庁としては，これらの点を抗弁において主張する必要がある。

図表1

　なお，報酬支払時期については請負契約の要件事実ではないから摘示する必要はない。もちろん，それが「業」であるという点についても，課税庁は主張・立証責任を負うので，継続的に当該役務提供を行っているあるいはサービス提供を営んでいるという要件事実をも主張・立証しなければならない。そこでは，後者の問題（②），すなわち報酬の支払が議論となり得る。
　ただ，実際の請負契約においては，報酬が概算はおろかまったく定められていない場合もあり得るが，そのような場合にはすべて請負契約の成立を否定すべきかという問題が惹起される。我妻栄博士は，この点，「請負の報酬，すなわち請負代金は，…契約の締結に際して，その額が一定されるのが普通だが定額請負，概算額を定めるだけの場合（概算請負）や額を定めない場合もないではない」とされ，「報酬額を定めない場合には，慣行上類似の例があればそれによって定め，それがないときは，実際に必要であった用に相当の利潤を加えるなど，各場合に応じて合理的な額を定むべきである」と論じられる（我妻『債権各

262 第3章 課税要件事実論―各論

論〔中巻二〕』643頁（岩波書店1962))。

 📖 東京地裁昭和48年7月16日判決（判時726号63頁）は，「報酬額の決定等が後日の協議
  に委ねられていることも，請負契約の成立を否定する理由とはならない。もとより，請
  負契約は双務契約であるから，一方の仕事の内容は確定されていても，その対価たる報
  酬につきまったく取り決めがない場合は，請負契約は未成立というほかないが，被告
  （注文主）において仕事の対価として報酬を支払う旨の合意が明確である以上，その具
  体的数額が未決定であっても，請負契約の成立を認めて差支えない。この場合，当事者
  間の協議で後日報酬額の具体的金額が決定されればこの額により報酬支払債務が確定し，
  もし協議がととのわないときは，客観的に相当と認められる金額を報酬額として請負契
  約は成立したと解すれば足りる（このように，双務契約による債権の一方が金銭債務で
  ある場合，その具体的数額が未確定でも，当事者双方がその対価の支払を確定的に合意
  しており，単にその具体額の決定を後日に委ねたにすぎないと認められるときは，一般
  に契約自体の成立を認めてよい。例えば，建物を賃借する旨合意してその引渡を受け，
  賃料額は後日附近の相場を調査して協議のうえ定める，としたような場合，後日当事者
  双方で意見が一致しないため賃料が定まらないようなときに賃貸借契約不成立というの
  はいかにも不合理であろう。要は，対価の支払の確定的合意の有無によって決せられ
  る)。」と判示する。

このように考えると，料金があらかじめ「明らかに」設定されているか否か
は，請負契約成立の要件事実とまではいえないように思われる。すなわち，注
文主において仕事の対価として報酬を支払う旨の合意が明確であることが要件
事実というべきであろう。そして，我妻博士や上記東京地裁判決の説示すると
おり，このあたりは個別の状況を斟酌した上で判断することになる。

 📖 なお，本件最高裁が，「本件ペット葬祭業においては，Xの提供する役務等に対して
  料金表等により一定の金額が定められ，依頼者がその金額を支払っているものとみられ
  る」としている点は，判決文の流れからすれば，「請負業」の要件事実として「料金表に
  よる一定の金額設定」を問題としているというよりは，「喜捨等の性格を有するか」どう
  かの判断において論じているとみるべきであろう（後述）。

ところで，法人税法施行令5条1項10号にいう「請負業」には，「事務処理の
委託を受ける業を含む。」とのかっこ書きがある。このことからすれば，同条
項号にいう「請負」とは，民法632条の「請負」に限定されず，委任や準委任を
も対象とすることが明らかである。そこにいう請負業が民法からの借用概念で
あるとし，「事務処理の委託」の解釈も民法に依拠して考察すべきとする立場
からすれば，図表2のような整理になろう。

図表 2

法人税法施行令 5 条 1 項 10 号にいう「請負業」（外側の円）

この点，いわゆる流山訴訟千葉地裁平成16年4月2日判決（訟月51巻5号1338頁）[3]は，次のように説示しており，上記の理解に立つ。

> 「法人税法施行令 5 条 1 項10号をみるに，同号は，法人税法 2 条13号の収益事業の 1 つとして，『請負業（事務処理の委託を受ける業を含む。）のうち次に掲げるもの以外のもの』を挙げ，そのイにおいて『法令の規定に基づき国又は地方公共団体の事務処理を委託された法人の行なうその委託に係るもので，その委託の対価がその事務処理のために必要な経費をこえないことが法令の規定により明らかなことその他の財務省令で定める要件を備えるもの』と規定している。このような文言からすれば，同号にいう『請負業』は，民法632条所定の請負を反復継続して業として行うものに限定されず，委任（民法643条）あるいは準委任（同法656条）を反復継続して業として行うものをも含むことが，文理上明らか〔である。〕」

🖉 今村隆教授は，「『請負業』というのは，民法上の『請負』の借用概念ではなく，事業実態という事実状態を問題とする要件であり，税法上の固有概念であると考えるべきである。」と論じられる（今村・課税要件76頁）。

　法人税法施行令 5 条 1 項10号にいう「請負業（事務処理の委託を受ける業を含む。）」を民法632条の「請負」の借用概念と捉えるか固有概念と捉えるかの立場の違いはあるが，いずれにしても，「請負業（事務処理の委託を受ける業を含む。）」を民法上の請負契約のみから理解することはできない。

　このように解すると，一見請負契約の要件事実をここに持ち込むことは妥当しないようにも思われる。しかしながら，「請負業」等該当性についての主張・立証責任は課税庁にあるのであり，法人税法施行令 5 条 1 項10号にいう「請負業（事務処理の委託を受ける業を含む。）」に該当するという点につき抗弁するに当たって，少なくとも民法上の請負に当たれば，同号の「請負業（事務処理の委託を受ける業を含む。）」に該当することからすれば，民法上の請負契約の要件事実を主張・立証することは考えられる。そして，本件最高裁が次に示すような対価性の有無やイコール・フッティング論（☞イコール・フッティング論とは）

264　第3章　課税要件事実論—各論

は，「請負業（事務処理の委託を受ける業を含む。）」の該当性判断における考慮事項
（間接事実）であり，要件事実ではないことからすれば，本件は請負業等に当た
るか否かという点についての要件事実を直接の争点としたものではないともい
えよう。

☞　**イコール・フッティング論**とは，公益法人等において収益事業に課税がなされるべき
との根拠を競争中立性（equal footing）に求める考え方である。本件最高裁のいう「公
益法人等の所得のうち収益事業から生じた所得について，同種の事業を行うその他の内
国法人との競争条件の平等を図り，課税の公平を確保するなどの観点から」課税を行う
とする考え方をいう。

　平成17年6月付け政府税制調査会基礎問題小委員会・非営利法人課税ワーキング・グ
ループ「新たな非営利法人に関する課税及び寄附金税制についての基本的考え方」は，
公益性を重視する見方を基礎に置きつつも，「ただ，当該法人が行う事業活動の実態は
極めて多様であり，収益を得ることを目的とする営利法人と同種同等の事業活動が行わ
れる場合もある。これを含めてすべての事業活動から生じる収益を非課税とすることは
営利法人との間で著しくバランスを失することになる。このため，『公益性を有する非
営利法人』においても，現行制度と同様，営利法人と競合関係にある事業のみに課税す
ることとすべきである」としており（同答申3頁），イコール・フッティング論を述べ
ている。

イ　間接事実としての考慮事項

　次に，本件最高裁が採用した請負業等判断における考慮事項について考察し
ておこう。法人税法6条《内国公益法人等の非収益事業所得等の非課税》が，公益法
人等の所得のうち収益事業から生じた所得を課税対象としている趣旨はどこに
あるのであろうか。

> **法人税法6条《内国公益法人等の非収益事業所得等の非課税》**
> 　内国法人である公益法人等又は人格のない社団等の各事業年度の所得のうち収益
> 事業から生じた所得以外の所得については，前条の規定にかかわらず，各事業年度
> の所得に対する法人税を課さない。

　前述の流山訴訟千葉地裁平成16年4月2日判決は，この点を，「法人税法7
条〔筆者注：現行6条〕が，公益法人等の所得のうち収益事業から生じた所得を課
税対象としている趣旨は，公益法人等が，営利法人等と同様に営利事業を営ん
でこれと競合する場合に，この所得について非課税とすると課税の公平が失わ
れることから，これを是正することにある」とする。そうであるとすれば，収
益事業に係る法の趣旨を斟酌して，法人税法施行令5条1項10号の「請負業」
等を解釈すべきということになる。また，同地裁は続けて次のように説示する。

16 法人税法—収益事業の範囲 265

> 「同法 2 条13号は，同法にいう『収益事業』を，『販売業，製造業その他の政令で定める事業で，継続して事業場を設けて営まれるものをいう。』と定めて，販売業，製造業以外については，具体的な収益事業の範囲の定めを政令に委任しているが，前記のとおりの公益法人等の収益事業による所得に対する課税の趣旨を勘案すれば，同号が，具体的な収益事業の範囲の定めを政令に委任した趣旨は，公益法人等の事情実態や営利法人等との事業の競合関係が，社会状況や経済情勢の変化に伴って変化することに鑑みて，その変化に対応して機動的かつ適切に収益事業の範囲を定め，課税上の公平の維持を図ることにあると解されるから，同号の委任を受けて，収益事業の範囲を定める法人税法施行令 5 条 1 項の解釈をするにあたっては，このような法人税法 7 条及び 2 条13号の趣旨をも斟酌して，その文言を合理的に解釈すべきである。」

　このように流山訴訟千葉地裁判決は，法人税法施行令 5 条 1 項の文言については，法人税法 6 条及び同法 2 条13号の趣旨をも斟酌して合理的に解釈すべきとしていることを考えると，同法施行令 5 条 1 項10号にいう「請負業」等の要件事実に収益事業性が持ち込まれることになるように思われる。

　しかしながら，本件最高裁判決は，異なる判断枠組みを提示する。それは，法人税法施行令 5 条 1 項10号の要件事実として，法人税法 6 条や同法 2 条13号にいう収益事業性を捉えているわけではないという点である。

　本件最高裁は，「法人税法施行令 5 条 1 項10号の請負業等に該当するか否かについては，①事業に伴う財貨の移転が役務等の対価の支払として行われる性質のものか，それとも役務等の対価でなく喜捨等の性格を有するものか，また，②当該事業が宗教法人以外の法人の一般的に行う事業と競合するものか否か等の観点を踏まえた上で，当該事業の目的，内容，態様等の諸事情を社会通念に照らして総合的に検討して判断するのが相当である。」と論じている。あくまでも，①や②の観点は考慮事項として位置付けられているようである（「事情」については，🔍 **2**—24頁参照）。

　すなわち，本件最高裁判決によれば，法人税法施行令 5 条 1 項10号にいう請負業等該当性の判断は次の観点などを踏まえて行われることになる。

> ① 事業に伴う財貨の移転が役務等の対価として支払われるものであること（対価性・非喜捨性）。
> ② その事業が宗教法人以外の法人の一般的に行う事業と競合するものであること（イコール・フッティング論）。

図表3

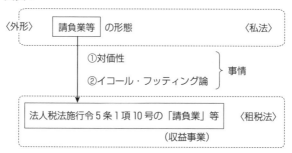

　すなわち，本件最高裁判決は，①対価性・非喜捨性の有無と②イコール・フッティング論をもって，法人税法施行令5条1項10号等の「請負業」等該当性の判断要素としている。しかし，判決文をみると，本件最高裁判決は，①および②は，判断の際の考慮事項であり，「請負業（事務処理の委託を受ける業を含む。）」の要件事実ではないものの，これを「事情」（🔍 **2**—24頁参照）と捉えているようである。

　このように，本件最高裁判決は，①対価性や②イコール・フッティング論を「事情」と位置付けながらも，①および②を，請負業等の形態を有する事業が法人税法施行令5条1項10条の請負業等に該当するか否かについての実質的な判断基準としている点からみれば，これらを要件事実と捉えているとみることも不可能ではないように思われる。

　本件最高裁判決は，法人税法施行令5条1項10号の「請負業」等を判断するに当たって民法上の請負の要件事実について触れていないが，借用概念と捉えた上で目的適合説的に考えているか，あるいは固有概念と捉えているのかもしれない。

　固有概念と捉えると，法人税法施行令5条1項の各号がすべて固有概念であると考えるのか，あるいはその一部のみが固有概念であり，他は借用概念と考えるのかという問題が起こり得るが，一部のみを固有概念と考えることには疑問が生じる。なぜならば，同条項の解釈として，すべての限定列挙を固有概念と捉えることに不安を抱かざるを得ないからである。本件最高裁判決は，「請負業」を借用概念と捉えた上で，目的適合説の立場から概念理解に民法概念の修正を加えたものと解するのが妥当ではなかろうか。

図表 4

図表 5

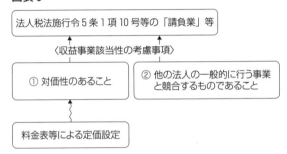

(ア) 対価性の有無

　本件最高裁判決は,「事業に伴う財貨の移転が役務等の対価の支払として行われる性質のものか,それとも役務等の対価でなく喜捨等の性格を有するものか」を素材の1つとして,収益事業該当性を判断しようとする（この収益事業該当性が法人税法施行令5条1項10号等該当性判断の考慮事項となる。）。そして,「本件ペット葬祭業においては,Xの提供する役務等に対して料金表等により一定の金額が定められ,依頼者がその金額を支払っているものとみられる。したがって,これらに伴う金員の移転は,Xの提供する役務等の対価の支払として行われる性質のものとみるのが相当であ〔る〕」と説示しているとおり,本件最高裁判決は,料金表等により一定の金額設定がなされていることを対価性認定の根拠としている。

　定価設定が請負契約該当性を基礎付けるための間接事実であると位置付ける理論構成を採っているわけではなく,定価設定は対価性のあることの判断要素として位置付けられていることが分かる。

(イ) イコール・フッティング論

　本件最高裁は,「本件ペット葬祭業は,その目的,内容,料金の定め方,周知

268　第3章　課税要件事実論─各論

方法等の諸点において，宗教法人以外の法人が一般的に行う同種の事業と基本的に異なるものではなく，これらの事業と競合するものといわざるを得ない。」とする。この点，昭和31年12月付け臨時政府税制調査会答申においては，競業業種の収益事業が追加されたが，この答申において，次のように述べられている（同答申217頁）。

> 　「これら公益法人が収益事業を営まず，またかりに収益事業を営んだとしても，その事業から利益を得ていないのならば問題はない。しかし，実際には，これら法人に収益事業を営み，利益を上げているものが多く，同種の事業を営む他の事業者を脅かすものもある。そればかりでなく，わが国ではこれら公益法人に対する官公庁の監督が充分でないゆえもあって，これら法人が特定個人の事業の手段と化している例すらある。このような状況なので，公益法人の所得の多くを非課税とする現行制度について，強い疑問がもたれている。」

ここでは，他の営利事業との競合性の観点が強調されているように思われる。このような捉え方は，さらに続く答申内容に顕著に現れているといえよう。すなわち，同答申は次のように論じているのである（同答申218頁）。

> 　「公益法人が非課税とされるのは，その事業が他の営利事業とは全く性格を異にするものであり，また，その収入は広く公益のために用いられるからである。しかるに，わが国の公益法人の実態をみれば，公益法人で営利事業類似の事業を行い，普通法人及び個人と競争関係に立つものが少なくなく，中には通常の営利事業が公益法人の形で行われているものすらある。同じ事業を営みながら，一方が法人税の課税を受けるのに，他方が課税を受けることなく，その収益を事業の拡張等に用いうるということは，税制面から不公正に競争関係を乱すこととなり，適当でない。したがって，公益法人の事業のうちでも，一般企業と競合するおそれがあるものとか，あるいは公益法人でなくても行いうるような事業については，これを法人税の課税の対象とするという原則を確立すべきである。」

また，昭和38年12月付け政府税制調査会答申「所得税法及び法人税法の整備に関する答申」では，公益法人課税について，「公益法人の収益事業から生じた所得に対する法人税率は一般税率より軽減されているが，公益法人に対する課税は公益法人の収益事業と普通法人の事業とが競争関係にあることに着目して行われていることにかんがみれば，同一税率を適用し，他方必要に応じみなし寄付金の損金算入限度を拡大する方向で検討することが適当である。」とされており（同答申66頁），この当時の議論から，すでに競合関係というイコー

ル・フッティング論を考慮したものであった（このあたりの議論については，吉牟田勲「公益法人課税の基本的問題点」税通48巻2号14頁（1993）以下を参照）。

このように，政府税制調査会の考え方が立法の基礎とされているということは等閑視すべきではなく，競合関係にあるか否かが重要性を有するという点にも理解を寄せるべきであると思われる。

　✍　もっとも，同税制調査会の見解はあくまでも，かような法人税課税の原則についての確立を提言するものであるとする見方も可能である。すなわち，昭和31年12月付け臨時政府税制調査会答申は，「現行法〔筆者注：当時〕では，法人税の課税の対象となる収益事業の範囲は，いわゆる営業，すなわち，個人がこれを営めば第1種事業として事業税を課される種類の事業に限られているが，上記の趣旨から，収益目的をもって行いうるその他の事業をも課税の対象にとり入れるよう，改正を行うべきである。」とするにとどまる（同答申219頁）。

　✍　平成26年6月付け政府税制調査会「法人税の改革について」では，以下のようにイコール・フッティングの観点から公益法人等の課税の見直しを行うべきと論じている（同答申8頁）。

　「公共的とされているサービスの提供主体が多様化し，経営形態のみによって公益事業を定義することが適当ではなくなっている。こうした市場の変化を踏まえ，公益法人等や協同組合等に対する課税の抜本的な見直しを行う必要がある。特に介護事業のように民間事業者との競合が発生している分野においては，経営形態間での課税の公平性を確保していく必要がある。

　こうした観点から，公益法人等の成り立ちや果たしている役割も踏まえながら，公益法人等の範囲や収益事業の範囲を見直すべきである。特に収益事業の範疇であっても，特定の事業者が行う場合に非課税とされている事業で，民間と競合しているもの（例えば社会福祉法人が実施する介護事業）については，その取扱いについて見直しが必要である。また，収益事業の規定方法については，従来から，現行の限定列挙方式ではなく，対価を得て行う事業は原則課税とし，一定の要件に該当する事業を非課税とすべきとの指摘があり，このような方向での見直しも検討すべきである。」

　加えてこの点については，現行法人税法施行令5条に規定されている収益事業の沿革が，そもそも主として一般営利企業との競合関係にあると思われる事業を特掲するという考え方から，とりあえず，昭和22年に現在の事業税に移行して廃止された旧営業税法において課税営業として特掲されていた29種類がそのまま法人税法上の収益事業として規定されたという起源[4]を有しているということからも理解しやすい。このように，近時の判例のみならず，これまでの議論はイコール・フッティング論を強く意識したものであったといえる。

270　第3章　課税要件事実論―各論

¶レベルアップ！　公益法人等に対する原則的課税ポジション

　公益法人等に対する原則的課税ポジションについては見解が分かれる。すなわち，公益法人等に税制上の優遇が図られていることは租税法の体系的理解からすれば，当然のことであり，そもそも本来課税されるべきでない公益法人等に対して，収益事業についてのみ，例外的に課税されるものであるから，法人税法施行令5条にいう収益事業の範囲は厳格に解釈されるべきとする立場（この考え方によれば，そもそも公益法人課税を優遇税制と捉えることにも反対であろう。）と，それとは反対に，公益法人等に対する税制の優遇的取扱いは，本来の課税体系からみればむしろ例外であるから，その視角からすれば収益事業の範囲についての同条の解釈姿勢について，ことさらに厳格であるべきとの考え方を採る必要性はないという立場があり得る。前者の立場に立てば，法人税法施行令5条1項10号にいう「請負業」等該当性の議論において，他の法人の一般的に行う事業と競合するものであること（🔍267頁の前掲図表5②参照），すなわち，イコール・フッティング論などを要件事実と捉えること自体に対して疑問が惹起されよう。

㋐　原則非課税論

　前者の見解の中心的根拠は，法人税が個人所得税の前取りであるとする考え方にある。例えば，本件最高裁の判断に批判を展開される田中治大阪府立大学名誉教授や三木義一青山学院大学名誉教授の見解が代表的であるといえよう。

　田中教授は，公益法人等が，「たとえ一定の剰余金が生じたとしても，それを個人に分配することを予定するものではないという点に，本来の事業（非収益事業）に対する非課税の根拠をもつということができる。本来の事業（非収益事業）を行う限りにおいては，法人への課税を正当化するための個人所得税の前取りという前提それ自体を欠くことになるからである。」とされ，要するに，「公益法人の原則非課税措置は，優遇措置でも何でもなく，課税の対象となる『所得（終局的に個人に分配される所得）』がないことの当然の帰結である。」と論じられるのである（田中＝忠岡博「有償ボランティアに対する法人課税の是非」税通60巻2号158頁（2005））。したがって，このコンテクストからは，公益法人等の本来の事業について生じた剰余金に課税をしないのは公益法人等に対する優遇措置や特権ではなく，法人税の課税原理から生じた帰結にすぎないものと整理される。

　三木教授は，公益法人等は，昭和25年まで非課税であったが，その中心的理由は，「公益法人は専ら公益の目的として設立され，営利を目的としないとい

うその公益性」と，「たとえ収益事業を行ったとしても，それから生じる利益は特定の個人に帰属する性格のものではない。」という点にあったとされる。公益法人等は利益を得ても，社員には配分することはなく，個人所得税の前取りとしての法人税の対象にする必要が本来ないが，公益法人課税制度は，非課税措置が濫用されていたことから，昭和25年の改正において公益法人等の原則非課税を維持しつつも「収益事業」に該当するものは課税対象に含めることとなったと沿革をなぞらえる。また，原則非課税を維持した上で「収益事業」を限定列挙している規定の建て付けからしても，公益法人等の本来的公益活動そのものに課税するのではなく，非課税を利用した公益活動そのものではない「収益活動」に限定して課税しようとするものであるとされるのである。すなわち，特例的に非課税にされているのであれば，非課税要件は厳格に解釈しなければならないが，まったく逆に，本来的に非課税とすべきものを例外的に課税しようとするものであるから，課税要件は厳格に解釈しなければならず，安易に立法趣旨を推定して，明文規定のない課税要件を創設して課税してはならない旨論じられるのである（三木＝木村直義「宗教法人と収益事業―ペット供養訴訟を素材として―」税通60巻9号260頁（2005））。

このように個人所得への分配の有無という基準によって，法人課税の是非が画されるという理解は，法人擬制説的な理解を前提とするものであり，法人税を所得税の前取りとして位置付けるところから出発する代表的な見解である[5]。

このことは，民法の公益法人・営利法人・その他の法人という法人の三分体系が，公益性の有無にかかわらず剰余金の分配を目的としない団体である非営利目的の団体に準則主義による法人成りを一般的に認めるという一般社団法人及び一般財団法人に関する法律（以下「一般社団・財団法人法」という。）の趣旨に反するものとする批判論に共通するところがあるといえよう。

もっとも，このような見解には一理あると考えるものの，この議論は，収益事業に係る税率をなぜ軽減しているのかという点について，説得的な回答が用意できるのか疑問でもある。

  田中教授は，公益法人等が収益事業を行った場合に課税をする理由として，「営利法人と事業内容が競合する場合において，課税の公平を優先した結果とみるべき」とされる。さらに，公益法人等が収益事業を行った際に課される税率が22％と軽減されている点については，収益事業の結果得られる所得であっても，経済的成果を個人所得として分配するものではないから非課税とすべきとの考え方と，その場合に市場において営利

272　第3章　課税要件事実論—各論

法人と競合関係にありながら，一方は租税負担を負わず，他方はこれを負うということでは中立的で公正な競争維持を妨げることになるとの考え方（イコール・フッティング）との折衷にあるとされる[6]。

すなわち，公益法人等の収益事業課税の根拠としても，その際に適用される軽減税率の根拠としても，営利法人との競合関係が問題視されているというのである[7]。

なるほど，シャウプ勧告は，非課税とされていた公益法人等の多くが，「収益を目的とする活動に従事し，一般法人並びに個人と直接に競争している」とした上で，「非課税法人の収益事業によって得られる所得は，明らかに法人税の課税対象となるべきである。」と勧告しているのである[8]。

他方，三木教授は，法人税を個人所得税の前取りと構成する考え方から出発し，イコール・フッティング論を採用することに否定的な見解を採られる。同教授は，法人の利益は本来株主のものであり，株主が配当として受け取る個人所得の前取りとして構成されるという点を前提として，次のような議論を展開される（三木＝木村・前掲稿260頁以下）。すなわち，「宗教法人を含む公益法人は，民法第34条により主務官庁の許可を得て法人格を取得し，『営利ヲ目的トセサル』法人でなければならない。」が，これは，通常事業によって得た利益を社員に分配することを目的としないことを意味し，実務上も残余財産を社員に分配する旨の定款規定が無効とされていること，各社員の払込済出資額を限度として持分を各社員に払い戻すものとする定めを定款に置くことも公益法人の性質上妥当ではない。つまり，「公益法人は利益を得ても，社員には配分することはなく，社員は公益法人活動から個人所得としての配当を受けることがなく，個人所得税の前取りとしての法人税の対象にする必要がない」とされる。そもそも，公益法人等については非課税とされるべきであるということになるが，「政策的な理由から」収益事業については例外的に課税しようとするものであるとされるのである。この文脈からは，前述の収益事業の範囲は厳格に解釈されなければならないという理解に結びつく。

そして，三木教授は，イコール・フッティング論を採用する本件の第一審名古屋地裁平成17年3月24日判決に対して，「法人税法の基本的スタンスは，公益法人等の場合は例外的に限定列挙された『収益事業』を行った場合にのみ課税し，この収益事業の範囲は納税者の予測可能性にも考慮して限定列挙しているのである。…したがって，もともと33業種に含まれていなかったものが，民間がやりだすことによって33業種に含まれるようになると解するのは，租税法律主義からしてきわめて疑問である。」と批判を展開されるのである。

(イ)　原則課税論

金子宏東京大学名誉教授は，「公益の追求を目的とするものである」こと（公益性）を公益法人課税上の特例が認められる根拠と指摘される（金子・租税法341頁）。

平成15年6月27日付け閣議決定「公益法人制度の抜本的改革に関する基本方針」は，「現行の公益法人制度は法人格の取得と公益性の判断や税制上の優遇措置が一体となっているため，様々な問題が生じている。このため，法人格を一定の優遇措置と分離し，公益性の有無にかかわらず新たに非営利法人制度を

創設する」とし，「法人は，普遍的な国民の納税義務の下で，一般的に納税義務が課せられており，公益性を有するなど一定の場合に税制上の優遇措置が講じられている。新たな非営利法人に対する税制上の取扱いについては，こうした考え方を踏まえつつ，非営利法人制度の更なる具体化にあわせて引き続き検討する。」とする。ここでは，明らかに「税制上の優遇措置」としているが，果たしてこのような捉え方は妥当であろうか。

ところで，なぜ公益性を有するという点が「税制上の優遇措置」の理由となるのであろうか。この点について，元内閣法制局長の林修三氏は，「民法34条を中心として各種の法律によって，公益的業務を非営利で行う法人の制度がいろいろと設けられていることは，慈善，博愛その他の社会福祉，教育，育英，学術，文化，環境保全，海外協力その他の公益的な業務をすべて公的な資金により公的な段階で行うことには限界があるので，これらのことを民間の資金によって私的な公益法人その他の公益的法人によって行うことについての社会的需要が非常に強く存在することを示すものであって，ここにいう社会的需要に対応して，これらの公益的法人の業務の振興・助成を図る趣旨で，税制の上で，各種の優遇措置が講じられるに至っているといってよいものであろう。」と論じられる（林「公益法人に対する課税のあり方を考える」税通40巻1号5頁（1985））[9]。

> ✍ さらに進めれば，社会的便益を提供する公益法人等が行う活動は本来的には政府が担うべきものであるから補助金として課税の優遇をするという考え方がある。この点については，直接補助金は政府・議会の過度の関与をもたらし，宗教的対立やロビーイングの激化をもたらす危険性が危惧されることがある。もっとも，宗教法人を前提とすると，現行の優遇税制が信者と非信者とを区分し，信者に対してのみ税制上の恩恵を与える構造となっている点については，問題も惹起される[10]。また，宗教活動を公益性の観点から説明するとしても，①国教主義という点から見るのか，あるいは②分離主義の観点から宗教を私事とみなし，宗教団体をできるだけ私的団体にとどめておこうとし，公序良俗に反しない限りそれにインディファレントであろうとするのか，③宗教団体そのものは私的団体であるとしつつも，社会的役割の公益性という点に求めるのかによって議論は相当異なるものとなろう[11]。

この原則的課税論の立場は，本来課税されるべきところ，公益に資する活動に対する保護あるいは支援という観点から，例外的に公益法人等に対して優遇措置を設けていると説明する立場である。

(ウ)　検　討

課税対象所得非該当性論を一般社団・財団法人法に当てはめて考えるとどう

であろうか。なるほど，同法11条《定款の記載又は記録事項》2項においては，「社員に剰余金又は残余財産の分配を受ける権利を与える旨の定款の定めは，その効力を有しない」と規定されているのである。

もっとも，同法239条1項には，「残余財産の帰属は，定款で定めるところによる」とされており，さらに，同条2項は，「前項の規定により残余財産の帰属が定まらないときは，その帰属は，清算法人の社員総会又は評議員会の決議によって定める」とし，3項は，「前二項の規定により帰属が定まらない残余財産は，国庫に帰属する」と規定されている。このように，一般社団法人等の残余財産の分配が定款変更によることなく可能である状況をどのように説明するのかという点では疑問が呈されるように思われる。

一般社団法人及び一般財団法人に関する法律11条《定款の記載又は記録事項》
　2　社員に剰余金又は残余財産の分配を受ける権利を与える旨の定款の定めは，その効力を有しない。
一般社団法人及び一般財団法人に関する法律239条
　　　残余財産の帰属は，定款で定めるところによる。
　2　前項の規定により残余財産の帰属が定まらないときは，その帰属は，清算法人の社員総会又は評議員会の決議によって定める。
　3　前二項の規定により帰属が定まらない残余財産は，国庫に帰属する。

すなわち，一般社団法人等については，社員に対して剰余金または残余財産の分配を受ける権利を与える旨の定款の定めが無効であるとされてはいても，一定の場合には，社員総会または評議員会の決議で，社員に対して剰余金または残余財産の分配を決めることが可能であると解されているのである（新公益法人制度研究会『一問一答公益法人関連三法』159頁（商事法務2006））。

もっとも，これにより一種の脱法的な行為が可能であるとはいえ，このような分配の可能性があるからといって，本質論に差異が生じるわけではないということであろうか。

ところで，上記の議論を，一般社団・財団法人法の施行に伴い廃止された中間法人法に基づく中間法人に当てはめて考えるとどうであろうか[12]。中間法人法2条1号は，中間法人を「社員に共通する利益を図ることを目的とし，かつ，剰余金を社員に分配することを目的としない社団」に対する法人格付与を可能としていたが，ここでも，剰余金は社員に分配されないという点では，公益法

人等と類似の性質を有していたように思われる。すなわち，先の判断枠組みからしても，利益分配を予定していない「非営利活動」を行う法人に分類される。しかしながら，中間法人に関しては，公益を目的とするものではないとの理解から（藤谷武史「非営利公益団体課税の機能的分析(1)―政策税制の租税法学的考察―」国家117巻11＝12号9頁（2004）），「普通法人」として当然に法人課税の対象となるという考え方が採用されているのである（山下徳夫「中間法人創設と法人課税の在り方」税大論叢40号118頁（2002））。

　利益分配を予定していないことによる法人税の本質からの乖離をもって公益法人等に対しては本来的に課税されないとする考え方が堅持されるのであれば，中間法人の収益事業から生じた所得についても課税対象外となるべきであるが，このような整理はされていない。すると，このような考え方はいわば観念的にはあり得ても，法人税法が貫徹する理屈であるというにはやや不安が残る。

　となると，やはり，玉國文敏教授が，「一般的にいえば，現行制度の下で，公益法人が課税上，種々の優遇的な取扱いを受けている理由の一つは，公益法人が『民間による公益活動の重要な担い手』として期待されており，そのような団体を保護して，その活動を促進することがまさに公益に合致すると考えられてきたからであろう。」とされるように（玉國「公益法人税制の改革動向」宗教法23号196頁（2004））[13]，公益性の存在を軸とした優遇措置であると理解する方が素直な捉え方であるように思われるのである[14]。

　もっとも，公益法人等の実態をも考察対象とすると，公益性については甚だ疑問なしとはいえない。かような検討を経た段階での一応の整理としては，そもそも公益性にかんがみた課税優遇策ではあるものの，その存立基盤としての公益性が必ずしも明確ではないとはいえ，理論的根拠と実態との乖離は甚だしいものとなっているといわざるを得ないのである。

　前述のとおり，所得税の前取りという法人税の論理による構成で非課税を根拠付ける点については不安が残る。他の税制上の優遇措置との関係をみてもその説明は難しくなるように思われるのである。すなわち，道府県民税，市町村民税，事業税，事業所税，不動産取得税，固定資産税，都市計画税（地法25①，72の5①，73の4①，296①，348②，702の2②），消費税（消法60④，消令75），登録免許税（登免法4②，別表3）などにおいても，優遇措置が講ぜられているが，これらの税に関しては，所得税の前取りという法人税非課税の理論に相当するよう

276 第3章 課税要件事実論―各論

な理論的素材が見当たらない。これらの公益法人等の優遇税制はいかに説明が
なされるべきかという疑問も惹起される。

平成20年の法人税法改正では，平成17年6月付け政府税制調査会基礎問題小
委員会・非営利法人課税ワーキング・グループ「新たな非営利法人に関する課
税及び寄附金税制についての基本的考え方」などを受けて，公益社団法人・公
益財団法人以外の一般社団法人・一般財団法人について，「非営利型法人」（法
法2九の二）という法人税法上の固有概念が設けられ，非営利型法人は公益法人
等として，収益事業課税が行われる反面，それ以外の一般社団法人・一般財団
法人は普通法人として課税されることとなった。

すなわち，法人税法2条9号の2は，「非営利型法人」について，一般社団法
人・一般財団法人（公益社団法人・公益財団法人を除く。）のうち，①「その行う事
業により利益を得ること又はその得た利益を分配することを目的としない法人
であってその事業を運営するための組織が適正であるものとして政令で定める
もの」（法法2九の二イ）を定めている。そして，この規定を受けて，法人税法施
行令3条《非営利型法人の範囲》1項は，「その定款に剰余金の分配を行わない旨
の定めがあること」（1号）や「その定款に解散したときはその残余財産が国若
しくは地方公共団体又は公益社団法人・公益財団法人等に帰属する旨のある定
めがあること」（2号），「前二号の定款の定めに反する行為（…剰余金の分配又は残
余財産の分配若しくは引渡し以外の方法（合併による資産の移転を含む。）により特定の個人
又は団体に特別の利益を与えることを含む。）を行うことを決定し，又は行ったこと
がないこと」（3号）など，一定の要件に該当するものを上記①の法人と規定す
る。

このように，法人税法が，公益法人等が行う事業が剰余金や残余財産の分配
を目的として行われるものであるか否かという観点から[15]，非営利型法人を捉
えているといえそうである。

　　✍　法人税法2条9号の2イにいう「事業により利益を得ること…を目的としない法人」
　　という規定の意味は必ずしも明確ではない。すなわち，得られた利益を分配することが
　　制限されているという意味こそが問題となるのであれば，この点は，「積極的に」事業
　　により利益を得ることを目的としない法人というような意味で理解すべきであろうか。
　　この部分については，政令に委任されていながら，法人税法施行令3条では何も触れら
　　れていない。また，法人税法2条9号の2が「利益」とするところと，法人税法施行令
　　3条1項が「剰余金」とするところとの意識的と思われる相違があり，解釈上の問題が
　　あると思われる。

また，上記のような観点から非営利型法人を捉えるというのが法人税法の考え方であるとするのであれば，なぜ，①の法人とは別建てで公益性が要請されるような要件が課されているのかについても判然としない。すなわち，法人税法は，「非営利型法人」として，前述の①の法人のほかに，②「その会員から受け入れる会費により当該会員に共通する利益を図るための事業を行う法人であってその事業を運営するための組織が適正であるものとして政令で定めるもの」（法法２九の二ロ）も定めている。②の法人については，法人税法施行令３条２項４号に「その定款に特定の個人又は団体に剰余金の分配を受ける権利を与える旨の定めがないこと」，５号に「その定款に解散したときはその残余財産が特定の個人又は団体…に帰属する旨の定めがないこと」が定められている。

これは，所得税の前取りとして法人税を捉える観点から導出される規定であろうか。このほか，②の法人については，「その会員の相互の支援，交流，連絡その他の当該会員に共通する利益を図る活動を行うことをその主たる目的としていること」（法令３②一）および「その定款（定款に基づく約款その他これに準ずるものを含む。）に，その会員が会費として負担すべき金銭の額の定め又は当該金銭の額を社員総会若しくは評議員会の決議により定める旨の定めがあること」（法令３②二），「その主たる事業として収益事業を行っていないこと」（法令３②三）などの要件が定められている。①の法人とは別に②の法人が非営利型法人として認められているからには，②の法人は，①の法人とは性質を異にするものであろう。すると，この改正においても，個人所得税の前取りとしての法人税という観点のみからでは，公益法人等の優遇税制の説明ができそうにない。

   ✐ 知原信良教授も，「現在の法人税制においても，法人擬制説のみに立脚しているというよりも，法人が独立した納税主体であることに重点をおいて制度設計が行われていると考えるべきである。したがって，法人の所得を配分しないからといって，直ちに法人税を非課税にすべきという論拠にはならない。」と論じられる（知原「非営利組織の課税問題」ジュリ1261号178頁以下（2004））。

   ✐ また，知原教授は，所得税の前取り理論に基づく非営利組織の非課税の考え方について，「確かに，法人擬制説に基づく法人課税の論拠として見過ごすことができない考え方であるが，実態としては，法人は，さまざまな公共サービスを現実に受けて，権利能力も特別に与えられていることから，独立した担税力のある納税主体と考えるのが現在においては適当といえるのではないだろうか。」と論じられる（知原・同稿178頁）。

278 第3章 課税要件事実論—各論

法人税法 2 条《定義》

　九の二　非営利型法人　一般社団法人又は一般財団法人（公益社団法人又は公益財
　　団法人を除く。）のうち，次に掲げるものをいう。
　　イ　その行う事業により利益を得ること又はその得た利益を分配することを目的
　　　としない法人であってその事業を運営するための組織が適正であるものとして
　　　政令で定めるもの
　　ロ　その会員から受け入れる会費により当該会員に共通する利益を図るための事
　　　業を行う法人であってその事業を運営するための組織が適正であるものとして
　　　政令で定めるもの

法人税法施行令 3 条《非営利型法人の範囲》

　　法第2条第9号の2イ《定義》に規定する政令で定める法人は，次の各号に掲げ
　る要件の全てに該当する一般社団法人又は一般財団法人（…）とする。
　一　その定款に剰余金の分配を行わない旨の定めがあること。
　二　その定款に解散したときはその残余財産が国若しくは地方公共団体又は次に掲
　　げる法人に帰属する旨の定めがあること。
　　イ　公益社団法人又は公益財団法人
　　ロ　公益社団法人及び公益財団法人の認定等に関する法律（…）第5条第17号イ
　　　からトまで《公益認定の基準》に掲げる法人
　三　前二号の定款の定めに反する行為（前二号及び次号に掲げる要件の全てに該当
　　していた期間において，剰余金の分配又は残余財産の分配若しくは引渡し以外の
　　方法（合併による資産の移転を含む。）により特定の個人又は団体に特別の利益
　　を与えることを含む。）を行うことを決定し，又は行ったことがないこと。
　四　各理事（清算人を含む。…）について，当該理事及び当該理事の配偶者又は三
　　親等以内の親族その他の当該理事と財務省令で定める特殊の関係のある者である
　　理事の合計数の理事の総数のうちに占める割合が，3分の1以下であること。
　2　法第2条第9号の2ロに規定する政令で定める法人は，次の各号に掲げる要件の
　全てに該当する一般社団法人又は一般財団法人（…）とする。
　一　その会員の相互の支援，交流，連絡その他の当該会員に共通する利益を図る活
　　動を行うことをその主たる目的としていること。
　二　その定款（定款に基づく約款その他これに準ずるものを含む。）に，その会員
　　が会費として負担すべき金銭の額の定め又は当該金銭の額を社員総会若しくは評
　　議員会の決議により定める旨の定めがあること。
　三　その主たる事業として収益事業を行っていないこと。
　四　その定款に特定の個人又は団体に剰余金の分配を受ける権利を与える旨の定め
　　がないこと。
　五　その定款に解散したときはその残余財産が特定の個人又は団体（…）に帰属す
　　る旨の定めがないこと。
　六　前各号及び次号に掲げる要件の全てに該当していた期間において，特定の個人

又は団体に剰余金の分配その他の方法（合併による資産の移転を含む。）により特別の利益を与えることを決定し，又は与えたことがないこと。

七　各理事について，当該理事及び当該理事の配偶者又は三親等以内の親族その他の当該理事と財務省令で定める特殊の関係のある者である理事の合計数の理事の総数のうちに占める割合が，3分の1以下であること。

このように考えると，本来的に非課税とすべきものを例外的に課税しようするものであるとして，課税要件を厳格に解釈しなければならないとする見解の妥当性には疑問が残る。

〔注〕

(1)　判例評釈として，塩崎勤・民情270号55頁（2009），渡辺充・判時2039号154頁（2009），一高龍司・民商141巻2号62頁（2009），藤谷武史・税研148号122頁（2009），田中治・税務事例43巻5号48頁（2011），酒井貴子・速報判例解説5号〔法セ増刊〕295頁（2009），佐藤孝一・税務事例41巻12号10頁（2009），小塚真啓・租税百選〔7〕100頁，酒井・ブラッシュアップ190頁など参照。

(2)　判例評釈として，浅妻章如・ジュリ1328号162頁（2009），三木義一＝木村直義・税通60巻9号213頁（2005），伊藤義一＝小出絹恵・TKC税研情報14巻6号18頁（2005），林仲宣・ひろば59巻5号66頁（2006）など参照。

(3)　判例評釈として，渡辺充・税務事例37巻1号1頁（2005），大森健・鹿児島大学法学論集40巻2号89頁（2006）など参照。

(4)　渡辺淑夫『公益法人課税の理論と実務〔5訂版〕』8頁（財経詳報社1994）。

(5)　田中治教授は，法人独自の担税力に着目して課税を行うアメリカと異なり，法人擬制説的な考え方を採用する我が国の法人税法の下では，公益法人の収益事業について生じた所得は，基本的に担税力があるということができないとされる（田中＝忠岡博「有償ボランティアに対する法人課税の是非」税通60巻2号159頁以下（2005））。

(6)　さらに，田中治教授は，中立的で公正な競争維持の観点が強調されるべきと論じられる。すなわち，「課税の論理として考える場合，ぎりぎりのところ，競争関係に立つ者の間での公平の確保を優先させるべきであろう。軽減税率によって公正な競争関係が阻害され，課税の公平が損なわれるのであれば，制度を是正する必要がある。また，軽減税率の存在が，必要以上に，公益法人の収益事業への傾斜を促したり，税負担を免れるための公益法人制度の悪用を誘発したりするのであれば，これを改める必要がある。このようなことを考慮した結果，収益事業については，終局的には個人に分配されない剰余金にすぎないものであっても，公正競争の見地から，いわば法人税の課税対象として『所得』があると擬制することになる。」と論じられる（田中＝忠岡・前掲注(5)159頁）。

(7)　国税不服審判所平成4年2月18日裁決（裁決事例集43号175頁）は，「公益法人等の収益事業から生ずる所得についてのみ法人税を課税するのは，元来，公益法人等は，公益等を目的として設立されたものであって営利を目的とするものではないが，一般私企業と競合する事業を営む場合には，一般私企業に対する課税とのバランス又は課税の公平

280　第3章　課税要件事実論―各論

等を考慮したためである。」とする。

(8)　シャウプ勧告は，「このような非課税法人の上げる利益金は，その活動をさらに拡張するか，または饗宴（エンター・テイトメント）のために消費されている」とも指摘している。

(9)　また，渡辺淑夫青山学院大学名誉教授は，「公益法人等は，本質的には公益を目的としているはずのものでありますから，これについて一般の営利法人と全く同様の課税を行うことは必ずしも適当でないと考えられます。そこで，すべての所得について課税するということではなく，『収益事業』を営む場合に限り，その収益事業から生ずる所得に対してのみ課税し，それ以外の所得（非収益事業の所得）については非課税とすることとされたわけです。」と説明される（渡辺・前掲注(4)8頁）。

(10)　この点について，石村耕治「アメリカ連邦宗教団体課税の現状(1)」民商86巻2号252頁（1982），北野弘久「宗教法人の情報公開と税務をめぐる問題」ひろば49巻4号23頁（1996），大石眞「日本国憲法と宗教法人税制」宗教法22号19頁（2003）など参照。

(11)　阿南成一「総論―宗教法人の公益性と税の不課・減免」宗教法6号105頁（1987）参照。③が妥当であろう。

(12)　藤谷武史教授は，今日の非営利法人制度の改革の1つの端緒として，私人による公益・共益活動の受け皿としての法人制度の不存在に対する批判があったことを指摘される（藤谷「非営利公益団体課税の機能的分析(1)―政策税制の租税法学的考察―」国家117巻11＝12号8頁（2004））。すなわち，旧民法34条が公益・非営利の団体について公益法人制度を定め，同法35条が営利法人について規定するにとどまるため，非公益・非営利の団体は，同法33条によって特別法の規定がなければ法人として成立し得ない仕組みであったことに関連するというのである。

(13)　玉國文敏教授は，別表1，2に該当するか，事業が収益事業か否かだけで課税関係のすべてが決まってしまう傾向にあるという点を指摘される（玉國「市民活動と税法上の問題点」明治学院大学法学部立法研究会編『市民活動支援法』84頁（信山社1996））。

(14)　類似の趣旨を有する規定として，個人財産を寄附した場合の所得税非課税規定がある。すなわち，租税特別措置法は，国または地方公共団体および公益法人等に対する財産の贈与または遺贈で一定のものについては，譲渡所得に係る非課税を規定する（措法40①，措令25の17）。

(15)　一般社団・財団法人法によると，一般社団法人は社員に，一般財団法人は設立者に，それぞれ剰余金の分配を受ける権利を与える旨を定款において定めることができない（一般社団・財団法人法11②，153③二）。しかしこれは，剰余金の分配を行うという行為自体を禁ずる規定ではない。そこで，法人税法施行令3条1項1号は，剰余金の分配自体を行わない旨の定めが定款にあることを要件としている。

17　法人税法─交際費等課税

(1)　事案の紹介

　本件は，X社（原告）が，税務署長Y（被告）のした更正処分中，損金不算入とされた従業員の慰労のために社外の居酒屋，中華料理店等に支払った酒食の提供費用は損金に算入されるべきものであり，上記支出を租税特別措置法61条の4《交際費等の損金不算入》にいう交際費等とする認定の上なされたYの更正処分は違法であると主張して，その取消しを求めた事案である。

　これは，神戸地裁平成4年11月25日判決（税資193号516頁）[1]を素材として加工したものである。

ア　請求の趣旨

① 　Yが，X社の平成○年度分の事業年度の法人税について，同○年○月○日付けでした更正処分を取り消す。

② 　訴訟費用はYの負担とする。

との判決を求める。

イ　請求原因

① 　X社は，平成○年度分の事業年度（同○年○月○日から翌○年○月○日まで。以下「本件事業年度」という。）の法人税について，同○年○月○日に所得金額を○万円，納付すべき税額を○円とする確定申告をしたこと。

　　X社の上記確定申告は，益金額○円とし，損金額○円とするものである。

② 　Yは，平成○年○月○日付けで，請求原因①の確定申告のうち，損金額のうち400万円を否認し，損金額を○円，所得金額を○円とする更正処分をしたこと。

③ 　X社は，請求原因②の更正処分を不服として，平成○年○月○日，本件各処分につき，Yに対して異議を申し立てたが，同年○年○月○日付けで棄却されたため，同年○月○日，国税不服審判所長に対し審査請求をしたところ，これも同年○月○日付けで棄却されたこと。

④ 　Yの請求原因②の更正処分は，交際費400万円全額の損金算入を否認した点において違法があること。

282　第3章　課税要件事実論―各論

ウ　抗　弁

① 　X社の資本金額は，2億円であること。

② 　X社の本件事業年度において従業員の慰労のために社外の居酒屋や中華料理店等に支払った酒食の提供費用が400万円であること。

③ 　X社の本件事業年度における益金は，X社の申告に係る○円であること。

(2)　判決の要旨

　従業員に対する支出が交際費等に当たるかについて，神戸地裁平成4年11月25日判決は，次のように判示する。

> 「1　措置法62条〔筆者注：現行61条の4〕は，一定以上の交際費の額については所得の金額の計算上損金の額に算入しない旨規定し，同法同条3項〔筆者注：現行61条の4第6項〕本文は，損金として算入されない『交際費等』とは，『交際費，接待費，機密費その他の費用で，法人が，その得意先，仕入先その他事業に関係ある者等に対する接待，供応，慰安，贈答その他これらに類する行為のために支出するものをいう。』と規定している。
> 　2　本件支出がX社の従業員の慰労のために社外の居酒屋，中華料理店等に支払った酒食の提供費用であることは…当事者間に争いがないから，その支出の名目は福利厚生費及び会議費となっているものの，本件支出は，対象者はともかく，措置法62条3項にいう『慰安』のために支出することを目的としていたと認められる。
> 　3　ところで，いわゆる交際，接待などに費やされる交際費等は，そのかなりの部分が営業上の必要に基づくものであり，本来的には営業上の必要に基づく支出である限り，事業経費として損金に算入されるべきものである。しかし，交際費等の支出を法人の自制に任せるときは，従業員に対する給与が交際費等の形で支出されたり，役員若しくは従業員の私的な接待又は事業上の必要を超えた接待に使われ，冗費濫費を生じる傾向にあるため，それらの弊害を抑制し，資本の充実・蓄積等を促進するという政策目的から，前記条項を定めて，本来損金に含まれるべきはずの法人の交際費のうち一定額を超えるものを特別に損金不算入とする例外を設けたと解することができる。
> 　X社は，これに対し，措置法62条は，例外を定めたものではなく，交際費を損金不算入とする原則を定めたものであり，前提が誤っている旨主張する。確かに，同法同条3項括弧書きとの関係だけを考えるなら，交際費を損金に算入しないというのが原則といえるものの，本来損金に算入すべき事業経費との関係を考慮するならば，交際費等を損金に算入しないというのは，例外と解することができるのであり，このことは，措置法が，わざわざ，第3章『法人税法の特例』，第5節〔筆者注：現行第4節の2〕『交際費等の課税の特例』の下に同条項を設けたことからも推知することができ，X社の非難は当たらない。
> 　この点に関し，X社は，法人が交際費を使わなかった場合には資本の蓄積・充実を促進するものの，法人が交際費を支出する場合には資本維持等に対する阻害要因とし

て働くこと，一定規模以下の法人については一定以上の交際費の額が損金に算入されるだけなのに，多額の交際費を要する大規模法人については全額が損金として算入されることなどを挙げ，前記条項の趣旨は資本の蓄積・充実の促進ではないと主張する。しかし，法人が交際費を支出した場合には税額の控除が受けられないという一種の制裁を予告することによって，冗費濫費を抑制し，資本の充実維持を図るのが前記法の趣旨であるから，それにもかかわらず交際費を支出した場合に不利益を受けるのは当然のことで，それによってはじめて政策目的達成への圧力となりうるのであり，そのことが前記解釈の妨げになるわけではない。法人の規模による取扱いの差異についても，法人の規模が大きければ，交際費の額も高額になりがちで，利害関係者も多くなりその社内に留保すべき担保としての資本を維持させる要請も強くなるのであるから，大規模法人に対して中小規模の法人に対するよりも厳格な規制をしたとしても何ら不自然なことはなく，そのことで前記条項の解釈が妨げられるわけではなく，Ｘ社の主張は採用することができない。

　4　右条項の趣旨からすれば，冗費濫費のおそれがあるのは，法人が取引先等のために支出した場合だけでなく，法人がその役員や従業員のために支出した場合も同様であり，また，措置法62条3項括弧書きは，交際費等の範囲から『専ら従業員の慰安のために行われる運動会，演芸会，旅行等のために通常要する費用その他政令で定める費用』を除いており，従業員に対するこれらの支出が本来的には交際費等に当たるべきものであることを前提としていると解することができるから，同項の『その得意先，仕入先その他事業に関係ある者』とは，得意先，仕入先だけでなく，当該費用を支出した法人の役員及び従業員（以下『従業員等』という。）も含まれると解するのが相当である。

　Ｘ社は，交際費は，企業が得意先又は得意先となる可能性のある相手企業の経営者又は購買担当者に対して自己に対する好意感情を振起して取引の増進円滑等を図るために支出するものであるから，法的，組織的，経済的に企業に従属している労働者である従業員等に対して本質的に支出する性質のものではなく，従業員等のために交際費を支出するなら，従業員を増長させ，支出を受けた者とそうでない者との間の不和反目などの弊害が生じるから，法人が従業員等のために支出するものは，交際費ではないと主張する。しかし，同条にわざわざ『交際費等』について定義が規定されているのであるから，その意味するところについては，同条の立法趣旨を踏まえてそれを解釈すればそれで足りるのであり，Ｘ社のように同法62条の解釈を離れた一般論でその意味を限定しなければならない必然性もない。また，従業員に対して交際費を支出することでＸ社が主張するような弊害が生じるのであれば，これと同様の費用を交際費といわずに福利厚生費として支出したとしても単なる名目の違いにすぎず，その実体に特段の違いが生じるわけではないのであるから，そのような費用の支出を抑制する根拠になっても，損金に算入しない範囲から除外する根拠にはならないのであり，Ｘ社の主張はいずれも採用することができない。

　5　以上のとおり，法人がその従業員の慰労のために費用を支出した場合も，措置法62条に定める交際費等に当たることがありうるのであり，本件支出は，従業員の慰安のために支出した費用であるから，同条3項括弧書きの旅行費用等に当たらない限り，交際費等に当たるということができる。」

　「福利厚生費は，当該企業に所属する従業員の労働力の確保とその向上を図るため

に支出されるものである。しかし，このような趣旨のものであっても，それが特定の者に対してだけ支出されたり，従業員各人によってその支出の内容が異なり，仮にある従業員に対する支出が社会通念上，福利厚生費として多額なものである場合には，右超過部分は，実質的には従業員に対する給与となるものである。この点において，<u>前述のような旅行費用等は，通常，従業員全員が，各人の労働の質，量，能率等にかかわらず，当該企業に所属していれば誰でも同様の給付を受けることができるという原則で運営されるものであるから，その額がそれらの行事に通常要する費用を超えない限り，冗費濫費の抑制という法の趣旨に反しないということができるから，損金に算入することを認めないという特別の扱いをする必要がなく，旅行費用等を交際費等の範囲から除外したものと解することができる。</u>

したがって，措置法62条3項括弧書きの旅行費用等とは，法人が当該法人に所属する従業員の労働力の確保とその向上を図るために支出するもので当該法人がそれを支出するのが相当であるというだけでなく，従業員全員が参加の対象として予定されたものであることを要すると解するのが相当である。」

(3) 検　討

いわゆるファッションセンターしまむら事件さいたま地裁平成16年2月4日判決（税資254号順号9549）[2]は，「採用内定者に対し，会社の内容を説明したり，入社後スムーズに会社の業務につけるよう行ういわゆる事前研修を行うことは，一定の必要性が認められるから，それに伴う合理的な範囲の費用は会議費，採用費，又は研修費に該当し，交際費等に当らないものと解される。しかし，会議等に伴い飲食が提供された場合に交際費等から除外されるのは，『会議に関連して，茶菓，弁当その他これらに類する飲食物を供与するために通常要する費用』（措置法施行令37条の5第2号〔筆者注：現行37条の5第2項2号〕）に止るので

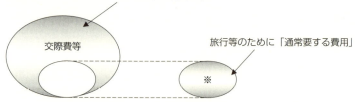

図表

※措置法61条の4第6項1号該当費用

（注）もっとも，上記図表は，旅行等の費用のうち，通常要する費用を超えた部分は一律に交際費等に該当すると断じるものでは決してない。

あり，その規定ぶりから，その範囲は普通一般に観念される昼食費用を超えない程度のものが想定されていると解される。」とする。そして，1つの基準として，租税特別措置法通達61の4(1)-21《会議に関連して通常要する費用の例示》が「会議に際して社内又は通常会議を行う場所において通常供与される昼食の程度を超えない飲食物の接待に関する費用は，原則として措置法令第37条の5第2項2号に規定する『会議に関連して，茶菓，弁当その他これらに類する飲食物を供与するために通常要する費用』に該当するものとする」としていることを引用し，「内定者研修会も広い意味で会議に類するから，そこで提供される飲食についても原則として上記施行令や通達にしたがい『通常供与される昼食の程度を超えない』程度のものに限り交際費等に該当せず，それを超えるものは交際費等に該当すると解するのが相当である。」とする。このような捉え方は，本件神戸地裁判決と同様の考え方に立つものである。なお，通達を1つの基準としている点については，疑問なしとはしない。

　上記さいたま地裁は，事案への当てはめにおいて，「本件の懇親会は，…Ｐホテル大宮やＴ大宮店の宴会場を借りて48ないし90名の出席者により約3時間かけて行われたこと，その内容は，冒頭に役員挨拶や会社説明，自己紹介などを行った後，会食に移り，酒類も提供されて，1人当たり8,602円から1万1,167円の酒食が提供されたことが認められる。上記事実によれば，本件懇親会はたしかに内定者の事前研修としての意義もないとはいえないが，提供された1人当たり飲食の費用に照らせば，その程度は通常供与される昼食の程度を超えるというべきであるから，上記費用は，措置法施行令第37条の5第2号に規定する『会議に関連して，茶菓，弁当その他これらに類する飲食物を供与するために通常要する費用』に該当せず，交際費等に該当するというべきであり，同旨のＹ〔筆者注：被告・課税庁〕の判断に誤りはない（上記費用には，実質，会場借用費としての性格が一部含まれると理解しても同様である。）。」と断じるのである。

　もっとも，内定者に対する説明，事前研修等は，即戦力の養成等の観点から普通の会議とはやや性格を異にする面があり，それらの回数や会場などからして濫費のおそれは少ないという疑問も湧くが，この点については，「上記の内定者懇親会の食事費用程度は社会常識的に見て採用費や研修費として許容されて然るべきではないかと見る余地はたしかにある（現に，Ｙも従前はこれらの費用を交際費等と扱ってこなかったことが認められる。）。しかし，これらのことを考慮し

ても，現行法令上の解釈としては，前記の結論はやむを得ない。」とするのである。なお，内定者の引きつけ策として行われる事前説明会における飲食費用に対する課税が，果たして，冗費節減という交際費等課税制度の趣旨に合致したものといえるのかという点については議論のあるところかもしれない。

さて，本件事案に話を戻そう。

X社は，従業員全員に対するものは福利厚生費であるが一部に対するものは交際費であるとのYの主張が，法文上どこにも見られず法的に根拠がなく，その基準によると非常識な結論になると主張した。

しかし，この点について本件神戸地裁は，次のように判示している。

> 「個別な酒食の提供であっても法人内部の慶弔禍福の基準に適合するものであれば福利厚生費と認められる場合もあり，全員に対するものであっても通常行われるような程度を超えていたり，法人が負担するのが相当でないような場合は交際費に当たる場合もあり，必ずしも非常識な結果になるということはできず，この点においてもX社の非難は当たらない。」

また，X社は，中規模以上の法人や一定の業種の小規模法人においては，全従業員が参加する行事を行うことは不可能であるところ，X社においても同様であり，また，熾烈，危険，悪条件（厳寒，酷暑）または多忙等特別な条件の下で業務に従事する従業員に対して，適宜の方法により行う慰安のための支出は福利厚生費である，と主張した。

この点について，本件神戸地裁は次のように判示している。

> 「確かに，企業によっては，全員参加の行事が困難な場合があることは否定できず，X社のように他の複数の企業において従業員を就労させている場合も，全員参加の行事は困難であろうと想像される。しかし，就労部署毎に慰労を行うことが認められるとしても，その慰安の内容が社会通念上一般的に行われるものであり，かつ，その内容，費用の支出について，一定の基準に従ったものであることが必要であると解すべきところ，本件支出は別表…のとおり，その支払の相手先も支払額も多様であり同一基準によって支出されているということはできないから，やはり，福利厚生費に当たるということはできない。このことは，従業員が特別の努力を要する業務に従事していたとしても同様であり，慰安として通常必要な費用の額が異なることはありえても，特別な業務であるからといって，一部の従業員に対してのみ支出される内容の支出を福利厚生費ということはできない。なお，右のような特別の状況のもとでの勤務は，そもそも労働の対償である給与として評価すべきものであって，福利厚生費として処理すべきものではなく，この点においても，X社の右主張は採用することができない。」

X社の主張は，要件事実論的視角からみてどうであろうか。そもそも「福利厚生費」は租税特別措置法61条の４に規定する概念ではないから，主張としては，同条６項に規定する「飲食その他これに類する行為のために要する費用」に該当するという主張であろう。すると，ここで消極的要件に該当する旨を課税庁側が主張することになる。すなわち，同項にいう消極的要件とは「専ら当該法人の…役員…に対する接待等のために支出するもの」であり，これに該当すると課税対象とされる交際費等から除外されるものから除外されるので，結局は「交際費等」に該当することになる。上記判示では，事実認定の上，支払の相手先，支払額の多様性および支払基準の不統一性などの観点からみて福利厚生費に当たるとみることができないとされているが，租税特別措置法61条の４第６項のかっこ書きの消極的要件を，いかなる事実がどう充足しているのかについては必ずしも明確ではない。「専ら役員に対する接待等」のための支出であったのか否かの判断は明らかにされていないように思われるのである。要件事実論的にいかに説明がなされるべきであろうか，疑問なしとはしない。

租税特別措置法61条の４ 《交際費等の損金不算入》

6 第１項，第３項及び前項に規定する交際費等とは，交際費，接待費，機密費その他の費用で，法人が，その得意先，仕入先その他事業に関係のある者等に対する接待，供応，慰安，贈答その他これらに類する行為（以下この項において「接待等」という。）のために支出するもの（次に掲げる費用のいずれかに該当するものを除く。）をいい，第１項に規定する接待飲食費とは，同項の交際費等のうち飲食その他これに類する行為のために要する費用（専ら当該法人の法人税法第２条第15号に規定する役員若しくは従業員又はこれらの親族に対する接待等のために支出するものを除く。第２号において「飲食費」という。）であって，その旨につき財務省令で定めるところにより明らかにされているものをいう。

一　専ら従業員の慰安のために行われる運動会，演芸会，旅行等のために通常要する費用

二　飲食費であって，その支出する金額を基礎として政令で定めるところにより計算した金額が政令で定める金額以下の費用

三　前二号に掲げる費用のほか政令で定める費用

租税特別措置法施行令37条の５ 《交際費等の範囲》

法第61条の４第６項第２号に規定する政令で定めるところにより計算した金額は，同項に規定する飲食費として支出する金額を当該飲食費に係る飲食その他これに類する行為に参加した者の数で除して計算した金額とし，同号に規定する政令で定める金額は，10,000円とする。

288 第3章 課税要件事実論―各論

2 法第61条の4第6項第3号に規定する政令で定める費用は，次に掲げる費用とする。

一 カレンダー，手帳，扇子，うちわ，手拭いその他これらに類する物品を贈与するために通常要する費用

二 会議に関連して，茶菓，弁当その他これらに類する飲食物を供与するために通常要する費用

三 新聞，雑誌等の出版物又は放送番組を編集するために行われる座談会その他記事の収集のために，又は放送のための取材に通常要する費用

¶レベルアップ1！ 交際費等課税制度の確認

㋐ 趣 旨

　企業会計上は経費である交際費等を損金に算入しないこととする交際費等課税制度は，冗費，濫費を防止して企業所得の内部留保による資本蓄積の促進を図る等のため，昭和29年に政策的に設けられたものである。しかし，その後も，交際費等の支出が抑制されず，年々増加し続けている状況およびこれに対する厳しい社会的批判にかんがみ，段階的に損金不算入枠を拡大する方向で改正がなされ，昭和57年の改正において，現行のように原則として全額を損金不算入とするものとなった。交際費制度は，このような改正の趣旨やその内容に照らして，政策的見地から交際費等の支出自体の抑制に，その目的の重点が置かれている課税の特例であると説明されている（東京高裁平成3年4月24日判決・税資183号352頁）。

　なお，平成26年度税制改正では，この交際費等の損金不算入制度について，交際費等のうち飲食その他これに類する行為のために要する飲食費（社内飲食費（☞社内飲食費とは）を除く。）であって，帳簿書類に飲食費であることについて所定の事項が記載されているもの（以下「接待飲食費」という。）の額の50％に相当する金額は損金の額に算入することとされた（措法61の4①⑥，措規21の18の4）。

> ☞ **社内飲食費**とは，飲食その他これに類する行為のために要する費用であって，専ら当該法人の役員もしくは従業員またはこれらの親族に対する接待等のために支出するものをいう。
>
> 　中小法人については，接待飲食費の額の50％相当額の損金算入と，従前どおりの定額控除限度額までの損金算入のいずれかを選択適用することができる（措法61の4②⑥）。
>
> 　この改正は，法人の平成26年4月1日以後に開始する事業年度から適用されている（改正法附則77）。

(イ)　租税特別措置法61条の 4

さて，租税特別措置法61条の 4 第 6 項において，「接待，供応，慰安，贈答その他これらに類する行為のために支出するもの」から「専ら従業員の慰安のために行われる運動会，演芸会，旅行等のために通常要する費用」が除かれている点について，どのように解釈すべきであろうか。

租税特別措置法61条の 4 第 6 項にいう「交際費等」該当性の要件事実として，支出金額の多寡が問題となろうか。同条項の規定から直接に金額の多寡を要件として導き出すことは可能であろうか。この点，いわゆる東洋郵船事件東京地裁昭和44年11月27日判決（税資183号352頁)[3]では，事業関係者への支出であること，接待，供応，慰安，贈答等の交際目的の支出であって，商品，製品等の広告宣伝を目的とするものではないことのほかに，支出金額が比較的高額であることが挙げられている。同地裁は次のように判示している。

> 「おもうに，交際費であれ，広告宣伝費であれ，元来企業会計上事業経費に属すべきものは，税法上損金として取り扱われるべきである。ところが，租税特別措置法は，『交際費等』につき，法人税収入の増加をはかり，あわせて，その浪費を抑制し，資本の蓄積を期するために，所得の計算上，一定の限度を画し，その限度を超える部分を損金に算入しないこととしている（62条〔筆者注：現行61条の 4〕1 項参照)。…
>
> したがって，法63条 2 項〔筆者注：現行61条の 4 第 6 項〕所定の『交際費等』というためには，少なくとも，つぎの要件を具備していることを必要とするというべきである。その第一は，法人の当該事業経費が『事業に関係のある者』に対して支出されたものでなければならないということである。もとより，ここにいう『事業に関係のある者』とは，近い将来事業と関係をもつにいたるべき者をも含み，これを除外する合理的理由はないが，だからといって，不特定多数の者まで含むものでないことは，右の文言からみても，また，前叙のごとき本条の立法趣旨に徴しても明らかである。その第二は，『接待，きょう応，慰安，贈答』等企業活動における交際を目的とするものであって，商品，製品等の広告宣伝を目的とするものではないということである。もっとも，右の両目的は，相排斥する絶対的なものではなく，究極的にはいずれも企業利益に貢献することは否めないところであるから，現実の支出については，その主たる目的がそのいずれに存するかによって，当該経費の性質を決定すべきである。また，その第三は，支出金額が比較的高額であるということであり，このことは，法63条 2 項および同法施行令39条〔筆者注：現行37条の 5〕が『交際費等』から除外するものとして挙げている費目の性質に徴して明らかである。」

ここでは，支出金額が比較的高額であることが交際費等該当性の要件として導出されている。上記判示のとおり，その条件の理由として交際費等から「除外するものとして挙げている費用の性質に徴して明らかである」とするのであ

290 第3章 課税要件事実論—各論

る。この説示をどのように解するべきであろうか。

この点，この判決から，「専ら従業員の慰安のために行われる運動会，演芸会，旅行等（のような比較的高額な費用のかかるものでない福利厚生）のために通常要する費用」と読み解き直すことが可能であるとする見解がある。そこでは，「通常要する費用」とは，比較的高額でない費用のために「通常要する費用」と読み，「比較的高額でない行事で通常要する費用」であればよいとする（高野裕「交際費等の『通常要する費用』」山本守之＝守之会『検証・税法上の不確定概念』170頁（中央経済社2000）も類似の見解か。）。注目すべき考え方ではあるが，このような解釈が可能であるとしても，それは同判決の判示とは別のものと理解しておきたい。なぜなら，上記東京地裁昭和44年11月27日判決は，交際費等から「除外するものとして挙げている費用の性質に徴して明らかである」とし，「費用の性質に徴して」判断した結果であるにもかかわらず，上記見解は，「行為の性質に徴して」判断するというように読み替えているからである。つまり，あくまでも上記東京地裁判決は，「専ら従業員の慰安のために行われる運動会，演芸会，旅行等のために通常要する費用」のような「比較的高額なものでない費用」と説示しているだけであり，「専ら従業員の慰安のために行われる運動会，演芸会，旅行等（のような比較的高額な費用のかかるものでない福利厚生）のために通常要する費用」と読むことは同判決の説示からは難しいといわざるを得ない。例えば，ヨーロッパへの2週間にわたる従業員海外旅行として従業員から相当の金額を徴した上で，比較的少額たる不足分を会社が福利厚生費として負担した事例を考えると，そもそも高額な旅行であるかどうかが問題となるのではなく，従業員慰安旅行として会社が負担するのに通常要する額であれば交際費等に該当しないと解することができるのではなかろうか。

もっとも，上記の議論を措くとしても，そもそも「専ら従業員の慰安のために行われる運動会，演芸会，旅行等のために通常要する費用」という規定から，なぜ「比較的高額なものでない費用」という意味が導かれるのであろうか。あくまでも，旧租税特別措置法施行令37条の5を根拠に金額多寡要件を論じる学説もあるが（中川一郎「東京地裁昭和44年11月27日判決評釈」シュト99号13頁（1970）），相手方にとって実体的に意味があるほどの利益となる支出であるかどうかという程度の意味があるにすぎないとする批判論なども展開されている（碓井光明「交際費等の意義と範囲—課税強化の趨勢の中で—」税弘31巻2号10頁（1983）。武田昌輔・

判時596号129頁（1970），大淵博義『役員給与・交際費・寄付金の税務』412頁（税務研究会出版局1997）も金額の多寡を要件とすることに批判的である。）。

　ここでは，訴訟法上，不確定概念を経験則の見地から補って合理的に解することが可能かどうかという点も考えておく必要があろう。本件神戸地裁判決は，あくまでも「冗費濫費の抑制という法の趣旨」の観点から「通常要する費用」という要件を導出しているが，従業員の慰安のために行われる運動会，演芸会，旅行等に「通常要する費用」は「比較的高額なものでない」とする経験則に基づく説明をつける方が説得的ではあるまいか。

　　✍　後述のドライブイン事件控訴審東京高裁昭和52年11月30日判決は（後掲），「格別，控訴人〔筆者注：第一審原告〕主張のような支出金額が比較的高額であることや冗・濫費性を帯びていること等を独立の要件とすべきものとは解されず，また，当該支出が事業の遂行に不可欠なものであるか否か，定額的な支出であるか否か等の判断は，交際費等の認定に直接必要ない。」と断じている。また，後述する萬有製薬事件控訴審東京高裁平成15年9月9日判決（後掲）も「接待，供応，慰安，贈答その他これらに類する行為であれば，それ以上に支出金額が高額なものであることや，その支出が不必要（冗費）あるいは過大（濫費）なものであることまでが必要とされるものではない。」とする。

¶レベルアップ2！　交際費等該当性要件

　租税特別措置法61条の4第6項の「交際費等」該当性要件については，これまで多くの議論があり，学説も分説している。ここでは，そのうちの代表的な学説である二要件説と三要件説について触れておきたい。

㋐　二要件説（旧二要件説・修正二要件説）

　旧二要件説とは，租税特別措置法61条の4第6項が，交際費等を「交際費，接待費，機密費その他の費用で，法人が，①その得意先，仕入先その他事業に関係のある者等に対する②接待，供応，慰安，贈答その他これらに類する行為のために支出するもの」と規定していることから，交際費等該当性の要件を，①「支出の相手方」および②「支出の行為」とする説である。これに対して，①の「支出の相手方」要件については同じ立場に立ちつつ，②を「支出の行為」ではなく，「支出の目的」と捉え直す考え方もあるが，いずれも旧二要件説と整理しておきたい。この旧二要件説としては，例えば，ドライブインを営む原告（控訴人）が，観光バスの運転手およびバスガイドに交付したチップがいずれも交際費等に当たるとされた事案である，いわゆるドライブイン事件東京地裁昭和50年6月24日判決（行集26巻8号1742頁）やその控訴審東京高裁昭和52年11

月30日判決（行集28巻11号1257頁）[4]がある。同高裁は次のように判示している。

> 「法人の支出が措置法63条5項に当たるとされるためには，同条項の規定の文理上明らかなように，その要件として，第一に支出の相手方が事業に関係のある者であること，第二に当該支出が接待，きょう応，慰安，贈答その他これらに類する行為のために支出するものであることを必要とする〔。〕」

　この東京高裁は，二要件のうちの2つ目の要件について，「当該支出が接待，きょう応，慰安，贈答その他これらに類する行為のために支出するものであることを必要とする」と論じるのである。

　租税特別措置法61条の4第6項が，「接待，供応，慰安，贈答その他これらに類する行為のために支出するものをいう。」と規定している点を，「接待等の行為」のために支出したものと捉えるのか，あるいは「接待等の目的」のために支出したものと捉えるかによって見解が分かれるが，条文を素直に読めば，前者が妥当するのではないかと思われるものの，裁判例を通覧すると，後者を採用する事例が多いことに気がつく。

> ✍　松澤智教授は，「接待，きょう応等の行為は，目的ではなく交際の目的で行われた具体的行為の類型（外形基準）に過ぎない。両者は厳に区別することを要する。従って，"慰安の目的"とか"贈答の目的"等と説くことは誤りであって，交際費概念の建設には目的と行為の態様は区別しなければならぬ。」と述べられる（松澤『新版租税実体法〔補正第2版〕』325頁（中央経済社2003））。

　中古自動車のオークションを業とする法人が実施した抽選会の景品費用として支出した金員が，交際費等に該当するとされた事案として，いわゆるオートオークション事件がある。同事件において，横浜地裁平成4年9月30日判決（訟月39巻6号1146頁）[5]は，修正二要件説に立って次のように交際費等該当性要件について判示する。

> 「交際費等が，一般的にその支出の相手方及び支出の目的からみて，得意先との親睦の度を密にして取引関係の円滑な進行を図るために支出するものと理解されているから，その要件は，第1に支出の相手方が事業に関係のある者であること，第2に支出の目的がかかる相手方に対する接待，供応，慰安，贈答その他これらに類する行為のためであること，にあるというべきである。」

　この修正二要件説は旧二要件説の見解をさらに進め，支出の目的に意味を見出し，より積極的な「支出の目的」までをも要件とする。例えば，英文添削料

の一部を医薬品の製造販売業者が負担していたいわゆる萬有製薬事件では，かかる負担が交際費等に該当するかどうかが争われたが，第一審東京地裁平成14年9月13日判決（税資252号順号9189）[6]では，次にみるように，「取引関係の相手方との親睦を密にして取引関係の円滑な進行を図るために支出するもの」という意味合いまで含む判断が展開されている。

> 「『交際費等』が，一般的に，支出の相手方及び目的に照らして，取引関係の相手方との親睦を密にして取引関係の円滑な進行を図るために支出するものと理解されていることからすれば，当該支出が『交際費等』に該当するか否かを判断するには，支出が『事業に関係ある者』のためにするものであるか否か，及び，支出の目的が接待等を意図するものであるか否かが検討されるべきこととなる。」

　ここでは，このような傾向をも含めて，「支出の目的」を要件に取り込む修正二要件説と整理しておきたい。なお，修正二要件説が，支出の目的に「親睦の度を密にして，取引関係の円滑な進行を図るのを目的とすること」まで付加して解釈することの妥当性は，文理解釈の点から疑問も惹起される。すなわち，租税特別措置法にいう交際費等には，「慰安」も含まれるところ，上記の解釈はあくまでも対外的な取引関係者のみを前提とした議論が先走っているように思えてならないからである（この点は，すでに武田昌輔博士が指摘されているところでもある（武田・前掲稿129頁））。

> ✍ 得意先団体等を温泉旅行に招待した費用や，販売委託した相手方に支出した商品等の贈呈費用が交際費等に該当するか否かが争点とされた東京地裁昭和53年1月26日判決（訟月24巻3号692頁）[7]においても，「当該支出が交際費等に該当するというためには，第一に支出の相手方が事業に関係のある者であること，第二に支出の目的が接待，きょう応，慰安，贈答等の行為により，<u>事業関係者との間の親睦の度を密にして，取引関係の円滑な進行を図るのを目的とすることを必要とする</u>」として，支出の目的に「親睦の度を密にして，取引関係の円滑な進行を図るのを目的とすること」まで付加しているように思われる。前述のさいたま地裁平成16年2月4日判決もこの立場に立っている。

(イ)　三要件説（三要件説・修正三要件説）

　三要件説とは，租税特別措置法61条の4第6項に規定する交際費等について，「交際費等とは，①<u>交際費，接待費，機密費その他の費用</u>で，法人が，②<u>その得意先，仕入先その他事業に関係のある者等に対する</u>③<u>接待，供応，慰安，贈答その他これらに類する行為のために支出するもの</u>」と解釈し，かかる交際費等に該当するためには3つの要件が充足される必要があるとする見解である。す

なわち，①支出の目的，②支出の相手方，③行為の形態の三要件が充足されることによって，交際費等に該当することになるというのである。

この説を採用する裁判例としては，例えば，広島高裁平成16年3月3日判決（訟月51巻3号746頁）[8]がある。これは，木材等の輸出入を業とする被控訴人会社（原告）がミャンマー国林野庁森林公社（MTE）から原木を輸入するに際し，林業機械等を購入した上無償で納入したことが交際費等に該当するとされた事例である。同高裁は，次のように判示している。

> 「このように被控訴人会社が本件機械等をMTEに無償で贈与した行為は，被控訴人会社の事業の遂行上必要なものとして原木取引の相手方であるMTEとの関係を円滑にする目的で行われたものであって，租特法61条の4第3項〔筆者注：現行6項〕の『仕入先その他事業に関係のある者等に対する』『贈答その他これに類する行為』に該当し，本件機械等を取得するために要した費用は，『贈答その他これに類する行為のために支出した費用』に当たるというべきである。
> 被控訴人会社は，本件各金員を支払わなければ原木が出荷されなかったものであるから，同金員は，MTEの歓心を買い，あるいは迎合する目的で支出されたものではなく，あるいは取引を円滑にするための支出でもなく，売買の目的物を取得するための不可欠な費用であり，被控訴人会社の裁量も認められない旨主張する。しかし，上記法条の文言からすれば，被控訴人会社の主張するような目的等が存在する場合に限定されるものとは解されない上，本件各金員は本来の売買契約の内容に照らしてMTEから正当に要求することのできるものではなく，被控訴人会社もこれを裏金あるいはバックマージンの要求と解釈していたのであり，それにもかかわらず被控訴人会社がこのようなMTEの正当でない要求に応じたのは，MTEとの関係を円滑に維持し，独占的に原木の供給を受けることを意図したためであると認められることからしても，上記の判断を妨げるものではない。」

📝 いわゆるオリエンタルランド事件東京地裁平成21年7月31日判決（判時2066号16頁）[9]も三要件説に立ち，交際費等に該当するためには，「その支出の相手方，支出の目的及び支出に係る法人の行為の形態を考慮することが必要とされるものと解される。」とするのである。

さて，上記の三要件説を修正する形で台頭してきた学説が修正三要件説である。この学説は，①事業関係者に対する支出，②支出の目的が接待，供応，慰安，贈答等の行為を目的とすること，③行為の形態が接待，供応，慰安，贈答その他これらに類する行為であること，を交際費等該当性の要件と解する。修正三要件説は，③の行為の形態の「判断」において，客観的な相手方における認識可能性を加えるところに特徴があるといえよう。

上記萬有製薬事件の控訴審東京高裁平成15年9月9日判決（判時1834号29頁）[10]を，この修正三要件説を採用したものとして捉えることも可能である。

> 「法文の規定や，『交際費等』が一般的に支出の相手方及び目的に照らして，取引関係の相手方との親睦を密にして取引関係の円滑な進行を図るために支出するものと理解されていることからすれば，当該支出が『交際費等』に該当するというためには，〔1〕『支出の相手方』が事業に関係ある者等であり，〔2〕『支出の目的』が事業関係者等との間の親睦の度を密にして取引関係の円滑な進行を図ることであるとともに，〔3〕『行為の形態』が接待，供応，慰安，贈答その他これらに類する行為であること，の3要件を満たすことが必要であると解される。」
>
> 「交際費等に該当するためには，行為の形態として『接待，供応，慰安，贈答その他これらに類する行為』であることが必要であるとされていることからすれば，接待等に該当する行為すなわち交際行為とは，一般的に見て，相手方の快楽追求欲，金銭や物品の所有欲などを満足させる行為をいうと解される。」
>
> 「英文添削のサービスをするに際し，その料金が本来，そのサービスを提供するのに必要な額を下回り，かつ，その差額が相当額にのぼることを相手方が認識していて，その差額に相当する金員を相手方が利得することが明らかであるような場合には，そのようなサービスの提供は金銭の贈答に準ずるものとして交際行為に該当するものとみることができる場合もあると考えられる。しかし，…本件は，研究者らにおいて，そのような差額相当の利得があることについて明確な認識がない場合なのであるから，その行為態様をこのような金銭の贈答の場合に準ずるものと考えることはできない。」

Tax Lounge　　**元総理の密造摘発についての回想**

元内閣総理大臣故大平正芳氏は，昭和13年当時税務官僚として仙台の税務監督局間税部長に就いていた。

同氏の筆によると，「仙台は『杜の都』の名に相応しく，清潔で静かな街であった。東北人らしく，重厚で誠実な人柄が多く，人情もこまやかで，住心地のよいところであった。…東北は，米どころではあるが，寒くて貧しいところである。土地は広いが人口は少ない。『とうふ屋に3里，酒屋に5里』というところも珍しくない。そこで，自然各地に『ドブロク』（濁酒）の密造が盛んで，当時，仙台税務監督局間税部300人のうち半数は，もっぱらその取り締まりに当たっていた」という。

税務署の密造監視班は，未明から起きて，その摘発にとりかかるのが常であった。そして，ようやく東の空が明るくなるころ，ドブロクの入ったカメが発見され，ただちに調書がとられ即決の処分が行われる。若者は働かねばならないので，たいてい老人がその責任をとるようになっていたという。時折，その現場に立ち会った大平氏は，「権力」と「民草」，「治者」と「被治者」の悲しい関わり合いについて，何かしら割り切れない，やるせない気持に沈んだものだと回想している（『私の履歴書』44頁以下（日本経済新聞1978））。

296　第3章　課税要件事実論—各論

　この最後のくだりが，果たして，この「相手方の認識」を交際費等の要件と
して裁判所が判断したといえるかどうかについては微妙であるように思われる。
　この説を採用する今村隆教授は，「ある支出が交際費と認められるためには，
支出する法人の側で取引関係の円滑な進行を図る目的を有していることが必要
であるが，それのみでなく，それが客観的に法人の活動の一環として認められ
る目的のために支出されていることのほか，その相手方がそれによって利益を
受けていると認識し得る客観的状況の下で支出されていることが必要と考える
べきであろう。」と述べられる（今村「課税訴訟における要件事実論の意義」税大ジャ
ーナル4号17頁（2006））。
　修正三要件説は，一見すると，相手方の認識をも基礎とする考え方であるこ
とから，不安定な処理を招来するかのような疑問も浮上しそうであるが，客観
的判断を求めていることからすれば，むしろ，処理の適正性を担保しようとす
る趣旨に出たものと思われる。すなわち，接待のつもりで支出したものの相手
方がこれを接待と認識し得ないような場合には，交際費等に該当しないとする
のでは，相手方の内心的な効果に大きく影響を受けてしまい明確性に欠けるの
ではないかとの疑問も起こり得るが，この学説は，客観的状況の下に，相手方
の認識を判断しようとするものであるから，このような問題が惹起されること
はなかろう。

〔注〕
(1)　判例評釈として，村瀬次郎・租税22号166頁（1994）参照。
(2)　判例評釈として，大淵博義＝高橋勇・TKC税研情報14巻5号29頁（2005），山本守
　　之・税理51巻8号167頁（2008），林仲宣＝四方田彰＝角田敬子・税通60巻9号209頁
　　（2005）など参照。
(3)　判例評釈として，中川一郎・シュト99号10頁（1970），入江勝利・税通32巻11号140頁
　　（1977），恩蔵章・税務事例8巻9号15頁（1976），武田昌輔・判評138号22頁（1970），橋
　　本守次・税通38巻15号206頁（1983），酒井・裁判例〔法人税法〕582頁など参照。
(4)　判例評釈として，朝比奈重男・税通38巻15号210頁（1983），荻野豊・租税百選〔3〕88
　　頁（1992），酒井・ブラッシュアップ264頁，酒井・裁判例〔法人税法〕586頁など参照。
(5)　判例評釈として，石島弘・租税22号185頁（1994），倭文宣人・税理36巻17号199頁
　　（1993），同・租税百選〔4〕118頁（2005），林仲宣＝四方田彰＝角田敬子・税通60巻9号
　　209頁（2005），酒井・裁判例〔法人税法〕603頁など参照。
(6)　判例評釈として，増田英敏・ジュリ1244号295頁（2003），大淵博義＝高橋勇・TKC
　　税研情報12巻5号1頁（2003），酒井・ブラッシュアップ229頁，酒井・裁判例〔法人税

法〕590頁など参照。

(7) 判例評釈として，中村利雄・税大論叢13号539頁（1979），高梨克彦・シュト195号11頁（1978），宮野清・税務事例10巻7号2頁（1978），泉水一・税通34巻10号211頁（1979），米山鈞一・税通38巻15号220頁（1983），林仲宣＝四方田彰＝角田敬子・税通60巻11号205頁（2005）など参照。

(8) 判例紹介として，酒井・裁判例〔法人税法〕607頁参照。

(9) 判例評釈として，品川芳宣・税研151号86頁（2010），林仲宣＝高木良昌・税弘58巻2号134頁（2010），藤曲武美・税務事例42巻9号20頁（2010），久乗哲・税理54巻3号222頁（2011），佐藤孝一・税務事例43巻9号7頁（2011），川畑真治＝豊田孝二・速報判例解説6号〔法セ増刊〕339頁（2010）など参照。

(10) 判例評釈として，田中治・判時1870号175頁（2004），増田英敏・税務事例36巻2号1頁（2004），三木義一＝市木雅之・税通59巻1号227頁（2004），辻富久・ジュリ1270号210頁（2004），小山馨・税法552号121頁（2004），山本守之・税通59巻2号159頁（2004），秋山高善・税研148号119頁（2009），辻美枝・租税百選〔7〕122頁，酒井・ブラッシュアップ229頁，酒井・裁判例〔法人税法〕590頁など参照。

298 第3章 課税要件事実論―各論

18 相続税法―還付請求権の相続財産性

(1) 事案の紹介

本件は，Ｘ（原告）が，その実母であるＡの死亡により相続した財産に係る相続税として，課税価格１億2,171万1,000円，納付すべき税額1,273万8,700円と申告していたところ，Ａが生前に提訴し，Ｘがその地位を承継していた所得税更正処分等取消請求事件について，取消判決が確定したことから，過納金がＸに還付され，これを税務署長Ｙ（被告）がＡの相続財産と認定して，その相続税につき，課税価格１億4,963万円，納付すべき税額2,096万9,400円とする更正処分を行ったことに対し，Ｘが，上記過納金の還付請求権は相続開始後に発生した権利であるから相続財産を構成しないと主張して，その処分の取消しを求めた事案である。

これは，最高裁平成22年10月15日第二小法廷判決（民集64巻7号1764頁）[1]を素材として加工したものである。

ア 請求の趣旨

① ＹがＸに対し，平成○年○月○日付けで同年○月○日相続開始に係る相続税についてした更正処分および過少申告加算税賦課決定処分を取り消す。

② 訴訟費用はＹの負担とする。

との判決を求める。

イ 請求原因

① Ｘは，平成○年○月○日に死亡したＡの相続人であるが，この相続につき，次のとおり記載した申告書を同年○月○日に提出したこと。

　(i) 課税価格　　　　　○億○万○円

　(ii) 納付税額　　　　　○億○万○円

② Ｙは，Ｘに対し，平成○年○月○日付けで次のとおり更正処分および過少申告加算税の賦課決定処分をしたこと。

　(i) 課税価格　　　　　○億○万○円

　(ii) 納付税額　　　　　○億○万○円

　(iii) 過少申告加算税　　　　○万○円

③ Xは，請求原因②の各処分について，平成○年○月○日，Yに対して異議を申し立てたところ，Yは同年○月○日これを棄却する決定をしたため，Xはさらに，同年○月○日，国税不服審判所長に対し審査請求をしたところ，これも同年○月○日付けで棄却されたこと。

④ Yの請求原因②の各処分は，相続税の課税価格の評価に違法があること。

ウ 抗 弁

① Aは平成○年○月○日に死亡したこと。

② Aの相続人はAの子Xのみであること。

③ Xは，本件相続によって別添の財産を取得したこと（別添省略）。

④ 抗弁③による各人の取得財産の合計額（抗弁⑤の金額の控除前）は，○円であること。

⑤ Aの債務で相続開始の際，現に存するもの（公租公課を含む。）およびAに係る葬式費用の金額は○円であり，これらを超えて存在しないこと。

⑥ 請求原因①の確定申告は法定期限内申告であること。

(2) 判決の要旨

控訴審福岡高裁平成20年11月27日判決（民集64巻7号1835頁）(2)は，次のように判示している。

> 「相続税法は，相続税の課税財産の範囲を『相続又は遺贈により取得した財産の全部』（2条1項）と定めており，相続税法上の『財産』とは，金銭に見積もることができる経済的価値のあるすべてのものをいい（相続税法基本通達11の2-1…），物権，債権，債務のような現実の権利義務に限らず，財産法上の法的地位も含まれる…。
>
> また，相続税の納税義務の成立時点は，『相続又は遺贈による財産の取得の時』（国税通則法15条2項4号）であるところ，相続人は相続開始の時から被相続人の財産を包括承継するものであり（民法896条），かつ，相続は死亡によって開始する（民法882条）から，納税義務の成立時点は，原則として，相続開始時すなわち被相続人死亡時である。」
>
> 「本件過納金の原資はAが拠出した納付金である。Aが生前別件所得税更正処分取消訴訟を提起し，Aの死亡後，Xがその訴訟上の地位を相続により承継したところ，別件所得税更正処分の取消判決が確定し，本件過納金がXに還付されたものである。
>
> 取消訴訟の確定判決によって取り消された行政処分の効果は，特段の規定のない限り，遡及して否定され，当該行政処分は，当初からなかった状態が回復される。この取消訴訟の原状回復機能はすべての取消訴訟に共通する最も重要な機能である…。また，取消しの遡及効（民法121条）の原則とも整合する。Xは，原状回復は取消判決の拘束力によって生ずるものであり，形成力によるものではないとして，取消判決の遡

300　第3章　課税要件事実論─各論

及効を否定するが，異説であって採用できない…。したがって，別件所得税更正処分
も，同処分の取消判決が確定したことによって，当初からなかったことになるため，
判決により取り消された範囲においてＡが納めた税金が還付され（国税通則法56条），
Ａが納税した日を基準時として計算した日数に応じて法定の利率を乗じた還付加算金
が支払われるのである（同法58条1項…）。これは，訴訟係属中に相続があった場合
でも変わりはない。すなわち，別件所得税更正処分の取消判決が確定したことにより，
Ａが別件所得税更正処分に従い納税した日に遡って本件過納金の還付請求権が発生し
ていたことになる…。別件所得税更正処分の取消判決の遡及効を制限する特段の規定
も存在しない。」

　「以上のとおり，本件過納金の還付請求権は，Ａの死亡時にＡの有していた財産に
該当し，相続税の対象となるから，本件更正処分は相当であり，取り消す理由はな
い。」

　この判決を不服として，Ｘは上告した。上告審最高裁平成22年10月15日第二
小法廷判決は，次のように判示して原審判断を妥当とした。

　「所得税更正処分及び過少申告加算税賦課決定処分の取消判決が確定した場合には，
上記各処分は，処分時にさかのぼってその効力を失うから，上記各処分に基づいて納
付された所得税，過少申告加算税及び延滞税は，納付の時点から法律上の原因を欠い
ていたこととなり，上記所得税等に係る過納金の還付請求権は，納付の時点において
既に発生していたこととなる。このことからすると，被相続人が所得税更正処分及び
過少申告加算税賦課決定処分に基づき所得税，過少申告加算税及び延滞税を納付する
とともに上記各処分の取消訴訟を提起していたところ，その係属中に被相続人が死亡
したため相続人が同訴訟を承継し，上記各処分の取消判決が確定するに至ったときは，
上記所得税等に係る過納金の還付請求権は，被相続人の相続財産を構成し，相続税の
課税財産となると解するのが相当である。

　以上と同旨の原審の判断は，正当として是認することができる。原判決に所論の違
法はなく，論旨は採用することができない。」

(3) 検 討

　本件事案は，第一審大分地裁平成20年2月4日判決（民集64巻7号1822頁）[3]に
おいてＸの主張が認められた後Ｙ側から控訴され，控訴審では第一審判決が覆さ
れ，上告審ではそれが維持されたという経過をたどった。

　本件大分地裁は，「確かに，本件過納金の原資はＡが拠出した納付金ではあ
るが，Ａの死亡時すなわち相続開始時には，別件所得税更正処分取消訴訟が係
属中であり，未だ本件過納金の還付請求権が発生していなかったことは明らか
である（判決による課税額の減少に伴う過納金の発生時期が，確定判決の効力が生じた時で

あることについて，当事者間に争いはない。）。そうすると，相続開始の時点で存在することが前提となる相続財産の中に，本件過納金の還付請求権が含まれると解する余地はないといわざるを得ない。」としたのである。

他方，本件福岡高裁は，「取消訴訟の確定判決によって取り消された行政処分の効果は，特段の規定のない限り，遡及して否定され，当該行政処分は，当初からなかった状態が回復される。この取消訴訟の原状回復機能はすべての取消訴訟に共通する最も重要な機能である。また，取消しの遡及効（民法121条）の原則とも整合する。Xは，原状回復は取消判決の拘束力によって生ずるものであり，形成力によるものではないとして，取消判決の遡及効を否定するが，異説であって採用できない。」と論じている。

本件では，第一審と控訴審の判断がかように完全に分かれたのであるが，この分岐は，取消訴訟の確定判決によって取り消された行政処分の遡及効に対する考え方の差にあったといえよう。両判決とも，取消判決の確定により瑕疵ある行政処分が遡って失効し，当初から処分がなかったと同じ状態に回復されるという取消判決の形成力（行訴法32①。☞形成力とは）を認めているところ，ここでは，公定力（☞公定力とは）の存在をどのように解するかによって見解が分かれている。すなわち，本件大分地裁が行政処分の公定力を重視する見地からXの主張を支持したのに対し，本件福岡高裁は，上記のとおり，取消判決の形成力がすべての取消訴訟に共通する最も重要な機能であるとして，Xの主張を否定したのである（図表1参照）。

 ☞ **形成力**とは，判決が確定したときに，既存の法律関係の変動を生じさせる効力のことをいう。

 ☞ **公定力**とは，行政行為がたとえ違法であったとしても，無効と認められる場合でない限り，権限ある行政庁または裁判所が取り消すまでは，一応効力のあるものとして，相手方はもちろん他の行政庁，裁判所，相手方以外の第三者もその効力を承認しなければならないという効力をいう（高橋ほか・小辞典233頁）。小早川光郎東京大学名誉教授は，「行政処分の公定力とは，"その処分による規律を関係者に対して通用せしめる力"，あるいは"その処分による規律を承認すべきことを関係者に対して強要する力"」と説明される（小早川『行政法〔上〕』269頁（弘文堂1999））。

302　第3章　課税要件事実論—各論

図表1

	Xの主張	Yの主張
公定力	強調	—
形成力	—	強調
判決	本件大分地裁	本件福岡高裁・本件最高裁

　芝池義一京都大学名誉教授は，「行政処分は公定力を有しているので，違法であっても一応有効なものとして妥当する。形成力の観念は，このような理論構成を前提にするものであり，また，原告に有効な権利保護を保障する上で意味がある。この形成力はまず原告である国民との関係において生じ，取消判決があると原告である国民に対し行政処分の効力は消滅する。」とされる（芝池『行政救済法講義〔第3版〕』97頁（有斐閣2006））。このように取消判決の形成力は，国民の権利利益を保護する公定力と結びつけられる。

　ところで，増田英敏教授は，本件大分地裁判決の評釈において，「違法な所得税の課税処分により侵害された納税者の権利利益の救済の実効性を担保するという目的に限定して，形成力理論は展開されるべきであるということができる。形成力の観念を，還付請求権を相続財産に含めるといった，相続税課税の範囲を拡張する根拠として利用するというYの主張は，形成力理論の目的を逸脱した拡張適用として批判されるべきであろう。…さらに，行政行為はたとえ違法なものであっても取消訴訟によってのみその効力が否定されるという公定力概念は重い意味を持つ。取消訴訟の排他的管轄の機能も公定力の機能と位置付けることができる。本件過納金還付請求権の原因となる本件別件所得税更正処分には公定力が働き，取消判決が確定するまではその効力は厳然と存在していたのである。本件にY主張の形成力理論を援用することが遮断された以上，Aの死亡時点は取消判決が確定する以前であり，公定力の存在によりその時点では同請求権は発生する余地はないのである。」と主張される（増田「相続開始後に生じた過納金還付請求権の相続財産該当性」税務事例40巻8号6頁（2008））。

　しかしながら，この点については議論の余地がある。そもそも，本件で公定力が問題となるのは，あくまで別件所得税更正処分についてである。取消判決の形成力の意味する国民の権利利益の保護とは，違法な課税処分の取消しという別件所得税更正処分の取消しを指すものと捉えるべきではなかろうか。そし

て，その結果として，公定力が遡及して排除され，相続税法上の相続財産とし
て過納金およびその還付請求権も納付時に遡って発生するということになるよ
うに思われる。なお，当然ながら，相続税申告に係る自主修正に対して過少申
告加算税は発生しない（通法65⑤）。

　　✍　高野幸大東洋大学名誉教授は，法効果を攻撃しない限り，当該行政行為の適法・違法
　　　が取消訴訟以外の訴訟で問題となっても，公定力と抵触するものではないという点，あ
　　　るいは表面的には行政行為の効果と抵触するようであっても，法的にみて関係のない場
　　　合には，公定力の制度は働かないという点から，「相続税の更正処分等の適法性を争う
　　　訴訟において，その前提として，あるいは関連して被相続人Aに対してなされた所得税
　　　更正処分の公定力が問題とされるとすれば，公定力の限界を超えた主張であると解され
　　　る。」と述べられる（高野「相続税の相続財産の範囲―『上野事件』大分地裁判決・福岡
　　　高裁判決を踏まえて―」税通64巻13号160頁（2009））。

　首藤重幸早稲田大学名誉教授は，「行政訴訟での公定力は被告の行政側の理
論的武器として登場するのが常であるが，本件は原告の国民側のそれとして登
場している点で従来にない特徴を有している。」とされ，「戦後の行政法学，税
務行政法学の歴史は，いかに公定力の機能を限定して権利救済の範囲を拡大し
ていくかの理論的格闘の歴史であったといえる。このようなことを考えるなら
ば，行政側の武器であったものを，国民側の武器として使用する理論構成はア
イロニーにみちて興味深いが，いわば公定力に実体法上の効力を結びつける上
記の第一審・大分地裁判決には問題があろう。国民の武器とした公定力が，再
び増殖して強力な武器となって権利救済の限定に使用される危険性がある。」
と論じられる（首藤「税務訴訟における『公定力』の危険性」税弘59巻3号3頁（2011））。

　　✍　さらに，首藤教授は，「さらなる税務行政領域での権利救済方法の弾力化を模索する
　　　ため，そして，大分地裁判決のような考え方に対して若干の警戒感をもちうる感性を維
　　　持するために公定力の機能を縮小させてきた戦後の行政法学，税務行政法学の理論史を
　　　学ぶことは，いまだ大きな意義があるように思える。」とされる。

　また，遠藤博也博士は，「行政行為が取消訴訟において違法であるとして取
消される場合を念頭に置き，この取消が事後的なものであることから，違法の
行政行為が取消されるまでもっている効力を想定し，これを公定力によって説
明するのは，本末顛倒の論理だというべきである。」とされ，「もちろんわれわ
れの法規範が妥当する現実の場は因果関係的な事実の世界であるし，また，そ
の法規範を実現するのも，事実の世界を通じて行うのであることはいうまでも

ない。したがって，規範的に行政行為の効力を遡及的に失わしめるといっても，それを実現する因果の世界においては時は常に将来に向かって流れているのであるから，われわれは将来に向かって何らかの行為（宣言，原状回復利得返還等）をすることによって，規範的には過去の回復をはかったとの意味を与えるのである。規範または意味的世界では，規範そのものの実現または侵害の回復が，常に因果の世界では，規範違反または侵害事実よりも，事後にあることから，因果の流れにそってみれば，『違法の行政行為が取消されるまでは適法行為同様に効力をもつ』という命題が成立する。しかし，規範的世界においては，違法の行政行為の効力を遡及的に失わせしめることの意味は『違法の行政行為は最初から効力をもつべきではない』ということである。」と説かれる（遠藤『行政行為の無効と取消―機能論的見地からする瑕疵論の再検討―』223頁（東京大学出版会1968））。

　🖊　塩野宏東京大学名誉教授は，取消訴訟の排他的管轄が及ぶことの問題点につき，「このような問題が提起されるのは，一つは，取消訴訟の排他的管轄といっても，その限界領域は必ずしも明確でないことがあるからである。また，取消訴訟の排他的管轄は行政行為一般に通ずる制度として設定されているが，これが個別具体の行政過程の法制度あるいは法的仕組みとの関係で，変容した形で現れることもある。」とし，次のように公定力の限界を挙げられる（塩野・行政法Ⅰ163頁）。
　①　公定力は行政行為の法効果に関係したものである。したがって，法効果を攻撃しない限り，当該行政行為の適法・違法が取消訴訟以外の訴訟で問題となっても，公定力と抵触するものではない。この点からして，行政行為によって損害を受けた者の損害賠償請求訴訟のあり方が問題となる[4]。
　②　違法性の承継という問題がある。これは，例えば，税金の賦課処分があり，引き続き滞納処分があるとすると，賦課処分は1つの独立した行政行為で，これには当然取消訴訟の排他的管轄が及ぶが，さらに，同じく独立の行政行為である滞納処分の取消訴訟において，賦課処分は違法であり，したがって，滞納処分も違法であると主張できるかどうかという形で問題となる。
　③　表面的には行政行為の効果と抵触するようであっても，法的にみて関係のない場合には，公定力の制度は働かない。例えば，自己所有の土地の上に他人が建築確認を得たとしても，それによって民法上の所有権の所在が左右されることはない。したがって，自己の所有権の主張は建築確認の公定力によって阻まれることはない。
　　　以上は，行政行為と民事上の関係であるが，行政法上の関係間でも，個別法の仕組み解釈により，当該行政行為の効果の範囲が限定されることがある[5]。
　④　取消訴訟の排他的管轄に服するのは，取り消し得べき瑕疵のある行政行為である。言い換えれば，瑕疵の程度により無効と判断されるような場合には，取消訴訟によらずとも，いかなる訴訟でも，その無効を前提として自己の権利を主張できることになり，また，確認の利益があると無効確認訴訟を提起できる。

⑤ 刑事訴訟に公定力あるいは取消訴訟の排他的管轄が及ぶかどうかという問題がある。
⑥ 行政事件訴訟法における執行不停止の原則（行訴法25）および法定外抗告訴訟（無名抗告訴訟）排除の原則について行政行為の公定力が語られることがある[6]。

本件福岡高裁判決は，次のように論じ，租税手続法的な面で公定力が論じられる点を租税実体法の適用関係と峻別している。

> 「過納金は，有効な行政処分に基づいて納付ないし徴収された税額であるから，基礎になっている行政処分が取り消され，公定力が排除されない限り，納税者は不当利得としてその還付を求めることができないという意味で，租税手続法的に見て，取消判決の確定により還付請求権が生じると言われるだけであって，租税実体法上は納付の時から国又は地方公共団体が過納金を正当な理由なく保有しているのである。したがって，取消判決の確定により行政処分が取り消されれば，過納金及びその還付請求権も納付時に遡って発生していたことになる。当該行政処分の公定力も排除される。」

図表2

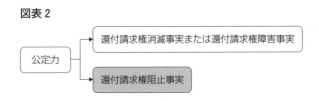

本件福岡高裁判決は，公定力の排除を還付請求権阻止事実と捉えているようであり，租税債権自体が否定されているわけではないとしている。公定力は単に還付請求権が行使されることの阻止機能を有するにとどまるものであり，請求権自体が消滅等するものでは決してないことを考えると，本件福岡高裁判決の考え方は妥当であると解される。

¶レベルアップ！　過納金の性質

ここで，本件で議論される「過納金」を理解するために，これと似て非なる性質の「誤納金」の性質について確認をしておきたい。誤納金は，当初から明らかに目的を欠く納付であった場合の不当利得の返還金であり，次のような場合の納付がこれに当たる。
① 納付すべき税額確定前にされた納付
② 納期未到来の間にされた納付

306 　第3章　課税要件事実論—各論

③　確定した納付すべき税額を超えて納付があった場合におけるその超える
　　額の納付

　✍　誤納金は，そもそも最初から法律上の原因を欠いていたものであるから，納税者は，
　　ただちに不当利得としてその還付を求めることができる[7]。これに対して，過納金は，
　　有効な確定処分に基づいて納付ないし徴収された税額であるから，行政処分が取り消さ
　　れ，公定力が排除されない限り，納税者は，不当利得としてその還付を求めることがで
　　きない[8]。両者にはこのような差異が認められる。

国税通則法74条《還付金等の消滅時効》
　　還付金等に係る国に対する請求権は，その請求をすることができる日から5年間
　行使しないことによって，時効により消滅する。

　過誤納金について還付請求することができるのは，過誤納金が生じた時であ
る。したがって，過誤納金の発生の翌日が還付金の消滅時効の起算日となる。
還付請求権が取り消し得べき瑕疵のある賦課処分に基づいて生じた場合には，
その賦課処分は，行政処分として公定力を有しており，取消しの処分を要する
ので，その取消しの時から還付請求権が生ずると解することが妥当であると説
明されている（志場・精解937頁）。

国税通則法58条《還付加算金》
　　国税局長，税務署長又は税関長は，還付金等を還付し，又は充当する場合には，
　次の各号に掲げる還付金等の区分に従い当該各号に定める日の翌日からその還付の
　ための支払決定の日又はその充当の日（同日前に充当をするのに適することとなっ
　た日がある場合には，その適することとなった日）までの期間…の日数に応じ，そ
　の金額に年7.3パーセントの割合を乗じて計算した金額（以下「還付加算金」とい
　う。）をその還付し，又は充当すべき金額に加算しなければならない。
　一　還付金及び次に掲げる過納金　当該還付金又は過納金に係る国税の納付があっ
　　た日（その日が当該国税の法定納期限前である場合には，当該法定納期限）
　　イ　更正若しくは第25条《決定》の規定による決定又は賦課決定（以下「更正決
　　　定等」という。）により納付すべき税額が確定した国税（当該国税に係る延滞
　　　税及び利子税を含む。）に係る過納金（次号に掲げるものを除く。）
　　ロ　納税義務の成立と同時に特別の手続を要しないで納付すべき税額が確定する
　　　国税で納税の告知があったもの（当該国税に係る延滞税を含む。）に係る過納
　　　金
　　ハ　イ又はロに掲げる過納金に類する国税に係る過納金として政令で定めるもの
　二　更正の請求に基づく更正（当該請求に対する処分に係る不服申立て又は訴えに
　　ついての決定若しくは裁決又は判決を含む。）により納付すべき税額が減少した
　　国税（当該国税に係る延滞税及び利子税を含む。）に係る過納金　その更正の請

求があった日の翌日から起算して 3 月を経過する日と当該更正があった日の翌日
　　から起算して 1 月を経過する日とのいずれか早い日（その日が当該国税の法定納
　　期限前である場合には，当該法定納期限）
　三　前二号に掲げる過納金以外の国税に係る過誤納金　その過誤納となった日とし
　　て政令で定める日の翌日から起算して 1 月を経過する日

図表 3

	Xの主張	Yの主張
国税通則法74条 1 項	還付金の消滅時効の起算日は請求日から	―
国税通則法58条 1 項	―	還付加算金の計算の起算日は納付日や更正の請求日から
判決	本件大分地裁	本件福岡高裁・本件最高裁

　国税通則法58条は還付加算金について定め，過誤納の原因が課税庁側にある
とみられる過誤納金については，課税庁側が過誤納の事実を知った日の如何に
かかわらず，過誤納に係る税金納付の日の翌日に遡って還付加算金を付するも

Tax Lounge　　**負担分任主義と「ふるさと納税」**

　地方税が居住地に納付されるべき租税であることの根拠に負担分任主義という考え
方がある。この負担分任主義とは，住民は当然にその居住する地域の地方団体の経費
を分担し合うべきという考え方である。この考え方に基づき，地方自治法10条 2 項は，
「住民は，法律の定めるところにより，その属する普通地方公共団体の役務の提供を
ひとしく受ける権利を有し，その負担を分任する義務を負う」と規定しているのであ
る。
　このような考え方がありながら，なぜ，個人住民税において寄附金控除制度（いわ
ゆる「ふるさと納税」）があるのであろうか。個人の行う特定の団体への寄附が必ず
しもその地域と地方団体との間に直接に関係がないことも多いし，また，寄附金を受
領する団体と寄附金控除を行うこととなる納税地の団体とが地域的に異なることも多
いことを考えれば，負担分任主義に反する制度だとの指摘もあろう。
　さらに，ふるさと納税制度は，例えば，都会に住む地方出身者がふるさとの地方自
治体に寄附をした場合に，居住地の個人住民税の税額控除をするという制度であるが，
住民税の納付先選択制度ともいうことができる制度である。
　このように，これらの制度には，地方税の負担分任主義の考え方からの疑問も惹起
されているのである。

308　第3章　課税要件事実論—各論

のとし，その他の過誤納金については，課税庁が過誤納の事実を知り，これを
還付するのに通常必要な期間を除く趣旨から，当該期間経過の日の翌日から還
付加算金を付することとしている（志場・精解681頁）。

　国税通則法74条1項の理解は本件においてXが展開した相続人の所得説の主
張の根拠とされ，同法58条の理解は本件においてYが展開した相続財産説の主
張の根拠とされる。あくまでも，国税通則法74条1項に関しては，消滅時効の
起算日に関する議論であり，また，同法58条1項に関しては，還付加算金の計
算の起算日の議論であることにも留意すべきである（図表3参照）。

　　✍　山田二郎氏は，「過納金が一種の還付利息であることからいって，還付加算金の計算
　　の始期（起算日）と過納金の還付請求権の発生時期を一致して考えるべき関連性はな
　　い。」とされる（山田「相続財産の範囲と過納金の還付請求の帰属—福岡高裁平成20年
　　11月27日判決を素材として—」税通64巻13号149頁（2009））。

〔注〕
(1)　判例評釈として，駒宮史博・ジュリ1416号62頁（2011），鎌野真敬・平成22年度最高
　　裁判所判例解説〔民事篇〕〔下〕636頁（2014），同・ジュリ1426号171頁（2011），増田英
　　敏・判評631号152頁（2011），手塚亮式・白鷗大学大学院法学研究年報7号253頁
　　（2011），石島弘・民商144条4＝5号76頁（2011），橋本守次・税弘59巻2号78頁
　　（2011），松崎嵩大・速報判例解説10号〔法セ増刊〕195頁（2012），浅妻章如・法協131巻
　　1号252頁（2014），渕圭吾・租税百選〔5〕182頁（2011），長戸貴之・租税百選〔7〕202
　　頁（2021），酒井・ブラッシュアップ287頁など参照。
(2)　判例評釈として，山田二郎・税通64巻13号144頁（2009），高野幸大・税通64巻13号
　　153頁（2009），三木義一・ジュリ1402号154頁（2010），大淵博義・税弘57巻2号2頁
　　（2009），同・税務事例41巻11号41頁，12号31頁（2009），西本靖宏・税研148号151頁
　　（2009），伊川正樹・速報判例解説5号〔法セ増刊〕291頁（2009），橋本守次・税弘57巻
　　5号43頁（2009），本山敦・月報司法書士449号36頁（2009），谷口智紀・専修法研論集45
　　号123頁（2009）など参照。
(3)　判例評釈として，増田英敏・税務事例40巻8号1頁（2008），林隆一・税理51巻6号
　　84頁（2008），橋本守次・税弘56巻7号123頁（2008）など参照。
(4)　最高裁平成22年6月3日第一小法廷判決（民集64巻4号1010頁）は，「たとい固定資
　　産の価格の決定及びこれに基づく固定資産税等の賦課決定に無効事由が認められない場
　　合であっても，公務員が納税者に対する職務上の法的義務に違背して当該固定資産の価
　　格ないし固定資産税等の税額を過大に決定したときは，これによって損害を被った当該
　　納税者は，地方税法432条1項本文に基づく審査の申出及び同法434条1項に基づく取消
　　訴訟等の手続を経るまでもなく，国家賠償請求を行い得るものと解すべきである。」と
　　した。
(5)　最高裁平成17年4月14日第一小法廷判決（民集59巻3号491頁）も参照（判例評釈と
　　して，酒井・ブラッシュアップ334頁参照）。

(6) 塩野教授によると「しかし，訴えの提起により処分の執行を停止すべきものかどうか
は，取消訴訟の排他的管轄の問題とは別の，政策上の考慮により定まってくるものであ
る…。また，かつて，法定外抗告訴訟の許容性の問題に関し，申請拒否処分があった時
にその取消しを求めることなく直ちに義務付け訴訟をするのは取消訴訟の排他的管轄に
抵触するという理論があったが，そこまで取消訴訟の排他的管轄が及ぶものと解すべき
かどうかは，取消訴訟の排他的管轄という制度だけでなく，日本国憲法の下における行
政救済制度のあり方から論じなければならない問題である。」と説明される（塩野・行
政法 I 170頁）。

(7) 最高裁昭和52年3月31日第一小法廷判決（訟月23巻4号802頁）。この事案は，国税通
則法74条1項にいう「その請求をすることができる日」について争われたものであるが，
同最高裁は，無効な申告または賦課処分に基づく納付の場合，その納付のあった日と解
すべきものとした。

(8) 大審院昭和5年7月8日判決（民集9巻10号719頁）は，「賦課処分カ違法ノモノナリ
トスルモ其ノ賦課処分ノ取消アラサル限リ其ノ徴収シタル金額ハ法律上ノ原因即租税ノ
賦課処分ニ基キ取得シタルモノニ外ナラサルヲ以テ之ヲ不当利得ト倣ス余地ナキモノト
ス」と判示して，原告の不当利得返還請求の訴えを棄却している。

310 第3章 課税要件事実論—各論

19 相続税法—相続税法22条の「時価」

(1) 事案の紹介

Xら（原告）は，昭和39年1月11日，Tの死亡により，同人が賃貸していた本件宅地を相続し，協議の結果，そのうちA部分はXに，残余のB部分はその余のXらに分割されたので，いずれの部分についても借地権割合を8割，したがって，底地価格を自用地としての価格の2割と算定して，それぞれ主張のとおり相続税の申告をした。これに対して，税務署長Y（被告）は，Xについては，地代が高額であるので借地権割合が経済的には零であると認めて更正をした。また，その余のXらについても，Xを含むすべての相続人らに係る課税価格の合計額を基礎として算出した相続税の総額が違ってきたことを理由として更正した。これに対してXらが提訴した。

本件は，財産評価基本通達は法規としての性格を有するものでないから，課税処分が同通達の趣旨に反するとしても，その効力は左右されないとした事例である。

これは，第一審東京地裁昭和45年7月29日判決（訟月16巻11号1361頁）[1]および控訴審東京高裁昭和48年3月12日判決（税資69号634頁）[2]を素材として加工したものである。

ア　請求の趣旨

① YがXに対し，平成○年○月○日付けで同年○月○日相続開始に係る相続税についてした更正処分のうち，課税価格○円，納付すべき税額○円を超える部分および過少申告加算税賦課決定処分のうち，○円を超える部分を取り消す。

② 訴訟費用はYの負担とする。

との判決を求める。

イ　請求原因

① Xは，平成○年○月○日に死亡したAの相続人であるが，この相続につき，次のとおり記載した申告書を同年○月○日に提出したこと。

　(i) 課税価格　　　　　　○億○万○円

(ii)　納付税額　　　　　○億○万○円
②　Yは，Xに対し，平成○年○月○日付けで次のとおり更正処分および過
　少申告加算税の賦課決定処分をしたこと。
　　(i)　課税価格　　　　　○億○万○円
　　(ii)　納付税額　　　　　○億○万○円
　　(iii)　過少申告加算税　　　　○万○円
③　Xは，請求原因②の各処分について，平成○年○月○日，Yに対して異
　議を申し立てたこと。Yは同年○月○日これを棄却する決定をしたため，
　Xはさらに，同年○月○日，国税不服審判所長に対し審査請求をしたとこ
　ろ，これも同年○月○日付けで棄却されたこと。
④　Yの請求原因②の各処分は，相続税の課税価格の評価に違法があること。

ウ　抗　弁

①　Tは平成○年○月○日に死亡したこと。
②　Tの相続人は，Tの妻Sと子Xおよび子Uのみであること。
③　S，XおよびUは，本件相続によって別添の財産評価に基づく各財産を
　取得したこと（別添省略）。
④　抗弁③による各人の取得財産の合計額（抗弁⑤の金額の控除前）は，それぞ
　れ次のとおりであること。
　　(i)　S　○円
　　(ii)　X　○円
　　(iii)　U　○円
⑤　Tの債務で相続開始の際，現に存するもの（公租公課を含む。）およびTに
　係る葬式費用の金額のうち，それぞれの負担に属する部分の金額は次のと
　おりであり，これらを超えて存在しないこと。
　　(i)　S　○円
　　(ii)　X　○円
　　(iii)　U　○円
⑥　請求原因①の確定申告は法定期限内申告であること。
　✍　抗弁②について，「Xは，Tの相続人であること」だけでは，抗弁として不足である
　　（大江・要件事実租税法〔下〕464頁）。

312　第3章　課税要件事実論—各論

(2)　判決の要旨

東京地裁昭和45年7月29日判決は次のように判示する。

「おもうに，借地権の設定されている宅地の価格は，借地権の設定にあたり権利金，礼金等の名目で一時金が支払われている場合においては，その一時金の法的性質如何にかかわらず，宅地所有者がこれに相当する宅地使用の対価を取得しているのであるから，地代の額もそれだけ低く定められており，したがって，借地権取引の慣行がみられる東京都のごとき大都市においては，当該宅地の自用地としての価格よりも，巷間借地権価格と称されている2分土地の適正賃料と実際に支払われる地代との差額に賃借権の存続期間を乗じた借地人に帰属すべき2分利益の額だけ低く評価されることとなる。これに対し，権利金等の授受がなく，地代の額が適正賃料によって定められ，しかも，それが地価の高騰に絶えず随伴して増額されている場合においては，前記借地人に帰属すべき利益の生ずる余地がなく，また，地代の資本還元額も宅地の自用地としての価格に等しい関係にあるので，当該宅地の価格は，自用地としての価格に相応するものとなる。もっとも，この場合においても，宅地所有者は，賃貸条件に基づく宅地の最有効使用の制約を受け，また，譲渡抵当権の設定等についても事実上制約を受けているので，これらの経済的不利益が宅地の評価に影響を与えることは，否定しえないところである。

また，相続税法の規定によれば，相続によって取得した財産の価格は，当該財産の取得の時における時価によって評価することとなっている（22条参照）。そして，ここにいう時価とは，当該財産の取得の時において，その財産の現況に応じ，不特定多数の当事者間で自由な取引が行なわれる場合に通常成立すると認められる価格を指すものと解すべきであり（評価通達1参照），また，借地権は，契約の内容，締結の経緯，経過した契約期間等によって個々に異なるものであるとはいえ，特段の事情がある場合を除き，前記経済的利益又は不利益がそのまま底地所有権又は借地権の取引価格に反映するものではないので，これらの権利の時価は，近隣地域および同一需要圏内の類似地域における取引慣行とその成熟の程度等を考慮して決定するのが相当である。

いま，本件についてこれをみるのに，本件宅地のうちXの取得したA部分は，権利金等の授受がなく，地代の額を3.3平方メートル当り年額6万6,000円（宅地の自用地としての価額3.3平方メートル当り41万6,000円に対する割合は15.8パーセント）と定められ，他方，その余のXらの取得した残余B部分については，権利金の授受が行なわれ，その地代の額が3.3平方メートル当り年額6,600円（宅地の自用地としての価額3.3平方メートル当り41万6,000円に対する割合は1.58パーセント）と定められていたことは，Xらの自ら認めて争わないところであり，しかも，A部分の地代の資本還元額が，市中金利を8パーセントとみて複利年金現価率によって計算すると，借地権の存続期間を20年と考えても，ほぼ宅地の自用地としての価格に相当すること，計数上明らかである。それ故，Xら主張のごとく，A・Bいずれの部分も，一筆の土地の一部であって，同一幅員で道路に面しており，その利用価値はもとより自用地としての価格も同一であるとしても，相続税の課税価格の決定にあたっては，両地を区別して取り扱うことは相当であるというべく，Xら主張のごとくB部分に適用された評価通達25・27による評価方法は，東京国税局長が本件宅地の属する地域においては宅地の自用地としての価格の約8割に相当する権利金の授受が行なわれるところから，その

地代率が宅地の自用地としての価格のおおむね1.5パーセントと定められているという調査結果に基づき，借地権割合を8割と定めて行なうものであること，証人Vの証言によって明らかであるから，かかる前提条件を欠くA部分については，右の評価方法を適用する余地がないものというべきである。また，審査裁決によってA部分の底地価格が自用地としての価格の8割と決定されたことも，該宅地における借地権の価格と底地の価格との前叙のごとき関連状況と，東京都内においては権利金授受の慣行のない地域についても一般に借地権割合を2割とみられているという前掲証人の証言に徴すれば，相当であるというべく，他に右認定の妨げとなる資料はない。」

図表1

A部分（権利金の授受なし）
3.3 m² …… 年額6万6,000円
宅地自用地3.3 m² = 41万6,000円
41万6,000円に占める割合 … 15.8％

↓

評基通によらない評価

B部分（権利金の授受あり）
3.3 m² …… 年額6,600円
宅地自用地3.3 m² = 41万6,000円
41万6,000円に占める割合 … 1.58％

↓

評基通による評価

また，Xらは，東京都内においては，本件宅地のごとく，宅地の自用地としての価額が3.3平方メートル当たり35万円以上60万円未満で，権利金授受の慣行のある地域については，借地権割合を8割と定めて相続財産の評価を行うことが慣習法的規律として行政先例法となっているのに，本件各更正処分はこの先例法に違反すると主張した。

これに対して，東京地裁は次のように説示した。

「右の評価方法が行政先例法であると認めるに足る資料がないばかりでなく，かえって，…従来，権利金等の授受が行なわれていない場合においても地代の額の多寡によって底地価格の調整をしていなかったのは，借地権の設定が古く，その地代の額が地代家賃統制令や社会的・経済的諸事情によって適正地代よりも低く抑えられ，また，その値上率も地価の高騰率にはるかに及ばないのが実情であったし，たとえ適正地代に達する高額地代の定めがあったとしても，この場合には権利金等に相当する部分について認定課税を行なうこととしていたが，昭和37年ころより，…地代の資本還元額が当該宅地の自用地としての価格に等しいほど地代の額が高く定められているときは，権利金等の授受が，行なわれるいわれがないという理由によって，認定課税を行なわない方針に改められたところから，同族会社相互間又は同族会社と法人の代表者間等において，借地権を設定するにあたり，権利金等の授受に代えて高額の地代の定めを

314 第3章 課税要件事実論—各論

する事例がみられるようになったので，国税庁長官は，昭和39年4月25日付で，各国税局長に宛て現行評価通達を発し，所論のごとき従来から行なわれてきた同通達25・27所定の方法によって相続財産を評価することが著しく不適当であると認められる場合には，同通達6の定めるとおり，国税庁長官の指示を受けて評価を行なうべきこととした事実を認めることができるので，Xら主張のごとき慣行は，存在していなかったというべきである。」

　続いて，東京地裁は，通達の性質について，「通達は，それが国民の権利義務に重大なかかわりをもつものであっても，法規としての性質を有するものではないから，行政機関が通達の趣旨に反する処分をしたからといって，そのことにより，当該処分の効力が左右されるわけではない（最高裁判所昭和43年12月24日第三小法廷判決・民集22巻13号3147頁参照）。それ故，評価通達違反をいうXらのその余の主張は，それ自体理由がないこと明らかである。」としたのである。

　そして，控訴審東京高裁昭和48年3月12日判決は，原審判断を肯定して次のように判示した。以下は，通達に基づいて評価が行われること，場合によっては本件のように国税庁長官の指示を受けて個別的評価が行われることの違法性について，同判決が論じた箇所である。

　「相続税の課税に当っては，相続財産の価格が，その相続取得の時価によって評価されることは相続税法（第22条）の定めるところである。ところで，その時価の算定は具体的な財産毎に甚だしく多様な各種事情を参しゃくしてなされることになり，その結果として，納税者にとって納税額の予測，申告額の算出等に困難をもたらし，他方，ときにより，課税処分の公正を疑われることもありえないとはいえない。したがって，その時価算定について取扱基準について通達等を定めて，可能なかぎり算定上の扱いを統一的にし，明確，公正な行政に資することは望ましいことではあるが，そのことは右各事情からしてより多く便宜であるというに止まり，すべての特種な場合を含めて一般基準を定めなければ，公平，公正，能率を期されないというものではない。社会事情は常に変動し，時価算定の参考諸要素は時と所によって一定でないから，特種な事情のありうる財産の評価についてまでも一般的な基準によるように固執し，右変動と個別性とを無視するときは却って時価算定が不適正となり，課税の公平を欠くことになるからである。これを避けるためには，右特種財産の時価算定に当り，課税当局者が，ただ通常一般の財産評価基準のみによるのではなく，変動する諸事情と個別性とを調査，観察したうえ，さらに上級官庁による指示を求めさせて，その厳正な検討と監督とを加えて個別にその時価を算定することにするのも，その算定の具体的な妥当性と課税の公平とを期し，かつ，算定の客観性と公正とを保たせる適切な方法でもあるということができる。」

(3) 検　討

通達が法令ではないからといって、租税行政庁は、財産評価基本通達で設定されている評価方法以外の評価を行ってもよいということになるかどうかについては、通達が公表され、それが納税者の予測可能性に大きな影響を及ぼしている点や行政先例法としての性質を有しているとする点を強調する立場からは議論が提起され得る。

そこで、本件東京高裁判決のロジックを 2 つに分けて考えてみたい。まず、統一的算定方式としての財産評価基本通達による評価額を相続税法22条《評価の原則》の「時価」と認めることが可能か否か、すなわち、通達によって算定された評価額を相続税法22条にいう「時価」と解し得るかという点について論じ、次に、統一的算定方式によると不都合が生じる場合に個別算定の途が必要となるという点について論じることとしよう。

図表 2　本件東京高裁判決のロジック

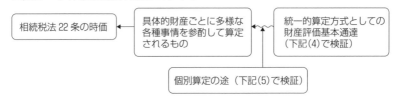

(4) 財産評価基本通達による評価

ア　相続税法22条

相続税法22条は、次のように時価課税を宣明する。

> **相続税法22条《評価の原則》**
> 　この章で特別の定めのあるものを除くほか、相続、遺贈又は贈与により取得した財産の価額は、当該財産の取得の時における時価により、当該財産の価額から控除すべき債務の金額は、その時の現況による。

ここにいう「この章で特別の定めのあるもの」とは、同法23条《地上権及び永小作権の評価》から26条《立木の評価》までに定められているといわれている。

　📝　反論として、いわゆる年金二重課税訴訟最高裁平成22年 7 月 6 日第三小法廷判決（民集64巻 5 号1277頁）[3]は、「年金の方法により支払を受ける上記保険金（年金受給権）のうち有期定期金債権に当たるものについては、同項〔筆者注：相続税法24条《定期金に

関する権利の評価》1項〕1号の規定により，その残存期間に応じ，その残存期間に受けるべき年金の総額に同号所定の割合を乗じて計算した金額が当該年金受給権の価額として相続税の課税対象となるが，この価額は，当該年金受給権の取得の時における時価（同法22条），すなわち，将来にわたって受け取るべき年金の金額を被相続人死亡時の現在価値に引き直した金額の合計額に相当し，その価額と上記残存期間に受けるべき年金の総額との差額は，当該各年金の上記現在価値をそれぞれ元本とした場合の運用益の合計額に相当するものとして規定されているものと解される。したがって，これらの年金の各支給額のうち上記現在価値に相当する部分は，相続税の課税対象となる経済的価値と同一のものということができ，所得税法9条1項15号〔筆者注：現行17号〕により所得税の課税対象とならないものというべきである。」とする。この判決の立場からすれば，相続税法24条1項1号の規定により計算される金額は，同法22条にいう「時価」に相当するということになるから，同法24条1項1号は同法22条にいう「特別の定め」ではないことになりそうである。

財産評価基本通達1《財産の評価》(2)は，「時価」について次のように通達している。

> **財産評価基本通達1《財産の評価》**
> (2) 時価の意義
> 　財産の価額は，時価によるものとし，時価とは，課税時期（相続，遺贈若しくは贈与により財産を取得した日若しくは相続税法の規定により相続，遺贈若しくは贈与により取得したものとみなされた財産のその取得の日又は地価税法第2条《定義》第4号に規定する課税時期をいう。以下同じ。）において，それぞれの財産の現況に応じ，不特定多数の当事者間で自由な取引が行われる場合に通常成立すると認められる価額をいい，その価額は，この通達の定めによって評価した価額による。

この通達のいうように，時価を「不特定多数の当事者間で自由な取引が行われる場合に通常成立すると認められる価額」と理解すれば，いわゆる客観的交換価額を意味するということになるが，通達が上意下達の命令手段として均一的行政を担保することを目的として発遣されていることを考えると，いかなる価額が時価と定義付けられるかを示すのみでは，命令としては十分な意味をもたない。そこで，同通達は，「その価額は，この通達の定めによって評価した価額による。」と通達しているのである（品川芳宣『租税法律主義と税務通達』120頁（ぎょうせい2003））。

このような統一的取扱いを通達によって命令することは，全国均一的な行政を行うことが要請される租税行政にとって有用なものではあるが，他方で，このような標準価額的な設定では，実際上，実情にそぐわない結果に柔軟に対応

することができないという問題も惹起される。そこで，通達をあたかも金科玉条のごとく杓子定規に適用することによって，本来の租税法律主義を脅かすような課税処分が展開されることを牽制する必要性が生じてくる（酒井・フォローアップ167頁以下参照）。

イ　財産評価基本通達と相続税法22条の「時価」

東京高裁平成5年3月15日判決（行集44巻3号213頁）[4]は，相続税法22条にいう「時価」に一定の幅があること，財産評価基本通達において認定された時価たるものが同条にいう「時価」たり得るか否かについて次のように述べている。

「「評価基本通達の定めは，一般的で通常の状態にある財産の評価に関する取扱いを基本的なものとしつつ，課税の公平，適正の見地から評価基本通達の基本的な定めによって評価することが税負担の公平の見地から具体的妥当性を欠き，著しく不適当と認められるような場合に例外的に他の適正な評価方法によるべきことを予定しているものというべきであって，評価基本通達6の定めもこの事理を規定しているものということができる。そして，右規定にいう『評価基本通達の定めによって評価することが著しく不適当と認められる』場合というのも，Xらが主張するように市場価格が評価基本通達による評価額よりも低額になった場合など納税者に利益であるときに限定して適用されるべきものではなく，評価基本通達1⑶の定めに従って『その財産の価額に影響を及ぼすべきすべての事情』を考慮して評価基本通達によって評価することが著しく不適当と認められる場合をいうものと解すべきである。したがって，例えば一般的な経済事情，当該不動産の所在する地方の不動産取引市場の動向等いわゆる市場性の変化により評価基本通達による評価方式を形式的に適用すると実質的な租税負担の公平を著しく害することが明らかである場合などには例外的に他の適正な評価方法によって評価することが是認されるというべきであり，Xらが主張するように，評価基本通達によって評価することが著しく不適当となったか否かはその対象財産の形状，置かれている状況等の個別的な要因に限定されるものでもない。」

「しかし，法22条にいう『時価』が相続開始時における当該財産の客観的交換価値を示す価額をいうものと解すべきことは前記のとおりであり，右価格は，それぞれの財産の現況に応じ，不特定多数の当事者間において自由な取引が行われる場合に通常成立すると認められる価額をいうものであって（評価基本通達1⑵），これはいわゆる市場価格と同義である。ただ，この市場価格を具体的な財産ごとに個別的に評価する方法をとると…種々の不都合が生じるところから，課税実務上，評価基本通達を定めて，そこに定められた画一的な評価方式によって相続財産を評価することとされているのである。そして，納税者間の公平，納税者の便宜，徴税費用の節減という見地からすると，特別の事情がない限り右評価基本通達に定められた評価方式によるべきであると一応いうことができる。しかし，評価基本通達に定められた評価方式によるべきであるとするのも右のような理由によるもので，本来ならば個別の財産ごとにそれぞれの市場性に係る多くの事情を考慮して評価すべきところを主に税務行政上の要請によって右のような措置がとられているに過ぎず，評価基本通達による評価額が

> 市場価格に比して低めに設定される傾向にあるのも税務執行上の経済性，効率性等の理由によるのであって，評価基本通達による評価額が市場価格に比して一定の限度で低額に設定されるのも止むを得ないというべきであるが（このような事情のもとで設定された評価基本通達による評価額も法22条にいう『時価』ということができ，この限度で右『時価』概念も一定の幅をもった概念ということができる。），一般的な経済事情，当該不動産に係る市場性に変動が生じ，短期間のうちに地価が異常なまでに高騰し，税務行政上の理由等で右変動を的確にその評価額に反映させることができず，その結果，評価基本通達による評価額と市場価格との間に著しい格差が生ずるに至ったような場合にはむしろ評価基本通達による評価額をもって法22条にいう『時価』ということができなくなるというべきである。評価基本通達6の定めも評価基本通達による評価額が市場価格と著しく相違し『時価』ということができなくなるような事態が生ずることを想定したものということができる。」

この判決は，相続税法22条にいう「時価」を考えるヒントになると思われる。

図表3

 上記東京高裁判決のように相続税法22条の時価を市場価格と定義付けるのであれば，個別的評価による以外ないはずである。「市場価格＝時価（相法22）」とみる限り，そのような個別的評価によらないこととすることは，法の許容するところではないはずであり，このように法律が制定されているのであれば，個別的評価の方法によってこそ租税法の求める公平課税が実現されるはずである。法の予定していない評価方法を持ち込むこと，すなわち個別的評価方法以外の評価方法によることで，納税者間の公平が図られるとみること自体租税法律主義の精神から大きく乖離する考え方ではなかろうか。換言すれば，この判決のような考え方で財産評価基本通達が肯定されるとすれば，そこには租税法律主義の観点から大きな問題が認められることになるように思われる。
 もっとも，上記東京高裁判決が，個別的評価方法をとると「種々の不都合が生じる」と述べている点については，それがいかなる不都合を意味するものなのか判然としないが，評価技術上の問題であると推察される。つまり，上記の筆者の論述は，あくまでも技術的に問題なく個別的評価ができることを前提と

したものであるから，技術的に個別的評価を行うことに問題があるとなれば，論として成立していないことになる。評価技術の限界があり，個別財産評価の方法が必ずしも十分に確立されているとはいえず，評価者によってその評価結果に大幅な格差が生じ，その格差を埋めるための技法も確立されておらず，評価結果の適正性を担保する技術も構築されていないという前提の下で，果たして評価結果のバラツキ（「一定の幅」）を許容し得るか否か，どの程度までの評価のバラツキであれば，予測可能性の範囲内か，租税公平主義に反することにならないかといった問題がある。他方で，相続税法22条が予定しているところであるか否かは判然としないながらも（同条にいう「時価」を「市場価格」と位置付けた場合には，同法の予定するところから距離を置くことになるが），財産評価の方法を一定のルールの下に置き，ある種の画一化された手順の下で定める方法に従って評価することとした場合に，評価結果に生じるブレや揺らぎが相当程度生じなくなるものの，それによって得られた評価結果を市場価格と位置付けることには無理があるという問題もある。これらの2つの問題の存在を前提とした上で，上記判決は前者の問題をより重く捉え，「特別な事情がない限り評価基本通達に定められた評価方法によるべき」としているのであろう。

　したがって，市場価格は，財産評価基本通達によって基礎付けられるとはしているものの，それによる評価結果が市場価格であるからと述べているのではなく，バラツキの少ない（一定の幅の狭い）セカンドベストの手法として捉えているにすぎないのである。

　これは，相続税法22条にいう「時価」が事実ではなく評価概念であることからくる帰結であるといえよう。そこでは，当事者としては，評価の根拠となる事実を主張し証明することになるところ，評価根拠として妥当と考えられる画一的基準，すなわち財産評価基本通達をもって主張・立証することになるのである。

(5)　財産評価基本通達6の必要性

　上述のとおり，相続税法22条にいう「時価」を客観的交換価額というのであれば，その時々によって評価額は異なり，様々な事情や思惑でその価額は浮動することになる。しかしながら，均一的課税処分という要請をも満たすために，各財産について一律に「時価」を定めることも重要であり，財産評価基本通達は，根本的に方向性の異なるこれら2つの要請を同時に満たすことが期待され

ている，いわば当初から矛盾を内包した課税上の取扱いであるということもできるのである。つまり，財産評価基本通達に従った評価額は，個別事情に応じて評価されたものではないため，当然ながら個々の事情の下での個別財産の客観的交換価額というものからは一定の乖離が生じるのである。

そこで，かような乖離が生じることについての弊害をいかに除去するかが重要な問題となるのであるが，財産評価基本通達にはこれを除去するための措置として，いくつかの工夫が施されている。

① 財産評価基本通達4-2《不動産のうちたな卸資産に該当するものの評価》

　　土地，家屋その他の不動産のうちたな卸資産に該当するものの価額は，地価税の課税価格計算の基礎となる土地等の価額を評価する場合を除き，第6章《動産》第2節《たな卸商品等》の定めに準じて評価する。

財産評価基本通達132《評価単位》

　　たな卸商品等（商品，原材料，半製品，仕掛品，製品，生産品その他これらに準ずる動産をいう。以下同じ。）の価額は，次項の(1)から(4)までの区分に従い，かつ，それぞれの区分に掲げる動産のうち種類及び品質等がおおむね同一のものごとに評価する。

財産評価基本通達133《たな卸商品等の評価》

　　たな卸商品等の評価は，原則として，次に掲げる区分に従い，それぞれ次に掲げるところによる。ただし，個々の価額を算定し難いたな卸商品等の評価は，所得税法施行令第99条《たな卸資産の評価の方法》又は法人税法施行令第28条《たな卸資産の評価の方法》に定める方法のうちその企業が所得の金額の計算上選定している方法によることができる。

(1)　商品の価額は，その商品の販売業者が課税時期において販売する場合の価額から，その価額のうちに含まれる販売業者に帰属すべき適正利潤の額，課税時期後販売までにその販売業者が負担すると認められる経費（以下「予定経費」という。）の額及びその販売業者がその商品につき納付すべき消費税額（地方消費税額を含む。以下同じ。）を控除した金額によって評価する。

(2)　原材料の価額は，その原材料を使用する製造業者が課税時期においてこれを購入する場合の仕入価額に，その原材料の引取り等に要する運賃その他の経費の額を加算した金額によって評価する。

(3)　半製品及び仕掛品の価額は，製造業者がその半製品又は仕掛品の原材料を課税時期において購入する場合における仕入価額に，その原材料の引取り，加工等に要する運賃，加工費その他の経費の額を加算した金額によって評価する。

(4)　製品及び生産品の価額は，製造業者又は生産業者が課税時期においてこれを販売する場合における販売価額から，その販売価額のうちに含まれる適正利潤の額，予定経費の額及びその製造業者がその製品につき納付すべき消費税額を控除した金額によって評価する。

② 財産評価基本通達185《純資産価額》

　　財産評価基本通達179《取引相場のない株式の評価の原則》の「1株当たりの純資産価額（相続税評価額によって計算した金額）」は，課税時期における各資産をこの通達に定めるところにより評価した価額…の合計額から課税時期における各負債の金額の合計額および186-2《評価差額に対する法人税額等に相当する金額》により計算した評価差額に対する法人税額等に相当する金額を控除した金額を課税時期における発行済株式数で除して計算した金額とする。

③ その他の諸通達

　　財産評価基本通達169《上場株式の評価》(2)，174《気配相場等のある株式の評価》(1)ロ，186-2《評価差額に対する法人税額等に相当する金額》，186-3《評価会社が有する株式等の純資産額の計算》など，過度な節税防止のためなどの理由で通達が用意されている。

　このように，財産評価基本通達に基づく評価額と客観的交換価額との乖離があった場合については，個別に通達での措置が講じられているところではあるが，これとても，万全の措置ではない。そこで，財産評価基本通達の「補完的措置」（品川・前掲『税務通達』123頁）として，同通達6が用意されているのである。

財産評価基本通達6 《この通達の定めにより難い場合の評価》
　この通達の定めによって評価することが著しく不適当と認められる財産の価額は，国税庁長官の指示を受けて評価する。

　このように考えると，本件東京高裁判決が，「社会事情は常に変動し，時価算定の参考諸要素は時と所によって一定でないから，特殊な事情のありうる財産の評価についてまでも一般的な基準によるように固執し，右変動と個別性とを無視するときは却って時価算定が不適正となり，課税の公平を欠くことになる」から，「これを避けるためには，…個別にその時価を算定することにするのも，その算定の具体的な妥当性と課税の公平とを期し，かつ，算定の客観性と公正とを保たせる適切な方法でもある」とした点は肯定されよう。

　もっとも，この点について，後述するいわゆるタワマン評価事件（🔍¶レベルアップ2！—333頁参照）において，最高裁令和4年4月19日第三小法廷判決（後

掲）は，財産評価基本通達に従った評価額と客観的交換価値としての時価との乖離が存在するというだけの理由で，形式的租税平等主義を毀損することはできない（実質的租税平等主義に反するというような「事情」がある場合を除く。）と論じているところであるため，以下に述べる要件の妥当性は今後の議論となろう。

(6) 財産評価基本通達 6 の要件

　財産評価基本通達 6 の個別の要件をみておきたい。そこで，同通達にいう「著しく不適当」および「国税庁長官の指示」の意義について考えてみる。

ア　著しく不適当

　この「著しく不適当」の理解において，過度な節税が企図されていることの主観的側面が考慮されるべきかどうかがしばしば問題となる。

(ア)　主観的要素排除説

　品川芳宣筑波大学名誉教授は，この点について，「実体的要件である『著しく不適当』とは，財産評価基本通達が相続税法22条に規定する『時価』を解釈・適用するための通達として存在しているのであるから，当該財産の通達上の評価額と客観的交換価額との開差が客観的にみて著しく不適当と認められる場合，すなわち，財産の客観的価値に関する事項に限定すべきであって，租税回避を企画したか否かというような主観的要素は本来当該判断の要素とすべきではない」と論じられる（品川・前掲『税務通達』124頁）。ここでは，租税回避の否認は別途相続税法64条（同族会社等の行為又は計算の否認等）の適用問題で解決すべきであるとの理解が前提とされている。均一な行政あるいは，恣意的な課税の排除，さらには通達を事実上の評価準則的に捉える傾向にある納税者の側からみた予測可能性という視角からは十分に説得力を有する学説であるということができよう。

相続税法64条《同族会社等の行為又は計算の否認等》
　　同族会社等の行為又は計算で，これを容認した場合においてはその株主若しくは社員又はその親族その他これらの者と政令で定める特別の関係がある者の相続税又は贈与税の負担を不当に減少させる結果となると認められるものがあるときは，税務署長は，相続税又は贈与税についての更正又は決定に際し，その行為又は計算にかかわらず，その認めるところにより，課税価格を計算することができる。

(イ) 主観的要素非排除説

　財産評価基本通達6は，「この通達の定めによって評価することが著しく不適当」であると通達しているのであって，「財産評価基本通達によって評価されるとした場合に当該評価額が」著しく不適当と通達しているのではないことからすれば，「評価すること」が不適当と認められる場合には財産評価基本通達によるべきではないと国税庁長官が示達しているものと理解することが可能であろう。また，あくまでも「適当」かどうかが問題とされていることからすれば，客観的交換価額との開差が大きいかどうか以上の意味内容が盛り込まれていると理解することも，あながち排除されはしないように思われる。

　品川芳宣教授は，東京高裁平成5年12月21日判決（税資199号1302頁）を取り上げて，「本件の一連の事実，とりわけ本件不動産の取得時期，その資金借入行為及びその額，本件不動産の取得行為の基となった『甲家相続財産対策のための事業計画』の記載，本件相続の開始直後，本件不動産の大部分が売却され，その取得に要した借入金も返済されていること等に鑑みれば，本件不動産の取得は，本件相続の開始が近いことを予期した甲及びXらによって，主として，本件不動産の評価通達に定められた方法による評価額と現実の取引価額との間に生じている開差を利用して相続税の負担の軽減を図るという目的で行われたものであることが明らかというべきである。…右のように，経済的合理性なくして，相続開始直前に借り入れた資金で不動産を購入するという行為が行われた本件の場合についても，画一的に評価通達に基づいてその不動産の価額を評価すべきものとすると，右の購入行為をしなかった場合に比べて相続税の課税価格に著しい差を生じ，本件不動産以外に多額の財産を保有している甲の場合には，結果としてその他の相続財産の課税価格が大幅に圧縮されることになる。このような事態は，他に多額の財産を保有していないため，右のような方法によって相続税負担の軽減という効果を享受する余地のない他の納税者との間での実質的な租税負担の公平を著しく害し，富の再分配機能を通じて経済的平等を実現するという相続税の目的に反するものである。したがって，本件不動産については，その評価を評価通達によらないことが相当と認められる特別の事情がある場合に該当するものとして，本件不動産を市場における客観的な交換価格によって評価することが許されるものと解するのが相当である。」と論じられる（品川『重要租税判決の実務研究〔第3版〕』830頁以下（大蔵財務協会2014））。参

324　第3章　課税要件事実論—各論

考となろう。

イ　国税庁長官の指示—手続的要件

　財産評価基本通達6の国税庁長官の指示の要否については，多くの裁判例等が，当該指示の有無は課税処分の効力に影響を及ぼさないと判断し，また，当該指示の存否を明らかにするまでもないとしている（例えば，東京高裁平成5年1月26日判決・税資194号75頁，東京地裁平成9年9月30日判決・税資228号829頁などを参照）。

　その考え方には，①通達は法源ではなくとも，課税庁職員を拘束するものであること，②通達に反する課税処分が，信義則違反，租税公平主義に反することになること，③財産評価基本通達6の適用には国税庁長官の指示が必要であるから，よほどのことがない限り同項の適用はないと予測する納税者側の予測可能性を保障する必要があること，などからの批判も展開されている（品川・前掲『税務通達』126頁以下）。

ウ　その他の要件

　そこで，財産評価基本通達の構造上，予測し難い事項については同通達6を適用すべきではないという見解がある（🔍その他，¶レベルアップ2！—333頁参照）。

　財産評価基本通達では，公開途上にある株式の価額は，その株式の公開価格によって評価することとしているが（評基通174(2)），「公開途上にある株式」とは，上場等が公表された後の株式を意味している（評基通168(2)ロ）。これは，公開を準備しているような会社の株式については，その準備過程において相応に高額な取引価額が成立することもあろうが，それらを客観的に捉えることは困難であるということで，公開が公表（通常は公開の1か月前）されるまでは「取引相場のない株式」として取り扱う趣旨であるとする見解がある。この立場からすれば，取引相場のない株式については，純資産価額もしくは類似業種比準価額（それらの併用方式も含む。）または配当還元価額で評価することとされ（評基通178，179），それ以外の取引価額等による評価方法は予定されていないということになる。したがって，公開準備中の株式は財産評価基本通達6を適用して通達上の評価額を上回る取引価額が成立していたとしても，当該取引価額によって評価することは許されないものとなるのである。そうでなければ，信義則違反や租税公平主義に反することにもなりかねないとする有力説が展開されている（品川・前掲『税務通達』124頁以下）。

19 相続税法—相続税法22条の「時価」　325

> **財産評価基本通達168《評価単位》**
> 　株式及び株式に関する権利の価額は，それらの銘柄の異なるごとに，次に掲げる区分に従い，その1株又は1個ごとに評価する。
> (1)　（略）
> (2)　気配相場等のある株式
> 　　気配相場等のある株式とは，次に掲げる株式をいう。
> 　イ　登録銘柄（…）及び店頭管理銘柄（…）
> 　ロ　公開途上にある株式（金融商品取引所が株式の上場を承認したことを明らかにした日から上場の日の前日までのその株式（登録銘柄を除く。）及び日本証券業協会が株式を登録銘柄として登録することを明らかにした日から登録の日の前日までのその株式（店頭管理銘柄を除く。）をいう。以下同じ。）
>
> **財産評価基本通達174《気配相場等のある株式の評価》**
> 　気配相場等のある株式の評価は，次に掲げる区分に従い，それぞれ次に掲げるところによる。
> (1)　（略）
> (2)　公開途上にある株式
> 　イ　株式の上場又は登録に際して，株式の公募又は売出し（以下この項において「公募等」という。）が行われる場合における公開途上にある株式の価額は，その株式の公開価格（金融商品取引所又は日本証券業協会の内規によって行われるブックビルディング方式又は競争入札方式のいずれかの方式により決定される公募等の価格をいう。）によって評価する。
> 　ロ　株式の上場又は登録に際して，公募等が行われない場合における公開途上にある株式の価額は，課税時期以前の取引価格等を勘案して評価する。

¶ レベルアップ1！　課税時期後の株価変動

　相続財産の主要部分を占める株式が暴落によってほとんど無価値となったため，相続人（原告・控訴人・上告人）が自己の固有財産を処分して相続税を納付しなければならない事態に追い込まれたとしても，暴落前の株式評価額に基づく課税額をそのまま維持して徴収金を保持したことが違法であるとの主張が展開された事例として，大阪高裁昭和62年9月29日判決（行集38巻8＝9号1038頁）[5]がある。同判決の事実関係と裁判所の判断は以下のとおりである。

> 　1　控訴人取得資産中の株式の内容とその価格の下落
> 　相続によって得た控訴人の取得財産およびその価値の下落について，同人の主張を基礎にまとめると次のとおりである。
> (1)　控訴人の取得資産の主要なものは，以下の各株式（以下「本件各株式」という。）であり，その評価合計額は前記差引純資産額を超え，取得財産に対する比率でも91

326   第3章　課税要件事実論—各論

パーセント強を占めていた。

発行会社名	株式数	単価（円）	評価額（円）
Ｅ産業	204万3,333	695	14億2,011万6,435
Ｋプライウッド	14万1,000	1,134	1億5,989万4,000
Ｅ木材工業	900万	104	9億3,600万
Ｈハウス販売	2,000	2,295	459万
Ｋベニヤ商会	1万2,000	205	246万
Ｍ物産	6,000	276	165万6,000
Ｉハウス販売	2,000	4,902	980万4,000
			25億3,452万　435

（右各会社はいずれも株式会社である。）

(2)　ところが，その後いわゆるオイルショックに端を発した我が国経済の長期にわたる未曾有の大不況の結果，Ｅ産業は昭和53年2月20日に会社更生の申立てをして事実上倒産し，控訴人が取得していた同社ならびにこれと同時に同様倒産もしくは閉鎖のやむなきにいたった右各関連会社の株式は，すべてほとんど無価値となり，なかでも株式数の多かったＥ産業とＥ木材工業の株式は，いずれも各更生計画において無償で消却された。

なお，Ｅ産業とＥ木材工業の株式の一部（50万株）は，倒産よりも前にそれぞれ約4億4,950万円（平均単価220円）と1億6,500万円（単価330円）で処分されているほか，Ｋプライウッドの株式は増減資の後83万円で公売されている。

　2　裁判所の判断

大阪高裁は，「本件相続による控訴人の取得財産総額が27億8,221万6,275円…で，債務等を差引いた純資産額が20億5,224万5,000円であるのに対し，控訴人の取得財産の一部である本件各株式の評価額合計は25億3,452万435円であって，前記取得財産額の91パーセント強（遺産分割により現実に取得した財産額の58パーセント強）を占めることは前記のとおりである。そして，…控訴人は，前記修正申告の後前記会社更生の申立までの間に，Ｅ産業の株式277万9,288株を代金6億1,308万3,971円（平均単価約220円）で他に売却し，Ｅ木材工業の株式50万株を1億6,500万円（単価330円）でＥ産業に売却したことが認められ，また，Ｋプライウッドの株式が83万円で公売されたことは当事者間に争いがない。そして，以上のように処分された以外の本件各株式については，いずれも殆んど無価値となるに至ったことは前記のとおりである。」とする。

そして，「ところで，控訴人は，右のように本件相続財産の主要な部分を占める株式が自らの責に帰し得ない事情で価値を失っている場合，課税をそのまま維持して徴収金を保持することは，正義公平の観念に反するものであって公法上の不当利得となる旨主張している。

しかし，本件各株式のうちでその主要部分（評価額では全体の56パーセント強）を占めるＥ産業の株式は，相続開始日…の大阪証券取引所の終値ではその評価額（単価）を超えていた…から，控訴人は現実に右評価額を下らない利益を右時点で取得していたものであるし，また他の株式についても，…基本通達の評価基準に合致する評価がなされているのであるから，右基準の内容からみても相続開始時点において現実に右評価額を下らない利益を得ていたものと推認できること，一般的に株価は変動性

を有するものであるうえ，…Ｅ産業の株式価格は昭和43年末頃から急騰を続け，その後昭和46年末頃に一旦やや下落した後再びもち直したが昭和48年後半から下落傾向となるなど，変動性のある株式であることが認められるのであり，本件においては相続開始から前記の会社更生の申立（この手続において本件各株式の主要な部分が確定的に無価値となったことは前記のとおりである）までには約５年の期間があったことを考慮すると，控訴人としては，その相続税を納付するに当り，他の相続人との協議の成立に努力して，速やかに相続財産である本件各株式を物納するか，或いはこれを他に売却するなどして，その納付義務を遅滞なく履行すれば，本件におけるような株価の暴落による損害を回避することも不可能ではなかったと解されること，さらに本件のように経済事情の変動の影響を受けた株価の下落という被害は災害減免法所定の自然災害による被害とは前記のように異なる面があること，控訴人指摘の最高裁判決の事案は，課税の対象とされた金銭債権が後日貸倒れによって回収不能となり，結果的に所得がないのに課税した場合について，国は右貸倒れ額に相応する税額を不当利得として納税者に返還する義務があるものと認めたものであって，本件のように一旦利益を取得した場合とは事案を異にし，右判決の法理を直ちに本件に適用できないことなどの事情を考慮すると，前項のように<u>本件各株式の大半が相続開始後にその価値を殆んど失う事態が生じ，控訴人が自らの固有財産を処分するなどの方法により苦慮して納税している事情があるとしても，それによって控訴人主張のような一般条項の適用により被控訴人の徴収金の保持が違法となって公法上の不当利得が成立するものと解することはできない。従って，控訴人の本主張もその余の点について検討するまでもなく理由がない。</u>」との判断を下した。

この事案において，控訴人は，相続税の修正申告の無効について「本件各株式が，その後無価値化した原因は，わが国経済の基本的，構造的弱点として，客観的には相続開始前から厳然として存在していたものにほかならず，とりわけ住宅関連産業は，過当競争のうえに，需要が延び悩み〔ママ〕の傾向を見せ始めていた。そして，実際にもその後間もなくこれらの弱点や傾向が顕在化した本件においては，相続税評価の算出に際しても，当然このような事情が，評価を決める重要な一要素として考慮されるべきであった。また，右各株式がいずれも転々流通の可能性のないいわゆる支配株で，しかもその多くは非上場の株式であったことも看過されるべきではない。」などと主張する。

しかしながら，上記大阪高裁は，最高裁昭和39年10月22日第一小法廷判決（民集18巻８号1762頁）[6]を引用した上で，このような状況の下でなされた控訴人らの修正申告はいずれも重大かつ明白な錯誤に基づくものではなく，他に適切な救済方法がなければ，納税義務者の利益を著しく害することが明らかとはいえないとして，無効とは解していない。

328　第3章　課税要件事実論—各論

　相続税の課税価格は，財産の取得の時の価額であるから，その後における相続財産の価額が下落しても，課税価格に影響しないというのである。

　また，控訴人は，本件相続による取得財産中の本件各株式の評価を，財産評価基本通達の基準によるのは不当であり本件における評価は高額である旨主張したが，上記大阪高裁は次のように判示している。

　「まず，相続税法第22条は，相続財産の評価は，同法第3章に特別の定のある場合を除いて，当該財産の取得時における時価による旨定め，株式の時価については特別の定めは設けられていない。そして，税務実務については，右評価基準として基本通達が出されているのであるが，控訴人が特に問題としている上場株式については，…同株式の評価は，右通達169において，その株式が上場されている証券取引所の公表する課税時期の最終価格又は課税時期の属する月以前3か月間の毎日の最終価格の各月ごとの平均額（以下最終価格の月平均額という）のうち最も低い価額によってなされることとなっていることが認められる。ところで，一般的にいって，株式の価格は，その発行会社の経営状態のほかこれと無関係の需給関係等から日々変動するものであるから，相続財産である株式の価格をその取得時点すなわち相続開始時点の取引価格に固定することは，その時点で一時的に騰貴した株式を評価額とする場合も生じ，納税者に過酷な結果となることもあり得るから，相当とはいえない。従って，右株式の評価に当っては，相当な期間内における株価の変動を考慮するのが妥当であるが，右の考慮期間として基本通達では相続開始後のそれを考慮しないこととしている。この点の合理性が問題となるが，相続税は相続財産の取得時点すなわち相続開始時点で納税義務が成立し（国税通則法第15条第2項第4号），相続財産を取得したものは，相続開始のあったことを知った日の翌日から6月以内に相続税の申告をし，右期限までにその納付をする（相続税法第27条，第33条）こととなっているところ，右申告期限までの株価も考慮することとなると，相続開始後に株価の恣意的操作がなされるおそれがあり，かくては課税の公平を欠くに至るから，基本通達において相続開始後における期間についての株価の変動を相続株式の評価に当たり考慮していないことが不合理とはいえない。また，基本通達では，前記のように相続開始日の属する月以前3か月間の最終価格の月平均額を考慮することとしている点の合理性であるが，前記のように相続税法上相続財産の評価はその取得時における時価によることとなっている以上，株式についてのみ右時点より余り長期にまで遡ってその価格の変動を考慮して評価するのは相当でなく，この点でも期間的な制約があることは否定できないし，他方，前記のように3か月間の最終価格の月平均額と課税時期の最終株価のうち最低株価を採用することにより，一般的にいって，相続開始時に一時的に騰貴した株価を評価額とすることを避けるという目的を満たす効果のあることは否定できず，多量の税務事務の処理と課税の公平を期するという要請も参酌すると，右の過去に遡る期間の考慮に関しても前記の株価についての通達の基準の合理性を否定するのは相当ではない。」
　「さらに，控訴人は，本件各株式がいずれも転々流通する可能性のないいわゆる支配株である点やそれらの株式が相続開始時より以前から関連企業の不況傾向から価格の下落することが予想される状況にあったことを考慮すると，前記通達の基準を適用

して評価するのは相当でない旨主張するが，右支配株の点は，当該企業の支配関係を相続開始前と同様の状態に維持しつつ，右株式を譲渡するには通常の株式の場合にはみられない困難が伴うことは否定できないが，他面，支配株であっても換金可能であって相応した取引価格がある以上，同額の財産を取得したものと考えざるを得ないのであって，非支配株と特に区別して評価しないことが不合理とまではいえない。また，前記のような経済状況があるとしても，税務実務においてこれらの状況を的確に把握するのは困難であり，また，納税者において右の状況があると考える時は，取得後早期に処分して価額下落による損失を防止することも可能であることを考慮すると，相続株式の評価に当り右のような状況を特に考慮せず，株価自体の変動のみを考慮する基本通達の評価方法を採用することが特に不合理とはいえない。」

　この事案において，控訴人は，本件各株式が転々流通する可能性のないいわゆる支配株である点や，それらの株式が相続開始時より以前から関連企業の不

Tax Lounge　　**当分の間**

　法律の世界では「当分の間」という用語の意義を巡る議論がある。

　昭和32年に制定された租税特別措置法の第１条《趣旨》は，「この法律は，当分の間…特例を設けることについて規定する」としているが，「当分の間」とはどの程度の期間をいうのであろうか。言葉の意味からすれば，当座の短い期間を含意しているように思われる。

　最高裁昭和24年４月６日大法廷判決（刑集３巻４号456頁）は，「刑法施行法は…当分のうちその効力を有すると規定しているのであるから，この規定の内容は早晩改正されることが予想されたものと言わなければならない。そして，その内容は…今日においては他の法律の規定と権衡を失し時代に添わない感のあることも事実である。しかしながら，この規定は賄賂を伴う公選の投票に関する一般的処罰規定を欠いたこれまでの経過において，実際上必要な規定として適用されてその効力を持続して来たのであるから，前記刑法施行法に『当分ノ内』の字句があるとしても，他の法律によって廃止されないかぎり法規としての効力を失ったものということはできない」と判示している。

　この事例では，40〜50年経過しても「当分ノ内」という規定の効力は失われないとしているのである。「当分の間」についても必ずしも短い期間とはいえないのかもしれない。

　なお，平成26年６月付け政府税制調査会「法人税の改革について」では，租税特別措置法の見直しが議論され，次の３つの基準が示されている。

　基準１：期限の定めのある政策税制は，原則，期限到来時に廃止する。

　基準２：期限の定めのない政策税制は，期限を設定するとともに，対象の重点化などの見直しを行う。

　基準３：利用実態が特定の企業に集中している政策税制や，適用者数が極端に少ない政策税制は，廃止を含めた抜本的な見直しを行う。

況傾向から価格の下落することが予想される状況にあったことを考慮すると，財産評価基本通達の基準を適用して評価するのは相当ではない旨の主張をしている。この点について，上記大阪高裁は，支配株について，その企業の支配関係を相続開始前と同様の状態に維持しつつ，株式を譲渡するには通常の株式の場合には見られない困難が伴うことは否定できないが，他面，支配株であっても換金可能であって相応した取引価格がある以上，同額の財産を取得したものと考えざるを得ないと判示している。

この事例では，相続開始後の株価の変動を考慮に入れることなく，期間を3か月に区切って平均額を計算することの適法性が問題とされた。上記大阪高裁は，昭和48年当時の相続税財産評価基本通達が，上場株式の評価について，相続開始前3か月間の株価の変動を評価の基礎に採り入れ，相続開始後のそれを考慮しないこととしていることは，上記のとおり合理的であると判断している。その理由としては，申告期限までの株価をも考慮することとすると，株価の恣意的な操作を可能とし，課税の公平を欠くことになるという点，相続開始時点より，あまり長期間にまでわたって株価の変動を考慮することは，相続財産の評価が取得時の時価によることとされていることからすれば相当ではなく，大量な税務処理と課税の実現を考慮すると，3か月の期間は相当であるという点が挙げられている。

ところで，株式の価額を評価する必要が生ずる場面としては，譲渡制限のある株式の先買権者による買取価格の決定，営業譲渡制限のための定款変更，合併に反対する株主の買取請求に基づく買取価格の決定，新株発行が不公正なものか否かの判断を必要とする場合などが考えられるが，上記大阪高裁は，この事例における株式の評価の目的は，これにより得られた価額をもって，納税者の相続税の納税義務の有無およびその金額を判定することであって，上記のような場合とは局面を異にすることはいうまでもないとする。

したがって，第一の特徴として，そこには私人間の対等な関係とは異なり，国とその統治権に服する国民という権力的な関係を規律するものとしての原理が求められているから，評価額が客観的な交換価額を上回る可能性はできる限り排除されなければならないが，逆にこれを下回る可能性に対しては，特別の事情のない限り，これに対する配慮をしなくとも，その評価の合理的ないし適法性に影響を与えるものではないと解すべきものである。

19 相続税法—相続税法22条の「時価」　　331

　また，第二の特徴として，課税事務は，大量かつ反覆して遂行されるものであるから，行政の公平性ないし一貫性の立場から，ある程度，画一的な基準を設定する必要のあることは容易に肯認することができ，したがって，そのような一般的な合理性を満たす評価方式であれば，具体的な株式に対して当該評価方式を適用することが不合理であるとの特別の事情が明らかにされない限り，その結果たる評価額も合理性，適法性を失うものではないというべきものであると説示する。

✍　この事件は上告されたが，上告審最高裁平成元年6月6日第三小法廷判決（税資173号1頁）[7]は原審判断を維持している。

✍　純資産価額により買取りが保障されている株式に係る評価については，東京地裁平成11年3月25日判決（訟月47巻5号1163頁）[8]が参考となる。同地裁は次のように判示している。

　「相続により取得した財産の価額は，特別の定めがあるものを除き，当該財産の取得の時における時価により評価されるが（法22条），右『時価』とは，相続開始時における当該財産の客観的な交換価値，すなわち，それぞれの財産の現況に応じ，不特定多数の当事者間において自由な取引が行われる場合に通常成立すると認められる価格をいうと解すべきである。

　もっとも，すべての財産の客観的な交換価値が必ずしも一義的に確定されるものではないから，納税者間の公平，納税者の便宜，徴税費用の節減という見地に立って，合理性を有する評価方法により画一的に相続財産を評価することも，当該評価による価額が法22条に規定する時価を超えない限り，適法ということができる。その反面，いったん画一的に適用すべき評価方法を定めた場合には，納税者間の公平及び納税者の信頼保護の見地から，評価通達に定める方法が合理性を有する場合には，評価通達によらないことが正当として是認され得るような特別な事情がある場合を除き，評価通達に基づき評価することが相当である。

　しかしながら，評価通達に定められた評価方法によるべきとする趣旨が右のようなものであることからすれば，評価通達に定められた評価方式を形式的に適用するとかえって実質的な租税負担の公平を著しく害するなど，右評価方式によらないことが正当と認められるような特別の事情がある場合には，他の合理的な方式により評価することが許されると解される。

　本件株式のように取引相場のない株式にあっては，そもそも自由な取引市場に投入されておらず，自由な取引を前提とする客観的価格を直接把握することが困難であるから，当該株式が化体する純資産価額，同種の株式の価額あるいは当該株式を保有することによって得ることができる経済的利益等の価額形成要素を勘案して，当該株式を処分した場合に実現されることが確実と見込まれる金額，すなわち，仮に自由な取引市場があった場合に実現されるであろう価額を合理的方法により算出すべきものということになる。

　そして，いわゆる同族会社においては，株式が上場されるか否か及び会社経営等に

332　第3章　課税要件事実論―各論

ついて同族株主以外の株主の意向はほとんど反映されないこと，会社の経営内容，業
績等の状況が同族株主以外の株主の有する株式の価額に反映されないこと等からすれ
ば，これらの株主が株式を所有する実益は，配当金の取得にあるということができる。
そうすると，評価通達が，同族株主以外の株主が保有する取引相場のない株式の価額
を，配当還元方式により評価することとしたことは合理性を有するということができ
る。」

「ところで，評価通達が，同族株主以外の株主の有する取引相場のない株式の評価
に際して配当還元方式を採用しているのは，通常，少数株主が株式を保有する経済的
実益は主として配当金の取得にあることを考慮したものであるところ，本件株式につ
いては，同族株主以外の株主がその売却を希望する場合には，時価による価額の実現
が保障されており，本件株式に対する配当の額と比較して本件株式を売却する場合に
保障される売却代金（時価）が著しく高額であることからすると，本件株式を保有す
る経済的実益は，配当金の取得にあるのではなく，将来純資産価額相当額の売却金を
取得する点に主眼があると認められる。そうすると，同族株主以外の株主の保有する
株式の評価について配当還元方式を採用する評価通達の趣旨は，本件株式には当ては
まらないというべきである。

また，本件株式を配当還元方式で評価し本件借入金等を相続債務として控除した場
合の相続税額は約3億円となるのに対し，本件株式が取得されなかった場合の相続税
額は約21億円となり，約17億円もの税額差が生じることからすれば，形式的に評価通
達を適用することによって，かえって実質的な公平を著しく欠く結果になると認めら
れる。」

「以上によれば，本件株式を評価通達を適用しないで評価した点において本件各処
分に違法はない。」

　　原則として，同族株主等が取得した株式については，原則的評価方法により評価し，
同族株主等以外の者が取得した株式については，配当還元方式により評価することから
（評基通188，188-2），配当還元方式は特例的な評価方法といわれるが，上記東京地裁判
決はこの特例的評価方式について判示している。すなわち，同族会社においては，株式
が上場されるか否かおよび会社経営等について，同族株主以外の株主の意向はほとんど
反映されないこと，会社の経営内容，業績等の状況が同族株主以外の株主の有する株式
の価額に反映されないこと等からすれば，同族株主以外の株主が株式を所有する実益は
配当金の取得にあるといえるから，財産評価基本通達が，同族株主以外の株主の保有す
る株式の価額を配当還元方式により評価することとしているのは，合理性を有するとい
えると，上記東京地裁はいう。そして，同地裁は，さらに，財産評価基本通達に定めら
れた評価方式を形式的に適用すると，かえって実質的な租税負担の公平を著しく害する
など，当該評価方式によらないことが正当として是認され得るような特別の事情がある
場合には，他の合理的な方式により評価することが許されると解されると判示している。
　　この事件は控訴されたが，控訴審東京高裁平成12年9月28日判決（税資248号1003頁）
においても，かかる判断は維持されている。

¶レベルアップ2！　いわゆるタワマン評価事件

ア　事案の概要

(ア)　概　観

　被相続人の相続人であるＸ（原告・控訴人・上告人）らが，本件相続により取得した財産の価額を財産評価基本通達の定める評価方法により評価して本件相続に係る相続税（以下「本件相続税」という。）の申告をしたところ，処分行政庁から，相続財産のうちの一部の土地および建物の価額につき同通達の定めにより評価することが著しく不適当と認められるとして，本件相続税の各更正処分および過少申告加算税の各賦課決定処分を受けたため，国Ｙ（被告・被控訴人・被上告人）を相手取って本件各更正処分等の各取消しを求めた事案として，いわゆるタワマン評価事件上告審最高裁令和4年4月19日第三小法廷判決（民集76巻4号411頁。以下「最高裁令和4年判決」ともいう。）[9]がある。

　第一審東京地裁令和元年8月27日判決（民集76巻4号421頁）[10]および控訴審東京高裁令和2年6月24日判決（民集76巻4号463頁）は，課税庁が採用した不動産鑑定士による評価額による更正処分を妥当なものとしたため，Ｘらが上告した。

(イ)　前提事実

　〔1〕　本件被相続人は，大正7年に出生した者であり，平成24年6月17日に94歳で死亡し，本件相続が開始した。

　〔2〕　本件相続に係る相続財産には，本件甲土地および本件甲建物（以下，本件甲土地と併せて「本件甲不動産」という。）ならびに本件乙土地および本件乙建物（以下，本件乙土地とあわせて「本件乙不動産」という。また，本件甲不動産と本件乙不動産をあわせて「本件各不動産」という。）が含まれていた。

　〔3〕　本件甲不動産は，本件被相続人がＭ信託銀行から6億3,000万円を借り入れて総額8億3,700万円で購入したものであった。

　なお，同銀行がその際に作成した貸出稟議書の採上理由欄には「相続対策のため不動産購入を計画。購入資金につき，借入の依頼があったもの。」との記載がある。

　〔4〕　本件乙不動産は，本件被相続人が，訴外Ｑから4,700万円を借り入れ，Ｍ信託銀行から3億7,800万円を借り入れて総額5億5,000万円で購入したものであった。

　なお，同銀行がその際に作成した貸出稟議書の採上理由欄には「相続対策の

334　　第3章　課税要件事実論—各論

ため本年1月に630百万円の富裕層ローンを実行し不動産購入。前回と同じく相続税対策を目的として第2期の収益物件購入を計画。購入資金につき，借入の依頼があったもの。」との記載がある。

〔5〕　Xらは，平成25年3月11日，処分行政庁に対して本件相続税の申告（以下「本件申告」という。）をした。

Xらは，本件申告において，財産評価基本通達の定める評価方法により，本件甲土地の価額を1億1,367万6,734円，本件甲建物の価額を8,636万4,740円（上記の本件甲土地の価額との合計額は2億4万1,474円），本件乙土地の価額を5,816万2,741円，本件乙建物の価額を7,550万2,026（本件乙土地の価額との合計額は1億3,366万4,767円）と評価した。

〔6〕　処分行政庁は，本件各不動産の価額は財産評価基本通達の定めによって評価することが著しく不適当と認められるとして本件各更正処分等をした。

本件各更正処分等において，本件甲不動産の価額は，不動産鑑定評価による鑑定評価額7億5,400万円（以下「本件甲不動産鑑定評価額」という。内訳は，本件甲土地が3億800万円，本件甲建物が4億4,600万円である。）であり，本件乙不動産の価額は，鑑定評価額5億1,900万円（以下「本件乙不動産鑑定評価額」といい，本件甲不動産鑑定評価額とあわせて「本件各鑑定評価額」という。）であった。本件各鑑定評価額は，いずれも不動産鑑定士により，不動産鑑定評価基準に基づき本件相続開始時における本件各不動産の正常価格として算定されたものである。

イ　最高裁令和4年4月19日第三小法廷判決の要旨

【第1ポイント】
「相続税法22条は，相続等により取得した財産の価額を当該財産の取得の時における時価によるとするが，ここにいう時価とは当該財産の客観的な交換価値をいうものと解される。そして，評価通達は，上記の意味における時価の評価方法を定めたものであるが，上級行政機関が下級行政機関の職務権限の行使を指揮するために発した通達にすぎず，これが国民に対し直接の法的効力を有するというべき根拠は見当たらない。そうすると，相続税の課税価格に算入される財産の価額は，当該財産の取得の時における客観的な交換価値としての時価を上回らない限り，同条に違反するものではなく，このことは，当該価額が評価通達の定める方法により評価した価額を上回るか否かによって左右されないというべきである。

そうであるところ，本件各更正処分に係る課税価格に算入された本件各鑑定評価額は，本件各不動産の客観的な交換価値としての時価であると認められるというのであるから，これが本件各通達評価額を上回るからといって，相続税法22条に違反するものということはできない。」

19 相続税法—相続税法22条の「時価」 335

【第2ポイント】

　「他方，租税法上の一般原則としての平等原則は，租税法の適用に関し，同様の状況にあるものは同様に取り扱われることを要求するものと解される。そして，評価通達は相続財産の価額の評価の一般的な方法を定めたものであり，課税庁がこれに従って画一的に評価を行っていることは公知の事実であるから，課税庁が，特定の者の相続財産の価額についてのみ評価通達の定める方法により評価した価額を上回る価額によるものとすることは，たとえ当該価額が客観的な交換価値としての時価を上回らないとしても，合理的な理由がない限り，上記の平等原則に違反するものとして違法というべきである。もっとも，上記に述べたところに照らせば，相続税の課税価格に算入される財産の価額について，評価通達の定める方法による画一的な評価を行うことが実質的な租税負担の公平に反するというべき事情がある場合には，合理的な理由があると認められるから，当該財産の価額を評価通達の定める方法により評価した価額を上回る価額によるものとすることが上記の平等原則に違反するものではないと解するのが相当である。」

【当てはめ】

　「これを本件各不動産についてみると，本件各通達評価額と本件各鑑定評価額との間には大きなかい離があるということができるものの，このことをもって上記事情があるということはできない。

　もっとも，本件購入・借入れが行われなければ本件相続に係る課税価格の合計額は6億円を超えるものであったにもかかわらず，これが行われたことにより，本件各不動産の価額を評価通達の定める方法により評価すると，課税価格の合計額は2826万1000円にとどまり，基礎控除の結果，相続税の総額が0円になるというのであるから，Ｘらの相続税の負担は著しく軽減されることになるというべきである。そして，被相続人及びＸらは，本件購入・借入れが近い将来発生することが予想される被相続人からの相続においてＸらの相続税の負担を減じ又は免れさせるものであることを知り，かつ，これを期待して，あえて本件購入・借入れを企画して実行したというのであるから，租税負担の軽減をも意図してこれを行ったものといえる。そうすると，本件各不動産の価額について評価通達の定める方法による画一的な評価を行うことは，本件購入・借入れのような行為をせず，又はすることのできない他の納税者とＸらとの間に看過し難い不均衡を生じさせ，実質的な租税負担の公平に反するというべきであるから，上記事情があるものということができる。

　…したがって，本件各不動産の価額を評価通達の定める方法により評価した価額を上回る価額によるものとすることが上記の平等原則に違反するということはできない。

　…以上によれば，本件各更正処分において，Ｓ税務署長が本件相続に係る相続税の課税価格に算入される本件各不動産の価額を本件各鑑定評価額に基づき評価したことは，適法というべきである。所論の点に関する原審の判断は，以上の趣旨をいうものとして是認することができる。論旨は採用することができない。

　よって，裁判官全員一致の意見で，主文のとおり判決する。」

336　第3章　課税要件事実論─各論

ウ　最高裁令和4年判決のロジック

㋐　第1ポイント

　最高裁令和4年判決は，「相続税の課税価格に算入される財産の価額は，当該財産の取得の時における客観的な交換価値としての時価を上回らない限り，同条に違反するものではなく，このことは，当該価額が評価通達の定める方法により評価した価額を上回るか否かによって左右されないというべきである。」と論ずる。この説示部分は，ここにいう「相続税の課税価格に算入される財産の価額」を「更正処分が認定した財産の価額」と置き換えて読むと分かりやすい。

　すなわち，租税法律主義の下，相続税法22条にいう「時価」を逸脱した課税がなされたか否かが最も重要な問題になるところ，時価たる客観的交換価値を課税処分が超えているか否かが違法性判断の基礎となるべきであって，通達による評価額を課税処分が超えているか否かが違法性判断の基礎となるものではないとするのである。

図表4

※以下の比較によって適法性が判断されるべき

❶更正処分が認定した財産の価額

❷客観的交換価値としての時価

ここの比較をみて，❶が❷より小さいのであれば，相続税法22条に違反しない。

※以下の比較によって適法性が判断されるべきものではない

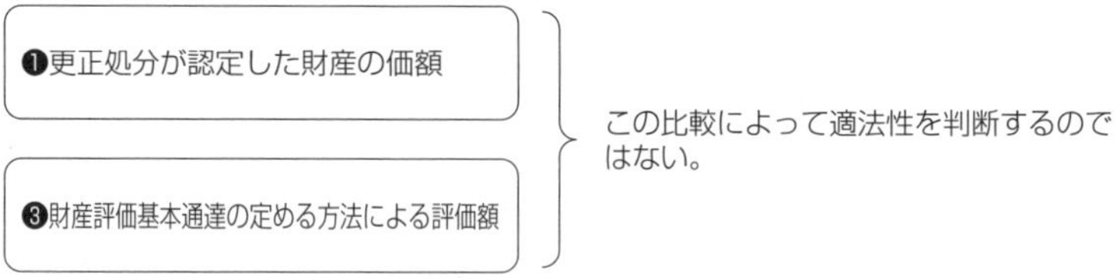

❶更正処分が認定した財産の価額

❸財産評価基本通達の定める方法による評価額

この比較によって適法性を判断するのではない。

　これは当然のことを論じたまでにすぎないというべきであろう。

　この点からすれば，最高裁令和4年判決は，❷客観的交換価値としての時価と❸評価通達の定める方法による評価額との比較を念頭に置いていないというべきであろう。

そして，次に，「本件各更正処分に係る課税価格に算入された本件各鑑定評価額は，本件各不動産の客観的な交換価値としての時価であると認められるというのである」として，更正処分が認定した財産の価額は相続税法22条に違反するものではないとしている。

図表 5

なお，「本件各更正処分に係る課税価格に算入された本件各鑑定評価額は，本件各不動産の客観的な交換価値としての時価であると認められるというのであるから」という点は，事実認定審である原審判断において認定された事実を基礎とした判断を下す法律審たる最高裁の態度の表われであるといえよう。

そして，本件への当てはめ（後述）において，実質的租税平等主義の毀損について，最高裁令和4年判決は，「本件各通達評価額と本件各鑑定評価額との間には大きなかい離があるということができるものの，このことをもって上記事情があるということはできない。」と説示する。

この説示によると，単に財産評価基本通達による評価額と個別評価額の間に「大きな乖離がある」というだけでは，同通達6による評価に基づく更正・決定処分はなし得ないということになろう。

(イ) 第2ポイント

第2ポイントの部分は，租税平等主義を租税法律関係における「一般原則」であると位置付けている点に特徴がある。

その上で，形式的租税平等主義が尊重されるべきではあるものの，その形式的平等主義の貫徹がかえって実質的租税平等主義を毀損するようなことがあるのであれば，その場合には必ずしも形式的租税平等主義が維持されなければならないものではないと論じている。すなわち，ここにいう実質的租税平等主義を毀損する場合とは，「評価通達の定める方法による画一的な評価を行うこと

が実質的な租税負担の公平に反するというべき事情がある場合」を指しており，そのような場合には，「合理的な理由があると認められるから，当該財産の価額を評価通達の定める方法により評価した価額を上回る価額によるものとすることが上記の平等原則〔筆者注：租税平等主義〕に違反するものではないと解するのが相当である」とするのである。

エ 「特別の事情」と「事情」

(ア) 最高裁平成22年7月16日第二小法廷判決

医療法人の出資の評価を巡って争われた事例において，最高裁平成22年7月16日第二小法廷判決（集民234号263頁[11]。以下「最高裁平成22年判決」という。）は，「評価通達…の方法によっては当該法人の出資を適切に評価することができない特別の事情の存しない限り，これによってその出資を評価することには合理性がある」とする。

このように，最高裁平成22年判決は，「特別の事情」の存する場合に財産評価基本通達による評価以外の方法による財産評価を認める姿勢を示したものといえよう。これに対し，最高裁令和4年判決は，「特別の事情」とはせずに，単に「事情」と評して説示を行っている。

ところで，下級審において「特別の事情」が論じられた際の構成としては，例えば，①評価額にみられる著しい格差，②相続税の節減目的との関係，③財産評価基本通達の想定範囲外の事情といったものが挙げられる。

図表6

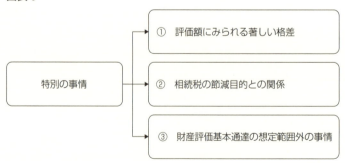

①の例としては，例えば，前述の東京高裁平成5年3月15日判決（以下「東京高裁平成5年判決」という。）が次のように説示している点が参考となろう。

> 「…納税者間の公平，納税者の便宜，徴税費用の節減という見地からすると，特別の事情がない限り右評価基本通達に定められた評価方式によるべきであると一応いうことができる。」
>
> 「一般的な経済事情，当該不動産に係る市場性に変動が生じ，短期間のうちに地価が異常なまでに高騰し，税務行政上の理由等で右変動を的確にその評価額に反映させることができず，その結果，評価基本通達による評価額と市場価格との間に著しい格差が生ずるに至ったような場合にはむしろ評価基本通達による評価額をもって法22条にいう『時価』ということができなくなるというべきである。評価基本通達6の定めも評価基本通達による評価額が市場価格と著しく相違し『時価』ということができなくなるような事態が生ずることを想定したものということができる。」

また，②の例としては，例えば，東京地裁平成5年2月16日判決（判タ845号240頁。以下「東京地裁平成5年判決」という。)[12]が次のように判示するとおりである。

> 「右通達に定められた評価方式によるべきであるとする趣旨が右のようなものであることからすれば，右の評価方式を画一的に適用するという形式的な平等を貫くことによって，富の再分配機能を通じて経済的平等を実現するという相続税の目的に反し，かえって実質的な租税負担の公平を著しく害することが明らかである等の特別の事情がある場合には，例外的に他の合理的な時価の評価方式によることが許されるものと解するのが相当である。」
>
> 「経済的合理性なくして，相続人によって相続開始直前に借り入れた資金で不動産を購入するという行為が行われた本件の場合についても，画一的に評価基本通達に基づいてその不動産の価額を評価すべきものとすると，右の購入行為をしなかった場合に比べて相続税の課税価格に著しい差を生じ，当該不動産以外に多額の財産を保有している被相続人の場合には，結果としてその他の相続財産の課税価格が大幅に圧縮されることになる。このような事態は，他に多額の財産を保有していないため，右のような方法によって相続税負担の軽減という効果を享受する余地のない他の納税者との間での実質的な租税負担の公平を著しく害し，富の再分配機能を通じて経済的平等を実現するという相続税の目的に反するものである。したがって，本件評価係争物件については，その相続財産としての評価を評価基本通達によらないことが相当と認められる前記の特別の事情がある場合に該当するものとして，右相続不動産を右の市場における客観的な交換価格によって評価することが許されるものと解するのが相当である。」

さらに，③の例としては，大阪地裁平成29年6月15日判決（税資267号順号13024。以下「大阪地裁平成29年判決」という。) が次のように説示するところに見て取ることができる。

340　第3章　課税要件事実論—各論

> 「丙土地は，戸建住宅に囲まれた住宅街の中にある相当不整形な土地であり，建築基準法上の道路と接道していないことが認められ」るところ，「被告は，評価通達に従い，丙土地が市街化区域内にあることから宅地に比準して評価することとした上で，不整形地補正及び無道路地補正をしており，上記の各事情は，これらの補正によって適正に評価されていると主張する。このうち，丙土地が不整形地であることは，不整形地補正（評価通達20）によって適切に反映されていると認められるが，丙土地が無道路地であることは，無道路地補正（評価通達20—2）によっても十分に考慮できていないといわざるを得ない。」

　そして，最高裁令和4年判決の判示は，上記①の要素と，②の要素を包蔵しているとみることができるように思われるのである。もっとも，②の「相続税の節減目的との関係」に着目をして節減目的で財産評価基本通達が利用されているような場合に，同通達の評価方法以外の評価方法に従うという考え方は，③の「財産評価基本通達の想定範囲外の事情」がある場合に通達以外の評価方法に従うという考え方に包摂されるとみることもできなくはない。そうであるとすると，②の相続税の節税目的のために財産評価基本通達を利用した事例は，③の延長線上に位置付けることが可能となり，そのように解すれば，同通達1(3)の「財産の価額に影響を及ぼすべきすべての事情」に租税負担の回避などを位置付けることになるのであろう。

(イ)　評価額の乖離と「幅」観念

　ところで，大阪地裁平成29年判決が，「評価額が不動産鑑定評価額を上回るという事実は，上記特別の事情を推認させる一つの事情となり得るが，これをもって，直ちに…特別の事情があるということはできない。」としている点などは，最高裁令和4年判決の説示する点と類似しているといえよう。すなわち，最高裁令和4年判決は，「相続税の課税価格に算入される財産の価額について，評価通達の定める方法による画一的な評価を行うことが実質的な租税負担の公平に反するというべき事情がある場合には，合理的な理由があると認められる」とした上で，「本件各通達評価額と本件各鑑定評価額との間には大きなかい離があるということができるものの，このことをもって上記事情があるということはできない。」としている。算定される時価の評価額と大きな乖離があるというだけでは，個別評価が認められるための「事情」があるとはいえないとしているのである。

　なぜ，財産評価基本通達による評価額と実勢価額との開差が大きいことをも

って「特別の事情」がある場合と位置付けることができないのであろうか。財産評価基本通達によって評価される額が実勢価額と開差があったとしても、そもそも社会通念上そこには自ずと乖離があると理解されているからであろうか。別言すれば、相続税法22条にいう「時価」には一定の幅があることが当然の前提として理解されているからなのであろうか。

なるほど、相続税法22条にいう「時価」につき一定の幅がある旨判示する裁判例は少なくない。すると、「時価の幅」を前提とすれば、評価額の乖離のみを根拠として「特別の事情」を肯定することにはならないことになりそうである。

しかしながら、「時価」が幅のある概念であるからといって、相続税法22条にいう「時価」はあくまでも財産評価額の問題であることには変わりがないのではなかろうか。評価額の乖離の程度が、指摘されるような「時価の幅」を大きく超えるようなケースにおいてもなお、個別評価がなされることが許容され得ないのであろうか。

図表7

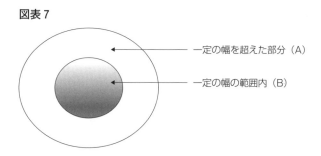

一定の幅を超えた部分（A）
一定の幅の範囲内（B）

オ　考　察

(ア)　通達の拘束力

通達の拘束力を考える際、一般的にその外部拘束力と内部拘束力に分けて論じられることが多い。通達には外部性は認められるものの、そこには直接的な外部拘束力は認められないと解されている。他方、内部拘束力についてはどうであろうか。国家公務員法や地方公務員法にいういわゆる服務命令義務違反規定などの法的拘束として内部拘束力が認められるというべきであろう（国家公務員法98，地方公務員法32）。もっとも、かかる内部拘束力に違反した行政処分が展開されたとしても、すなわち、これらの公務員法に反する処理であるからといって、行政処分自体が直ちに違法になるということにはならないであろう。

そこで，最高裁令和4年判決が説示した平等原則について考えると，行政職員は平等原則に服することになるため，同原則に反する行政処分は内部的な拘束を受けることになろう。ただし，通達の適用に当たって平等原則に反するということが，納税者や裁判所を拘束するものでないことはいうまでもない。ここで，公務員法に違反することに伴う内部拘束力と異なる点として着目すべきは，平等原則違反の場合には通達に従わない行政処分が違法となり得るという点である。

すると，次のような素朴な疑問が惹起され得る。

図表7における（B）の部分は，納税者が通達に従って申告に用いた評価額と実勢価額が合致しているか，あるいは完全には合致していないとしても，「時価」概念が本来的に有する「幅」の範囲内であることから，基本的には個別評価によるべきではなく，通達が示す評価方法に従うべきとされる範囲内を意味している。これに対して，（A）の部分は，通達による評価額が著しく実勢価額と異なるものであって，旧来の判決からいえば「特別の事情」の認められる領域であるから，個別評価による評価が妥当であると判示されてきた領域を意味している。

ここで，（A）の部分については，本来の時価を意味する実勢価額たる客観的交換価値が採用されるべきである。そうでないとすると，相続税法22条に反する処理を認めることになるため，租税法律主義の見地からも個別評価が支持されよう。これは合法性の原則の要請するところであるはずである。ところが，かかる（A）の部分の評価問題が大きな疑問を浮上させるのである。

すなわち，（A）については，本来，相続税法22条に従って時価評価たる個別

図表8

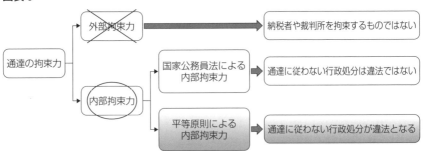

評価によるべきとされているとしても、それが平等原則違反であるとすれば、かかる原則の内部拘束力が働き、行政処分が違法性に振れることになるということをも意味するのではなかろうか。すなわち、相続税法が採用する時価評価思想の下、時価による個別評価が租税法律主義に適合しているとしても、そのことが平等原則の租税法における現われたる租税平等主義に反するとなれば、租税法律主義の要請する合法性の原則との相克問題が生じ得るのである。

図表9

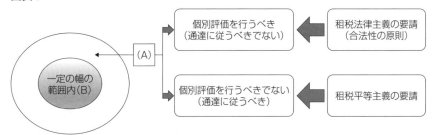

これは、時価の開差に関する「額」の問題を議論してきたこれまでのスタンダードに加え、租税平等主義の議論を持ち込んだことによるダブルスタンダードに基因する問題でもある。最高裁令和4年判決はこの点において興味深い事例であるといえるのではなかろうか。

では、租税法律主義と租税平等主義はいずれが優先されるべきなのであろうか。

(イ) 最高裁令和4年判決の論じる「実質的租税負担の公平」の場面

前述の東京地裁平成5年判決は、次のように判示する。

> 「特定の納税者あるいは特定の相続財産についてのみ右通達に定める方式以外の方法によって評価を行うことは、たとえその方法による評価額がそれ自体としては相続税法22条の定める時価として許容できる範囲内のものであったとしても、納税者間の実質負担の公平を欠くことになり、原則として許されないものというべきである。」
> 「しかし、…評価方式を画一的に適用するという形式的な平等を貫くことによって、富の再分配機能を通じて経済的平等を実現するという相続税の目的に反し、かえって実質的な租税負担の公平を著しく害することが明らかである等の特別の事情がある場合には、例外的に他の合理的な時価の評価方式によることが許されるものと解するのが相当である。このことは、右通達において『通達の定めによって評価することが著しく不適当と認められる財産の価額は、国税庁長官の指示を受けて評価する。』と定められていることからも明らかなものというべきである。」

344 第3章 課税要件事実論―各論

　最高裁令和4年判決は財産評価基本通達の表現ぶりや通達内容については触れていないものの，上記判示は最高裁令和4年判決の説示に近接したものといえはしまいか。しかしながら，上記東京地裁平成5年判決は，「たとえその方法による評価額がそれ自体としては相続税法22条の定める時価として許容できる範囲内のものであったとしても」としており，財産評価基本通達が「幅」の範囲内であることを前提としているのである（図表7の（B）の領域）。

　上記東京地裁平成5年判決も最高裁令和4年判決も同様に，実質的租税平等主義に反しない限り，租税法律主義よりも租税平等主義が優先するかのような説示をしているとみることができる。しかし，いずれの判決においても，財産評価基本通達が「幅」の範囲内の問題であるという暗黙の前提の下で議論が展開されているのではなかろうか。すなわち，図表7にいう（A）の部分〔通達による評価額が著しく実勢価額と異なるものであって，旧来の判決からいえば「特別の事情」の認められる領域〕における租税平等主義と租税法律主義の相克の問題が取り上げられているわけではないように思われるのである。

　したがって，（A）の部分について，租税法律主義と租税平等主義の相克が正面から論じられているわけではなく，この点は論点として残されており，最高裁令和4年判決をもってしても，いまだに整理されていないというべきであろう。

　仮に，（A）の部分を論じるとした場合には，私見としては，租税法律主義を打ち破る理論的道具はないのではないかと考える。実質的租税平等主義をもってしてもである。租税法の生殺与奪の権を握るほどの根本原理こそが租税法律主義ではないかと考えるからである。

¶レベルアップ3！　財産評価基本通達6の適用が否認された事例

　上記のタワマン評価事件最高裁令和4年4月19日第三小法廷判決の後，財産評価基本通達6の適用を巡る事案においてどのような判断が下されるか注目を集めていたところ，東京地裁令和6年1月18日判決（判例集未登載）は次のような判断を示しているので，確認しておこう。

　「ア　最高裁令和4年判決〔筆者注：上記のいわゆるタワマン評価事件最高裁判決〕は，実質的には，特段の事情がある場合に評価通達6を適用することを肯定しているものと解されるが，当該特段の事情としてどのようなものが挙げられるかについて―

般論として明示はしておらず，被相続人側の租税回避目的による租税回避行為がない場合について直接判示したものとは解されない。もっとも，最高裁令和4年判決が租税回避行為をしなかった他の納税者との不均衡，租税負担の公平に言及している点に鑑みると，租税回避行為をしたことによって納税者が不当ないし不公平な利得を得ている点を問題にしていることがうかがわれる。

イ　本件においては，最高裁令和4年判決の事案とは異なり，本件被相続人及び本件相続人らが相続税その他の租税回避の目的でO社株式の売却を行った（又は行おうとした）とは認められない。そうすると，本件各更正処分等の適否は，本件相続開始日以前に本件通達評価額を大きく超える金額での売却予定があったO社株式について，実際に本件相続開始日直後に当該金額で予定どおりの売却ができ，その代金を本件相続人らが得たことをもって，この事実を評価しなければ，『（取引相場のない大会社の株式を相続しながら評価通達の定める方法による評価額を大幅に超えるこのような売却による利益を得ることができなかった）他の納税者と原告らとの間に看過し難い不均衡を生じさせ，実質的な租税負担の公平に反する』（最高裁令和4年判決）といえるかどうかによって判断すべきこととなる。」

「エ　本件では，本件相続開始日直後に本件売却価格という評価通達の定める方法による評価額を大幅に上回る高値で本件相続株式を売却することができたという事情に加え，本件相続開始日以前から本件被相続人がO社株式の売却の交渉をしており，かつ，その生前の段階でV社との間でその譲渡予定価格まで基本合意していたという事情が認められる。しかしながら，この場合であっても，最終的に本件相続株式の売却が成立し，本件相続人らが本件通達評価額を大幅に上回る代金を現に取得したという事情がなければ，およそ本件算定報告額をもって課税しなければ他の納税者との間に看過し難い不均衡が生ずるということはできない。」

「本件のように，相続財産となるべき株式売却に向けた交渉が相続開始前から進行しており，相続開始後に実際に相続開始前に合意されていた価格で売却することができ，かつ，当該価格が評価通達の定める方法による評価額を著しく超えていたという事実をもってしても，直ちに納税者側に不当ないし不公平な利得があるという評価をすることは相当ではなく，評価通達6を納税者の不利に適用するに当たっては，…不均衡や不利益等を納税者に甘受させるに足りる程度の一定の納税者側の事情が必要と解すべきである。例えば，被相続人の生前に実質的に売却の合意が整っており，かつ，売却手続を完了することができたにもかかわらず，相続税の負担を回避する目的をもって，他に合理的な理由もなく，殊更売却手続を相続開始後まで遅らせたり，売却時期を被相続人の死後に設定しておいたりしたなどの場合であるとか，最高裁令和4年判決の事例のように，納税者側が，それがなかった場合と比較して相続税額が相当程度軽減される効果を持つ多額の借入れやそれによる不動産等の購入といった積極的な行為を相続開始前にしていたという程度の事情が特段の事情として必要なものと解される。」

　上記東京地裁判決は，最高裁令和4年判決の射程範囲を考える上で参考となる事例であると思われる。最高裁令和4年判決は，通達評価額と鑑定評価額との間に存在する乖離があったとしても，かかる乖離を理由として平等原則を破

346 第3章 課税要件事実論—各論

ることはできず，かような主張は失当である旨が判示されたところ，いかなる
場合に，平等原則を破るような「特別の事情」があると考えるべきかについて
は，更なる事例の蓄積が待たれるところである。

〔注〕
(1) 判例評釈として，中川一郎・シュト109号1頁（1971），川井重男・税弘20巻4号89頁
　（1972）など参照。
(2) 判例評釈として，熊本敬一郎・シュト143号13頁（1974）参照。
(3) 判例評釈として，三木義一・税通65巻10号17頁（2010），木村弘之亮・税弘59巻3号
　94頁（2011），同・ジュリ1415号100頁（2011），山田二郎・自研87巻8号150頁（2011），
　中里実・ジュリ1410号19頁（2010），渕圭吾・ジュリ1410号12頁（2010），大石篤史・ジ
　ュリ1410号4頁（2010），佐藤英明・金法1908号18頁（2010），浅妻章如・法教362号45頁
　（2010），同・金法1929号71頁（2011），神山弘行・租税百選〔7〕68頁（2021），品川芳
　宣・税研154号84頁（2010），渡辺充・判時2096号169頁（2011），増田英敏・税弘59巻8
　号152頁（2011），大淵博義・税理53巻14号94頁（2010），末永英男・税弘58巻11号120頁
　（2010），池本征男・国税速報6130号6頁（2010），志賀櫻・税通65巻11号31頁（2010），
　橋本守次・税弘58巻14号154頁（2010），澤田久文・ひろば63巻11号43頁（2010），酒井貴
　子・民商144巻1号105頁（2011），辻美枝・税大ジャーナル13号65頁（2010），酒井克
　彦・税務事例42巻9号1頁，10号9頁，11号1頁，12号8頁（2010），酒井・ブラッシュ
　アップ98頁など参照。
(4) 判例評釈として，岸田貞夫・ジュリ1059号212頁（1995），同・租税23号186頁（1995），
　太田幸夫・平成6年度主要民事判例解説〔判タ臨増〕298頁（1995），谷口勢津夫・租税
　23号184頁（1995），占部裕典・租税百選〔4〕156頁（2005），佐藤孝一・税通48巻12号
　221頁（1993）など参照。
(5) 判例評釈として，石倉文雄・ジュリ929号114頁（1989），増井良啓・自研65巻5号127
　頁（1989），森本翅充・税弘36巻4号159頁（1988）など参照。
(6) 判例評釈として，清永敬次・民商52巻5号112頁（1965），田中真次・判評77号17頁
　（1965），渡部吉隆・曹時16巻12号161頁（1964），杉村章三郎・シュト39号1頁（1965），
　雄川一郎・租税百選158頁（1968），可部恒雄・租税百選〔2〕150頁（1983），藤浦照生・
　租税百選〔3〕150頁（1992），伊藤剛志・租税百選〔4〕194頁（2005），荒秀・ジュリ248
　号242頁（1965），碓井光明・行政百選Ⅱ〔5〕262頁（2006），玉國文敏・戦後重要租税判
　例の再検証43頁（財経詳報社2003），酒井克彦・租税百選〔7〕204頁（2021）など参照。
(7) 判例評釈として，岩崎政明・税務事例22巻4号9頁（1990）など参照。
(8) 判例評釈として，品川芳宣・税研93号102頁（2000），同＝東郷毅志・TKC税研情報
　9巻6号24頁（2000），一杉直・税務事例32巻12号1頁（2000），伊川正樹・名城51巻3
　号117頁（2002）など参照。
(9) 判例評釈として，山本拓・曹時75巻12号178頁（2023），同・ジュリ1581号92頁（2023），
　奥谷健・判評775号132頁（2023），渋谷雅弘・ジュリ1575号101頁（2022），浅妻章如・民
　商159巻2号2頁（2023），伊川正樹・速報判例解説31号〔法セ増刊〕261頁（2022），泉
　絢也・市民と法136号14頁（2022），木山泰嗣・青山ビジネスロー・レビュー12巻1号37

頁（2022），米田雅宏・法教503号126頁（2022），増田英敏・税弘70巻8号85頁（2022），望月文夫・税理65巻11号152頁（2022），浅井弘明・銀法66巻9号66頁（2022），長島弘・税務事例54巻6号36頁（2022），谷口智紀・税理65巻7号144頁（2022），馬場陽・税務事例54巻8号38頁（2022），谷口勢津夫・Profession Journal 476号（2022），酒井克彦・税理66巻1号191頁，3号175頁，4号148頁（2023）など参照。

(10) 判例評釈として，廣木準一・ジュリ1555号139頁（2021），小山浩＝加藤裕之＝鷹尾征哉・会計・監査ジャーナル32巻6号84頁（2020），長島弘・税務事例53巻12号48頁（2021），西中間浩・税通75巻4号181頁（2020）など参照。

(11) 判例評釈として，品川芳宣・税研155号76頁（2011），髙橋祐介・民商144巻2号95頁（2011），宮本十至子・速報判例解説10号〔法セ増刊〕203頁（2012），橋本守次・税務事例42巻12号1頁（2010），平川雄士・ジュリ1413号58頁（2010），長島弘・租税訴訟5号106頁（2012）など参照。

(12) 判例評釈として，品川芳宣・税研52号37頁（1993），太田・前掲注(4)298頁，山本晋・変革期における税法の諸問題276頁（2004）など参照。

348 第3章 課税要件事実論—各論

20 消費税法—消費税法30条7項の「保存」

(1) 事案の紹介

　本件は，建設業を営むX（原告）に対する平成○年分および平成○年分の消費税に関して，消費税法（平成6年法律第109号による改正前のもの。以下「法」という。）30条《仕入れに係る消費税額の控除》7項に規定する「帳簿又は請求書等の保存がない」として，税務署長Y（被告）がXの仕入れに係る消費税額を控除しないで更正および過少申告加算税の賦課決定をしたことから，Xがその各取消しを求めた事案である。

　これは，東京地裁平成11年3月30日判決（訟月46巻2号899頁）[1]を素材として加工した事案である。

(2) 課税に至るまでの経緯

　〔1〕　Xの消費税の確定申告書の内容について，N税務署所部係官であったA調査官は，Xと打ち合わせた平成○年○月○日に，X宅に臨場したところ，T労働組合の書記局員であったBがXの依頼により同席していたため，Bの退席を求めたが，XもBも立会いの正当性を主張してこれに応ぜず，A調査官は当日のX宅での調査をしないこととし，税務署において検討するために帳簿書類の借受けを求めたところ，Xは，「今日は駄目だが後日貸す。」と応答したため，A調査官はX方を辞去した。

　〔2〕　A調査官は，同年○月○日X宅に再度臨場したが，前回と同様，Bが同席し，退席しようとしなかったため，税務署において検討するために帳簿書類の借受けを求めたところ，Xは，税理士に関与を委任したので，Xの判断のみでは応じられない旨の応答をしたため，A調査官はX方を辞去した。

　〔3〕　同年○月○日，税理士CからXの平成○年分ないし平成○年分の所得税調査への関与を受任した旨の委任状がA調査官宛てに郵送され，A調査官は，C税理士との打合せどおり，同月○日，X宅に臨場したが，C税理士およびBが同席していたため，調査に当たりBの退席を求めたところ，C税理士が，Bは自身の補助者であるから同席が認められるべきであると応答して，求めに応

じなかったため，A調査官が税務署において検討するために帳簿書類の借受けを求めたところ，Xは，その判断をC税理士に任せ，C税理士は帳簿書類の貸出しを拒絶したため，A調査官はX方を辞去した。

〔4〕　A調査官は，C税理士と打合せの上，同年○月○日，X宅に臨場したところ，その後に到着したC税理士およびBは，従前と同様の理由から，Bの退席を拒否し，Bの立会いの下での調査を求め，冊子に編綴された数冊の書類を机上に提出した。しかし，A調査官は，書類をパラパラとめくっただけで，Bの立会いの下での調査をしないとの立場から，その書類に基づく調査をすることなく，X方を辞去した。

〔5〕　A調査官は，翌平成○年○月○日，Xに電話し，反面調査等により把握した結果によれば，確定申告に係る売上げに計上漏れがあること，帳簿書類の提示がないため仕入税額控除の適用がないことを連絡し，C税理士にも，同様の説明をし，Xの平成○年分および平成○年分の消費税に関する各更正および各過少申告加算税賦課決定をした。

ア　請求の趣旨

①　YがXに対し，平成○年○月○日付けでなした同人の同○年分および同○年分の消費税の更正処分を取り消す。

②　訴訟費用はYの負担とする。

との判決を求める。

イ　請求原因

①　Yは，平成○年○月○日付けで，Xの同○年分および同○年分の消費税について，仕入税額控除を否認し，それぞれ次の金額とする決定処分をしたこと。

（i）　平成○年分…課税売上金額を○円，納付すべき税額を○円

（ii）　平成○年分…課税売上金額を○円，納付すべき税額を○円

②　Xは，請求原因①の更正処分を不服として，平成○年○月○日，本件各処分につき，Yに対して異議を申し立てたが，同年○年○月○日付けで棄却されたため，同年○月○日，国税不服審判所長に対し審査請求をしたところ，これも同年○月○日付けで棄却されたこと。

③　請求原因①の更正処分は，消費税法30条7項にいう「帳簿又は請求書等」の保存があるにもかかわらず，保存がないものと認定して，同条1項

350 第3章 課税要件事実論—各論

にいう仕入税額控除を否認した点に違法があること。

ウ 抗 弁

① Xは，消費税法30条7項にいう「帳簿又は請求書等の保存がない」に該当するため，同条1項にいう仕入税額控除の適用はないこと。

② Xの平成○年分の給与所得金額は○円，同○年分の給与所得金額は○円，同○年分の給与所得金額は○円であること。

③ Xの平成○年分の所得控除の合計額は○円，同○年分の所得控除の金額は○円，同○年分の所得控除の金額は○円であること。

⑶ 判決の要旨

東京地裁平成11年3月30日判決は，以下のように判示する。

「一　仕入税額控除の趣旨及び法定帳簿等の保存の意義について

1　消費税は，法6条により非課税とされるものを除き，国内において事業者が行った資産の譲渡等（事業として対価を得て行われる資産の譲渡及び貸付け並びに役務の提供をいう。法2条1項8号）に対して，広く課税される（法4条1項）ことから，取引の各段階で課税されて税負担が累積することを防止するため，納税義務を負担する事業者が納付すべき消費税額から前段階の取引に係る消費税額を控除することとしたのが仕入税額控除の制度である。

そして，仕入税額控除の制度を適正に運用するためには，大量反復性を有する消費税の申告及びこれに基づく税額確定手続において，迅速かつ正確に，課税仕入れの存否を確認し，課税仕入れに係る消費税額を把握することが必要となるが，いわゆるインボイスの交換を常態としていないわが国の取引の実情の下においては，取引に係る帳簿及び請求書等をその資料とすることが合理的であると解された。そこで，法30条8項及び9項は，この趣旨に沿って法定帳簿等の記載事項を法定し，同条7項は，当該課税期間の課税仕入れに係る法定帳簿等を保存しない場合には，同条1項による仕入税額控除の規定を適用しないものとしたものであるが，この法定帳簿等の保存については，法の委任を受けた令50条1項が保存年限を税務当局において課税権限を行使することができる最長期限である7年間とし，保存場所を納税地等に限定し，その整理を要求している。このことからすれば，法及び令は，主として課税仕入れに係る消費税の調査，確認を行うための資料として法定帳簿又は法定請求書等の保存を義務付け，その保存を欠く課税仕入れに係る消費税額については，仕入税額控除の対象としないこととしたものと解される。

右に説示した法の趣旨に照らせば，法30条7項に規定する法定帳簿等とは，仕入税額控除の対象となる課税仕入れについて，その真実性を確認することができるものでなければならず，確認可能な真実を記載していない取引については法定帳簿等がないものとして仕入税額控除は否定されることになるし，また，同項に規定する保存とは，

法定帳簿等が存在し，納税者においてこれを所持しているということだけではなく，法及び令の規定する期間を通じて，定められた場所において，税務職員の質問検査権に基づく適法な調査に応じて，その内容を確認することができるように提示できる状態，態様で保存を継続していることを意味するものというべきである。

なお，この点につき，Ｘは，仕入税額控除の趣旨が一般消費税の多段階累積排除という性格そのものに根ざすことから，仕入税額控除の要件を拡張的に解釈運用することは，消費税制度そのものを否定することになるとして，『もとの状態を保って失わない』という保存本来の意義を超えて，『保存していることを明らかにすること』あるいは『提示すること』を意味するものではない旨の主張をする。しかし，インボイス方式を採用することができなかったわが国の取引の実情に照らして，課税仕入れの存否及び課税仕入れに係る消費税額を確認するために，法定帳簿等の保存が義務付けられたことはＸも前提とするところであり，課税仕入れの存否及び課税仕入れに係る消費税額を確認すべき第一次的責任が課税庁にあることも明らかであるから，Ｘの主張する多段階累積排除を適正に実現するためにも，法定帳簿等の『保存』とは，適法な調査に応じて課税仕入れの存否及び課税仕入れに係る消費税額を確認できるように提示し得る状態，態様での保存を意味するものというべきである。

2　ところで，法30条7項の文理に従えば，法定帳簿等を『保存しない場合』が同条1項に規定する仕入税額控除の消極要件とされているところ，この法定帳簿等を保存しない事実は，課税処分の段階に限られず，不服審査又は訴訟の段階においても，主張，立証することが許されるものと解される。

すなわち，訴訟法的に考察する場合には，消費税に係る更正又は決定の取消しを求める訴訟において，Ｙは，処分の適法性を基礎付ける消費税の発生根拠事実として，Ｘである事業者が当該課税期間において国内で行った課税資産の譲渡等により対価を得た事実を主張，立証すべきであり（法4条，5条，28条），これに対して，仕入税額控除を主張するＸは，仕入税額控除の積極要件として，当該課税期間中に国内で行った課税仕入れの存在及びこれに対する消費税の発生の各事実を主張，立証すべきこととなり（法30条1項），さらに，仕入税額控除の消極要件である法定帳簿等を『保存しない場合』に該当することは，Ｙにおいて主張，立証すべく，これに対して，保存できなかったことにやむを得ない事情が存する事実をＸが主張，立証すべきものと考えられるのである。

なお，租税関係法令を含め行政法規は行政手続を念頭において規定される結果，訴訟上の要件事実の分類を意識した表現が用いられていない場合もあるものと解されるが，法30条7項は，法定帳簿等を『保存しない場合』に仕入税額控除をしない旨を規定し，『保存する場合に限り』仕入税額控除をする旨を規定するものではなく，税額控除について規定する所得税法95条4項又は法人税法69条7項の『書類の添付がある場合に限り』との文言と対比しても，これを単なる表現上の差異と解することはできず，さらに，法30条7項ただし書に規定する保存することができなかったことについての『災害その他やむを得ない事情』を税務署長に対して立証したときは，同項本文に規定された仕入税額控除の消極要件の効果が覆滅され，その積極要件（法30条1項）の立証により仕入税額控除が肯定される構造となっているところ，右『やむを得ない事情』を立証すべき者は納税者とされており，この立証責任を訴訟において転換する理由もないと考えられるから，その前提となる『法定帳簿等を保存しない』事実

の立証は課税庁にあると解されるのであって，訴訟における攻撃防御方法としても，この立証責任を別異に解すべき理由はない。したがって，法定帳簿等の保存がないとの事実，すなわち，法定帳簿等が作成されてから法定の保存期間が経過するまでの間，当該帳簿等を適法な調査に応じて提示し得る状態で保存していなかったことを訴訟上の攻撃防御方法として主張することができないと解すべき理由はない。

　3　もっとも，保存の意義を既に説示したように解するときは，Ｙは，処分の適法性との関係では，法定帳簿等の保存期間のうち課税処分時までのある時点で，適法な調査に応じて提示できる状態，態様での保存がなかった事実を主張，立証すれば足りることになり，通常は，課税処分のための調査又は当該課税処分の時に法定帳簿等の提示がなかった事実を主張，立証すれば，右の意義での『保存』がなかった事実を推認することができることとなる。

　この点につき，Ｘは，処分時における保存を不服審査及び訴訟のいずれの段階においても主張，立証することができるとするが，主張，立証の対象は『保存した』事実ではなく，『保存しない』事実であり，その意義は既に説示したとおりである。また，Ｙは，保存に関する攻撃防御方法の提出を主張の後出しと捉え，保存の事実は処分時までに存することを要し，不服審査及び訴訟の段階で『保存』を主張することを不当とするが，Ｙにおいて『保存しない』事実を主張，立証すべきものである以上，保存に関するＸの立証は，処分時までの適法な調査において提示が可能な状態，態様での保存がなかった旨のＹ立証に対する反証にすぎないのである。しかも，課税庁において，確定申告書に課税仕入れとして記載された取引がその性質上課税仕入れに該当しないと判断し，法定帳簿等の確認・調査をするまでもなく仕入税額控除を否定した場合に，当該課税処分の適否をめぐる訴訟の段階において，右取引が課税仕入れに該当すると判断するに至った場合を想定してみれば，かかる場合に，課税庁において法定帳簿等の保存がないとの事実を主張，立証することを禁ずる理由もない。したがって，Ｙの主張が『保存』の事実を訴訟上の攻撃防御方法となし得ないとの趣旨であれば，これを採用することはできない。」

⑷　消費税法30条7項に係る要件事実論

　このように，本件東京地裁は，まず，「1」において，法定帳簿等がいかなる理由で保存することを義務付けられているのかという点を制度趣旨の観点から述べている。そして，その点を税務職員の質問検査と関連付けて論じているのである。すなわち，インボイス（☞インボイスとは）の交換を常態としていない我が国の取引の実情の下においては，取引に係る帳簿や請求書等をその資料とすることが合理的であると解されたなどの理由から，「法30条8項及び9項は，この趣旨に沿って法定帳簿等の記載事項を法定し，同条7項は，当該課税期間の課税仕入れに係る法定帳簿等を保存しない場合には，同条1項による仕入税額控除の規定を適用しないものとした」というのである。

20 消費税法—消費税法30条７項の「保存」 353

【改正箇所は下線部分である】
令和５年改正前消費税法30条《仕入れに係る消費税額の控除》１項
　　事業者（…）が，国内において行う課税仕入れ（…）若しくは特定課税仕入れ又は保税地域から引き取る課税貨物については，次の各号に掲げる場合の区分に応じ当該各号に定める日の属する課税期間の第45条第１項第２号に掲げる課税標準額に対する消費税額（以下この章において『課税標準額に対する消費税額』という。）から，当該課税期間中に国内において行った課税仕入れに係る消費税額（…），当該課税期間中に国内において行った特定課税仕入れに係る消費税額（…）及び当該課税期間における保税地域からの引取りに係る課税貨物（…）につき課された又は課されるべき消費税額（…）の合計額を控除する。
　一　国内において課税仕入れを行った場合　当該課税仕入れを行った日
　二　国内において特定課税仕入れを行った場合　当該特定課税仕入れを行った日
　三　保税地域から引き取る課税貨物につき第47条第１項の規定による申告書（…）又は同条第２項の規定による申告書を提出した場合　当該申告に係る課税貨物（…）を引き取った日
　四　保税地域から引き取る課税貨物につき特例申告書を提出した場合（…）　当該特例申告書を提出した日又は当該申告に係る決定（…）の通知を受けた日

令和５年改正後消費税法30条《仕入れに係る消費税額の控除》１項
　　事業者（…）が，国内において行う課税仕入れ（…）若しくは特定課税仕入れ又は保税地域から引き取る課税貨物については，次の各号に掲げる場合の区分に応じ当該各号に定める日の属する課税期間の第45条第１項第２号に掲げる消費税額（以下この章において「課税標準額に対する消費税額」という。）から，当該課税期間中に国内において行った課税仕入れに係る消費税額（当該課税仕入れに係る<u>適格請求書（第57条の４第１項に規定する適格請求書をいう。…）又は適格簡易請求書（第57条の４第２項に規定する適格簡易請求書をいう。…）の記載事項を基礎として計算した金額その他の政令で定めるところにより計算した金額をいう。以下この章において同じ。）</u>，当該課税期間中に国内において行った特定課税仕入れに係る消費税額（…）及び当該課税期間における保税地域からの引取りに係る課税貨物（…）につき課された又は課されるべき消費税額（…）の合計額を控除する。
　一　国内において課税仕入れを行った場合　当該課税仕入れを行った日
　二　国内において特定課税仕入れを行った場合　当該特定課税仕入れを行った日
　三　保税地域から引き取る課税貨物につき第47条第１項の規定による申告書（…）又は同条第２項の規定による申告書を提出した場合　当該申告に係る課税貨物（…）を引き取った日
　四　保税地域から引き取る課税貨物につき特例申告書を提出した場合（…）　当該特例申告書を提出した日又は当該申告に係る決定（…）の通知を受けた日

☞　**インボイス**とは，適用税率や税額など法定されている記載事項が記載された書類をいう。欧州においては，免税事業者と区別するため，課税事業者に固有の番号を付与してその記載も義務付けてきた。もっとも，インボイスには税額の記載が義務付けられてい

るが，その様式までは特定されていない。欧州の付加価値税制では，このインボイスの存在を前提としたインボイス制度（☞インボイス制度とは）が採用されている。

☞　**インボイス制度**とは，課税事業者が発行するインボイスに記載された税額のみを控除することができる方式をいう。なお，免税事業者はインボイスを発行できないことから，免税事業者からの仕入れについて仕入税額控除ができないことになる。令和5年10月1日より，適格請求書等保存方式が導入され，我が国においてもいわゆるインボイス制度が開始した。

✍　平成6年度税制改正により仕入税額控除制度の見直しが図られ，いわゆる帳簿方式から請求書等保存方式に変更されている。すなわち，平成6年改正前（本件事件当時）の消費税法30条7項は「帳簿又は請求書等を保存」としていたところ，同年改正により「帳簿及び請求書等（同項に規定する課税仕入れに係る支払対価の額の合計額が少額である場合その他の政令で定める場合における当該課税仕入れ等の税額については，帳簿）を保存」へと改められた。なお，令和5年改正後の消費税法では，「帳簿及び請求書等（請求書等の交付を受けることが困難である場合，特定課税仕入れに係るものである場合その他の政令で定める場合における当該課税仕入れ等の税額については，帳簿）を保存」へと改められている。

　そして，法は，要請する法定帳簿等の保存期間である7年と課税権限の行使期間である7年とを一致させ，その保存場所を納税地等に限定していることから，本件東京地裁は，「法及び令は，主として課税仕入れに係る消費税の調査，確認を行うための資料として法定帳簿又は法定請求書等の保存を義務付け」ているとするのである。

　次に，本件東京地裁は「2」において，消費税法30条7項が，法定帳簿等を「保存する場合に限り」仕入税額控除をする旨を規定しているのではないという点に着目をしている。すなわち，「保存しない場合」には仕入税額控除の適用はないという条文構成となっているのである（この点については，🔍¶レベルアップ！―359頁参照）。

　そして，同条項の「ただし書」規定が，「ただし，災害その他やむを得ない事情により，当該保存をすることができなかったことを当該事業者において証明した場合は，この限りでない。」と例外を示し，やむを得ない事情によって保存することができなかったことについては納税者に「証明」の責めを負わせていることからすれば，「保存しない場合」についての主張・立証責任は課税庁側にあると解することができるのである。

　そのことから，「保存した」事実を後に不服審査や訴訟の段階で，納税者が主張・立証することができるかについて，本件東京地裁は，「3」において判示するのである。

図表1

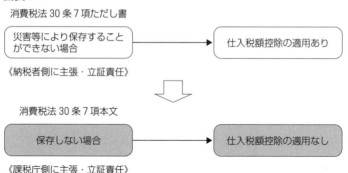

図表2

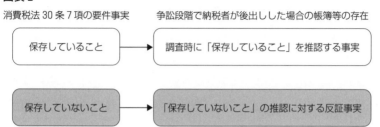

356   第3章　課税要件事実論─各論

　消費税法30条7項は,「保存する場合に限り」仕入税額控除の適用があると
して,納税者側に保存についての主張・立証責任を置くような条文の記載の仕
方をするのではなく,「保存しない場合」に仕入税額控除の適用がないとして,
「保存しない場合」の主張・立証責任を課税庁側に課しているのである。

　このように,本件東京地裁は,消費税法30条7項が「保存していないこと」
という要件の充足があった場合に仕入税額控除の適用を認めないという構成を
採用していることから,納税者の側で「保存」があったということの主張・立
証について,「保存に関するXの立証は,処分時までの適法な調査において提
示が可能な状態,態様での保存がなかった旨のY立証に対する反証にすぎな
い」と判示しているのである。

　上記にみたとおり,本件東京地裁判決は,要件事実論的な判断が示された裁
判例であるといえよう。仕入税額控除が税額控除であることからすれば,必要
経費や所得控除とは異なり,課税標準を構成する項目ではなく,あくまでも法
律要件分類説（🔍**4**─43頁以下,**11**─165頁参照）的に,これを租税債権の消滅事由
であるとみることができよう。課税庁が抗弁として主張・立証を負担するのは
課税標準たる課税売上額にとどまり,これに対応する課税仕入額を仕入税額控

> **Tax Lounge**　　**租税訴訟の事件番号**
>
> 　裁判所では事件を受け付けると,事件記録の表紙に,年度・符号・番号を表記して
> いる。この方法は明治23年から行われ,事件の種類や符号に変動はあるものの,今日
> まで行われている。このうち,番号は,事件の種類ごとに毎年1号から始まり連番に
> なっている。
>
> 　ところで,その事件番号の符号であるが,租税訴訟には,「行コ」「行ツ」「オ」とい
> うような記号が多く登場する。例えば,「最高裁平成4年10月29日第一小法廷判決
> （平成3年（行ツ）第171号更正処分等取消請求上告事件）」というように表記される
> ことが多い。
>
> 　この事件は,平成3年に受付けをした「行ツ」という種類の171番目の事件という
> 意味である。そして,この「行ツ」のように「行」が付くものは行政事件であること
> を意味している。「行ツ」は最高裁判所の上告事件,「行ウ」は地方裁判所の訴訟事件,
> 「行コ」は高等裁判所の控訴事件である。「ワ」「ネ」「オ」のようなカタカナ表記はい
> ずれも民事事件であり,「ワ」は地方裁判所の通常訴訟事件,「ネ」は高等裁判所の控
> 訴事件,「オ」は最高裁判所の上告事件である。他方,ひらがなの符号は刑事事件を表
> し,例えば,「う」「あ」は,それぞれ高等裁判所の控訴事件,最高裁判所の上告事件
> を表しているのである。

20 消費税法——消費税法30条7項の「保存」 357

除の再抗弁として租税債権の消滅を主張する納税者側に主張・立証責任がある
と考えるべきである（大江・要件事実租税法〔下〕564頁）。さらに，それに対する
再々抗弁として「保存していないこと」についての主張・立証責任は課税庁側
にあるとみることができよう。そして，「保存」があったということの主張・
立証は，「処分時までの適法な調査において提示が可能な状態，態様での保存
がなかった旨のY立証に対する反証にすぎない」としている。

✍ 本件東京地裁判決について，今村隆教授は，「要件事実論を駆使した見事な判決」で
あり，コロンブスの卵として画期的な考え方であると評される（今村・課税要件122頁）。

　本件東京地裁判決とは別の類似事案において，最高裁の判断が示されている
ので見ておこう。同じく消費税法30条7項の「帳簿等の保存」の解釈を巡る最
高裁平成16年12月20日第二小法廷判決（集民215号1005頁[2]。以下「最高裁平成16年判
決」という。）は，事業者が消費税法30条1項の適用を受けるには，同条7項に
規定する帳簿または請求書等を整理し，これらを所定の期間および場所におい
て，同法62条（現行法では削除。現在の国税通則法74条の2《当該職員の所得税等に関す
る調査に係る質問検査権》）に基づく税務職員による検査に当たって適時に提示す
ることが可能なように態勢を整えて保存することを要するのであり，事業者が
これを行っていなかったときには，同法30条7項により，事業者が災害その他
やむを得ない事情によりこれをすることができなかったことを証明しない限り
（同項ただし書），同条1項の規定は適用されないものというべきとし，上告人が，
格別の理由がないにもかかわらず，被上告人の職員に対し帳簿等の提示を拒み
続けた同事件は，同法30条7項にいう帳簿等を保存しない場合に当たるとした。
ここでは，本件東京地裁判決のような要件事実論的アプローチは採用されてい
ない。

　次に，同最高裁判決に付された滝井繁男裁判官の反対意見もみておきたい。

　　「1　私は，税務調査において，帳簿等の提示を求められた事業者が，これに応じ
難いとする理由がないとはいえ，帳簿等の提示を拒み続けたというだけの理由で，法
30条7項所定の帳簿等を保管していたのに，同項にいう『帳簿（中略）等を保存しな
い場合』に当たるとして，同条1項による課税仕入れに係る消費税額の控除を受ける
ことができないと解するのは相当でないと考える。多数意見は結局そのような解釈を
採るに帰着するものであるから，これに賛成することはできない。その理由は次のと
おりである。
　　2　(1)　我が国消費税は，税制改革法（昭和63年法律第107号）の制定を受けて消

費に広く薄く負担を課することを目的とし，事業者による商品の販売，役務の提供等の各段階において課税することとしたものであるが，同法は課税の累積を排除する方式によることを明らかにし（同法４条，10条，11条），これを受けて，法30条１項は，事業者が国内において課税仕入れを行ったときは，当該課税期間中に国内で行った課税仕入れに係る消費税額を控除することを規定しているのである。この仕入税額控除は，消費税の制度の骨格をなすものであって，消費税額を算定する上での実体上の課税要件にも匹敵する本質的な要素とみるべきものである。ただ，法は，この仕入税額控除要件の証明は一定の要件を備えた帳簿等によることとし，その保存がないときは控除をしないものとしているのである（同条７項）。しかしながら，法が仕入税額の控除にこのような限定を設けたのは，あくまで消費税を円滑かつ適正に転嫁するために（税制改革法11条１項），一定の要件を備えた帳簿等という確実な証拠を確保する必要があると判断したためであって，法30条７項の規定も，課税資産の譲渡等の対価に着実に課税が行われると同時に，課税仕入れに係る税額もまた確実に控除されるという制度の理念に即して解釈されなければならないのである。

　(2)　しかしながら，法58条，62条〔筆者注：現行国税通則法74条の２〕にかんがみれば，法30条７項は，事業者が税務職員による検査に当たって帳簿等を提示することが可能なようにこれを整理して保存しなければならないと定めていると解し得るとしても，そのことから，多数意見のように，事業者がそのように態勢を整えて保存することをしていなかった場合には，やむを得ない事情によりこれをすることができなかったことを証明した場合を除き，仕入税額の控除を認めないものと解することは，結局，事業者が検査に対して帳簿等を正当な理由なく提示しなかったことをもって，これを保存しなかったものと同視するに帰着するといわざるを得ないのであり，そのような理由により消費税額算定の重要な要素である仕入税額控除の規定を適用しないという解釈は，申告納税制度の趣旨及び仕組み，並びに法30条７項の趣旨をどのように強調しても採り得ないものと考える。

　(3)　事業者が法の要求している帳簿等を保存しているにもかかわらず，正当な理由なくその提示を拒否するということは通常あり得ることではなく，その意味で正当な理由のない帳簿等の提示の拒否は，帳簿等を保存していないことを推認させる有力な事情である。しかし，それはあくまで提示の拒否という事実からの推認にとどまるのであって，保存がないことを理由に仕入税額控除を認めないでなされた課税処分に対し，所定の帳簿等を保存していたことを主張・立証することを許さないとする法文上の根拠はない。また，大量反復性を有する消費税の申告及び課税処分において迅速かつ正確に課税仕入れの存否を確認し，課税仕入れに係る適正な消費税額を把握する必要性など制度の趣旨を強調しても，法30条７項における『保存』の規定に，現状維持のまま保管するという通常その言葉の持っている意味を超えて，税務調査における提示の求めに応ずることまで含ませなければならない根拠を見出すことはできない。そのように解することは，法解釈の限界を超えるばかりか，課税売上げへの課税の必要性を強調するあまり本来確実に控除されなければならないものまで控除しないという結果をもたらすことになる点において，制度の趣旨にも反するものといわなければならない。

　(4)　（略）

　(5)　事業者が帳簿等を保存すべきものと定められ，これに対する検査権限が法定さ

れているにもかかわらず，正当な理由なくこれに応じないという調査への非協力は，申告内容の確認の妨げになり，適正な税収確保の障害にもなることは容易に想像し得るところであるが，法は，提示を拒否する行為については罰則を用意しているのであって（法68条〔筆者注：現行国税通則法127条〕），制度の趣旨を強調し，調査への協力が円滑適正な徴税確保のために必要であることから，税額の計算に係る実体的な規定をその本来の意味を超えて広げて解することは，租税法律主義の見地から慎重でなければならないものである。

3　以上のような理由で，私は法30条7項についての多数意見には賛成することができないのである。

同項につき上述したところと異なる解釈を採った原判決には，判決に影響を及ぼすことが明らかな法令の違反がある。そして，同項にいう帳簿等の『保存』の有無につき更に審理を尽くさせる必要があるから，本件は原審に差し戻すべきものであると考える。」

このように滝井裁判官は，正当な理由なく帳簿等の提示を拒否するということが，帳簿等を保存していないことを推認させる有力な「事情」（🔍**2**—24頁参照）であるとした上で，それはあくまで提示の拒否という不要証事実（🔍**2**—23頁参照）からの推認にとどまるとする。そして，訴訟の段階における帳簿等を保存していたことの主張・立証は許されるとして，帳簿等の後出し（☞後出しとは）は認められるべきであるというのである。

　☞　**後出し**とは，帳簿等の存在について，調査等の段階では提示等しないでその存在を明らかにせず，訴訟の段階で提示等することをいう。

¶レベルアップ！　消費税法30条7項は仕入税額控除の適用要件の規定か

そもそも，消費税法30条7項は仕入税額控除の適用要件を定めた規定なのであろうか。

私見としては，消費税法30条7項は仕入税額控除の適用要件ではなく，仕入税額控除の否認要件の規定ではないかと考える。なぜなら，消費税法30条7項は帳簿等の保存がある場合に仕入税額控除を適用するという規定ではなく，帳簿等の保存がない場合に仕入税額控除の適用がないとする規定であるからである。

すなわち，同条の法律効果は「仕入税額控除の適用がない」というものであって，かかる効果の発生は，帳簿等の保存がない場合と規定されているからである。

ここで，消費税法30条7項を再掲しよう。

> 消費税法30条《仕入れに係る消費税額の控除》7項
>   第1項の規定は，事業者が当該課税期間の課税仕入れ等の税額の控除に係る帳簿<u>及び請求書等</u>（請求書等の交付を受けることが困難である場合，特定課税仕入れに係るものである場合その他の政令で定める場合における当該課税仕入れ等の税額については，帳簿）を保存しない場合には，当該保存がない課税仕入れ，特定課税仕入れ又は課税貨物に係る課税仕入れ等の税額については，適用しない。

この規定を文理に素直に従って図解すれば次のようになる。

上記の点は，本件東京地裁判決からも判然とする。すなわち，本件東京地裁は，次のように説示する（再掲）。

> 「租税関係法令を含め行政法規は行政手続を念頭において規定される結果，訴訟上の要件事実の分類を意識した表現が用いられていない場合もあるものと解されるが，<u>法30条7項は，法定帳簿等を『保存しない場合』に仕入税額控除をしない旨を規定し，『保存する場合に限り』仕入税額控除をする旨を規定するものではなく</u>，税額控除について規定する所得税法95条4項又は法人税法69条7項の『書類の添付がある場合に限り』との文言と対比しても，これを単なる表現上の差異と解することはできず，さらに，法30条7項ただし書に規定する保存することができなかったことについての『災害その他やむを得ない事情』を税務署長に対して立証したときは，同項本文に規定された仕入税額控除の消極要件の効果が覆滅され，その積極要件（法30条1項）の立証により仕入税額控除が肯定される構造となっているところ，右『やむを得ない事情』を立証すべき者は納税者とされており，この立証責任を訴訟において転換する理由もないと考えられるから，その前提となる『法定帳簿等を保存しない』事実の立証は課税庁にあると解されるのであって，訴訟における攻撃防御方法としても，この立証責任を別異に解すべき理由はない。」

ところで，しばしば，消費税法は仕入税額控除を権利として規定していないと論じられることがある。

例えば，西山由美教授は，「日本の消費税法では，仕入税額控除をそもそも権利として位置づけていないために，請求権の行使時期に関する規定はない。確定申告に関する規定（消費税法45条1項）において，事業者は課税期間中に国内で行った課税資産の譲渡等に係る課税標準の合計額（課税標準額）に対する消費税額と，当該課税期間中に国内で行った課税仕入れに係る支払対価の金額に108分の6.3を乗じた金額（同法30条1項）を記載することが定められているのみである。」とされる（西山「消費課税におけるインボイスの機能と課題：EU域内の共通ルールと欧州司法裁判所判例を素材として」法学新報123巻11＝12号127頁（2017））。

また，仕入税額控除があくまでも税額控除とされていて，課税標準は売上げであることからすれば，現在の消費税は売上税としての性質を有するものであるとの議論が展開されているように思われる。

例えば，金子友裕教授は，日本の消費税を，賦課課税かそれとも取引高税かという見地から捉えた場合，前述の最高裁平成16年判決に付された滝井繁男裁判官の反対意見が，仕入税額控除を「単なる申告手続上の特典ではない」と位置付けていることを反対解釈し，「我が国の消費税法は，仕入税額控除を『単なる申告手続き上の特典』のように位置付けていることになり，取引高税（aモデル）に恩典的な仕入税額控除を含めたものとして捉えている」と論じられる（金子「消費税法における仕入税額控除の考察」税法585号3頁（2021））。

また，今村隆教授は，「仕入税額控除を税額控除の benefit にとどめている。そうすると，共通対応課税仕入れに区分することにより，仕入税額控除が一部遮断されるとしてもあくまでも benefit の問題にとどま〔る〕」とされる（今村「販売用居住マンションの購入代金と仕入税額控除（東京地判令和2・9・3）」ジュリ1563号134頁（2021））。かように，我が国においては仕入税額控除が権利として規定されていないことや，税額控除に置かれている点には十分な関心を寄せるべきであろう。

しかしながら，仮にそのような消費税法の構造が認められるとしても，仕入税額控除に関して，税制改革法の理念が消費税法に承継されていないとまでみるべきなのであろうか。税制改革法10条《消費税の創設》2項では，「消費税は，事業者による商品の販売，役務の提供等の各段階において課税し，経済に対する中立性を確保するため，課税の累積を排除する方式によるもの」とする考え方が掲げられているのである。

362　第3章　課税要件事実論—各論

　消費税法30条7項を仕入税額控除の否認要件の規定と捉える私見を前提とすれば，一定の要件が充足されない限り仕入税額控除は否認されないという建付けであると整理されることになる。別言すれば，原則と例外の関係に当てはめると，仕入税額控除は原則適用されるものであり，例外的に一定の否認要件が充足されると同控除が受けられなくなるという構造である。帳簿等が不保存でない限り，事業者は仕入税額控除を受けることができると考えるべきなのではなかろうか（なお，ここにいう帳簿等の不保存の中には，帳簿等が法定要件を充足していないことをも包摂される。）。この点は，帳簿等の不存在についての主張・立証責任が課税庁側に負わされているという点からも判然とするのである。このように考えると，仕入税額控除の否認には一定のハードルが用意されているというべきである。

　もっとも，平成9年度税制改正前には，「帳簿又̇は̇請求書等」の保存がない場合に仕入税額控除の適用がないとされていた消費税法30条7項は，同年度税制改正において，「帳簿及̇び̇請求書等」の保存がない場合に仕入税額控除の適用がない旨に改正された。すなわち，帳簿だけの不保存では足りず，請求書等の不保存についても課税庁側は主張・立証をしなければならなくなったのである。一般的に，そのような理解はされていないようであるが，文理に忠実に解釈すれば，仕入税額控除の否認要件が厳しいものとなったとみることができるのである。このように考えると，必ずしも仕入税額控除の否認のハードルが緩和されたとだけみるのは正解とはいえまい。

　あくまでも，平成9年度税制改正前は，帳簿「又は」請求書等のいずれかの保存がないとの主張・立証に成功さえすれば，課税庁側は仕入税額控除の適用を否認することができたのであるが，同年度改正によって，帳簿「及び」請求書等の両方の不存在の主張・立証に成功しなければ，仕入税額控除の適用を否認することができなくなったのである。

　いずれにしても，帳簿等の保存に係る主張・立証については課税庁側に課されていることからすれば，課税庁は，帳簿等が存在しないことに対する主張・立証責任を負っているということになる。しかし「存在しない」ことの証明とは，いわば「悪魔の証明」であるといってもよい。物が存在しないという点についての証明は事実上不可能であるといってもよいからである。

　そこで，この規定を意味のあるものとするには，かかる主張・立証活動につ

いて一定の緩和が用意されるべきであるということにもなろう。現状のままの主張・立証責任の分配論では，そもそも証拠との距離が遠い税務当局側に保存がないこと，すなわち悪魔の証明に係る責任を課すこととなり，あまりにも均衡を欠くともいえるからである。

その主張・立証責任を緩和するためには，例えば，消費税法30条7項にいう帳簿及び請求書等の「保存」という概念の意味内容に，税務調査時における帳簿及び請求書等の「提出」を読み込ませることとすれば，「保存」のないことに対する主張・立証責任が過度に重すぎるという問題は一応解決できるし，このように解せば，悪魔の証明問題も解決することができることになる。

しかしながら，「保存」という概念に「提出」なる意味を読み込ませることは，文理解釈上無理があるといわざるを得ない。そこで，最高裁平成16年判決もそのような安易な解釈論に導かれることを避け，あくまでも日本語として通常理解し得る「保存」の意味の範囲内において解釈を展開しているのである。すなわち，「保存」の状態論に持ち込んでいるといってもよいと思われる。

最高裁平成16年判決は，消費税法30条7項の「保存」の意義について，いかなる状態で「保存」することを指すのかという点から議論を展開し，「税務職員による検査に当たって適時にこれを提示することが可能なように態勢を整えて保存」することである旨説示したのである。「保存」にも様々な態様による保存があり得る中，消費税法が予定している「保存」については，適時にこれを提出できる「状態での保存」と読み解くことによって，証拠との距離の遠い課税庁にも主張・立証を可能なものとして「保存」の意義を解釈したとみることができるのではなかろうか。

このような考察の上で最高裁平成16年判決を再読すると，同最高裁は，「法62条に基づく税務職員による検査に当たって適時にこれを提示することが可能なように態勢を整えて保存していなかった場合は，法30条7項にいう『事業者が当該課税期間の課税仕入れ等の税額の控除に係る帳簿又は請求書等を保存しない場合』に当た〔る〕」こととなり，その場合には仕入税額控除が否認されることになる。税務当局がかかる立証活動に成功すると仕入税額控除は否認されることになるのであるが，他方で，事業者が「災害その他やむを得ない事情により当該保存をすることができなかったこと」を証明することができれば（消法30⑦ただし書），仕入税額控除が否認されることを障害することになると説示

していると解することができるのではなかろうか。

図表 4　平成 9 年度税制改正前

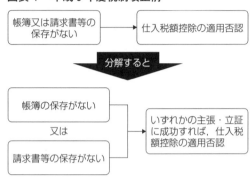

図表 5　平成 9 年度税制改正後

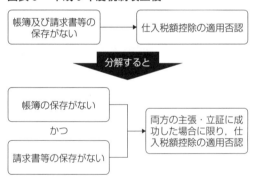

〔注〕
(1) 判例評釈として，西山由美・税務事例32巻 9 号 1 頁（2000），畑山茂樹・税務事例31巻 7 号20頁（1999），高正臣・税通57巻 2 号90頁（2002）など参照。
(2) 判例評釈として，村川知照・龍谷大学大学院法学研究11号119頁（2009），木島裕子・税務事例38巻 4 号29頁（2006），松井宏・税法555号271頁（2006），植田卓・税研148号175頁（2009）など参照。

21　国税通則法—国税通則法68条にいう「提出」の意義

(1)　事案の紹介

　消費者金融業者で白色申告者である個人事業者Ｘ（原告）は，帳簿書類を備え付けて事業内容を記録していたのにもかかわらず，確定申告において，3年間にわたって総所得金額の約3％ないし4％にすぎない額のみを申告していたところ，税務署長Ｙ（被告）はＸに対し，重加算税賦課決定処分を行った。この事例は，いわゆるつまみ申告の事例としてつとに有名な最高裁平成6年11月22日第三小法廷判決（民集48巻7号1379頁[1]。以下「最高裁平成6年判決」という。）である[2]。ここでは，同事案を加工した素材を用いることとしよう。

ア　請求の趣旨

① 　ＹがＸに対し，昭和○年○月○日付けでなした同人の同○年分，同○年分および同○年分の所得税の各重加算税賦課決定処分を取り消す。

② 　訴訟費用は，Ｙの負担とする。

との判決を求める。

イ　請求原因

① 　金融業を営むＸは，昭和○年分ないし同○年分の所得税について別表に示した内容の確定申告および修正申告を行ったところ，同表のような重加算税賦課決定処分を受けたこと（別表省略）。

② 　Ｘは，昭和○年○月○日，本件各処分につき，Ｙに対して異議を申し立てたこと。

③ 　Ｙは，②の異議申立てについて何らの決定もしなかった。そこで，昭和○年○月○日，Ｘは，国税不服審判所長に対して審査請求をしたこと。

④ 　国税不服審判所長は，平成○年○月○日付けをもってＸの審査請求を棄却する旨裁決したこと。

⑤ 　本件各処分には以下のような違法があること。

　(ⅰ) 　国税通則法68条《重加算税》1項は，収入除外や必要経費の過大算入等の不正経理に基づいて納税申告書が提出された場合に適用されるものである。

366 第3章 課税要件事実論—各論

(ii) Xは，会計帳簿をすべて正常に記録し，その記録は本来あるべきところに保管していた。同人は，課税標準の基礎となるべき事実を隠蔽し，または仮装し，その隠蔽し，または仮装したところに基づいて本件各納税申告書を提出したわけではない。したがって，本件各処分は，国税通則法68条1項の要件を欠く。

✍ 本件において，Xは次のように主張している。

過少申告行為は，国税通則法68条1項にいう課税標準等の計算の基礎となるべき事実の隠蔽・仮装行為に当たらない。すなわち，各納税申告書の総所得金額欄に所得金額を記載すること自体は，たとえその所得金額が過少なものであっても，課税標準の数字を記載しただけである。課税標準の計算の基礎となるべき事実を記載した場合とは到底いえない。さらに，国税通則法68条1項は，「隠蔽し，又は仮装したところに基づき納税申告書を提出したとき」と定める。「基づき」との文言が用いられている以上，過少に記載した納税申告書の提出のみをもって隠蔽または仮装の行為と解することはできない。

以上によれば，Xによる本件各納税申告書提出行為は，国税通則法68条1項の定める要件を充足しない。したがって，本件各処分は違法であり取り消すべきである。

ウ 抗弁

① 請求原因①の確定申告は期限内申告であったこと。

② Xは，その国税の課税標準等または税額等の計算の基礎となるべき事実の全部または一部を隠蔽し，または破棄していたこと。

③ Xは，抗弁②の隠蔽または仮装したところに基づいて納税申告書を提出していたこと。

(2) 判決の要旨

第一審京都地裁平成4年3月23日判決（民集48巻7号1424頁）は，次のように判示した。

「1 当事者間に争いがない請求原因①の各事実，証人○○の証言，同証言によりいずれも真正な成立が認められる○○号証，及び弁論の全趣旨によれば，以下の各事実を認めることができ，この認定を覆すに足る証拠がない。
（一） Xは，本件係争各年分の確定申告において，総所得金額の基礎となる営業所得金額を，故意に，順次，前年の過少申告額を基準にして，若干の率の増額をするという方法で計画的に計算して過少に記載した確定申告書を提出した。
（二） Xによる本件係争各年分の総所得金額に関する最終修正申告（昭和53年分及び同54年分は第3次修正申告，同55年分は第4次修正申告）と他の納税申告相互間の較差は，次のとおりである。

21 国税通則法──国税通則法68条にいう「提出」の意義　367

(1) 昭和53年分の較差
　イ　本件確定申告　 8 億1,426万9,468円
　ロ　第 1 次修正申告　 8 億619万1,883円
　ハ　第 2 次修正申告 7 億7,625万4,883円
(2) 昭和54年分の較差
　イ　本件確定申告　 9 億8,493万6,771円
　ロ　第 1 次修正申告 9 億1,493万4,294円
　ハ　第 2 次修正申告 8 億8,557万8,249円
(3) 昭和55年分の較差
　イ　本件確定申告　16億3,940万8,028円
　ロ　第 1 次修正申告15億4,940万8,028円
　ハ　第 2 次修正申告15億2,073万7,028円
　ニ　第 3 次修正申告12億5,407万0,028円
(4) 最終修正申告の確定申告に対する倍率
　イ　昭和53年分　約40倍
　ロ　昭和54年分　約32倍
　ハ　昭和55年分　約25倍

（三）　Ｘは，昭和56年 7 月 7 日付け修正申告にかかるＹの部下職員の税務調査において，同人から申告の基になる帳簿書類の提出を求められた。それにもかかわらず，昭和54年分及び同55年分の13店舗の経費明細書，同55年分の利息収入明細書のみを提出した。この他にも会計帳簿類があるのに，これを秘匿して提出しなかった。しかも，右利息収入明細書は，過少に記載されていた。

（四）　Ｘは，本件係争各年分の所得税について各確定申告書を提出したが，その後，以下のような経緯で修正申告を行った。

(1) Ｙの部下職員は，Ｘの昭和53年分の所得税に関する税務調査を行ない，その結果，訴外亡Ｋは同年分の第 1 次修正申告書を提出した。
(2) Ｙの部下職員は，Ｘの本件係争各年分の所得税に関する税務調査を行ない，その結果，Ｘは本件係争各年分の各第 2 次修正申告書を提出した。
(3) Ｘは，昭和55年分の所得税について，所得税法違反の嫌疑によりＯ国税局査察部の調査を受けた。その調査の着手の後，Ｘは，同年分の第 3 次修正申告書を提出した。
(4) Ｘは，右査察部の調査に基づき，昭和53年分及び同54年分の各第 3 次修正申告書，同55年分の第 4 次修正申告書を提出した。

（五）　Ｘは，昭和38年ころから貸金業を営み始めた。本件各納税申告書提出時には，全国各地に約20店舗（前示（三）の13店舗より多い）を有するようになり，相当な経済活動を行っていた。

　2 　Ｘは，正常に会計帳簿を記録していたと主張しながら，右会計帳簿類を書証として提出せず，この点につき不自然な弁解をする。即ち，所得税法違反被告事件のいやな思い出を消すためすべて処分したと主張する。しかし，既に同被告事件が発覚して，その後重加算税の問題が生じることがたやすく予想できるのに，その証拠書類を廃棄するというのは不自然である。このことと，前認定 1 の各事実及び弁論の全趣旨を総合すれば，Ｘは，本件係争各年分の確定申告（期限内申告）に当たり，課税標準

368　第3章　課税要件事実論―各論

等又は税額等の計算の基礎となるべき営業所得金額の一部を隠ぺいし，又はその計算
の基礎事実である会計帳簿書類，営業店舗数等の営業規模の一部を隠ぺいし，これに
基づき確定申告書（期限内申告書）を提出していたことを認めることができる。即ち，
前認定1（一）の事実によれば，右営業所得金額の一部を隠ぺいして確定申告書を提
出したことは明らかである。同（二）ないし（五）の各事実によると，Xは，計画的
な意図の下に，総所得金額を過少にした本件各確定申告を行ったものであって，その
後の最終修正申告との較差は極めて大きい。確定申告後の調査において会計帳簿類の
一部を秘匿して提出せず，提出した利息収入明細書は，その収入の一部を隠ぺいし過
少に記載されていた。以上の事実が認められる。これらの事実及び弁論の全趣旨を併
せ考えると，Xは本件各確定申告書の提出前に会計帳簿書類等に工作を加える等して
課税標準等又は税額等の計算の基礎となる事実の一部を隠ぺいし，これに基づき過少
な本件各確定申告書を提出した事実を推認することができる。他にこれを覆すに足る
証拠がない。
　　したがって，Xは，国税通則法68条1項所定の『課税標準等又は税額等の計算の基
礎となるべき事実の全部又は一部を隠ぺいし，又は仮装し，その隠ぺいし，又は仮装
したところに基づき』本件各確定申告書を提出していたものというべきである。
　　Yの主張…の計算が正確であることは計数上明らかであり，Xもこれを争っていな
い。これによれば，本件各処分は，右により計算された金額の重加算税を賦課するも
ので，いずれも適法であって，これに違法の点はない。」

　控訴審大阪高裁平成5年4月27日判決（民集48巻7号1445頁）は，次のように判
示して，第一審判断を覆し，Xの主張を採用した。

　　「重加算税は，納税者が隠ぺい，仮装という重大な不正手段を用いた場合に，これ
に特別に重い負担を課することによって，隠ぺい，仮装したところに基づく過少申告
等による納税義務違反の発生を防止し，もって申告納税制度の信用又は源泉徴収制度
を維持し，徴税の実を挙げる趣旨にでた行政上の秩序罰であり，故意に納税義務違反
を犯した者に対する制裁ではない。」
　　「重加算税を課すためには，納税者が故意に課税標準等又は税額等の計算の基礎と
なるべき事実の全部又は一部を隠ぺい，仮装し，右行為に基づいて過少申告の結果が
発生することが必要であり，事実としての隠ぺい，仮装行為と過少の納税申告書の提
出行為とは別々であることが必要であるとともに，右隠ぺい，仮装行為と過少申告行
為が存在しているだけで重加算税の要件を充足するものではなく，右両者の間に因果
関係が存在することが必要である。
　　Yは，正しい総所得金額と申告者の申告額との間の較差が極めて大きく，『詐欺そ
の他不正の行為』に該当して処罰されるほど可罰的違法性の大なるものであれば，
『ことさらの過少申告』の行為として，隠ぺい，仮装行為に該当すると主張する。しか
しいわゆる『つまみ申告』の中でも，正しい総所得金額と申告者の申告額との較差が
どの程度に大きい場合に可罰的違法性が大となるのかの基準は明らかではなく，また，
重加算税賦課の主観的要件としては申告に際し，納税者において過少申告を行うこと
の認識を有していることは不要であり，申告書が錯誤等による書き誤りによって右較

差が大きくなる場合もあり得るから，右較差のみによって『ことさらの過少申告』の行為に該当するということはできず，その他に申告者の過少申告に至った経緯等の事情を総合判断して，その該当性を判断すべきである。

以上のように解さないと，過少申告加算税に加えて重加算税の制度を設けている趣旨が不明確になり，また，後者は，前者の額の基礎となるべき税額（申告不足税額等）に対して35パーセント（本件各係争年度当時は，30パーセント）相当額という重い負担を課しているのであるから，その賦課要件も明確でなければならない。」

「過少申告があっても，これだけでは重加算税賦課の要件を充足しないことは前記…とおりである。そして，…認定事実によれば，Ｘは，正常な会計帳簿を作成しており，Ｘが会計帳簿類を破棄したのは，Ｙ側においてＸの本件各係争年度の収入・支出の数額を把握したとＸが推測できた後である。その他，…Ｘが，各確定申告及び各修正申告において過少な総所得金額（事業所得の金額）を申告した行為がことさらな過少申告であるということもできない。さらに右過少な申告が，隠ぺい，仮装の行為による不正な経理に基づくものと認めるに足りる証拠もない。」

これに対し，最高裁平成 6 年判決は，次のように判示して，原審判断を覆した。

「原審の確定した前記事実関係によれば，Ｘは，会計帳簿類や取引記録等により自らの事業規模を正確に把握していたものと認められるにもかかわらず，確定申告において，3 年間にわたり最終申告に係る総所得金額の約 3 パーセントにすぎない額（差額で約 4 億円ないし 9 億7000万円少ない額）のみを申告したばかりでなく，その後 2 回ないし 3 回にわたる修正申告を経た後，初めて飛躍的に多額の最終申告をするに至っているのである。しかも，確定申告後の税務調査に際して，真実よりも少ない店舗数を記載した本件資料を税務署の担当職員に提出しているが，それによって昭和54年分の総所得金額を計算すると，損失しか算出されない結果となり，本件資料の内容は虚偽のものであるといわざるを得ない。その後右職員の慫慂に応じて修正申告をしたけれども，その申告においても，右職員から修正を求められた範囲を超えることなく，最終修正申告に係る総所得金額の約10ないし15パーセントにとどまる金額（差額で約 3 億7,800万円ないし 8 億8,500万円少ない額）を申告しているにすぎない。

右のとおり，Ｘは，正確な所得金額を把握し得る会計帳簿類を作成していながら，3 年間にわたり極めてわずかな所得金額のみを作為的に記載した申告書を提出し続け，しかも，その後の税務調査に際しても過少の店舗数を記載した内容虚偽の資料を提出するなどの対応をして，真実の所得金額を隠ぺいする態度，行動をできる限り貫こうとしているのであって，申告当初から，真実の所得金額を隠ぺいする意図を有していたことはもちろん，税務調査があれば，更に隠ぺいのための具体的工作を行うことをも予定していたことも明らかといわざるを得ない。以上のような事情からすると，Ｘは，単に真実の所得金額よりも少ない所得金額を記載した確定申告書であることを認識しながらこれを提出したというにとどまらず，本件各確定申告の時点において，白色申告のため当時帳簿の備付け等につきこれを義務付ける税法上の規定がなく，真実の所得の調査解明に困難が伴う状況を利用し，真実の所得金額を隠ぺいしようという

370　第3章　課税要件事実論—各論

確定的な意図の下に，必要に応じ事後的にも隠ぺいのための具体的工作を行うことも
予定しつつ，前記会計帳簿類から明らかに算出し得る所得金額の大部分を脱漏し，所
得金額を殊更過少に記載した内容虚偽の確定申告書を提出したことが明らかである。
したがって，本件各確定申告は，単なる過少申告行為にとどまるものではなく，国税
通則法68条1項にいう税額等の計算の基礎となるべき所得の存在を一部隠ぺいし，そ
の隠ぺいしたところに基づき納税申告書を提出した場合に当たるというべきである
（最高裁昭和46年（あ）第1901号同48年3月20日第三小法廷判決・刑集27巻2号138頁
参照）。
　そうすると，これと異なり，本件各申告行為が殊更の過少申告に当たらず，国税通
則法68条1項に定める要件を満たさないとした原判決には，同条項の解釈適用を誤っ
た違法があるものといわなければならず，右の違法は判決に影響を及ぼすことが明ら
かである。」

　✍　この事例のポイントは，①会計帳簿に不実の記載がないこと，②所得金額の大部分を
　　脱漏した確定申告書（「殊更過少に記載した内容虚偽の確定申告書」）または修正申告書
　　が数回にわたり提出されていること，③虚偽の資料提出・虚偽答弁がなされていること
　　である。上記のとおり，最高裁平成6年判決が，「殊更過少に記載した内容虚偽の確定
　　申告書を提出」した事例であると認定したことなどから，このような申告を「ことさら
　　過少申告」と呼ぶことも多い。

(3)　検　討

ア　類似事案と文理解釈上の疑義

　会社役員が，提出した確定申告書上の総所得金額の計算において，給与所得
等については記載したものの，3年間で約2億4,400万円にものぼる株式等の
売買による雑所得部分を記載しなかった事例として，最高裁平成7年4月28日
第二小法廷判決（民集49巻4号1193頁）[3]がある（以下「最高裁平成7年判決」といい，
前述の最高裁平成6年判決とあわせて，「最高裁平成6・7年判決」ともいう。）。同事件で
は，上告人（原告・控訴人）は，株式等の売買について，架空の名義や裏預金口
座を設定するといった行為はしなかったものの，証券会社担当者から株式等の
売買によって得た所得に課税されることがあるということを知らされ，顧問税
理士から，株式等の売買について所得があれば申告を要するということを再三
伝えられていながら，顧問税理士に対して虚偽の説明をしていたことが認定さ
れている[4]。

　同最高裁は，「この重加算税の制度は，納税者が過少申告をするについて隠
ぺい，仮装という不正手段を用いていた場合に，過少申告加算税よりも重い行

政上の制裁を科することによって，悪質な納税義務違反の発生を防止し，もって申告納税制度による適正な徴税の実現を確保しようとするものである。

したがって，重加算税を課するためには，納税者のした過少申告行為そのものが隠ぺい，仮装に当たるというだけでは足りず，過少申告行為そのものとは別に，隠ぺい，仮装と評価すべき行為が存在し，これに合わせた過少申告がされたことを要するものである。しかし，右の重加算税制度の趣旨にかんがみれば，架空名義の利用や資料の隠匿等の積極的な行為が存在したことまで必要であると解するのは相当でなく，納税者が，当初から所得を過少に申告することを意図し，その意図を外部からもうかがい得る特段の行動をした上，その意図に基づく過少申告をしたような場合には，重加算税の右賦課要件が満たされるものと解すべきである。」と判示している。

> ✍ 最高裁平成7年判決のポイントは，①帳簿書類への記帳がないこと，②税理士への虚偽答弁があることなどである。

このように，最高裁平成6・7年判決のいずれにおいても，過少に申告する意図を認定し，その主観的要素をもとに重加算税賦課が肯定されているのである。

ここで，国税通則法68条1項を確認した上で，要件事実論の見地から問題点を整理しておきたい。

国税通則法68条《重加算税》

　第65条第1項《過少申告加算税》の規定に該当する場合（修正申告書の提出が，その申告に係る国税についての調査があったことにより当該国税について更正があるべきことを予知してされたものでない場合を除く。）において，納税者がその国税の課税標準等又は税額等の計算の基礎となるべき事実の全部又は一部を隠蔽し，又は仮装し，その隠蔽し，又は仮装したところに基づき納税申告書を提出していたときは，当該納税者に対し，政令で定めるところにより，過少申告加算税の額の計算の基礎となるべき税額（その税額の計算の基礎となるべき事実で隠蔽し，又は仮装されていないものに基づくことが明らかであるものがあるときは，当該隠蔽し，又は仮装されていない事実に基づく税額として政令で定めるところにより計算した金額を控除した税額）に係る過少申告加算税に代え，当該基礎となるべき税額に100分の35の割合を乗じて計算した金額に相当する重加算税を課する。

重加算税賦課の要件を規定する国税通則法68条1項の要件事実を整理すると次のようになろう。

372　第3章　課税要件事実論—各論

> ①　過少申告加算税が賦課要件を充足していること（いわゆる自主修正の場合を除く。）。
> ②　納税者による隠蔽・仮装行為がなされたこと。
> ③　その隠蔽・仮装行為に基づいて納税申告書を提出していること。

　本件のようないわゆるつまみ申告事案では，②と③が問題となる。すなわち，②の隠蔽・仮装行為がなされ，かかる隠蔽・仮装行為に基づいて納税申告書が提出されている必要があるという点からすれば，納税申告書の提出以前に②の隠蔽・仮装行為がなされている必要があるということになるが，果たして，納税申告書の提出行為とは別に，「隠蔽・仮装行為」の事実があったと認定することができるかどうかという問題である。仮に，②および③のいずれかの要件事実が認められないとすれば，そもそも課税庁によってなされた重加算税賦課は違法なものとなるのである。

イ　判例の射程範囲以上の適用

　最高裁平成7年判決は，納税者の過少申告の「意図を外部からもうかがい得る特段の行動」を隠蔽・仮装行為と捉える。

　この点は，最高裁平成7年判決が，納税者の過少申告の「意図を外部からもうかがい得る特段の行動」のすべてを隠蔽・仮装行為に当たるとしているのではなく，隠蔽した相手方が税理士であったということを前提としていることに留意しなければならない[5]。このように主観的要素による構成を採用した最高裁平成6・7年判決の射程範囲を考察しておくことが非常に重要であると考える。

　そこで，そもそも，最高裁平成6年判決は記帳が適正になされていた事例であるし，最高裁平成7年判決は，記帳義務の課されていない者に対する重加算税賦課事例である。いずれにしても，記帳義務等違反者に対する重加算税賦課事例ではないということをまず改めて強調しておきたい。

　また，前述したように，最高裁平成6年判決の事例は，約8億円ないし13億円の脱税事案であるし，最高裁平成7年判決の事例も約2億円の脱税事案である。さらに，前者の事例では，数度にわたって納税者は税務職員に対して虚偽答弁および虚偽資料を提出し続けており，その過少申告を隠蔽しようとした特異な積極性が認められている。また，後者の事例でも，証券会社のほか，税理

士から申告の必要性について「何度も念を押され」ていたにもかかわらず，税理士に対して虚偽答弁を行っていたことが認定されている[6]。いずれにしても，納税を不当に免れようとする納税者の意図が明らかであった事例ということができようが，このような事例において総合判断が展開された上で重加算税の賦課が肯定されたのは重加算税の趣旨からしてうなずける。

しかしながら，このような特異な例の判決の考え方を，果たして他の事例に当てはめることが妥当であるかどうかについては，今一度慎重である必要があるように思われる。すなわち，国税通則法68条の要件事実の充足の点で不安材料が払拭されてはいないからである。

ウ　つまみ申告の理論構成

このような重加算税の賦課については，文理上疑義なく解釈することができるであろうか。この点について，品川芳宣筑波大学名誉教授は，税法や事実関係の不知から生じた単なる一部申告漏れや無申告という不申告行為および計算違い等による虚偽申告行為が隠蔽・仮装行為でないことは，国税通則法68条の立法趣旨や文理解釈から当然首肯し得るとしても，当該事実関係の全体からみてその不申告や虚偽申告が課税を免れることを意図して作為的に行われていると推認できるときには，これを1つの隠蔽・仮装行為と認定できる場合が考えられるとする見解（総合関係説）を示される（品川『附帯税の事例研究〔第4版〕』380頁（財経詳報社2012））。すなわち，同教授は，「作為的な不申告行為，つまみ申告行為又は虚偽申告行為等であるかを何をもって推認できるかについては，問題のあるところであろうが，不自然な多額な所得金額の申告除外やつまみ申告，合理的な理由もないのに借名等で申告したり取引する行為，申告書に架空の経費項目を加えたり虚偽の証拠資料を添付する行為，記帳能力等がありながら証拠隠匿を意図して帳簿を備え付けなかったり，原始記録を保存しないで行う不申告行為，不申告や虚偽申告後の税務調査における非協力，虚偽答弁，虚偽資料の提出等が複合して行われている場合…には，それぞれの事実関係の実態に応じて作為的な不申告行為，つまみ申告又は虚偽申告等と推認し，隠ぺい又は仮装行為と認定し得るであろう。」と述べ，総合関係説を論じられる（品川芳宣「ことさらの過少申告と重加算税との関係」小川ほか・租税争訟267頁）。

エ　文理解釈を重視する立場からの批判

かような総合関係説に対しては，重加算税が納税者に対する不利益処分であ

374　第 3 章　課税要件事実論―各論

ることを考慮に入れたときにその妥当性に疑問が投げかけられてもいる[7]。

　重加算税賦課において総合関係説による判断には厳しい批判が展開されている。例えば，岡村忠生京都大学名誉教授は，「悪質だと総合判断される納税者には重加算税を課す（逆に，協力的で従順な納税者は過少申告加算税で済ます）という，裁量による主観的な当罰性判断を先行させた重加算税賦課の新たな構造を認めるものと言える。」と論じられる（岡村「最高裁平成 6 年判決評釈」民商113巻 1 号109頁（1995））。

　そもそも，総合関係説が判断に持ち込もうとする間接事実がいかなるものかという点も必ずしも明確ではない。この点についても，岡村教授は，「この『確定的な意図』を『総合判断』する過程では，過少申告行為の背後にある主観的状況が間接事実として無限定に取り込まれ，最終的には，税法の違法意識，税務行政への不信感や反感，公徳心や租税倫理といった納税者の人格までが射程に入り得るであろう。」とされる（岡村・前掲稿109頁）。

　文理解釈との整合性を考慮に入れる必要があると思えるところ，総合関係説は，そのあたりに大きな不安を抱えているといわざるを得ない。なお，課税実務は総合関係説を採用していない（平成12年 7 月 3 日付け国税庁長官通達（課所4-15ほか 3 課共同）「申告所得税及び復興特別所得税の重加算税の取扱いについて（事務運営指針）」〔最終改正：令和 5 年 6 月23日〕など参照）。

　　✍　重加算税は，脱税犯に対する刑罰とは異なり，故意に納税義務違反を犯したことに対する制裁ではないから，重加算税を課し得るためには，納税者が故意に課税標準等または税額等の計算の基礎となる事実の全部または一部を隠蔽し，または仮装し，その隠蔽し，仮装した行為を原因として過少申告の結果が発生したものであれば足り，それ以上に，申告に際し，納税者において過少申告を行うことの認識を有していることまでを必要とするものではないと解すべきであろう（志場・精解837頁）。
　　　このことは，最高裁昭和62年 5 月 8 日第二小法廷判決（訟月34巻 1 号149頁）が判示するところである。すなわち，同最高裁は，「国税通則法68条に規定する重加算税は，同法65条ないし67条に規定する各種の加算税を課すべき納税義務違反が事実の隠ぺい又は仮装という不正な方法に基づいて行われた場合に，違反者に対して課される行政上の措置であって，故意に納税義務違反を犯したことに対する制裁ではないから（最高裁昭和43年（あ）第712号同45年 9 月11日第二小法廷判決・刑集24巻10号1333頁参照），同法68条 1 項による重加算税を課し得るためには，納税者が故意に課税標準等又は税額等の計算の基礎となる事実の全部又は一部を隠ぺいし，又は仮装し，その隠ぺい，仮装行為を原因として過少申告の結果が発生したものであれば足り，それ以上に，申告に対し，納税者において過少申告を行うことの認識を有していることまでを必要とするものではないと解するのが相当である。」と判示している。

この過少申告の故意を要件としないという考え方は，最高裁平成6・7年判決の構成とどのように結びつけられるべきかという点での不安も残る（客観的要素を重視する見解として，住田裕子「重加算税の賦課要件としての『隠ぺい・仮装』行為（上）（下）」商事1419号2頁，1420号9頁（1996））。

オ 「ことさら過少に記載」

本件は，ことさらの過少申告であることを前提とした事例である。そもそも，重加算税は国税通則法119条《国税の確定金額の端数計算等》4項において，少額省略基準を設けているが，別言すれば，国税通則法は，それ以外に金額の多寡を重加算税の賦課要件としてはいないはずである。

国税通則法119条《国税の確定金額の端数計算等》
4 附帯税の確定金額に100円未満の端数があるとき，又はその全額が1000円未満（加算税に係るものについては，5000円未満）であるときは，その端数金額又はその全額を切り捨てる。

にもかかわらず，最高裁平成6・7年判決が，故意の認定を前提としたものであるから，故意性を客観的に認定する基準として，金額の多寡を持ち込んだ判断を展開しているのである。いわば，故意認定を前提とするので，これだけの多額の脱漏を単なる誤謬として理解することは通常できないという主観要素に依存するところからすれば，相当多額の脱漏事例のみをターゲットにせざるを得ないのである。

しかしながら，前述のとおり金額要件の持込みは重加算税の本質的問題ではないのであるから，本来的に重加算税が課されるべき事例の一部しかこの構成は適用できないという限界を包摂しているのである。ことさら過少な申告以外の事案が，重加算税を課すべき対象から排除されることは，国税通則法119条4項を用意している同法の予定しないところであろう。この点においても，ことさらの過少申告による構成には限界があるといわざるを得ない。

> ☞ なお，国税通則法65条《過少申告加算税》2項は，多額の過少申告の場合の過少申告加算税の加重制度を設けているが，実定法上は，このような規定がある場面に加算税が加重されるだけである。また，例えば，米国IRC6662条は，所得税について，過少申告の金額が，(ⅰ)当該課税年度の申告上に記載すべきであった税額の10％あるいは，(ⅱ)5,000ドルのうち，いずれか大きい方の金額を上回っている場合にことさらの過少申告（any substantial understatement）として，これに対して加算税が課される[8]。この場合，過少申告税額の20％に相当する金額の加算税が課されることとされている（IRC6662(a)）。

そこで，以下では，抗弁②の「Xは，その国税の課税標準等または税額等の

計算の基礎となるべき事実の全部または一部を隠蔽し，または破棄していた」
を「Ｘは，申告書作成に当たり，その国税の課税標準等または税額等の計算の
基礎となるべき事実の全部または一部を隠蔽し，または破棄していた。」とす
ることの妥当性について，若干の検討を加えてみたい。

⑷　国税通則法68条の「提出」

ア　問題点の所在

　国税通則法68条１項は，過少申告をした納税者が，「その国税の課税標準等
又は税額等の計算の基礎となるべき事実の全部又は一部を隠蔽し，又は仮装し，
その隠蔽し，又は仮装したところに基づき納税申告書を提出したときは」，そ
の納税者に対して重加算税を課することとしている。ここにいう文理に従えば，
「隠蔽し，又は仮装し」があって，「その隠蔽し，又は仮装したところに基づき
納税申告書を提出した」ことが要件とされていると考えられるので，納税申告
書の提出行為の前に隠蔽・仮装行為がなければならないと解される。ここにい
う「納税申告書を提出したとき」とは，いかなる意味を有するのであろうか。

イ　租税法に用いられる「提出」という概念

　ところで，国税通則法68条２項は，「納税者がその国税の課税標準等又は税
額等…の計算の基礎となるべき事実の全部又は一部を隠蔽し，又は仮装し，そ
の隠蔽し，又は仮装したところに基づき法定申告期限までに納税申告書を提出
せず，又は法定申告期限後に納税申告書を提出していたとき」は，その納税者
に対して重加算税を課することとしている。

国税通則法68条《重加算税》

2　第66条第１項《無申告加算税》の規定に該当する場合（同項ただし書若しくは同
　条第９項の規定の適用がある場合又は納税申告書の提出が，その申告に係る国税に
　ついての調査があったことにより当該国税について更正又は決定があるべきことを
　予知してされたものでない場合を除く。）において，<u>納税者がその国税の課税標準</u>
　<u>等又は税額等の計算の基礎となるべき事実の全部又は一部を隠蔽し，又は仮装し，</u>
　<u>その隠蔽し，又は仮装したところに基づき法定申告期限までに納税申告書を提出せ</u>
　<u>ず，又は法定申告期限後に納税申告書を提出していたときは</u>，当該納税者に対し，
　政令で定めるところにより，無申告加算税の額の計算の基礎となるべき税額（その
　税額の計算の基礎となるべき事実で隠蔽し，又は仮装されていないものに基づくこ
　とが明らかであるものがあるときは，当該隠蔽し，又は仮装されていない事実に基
　づく税額として政令で定めるところにより計算した金額を控除した税額）に係る無

> 申告加算税に代え，当該基礎となるべき税額に100分の40の割合を乗じて計算した
> 金額に相当する重加算税を課する。

　同条項にいう「法定申告期限までに納税申告書を提出せず，又は法定申告期限後に納税申告書を提出していたとき」を，納税者の手元で納税申告書を作成することをも包摂して理解することができるであろうか。換言すれば，納税申告書の作成は法定申告期限までに行っていたものの，いまだ税務署長に提出していない場合には，国税通則法66条《無申告加算税》1項にいう無申告加算税は課されないとし，さらに，事実の隠蔽・仮装行為があったとしても，無申告重加算税は課されないと解することができるであろうか。

　このこととあわせ考えた上で，国税通則法68条1項にいう「納税申告書を提出したとき」の「提出」を理解する必要がある。同条2項にいう「法定申告期限までに納税申告書を提出せず，又は法定申告期限後に納税申告書を提出していたとき」の「提出」の意味を拡大解釈して，申告書の作成準備行為や申告書作成行為にまで広げることができるかというと，この点は厳格に理解せざるを得ないことにかんがみると，同条にいう「提出」とは，あくまでも「納税申告書を税務署長に提出すること」と理解するほかはない。

　そうであるとすれば，国税通則法68条2項にいう「提出」とは，あくまでも「納税申告書を税務署長に提出すること」と解するのが相当であろう。そのように解さなければ，未提出の納税申告書であっても「作成」している限り，期限後申告にはならず，無申告加算税も課されないことになるが，かような理解が正解でないことは多言を要さない。

　このように，「提出」に「作成」を含まないものとして解釈することで，国税通則法10条《期間の計算及び期限の特例》2項および同法11条《災害等による期限の延長》にいう「書類の提出」，同法17条《期限内申告》1項および同法18条《期限後申告》1項にいう「納税申告書を税務署長に提出」，同法21条《納税申告書の提出先等》にいう「納税地を所轄する税務署長に提出」，同法22条《郵送等に係る納税申告書の提出時期》にいう「申告書の提出に関連して提出するものとされている書類」等の意義が初めて不整合なく理解されることになるのである[9]。

　　✍　上記に限らずとも，租税法は，「提出」という用語で「作成」を意味するようには表現されていないのが通例であろう。すなわち，作成であれば「作成」と表現すると思われるのである。例えば，税理士法2条《税理士の業務》1項2号が，「税務書類の作成」を

「税務官公署に対する申告等に係る申告書，申請書，請求書，不服申立書その他租税に関する法令の規定に基づき，作成し，かつ，税務官公署に提出する書類…で財務省令で定めるもの…を作成することをいう」とするように，明確に，「作成」と「提出」は区別して規定されており，少なくとも，ここでは，申告書等の「提出」という用語に「作成」を読み込ませるようなことにはなっていないし，解釈論上もここで「提出」に「作成」を包摂して理解することは到底不可能である。このように，「提出」と「作成」とが別の概念として表現されている条文があることなどを見ても，最高裁平成7年判決が国税通則法68条1項にいう「提出」に「作成」を含めて解していることについては文理上の疑問を惹起することになるのではなかろうか。一般的な理解からしても，確定申告書の「提出」が遅れていたとしても，「作成」が申告期限内に終わっていれば，期限後申告にならないとは考えないであろう。

ウ　最高裁平成6・7年判決にいう「過少申告行為」の意味するところ

最高裁平成6・7年判決は，「過少申告行為」というおよそ租税法にない概念を持ち出し，その定義をすることなく判決文に使用している。

すなわち，最高裁平成7年判決は，「重加算税を課するためには，納税者のした過少申告行為そのものが隠ぺい，仮装にあたるというだけでは足りず，過少申告行為そのものとは別に，隠ぺい，仮装と評価すべき行為が存在し，これに合わせた過少申告がされたことを要するものである。」と述べるが，ここにいう「過少申告行為」とは何を指すのであろうか。

申告書作成準備行為や申告書作成行為，申告書提出行為のうちの何がここにいう「過少申告行為」に当たるのであろうか。そもそも，帳簿書類の作成自体も申告書作成準備行為も含まれるのであろうか。仮に申告書の作成行為が含まれるのであれば，各種帳簿の検算・集計，原始記録の整理，点検，原始記録との確認・照合・突合作業などはすべて過少申告行為に含まれることになろう。

上記のとおり，この判決文にいう「過少申告行為」が判然としなければ，この判決の意味するところはまったく伝わらないことになる。

なお，この立場からは，過少申告行為は，国税通則法68条1項にいう課税標準等の計算の基礎となるべき事実の隠蔽・仮装行為に当たると解する。最高裁平成7年判決における上告人の主張のように，「各納税申告書の総所得金額欄に所得金額を記載すること自体は，たとえその所得金額が過少なものであっても，課税標準の数字を記載しただけである」と解すべきではなく，本件の場合を前提とすると，「各納税申告書の総所得金額欄に過少な所得金額を記載すること」が，直接，過少な納税申告書の提出の準備段階行為であることは明らか

であるから，これに「基づき」納税申告書を提出したと解する点には疑いがないし，課税標準等の計算の基礎となるべき事実を隠蔽して申告書を作成していることからすれば，国税通則法68条１項にいう課税標準等の計算の基礎となるべき事実の隠蔽・仮装行為に当たると解するのである。

　　✍　この点，課税実務上も虚偽の源泉徴収票を作成することを，単に，「数字を記入しただけ」として捉えるのではなく，隠蔽・仮装行為の一類型として捉えているところである。すなわち，前述の平成12年７月３日付け「申告所得税及び復興特別所得税の重加算税の取扱いについて（事務運営指針）」は，「通則法第68条第１項又は第２項に規定する『国税の課税標準等又は税額等の計算の基礎となるべき事実の全部又は一部を隠蔽し，又は仮装し』とは，例えば，次に掲げるような事実…がある場合をいう。」として，「源泉徴収票，支払調書等（以下『源泉徴収票等』という。）の記載事項を改ざんし，若しくは架空の源泉徴収票等を作成し，又は他人をして源泉徴収票等に虚偽の記載をさせ，若しくは源泉徴収票等を提出させていないこと。」を掲げているとおりである。

　　　　最高裁平成７年判決のいう「過少申告行為」が何を指しているかは，これを課税要件事実論的に眺めたときに，あまりにも漠然としすぎていることが分かる。結論としては，国税通則法68条１項の文理に忠実にそして厳格なる解釈を展開すべきであるとの見地に立ち，同条１項の隠蔽・仮装行為が納税申告書を「提出」する前になされた場合にのみ重加算税は適用されるべきと考える。そのような理解に立てば，納税申告書作成の段階で隠蔽・仮装行為が行われた場合には，かかる隠蔽・仮装行為は納税申告書の「提出」前行為として国税通則法68条１項の適用がなされ得ると解することに困難はないように思われるのである。

〔注〕
(1)　最高裁平成６年判決を取り上げた論稿は多いが，差し当たり，岡村忠生・民商113巻１号96頁（1995），岩﨑政明・ジュリ1069号153頁（1995），川神裕・ジュリ1071号101頁（1995），同・曹時49巻１号168頁（1997），佐藤孝一・税通50巻３号243頁（1995），池田秀敏・税理38巻５号31頁（1995）など参照。
(2)　第一審京都地裁平成４年３月23日判決は，重加算税賦課決定を適法とした。また，控訴審大阪高裁平成５年４月27日判決は，重加算税を賦課するためには，事実としての「隠ぺい・仮装行為」と過少の納税申告との間に因果関係の存在が必要であり，つまみ申告についても可罰違法性の基準は明らかではなく，申告所得と真実の所得との較差のみによって「ことさらの過少申告」に該当するとはいえない旨判示した。控訴審の判例評釈として，佐藤孝一・税通48巻13号201頁（1993）参照。
(3)　判例評釈として，岡村忠生・税法534号110頁（1995），近藤崇晴・ジュリ1073号313頁（1995），同・平成７年度最高裁判所判例解説〔民事篇〕471頁（1998），水野武夫・民商114巻３号505頁（1996），佐藤孝一・税通50巻11号215頁（1995），酒井・ブラッシュアップ371頁など参照。
　　　　最高裁平成６・７年判決の両方を扱った論稿として，三木義一・判時1546号172頁（1996），松澤智・税法534号134頁（1995），岩橋健定・法協114巻４号462頁（1997），住田裕子・商事1419号２頁，1420号９頁（1996），佐藤英明・総合税制研究８号82頁

380 第3章 課税要件事実論―各論

（2000）など参照。

(4) 最高裁平成7年判決の事案の第一審神戸地裁平成5年3月29日判決（税資194号1112頁）は，Xの行為は，その所得を基礎付ける事実を隠しその真相の追及を困難にするもので，所得税の申告を納税者に委ねた趣旨を没却する行為であるから，隠蔽・仮装行為に該当するとし，控訴審大阪高裁平成6年6月28日判決（税資201号631頁）は第一審判決を維持した。

(5) 水野・前掲注(3)515頁。

(6) 税理士に対する虚偽答弁が重加算税の賦課要件を充足するかについて検討した論稿として，酒井克彦「租税専門家に対する秘匿行為と重加算税―税理士への隠ぺい・仮装行為―」税理51巻3号119頁（2008）以下。なお，虚偽答弁については，同「重加算税の成立時期と法定申告期限後の隠ぺい・仮装(1)―虚偽答弁を中心として―」税理51巻1号81頁（2008）以下も参照。

(7) 錦織康高「重加算税に関する一考察」西村あさひ法律事務所西村高等法務研究所編『グローバリゼーションの中の日本法』〔西村利郎先生追悼記念〕339頁（商事法務2008）参照。

(8) その他，過失等（negligence or disregard of rules or regulations），評価額のことさらの虚偽申告（any substantial valuation misstatement under chapter 1），年金債務のことさらの過大表示（any substantial overstatement of pension liabilities），遺産税または贈与税の評価額のことさらの過少申告（any substantial estate of gift tax valuation understatement），経済的実質を有しない取引から得られた租税便益（any disallowance of claimed tax benefits by reason of a transaction lacking economic substance or failing to meet the requirements of any similar rule of law）に対してペナルティが科されることとされている（IRC6662(b)）。

(9) 印紙税法4条《課税文書の作成とみなす場合等》，国税通則法15条《納税義務の成立及びその納付すべき税額の確定》2項11号にいう「課税文書の作成」なども参照。

22 国税徴収法──国税徴収法39条の「著しく低い額の対価」

(1) 事案の紹介

X（原告）は，昭和56年8月3日に滞納者Aから本件土地を代金530万円で購入し，同年9月22日，大手不動産会社であるC社を介して代金1,053万9,100円でBに転売した。Aは本件土地の譲渡により確たる財産を持たない状態となり，滞納処分を執行しても徴収すべき税額に不足する結果となった。

そこで，税務署長Y（被告）はXに対し，昭和58年7月5日付けで，Aの滞納国税合計121万2,400円につきXが納付すべき金額の限度額を459万7,895円として，国税徴収法39条《無償又は著しい低額の譲受人等の第二次納税義務》に基づき第二次納税義務を課する旨の告知処分をした。

これに対し，Xは，本件土地の購入代金530万円は適正な時価であって，仮に時価より低額であるとしても，同条にいう「著しく低い額」には該当しないとして，その処分の取消しを求めて提訴した。

なお，これは，広島地裁平成2年2月15日判決（判時1371号82頁）[1]を素材として加工したものである。

ア 請求の趣旨

① Yが昭和○年○月○日付けをもってXに対してした第二次納税義務を課する旨の告知処分を取り消す。

② 訴訟費用はYの負担とする。

との判決を求める。

イ 請求原因

① Yは，Xに対し，昭和○年○月○日付け納付通知書をもって，Aの滞納国税合計○円につき，Xが納付すべき金額の限度額を○円として，第二次納税義務を課する旨の告知処分をしたこと。

② Xは，請求原因①の告知処分につき，昭和○年○月○日，Yに対して異議を申し立てたが，同年○月○日付けで棄却されたため，同年○月○日，国税不服審判所長に対し審査請求をしたところ，これも同年○月○日付けで棄却されたこと。

③ 請求原因①の告知処分は，本件土地の購入代金○円が適正な時価であり，仮に時価より低額であるとしても，国税徴収法39条の「著しく低い額」には該当しないにもかかわらず，これに当たるとした点に違法があること。

ウ 抗 弁

① ○市○町○番に住所を置くＡは，法定納期限である昭和○年○月○日を経過した同○年分申告所得税合計○円を滞納しており，Ｙは，同年○月○日現在，国税債権目録記載のとおりの国税債権を有していたこと。

② Ａは，昭和○年○月○日にその所有する本件土地を代金○円でＸに譲渡し，Ｘは，同年○月○日に本件土地をＢに代金○円で転売したこと。

③ 上記②の転売は，大手不動産会社であるＣ社が仲介に当たっている上，売買当事者間に取引価額を左右する特別の事情が存在したことがうかがえないことから，当時の適正な価額で行われたものと認められるところ，上記転売価額に地価の年間上昇率による時点修正を加えると，Ｘが本件土地を取得した時点での本件土地の時価は○円となること。

④ Ｘが本件土地を取得した時点の時価は○円であるところ，取得価額は○円であり，これは時価の２分の１に満たない価額であるから，本件譲渡は「著しく低い額の対価」による譲渡に当たること。

⑤ Ａは，本件土地以外に財産はなく，本件土地の譲渡により，滞納国税の徴収は不可能になったこと。

エ 再抗弁

○ 仮にＡから受けた利益があるとしても，本件土地の購入代金が○円であるところ，Ｘは，本件譲渡後，自己の費用で測量，境界確認を行っており，これは，本来売主において負担すべき金員を売主に代わって負担したものといえるため，売買代金に含まれるべきものであり，低額譲渡の判定に当たって基準とすべき売買代金額は，○円に当該費用○円を加えた○円とすべきであるから，第二次納税義務を負う「受けた利益の限度」額が過大であること。

⑵ 判決の要旨

広島地裁平成２年２月15日判決は，国税徴収法39条の「著しく低い額の対価」による譲渡該当性について次のように判示する。

㉒ 国税徴収法─国税徴収法39条の「著しく低い額の対価」 383

　「同条〔筆者注：国税徴収法39条〕に規定する第二次納税義務の制度は，形式的には第三者に財産が帰属しているものの，実質的にはなお滞納者にその財産が帰属していると認めても公平を失しないような場合に，その形式的権利の帰属を否認しながら，しかも私法秩序を乱すことを避けつつ，形式的に財産が帰属している第三者に対し，補充的に滞納者の納税義務を負担させることによって租税徴収の確保を図る制度である。したがって，ここにいう『著しく低い額』に該当するか否かは，当該財産の種類，数量の多寡，時価と対価の差額の大小等を総合的に考慮して，当該取引価額が通常の取引価額，すなわち時価に比して社会通念上著しく低いと認められるか否かにより判断すべきものと解するのが相当である。

　所得税法59条（贈与等の場合の譲渡所得等の特例）1項2号を受けた同法施行令169条は，『著しく低い価額の対価』を『資産の譲渡の時における価額の2分の1に満たない金額』と定めている。しかし，同法59条は，資産の値上がりによる増加益が譲渡の時に発現したものとみなして課税することができる場合を定め，もって増加益に対する課税が繰り延べられることを防止することにあるのに対し，国税徴収法39条は，前記のような制度の趣旨に照らし，衡平の理念に基づいて国税債権者と利益を享受している譲受人との調整を図ろうとしているものであって，両者は，その目的，利益状況を異にしているから，国税徴収法39条にいう『著しく低い額の対価』を所得税法59条の場合と同様に解さなければならないものではない。」

　「ところで，国税徴収法基本通達39条関係6〔筆者注：現行7〕は，本文において，『著しく低い額の対価によるものかどうかは，社会通念上，通常の取引に比べ著しく低い額の対価であるかどうかによって判定する。』と定め，その注において『1　値幅のある財産については，特別の事情がない限り，時価のおおむね2分の1に満たない価額をもって著しく低いと判定しても差し支えない。2　対価が時価の2分の1を超えている場合においても，その行為の実態に照らし，時価と対価との差額に相当する金員等の無償譲渡等の処分がされていると認められる場合があることに留意する。』と定めている。右注は，上場株式，社債等のように，一般に時価が明確な財産については，価額の差（時価と対価との差）が比較的僅少であっても『著しく低い』と判定すべき場合があるのに対し，不動産のように通常は人により評価額を異にし，値幅のある財産については価額の差がある程度開いていても直ちには『著しく低い』とはいえない場合があることに鑑みて設けられたものと解される。したがって，『おおむね2分の1』とは，文字通り2分の1前後のある程度幅を含んだ概念と解すべきであって，2分の1を境に低額譲渡と否とを峻別する趣旨ではなく，2分の1をある程度上回っても，諸般の事情に照らし，低額譲渡に当たる場合があることを示したものと解すべきである。

　Xは，右基本通達に照らし，値幅のある財産の場合，『著しく低い額』とは，時価の2分の1に満たない額と解すべきであると主張するが，右説示に照らし採用することができない。」

　「そこで，本件譲渡当時の本件土地の時価について検討するに，一般に土地の時価とは，一般の自由市場において，当該土地の現況に応じ，不特定多数の当事者間で自由な取引が行われる場合に通常成立すると認められる適正な価格をいうものと解すべきである。」

384 第3章 課税要件事実論—各論

「Ｘは，本件譲渡においては，売主が売却を急いでいたこと，実測面積が不明であったこと，抵当権が設定されていたこと，Ｘは，不動産業者であり，土地の購入に当たり，転売利益を見込むことが是認されることなどの事情があり，本件土地の時価の算定に当たっては，右事情をも考慮すべきであると主張するが，低額譲渡に該当するか否かの判定の基準となるべき土地の時価とは，前示説のとおり，一般自由市場において，当該土地の現況に応じ，不特定多数の者の間で自由な取引が行われる場合に客観的に成立する適正な価格と解すべきであるから，売急ぎのような主観的事情やＸが不動産業者であることは考慮すべきではない。……したがって，Ｘの右主張は採用しない。」

(3) 検 討

ア 国税徴収法39条にいう「著しく低い額の対価」

本件では，本件土地の譲渡代金530万円が，国税徴収法39条にいう「著しく低い額の対価」に該当するか否かが中心的論点となった。かかる論点は，法的評価に関する抽象的概念が法律要件となっている規範的要件の問題として捉えることができよう。すなわち，どのような基準をもって判断するかが問題となるのである。

ちなみに，現行の国税徴収法基本通達は次のように通達している。

国税徴収法基本通達39条関係7 《著しく低い額の対価の判定》

　　法39条の「著しく低い額の対価」によるものであるかどうかは，当該財産の種類，数量の多寡，時価と対価の差額の大小等を総合的に勘案して，社会通念上，通常の取引に比べ著しく低い額の対価であるかどうかによって判定し（平成2.2.15広島地判，平成13.11.9福岡高判参照），次のことに留意する。
(1) 一般に時価が明確な財産（上場株式，社債等）については，対価が時価より低廉な場合には，その差額が比較的僅少であっても，「著しく低い額」と判定すべき場合があること。
(2) 値幅のある財産（不動産等）については，対価が時価のおおむね2分の1に満たない場合は，特段の事情のない限り，「著しく低い額」と判定すること。ただし，おおむね2分の1とは，2分の1前後のある程度幅をもった概念をいい，2分の1をある程度上回っても，諸般の事情に照らし，「著しく低い額」と判定すべき場合があること。

本件判決は，所得税法59条《贈与等の場合の譲渡所得等の特例》1項2号および同法施行令169条《時価による譲渡とみなす低額譲渡の範囲》の制度趣旨等と，国税徴収法39条が目的とするところ，すなわち，租税徴収の確保，衡平の理念とは異なるものであるとして，同条にいう「著しく低い額の対価」を，時価の2分

22 国税徴収法─国税徴収法39条の「著しく低い額の対価」　385

の１に満たない価額であると解する必要はないとした。

　　🖉　金子宏東京大学名誉教授も「所得税法59条１項の場合との利益状況の相違にかんがみ，時価を大幅に下回る価額であればよく，時価の２分の１にみたない価額である必要はないと解すべきであろう」と述べられる（金子・租税法166頁）。

国税徴収法39条《無償又は著しい低額の譲受人等の第二次納税義務》

　　滞納者の国税につき滞納処分の執行（…）をしてもなおその徴収すべき額に不足すると認められる場合において，その不足すると認められることが，当該国税の法定納期限の１年前の日以後に，滞納者がその財産につき行った政令で定める無償又は著しく低い額の対価による譲渡（担保の目的でする譲渡を除く。），債務の免除その他第三者に利益を与える処分に基因すると認められるときは，これらの処分により権利を取得し，又は義務を免れた者は，これらの処分により受けた利益が現に存する限度（…）において，その滞納に係る国税の第二次納税義務を負う。

国税徴収法施行令14条《無償又は著しい低額の譲渡の範囲等》

　　法第39条《無償又は著しい低額の譲受人等の第二次納税義務》に規定する政令で定める処分は，国及び法人税法第２条第５号《定義》に規定する法人以外の者に対する処分で無償又は著しく低い額の対価によるものとする。

所得税法59条《贈与等の場合の譲渡所得等の特例》

　　次に掲げる事由により居住者の有する山林（事業所得の基因となるものを除く。）又は譲渡所得の基因となる資産の移転があった場合には，その者の山林所得の金額，譲渡所得の金額又は雑所得の金額の計算については，その事由が生じた時に，その時における価額に相当する金額により，これらの資産の譲渡があったものとみなす。
　一　（略）
　二　著しく低い価額の対価として政令で定める額による譲渡（法人に対するものに限る。）

所得税法施行令169条《時価による譲渡とみなす低額譲渡の範囲》

　　法第59条第１項第２号《贈与等の場合の譲渡所得等の特例》に規定する政令で定める額は，同項に規定する山林又は譲渡所得の基因となる資産の譲渡の時における価額の２分の１に満たない金額とする。

　　今村隆教授は，本件判決の判断につき「『著しく低い額』に当たるか否かは，経済合理性があるか否かとの評価であるとしているものであ〔る〕」と分析し，相続税法７条《贈与又は遺贈により取得したものとみなす場合》の「著しく低い価額」と同様に規範的要件であると述べられる。続いて，国税徴収法基本通達39条関

386　第3章　課税要件事実論─各論

係7の(1)および(2)については，財産には時価が明確なものと値幅のあるものと
があることを勘案し，財産の種類ごとに事実上の推定（🔍**2**─23頁参照）を述べ
ているものと考えると論じられる（今村隆「不確定概念に係る要件事実論」伊藤滋夫＝
岩﨑政明共編『租税訴訟における要件事実論の展開』242頁（青林書院2016）参照）。

イ　国税徴収法39条の要件

　国税徴収法39条による第二次納税義務を課するためには，いかなる要件事実
を押さえるべきであろうか。以下，順にみていくことにしよう。

　国税徴収法39条の要件は，一般に次のように分解されることが多い（浅田久治
郎ほか『租税徴収実務講座─第3巻　特殊徴収手続─〔第2次改訂版〕』99頁（ぎょうせい
2010），浅田久治郎ほか『第二次納税義務制度の実務と理論〔改訂新版〕』167頁（大蔵財務協
会2006），浅田久治郎ほか共編『滞納整理実務の諸問題』42頁（ぎょうせい1991），深谷和夫
＝牧野正満『国税徴収の理論と実際〔新版〕』244頁以下（財経詳報社1992），中山裕嗣『租税
徴収処分と不服申立ての実務〔2訂版〕』413頁（大蔵財務協会2015），橘素子『第二次納税義
務制度の実務』350頁（大蔵財務協会2013）など参照）。

> ①　滞納者がその財産につき，無償又は著しく低い額の対価による譲渡
> 　（担保の目的でする譲渡を除く。），債務の免除その他第三者に利益を
> 　与える処分をしたこと。
> ②　①の無償譲渡等の処分が，滞納国税の法定納期限の1年前の日以後
> 　にされたものであること。
> ③　滞納者の国税につき滞納処分を執行してもなおその徴収すべき額に
> 　不足すると認められること。
> ④　③の国税に不足すると認められることが，①の無償譲渡等の処分に
> 　基因すると認められること。

　✍　なお，実務上は，①と②を合わせて3つの要件に分類している（平成29年3月3日付
　　け徴徴6-9ほか1課共同「第二次納税義務関係事務提要の制定について（事務運営指
　　針）」〔最終改正：令和6年2月22日〕の別冊「第二次納税義務関係事務提要」第2編第
　　8章第1節の100「成立の要件」参照）。

しかし，条文に則してみれば，さらに次の要件を導出できよう。

> ⑤　①の無償譲渡等の処分の相手方が，権利を取得し，または義務を免

れたこと。

⑥　①の無償譲渡等の処分の相手方が，⑤の権利取得または義務の免除
　により利益を受けたこと。

　したがって，国税徴収法39条の第二次納税義務は，これら6つの要件をすべ
て充足することにより課すことが可能となると整理することができるのである。
　ところで，上記要件の⑤と⑥の関係をみると，処分の相手方が権利を取得し
または義務を免れたということは，すなわち利益を受けたことにほかならない
から，これらを2つの要件に分ける必要があるのかという問題も惹起されよう。
　この点，今村隆教授は，「国税徴収法39条の『利益を受けたこと』とは，受益
財産の価額から費用等の出捐を控除した額であるとされている。この点は，旧
国税徴収法〔明治30年法律21号〕4条ノ7においても括弧書きで規定されている
ことであり，旧国税徴収法以来の沿革である。この点は，最高裁昭和51年10月
8日判決（判時835号60頁）が，受益財産の取得により課される道府県民税及び市
町村民税を控除すべきか否かが争われた事案において，『国税徴収法39条にい
う「受けた利益の限度」の額は，当該受益の時を基準として算定すべきもので
あるから，その算定上受益財産の価額から控除すべき出捐は，右受益の時にお
いてその存否及び数額が法律上客観的に確定しているものであることを要する
と解するのが相当である。しかるところ，受益財産の取得により課される道府
県民税及び市町村民税は，当該財産の取得による所得のみならず，その年中に
生じた他の所得及び損失等との関連において課税標準及び税額が異動するもの
であって，受益の時においてはその納税義務の存否及び数額を法律上客観的に
確定することができないものであるから，たとえその後に右税額が確定しこれ
を納付したとしても，その納付税額は，前記「受けた利益の限度」の額の算定
にあたり，これを受益財産の価額から控除すべきものではないといわなければ
ならない。』として，『利益を受けたこと』から費用等を控除することを前提と
していることからも明らかである。そうすると，ここで『利益を受けたこと』
とは，費用を控除した『ネットの利益』であり，権利取得や義務の免除と同一
ではなく，ここから費用等を控除しなければならないこととなり，別の要件と
考える必要がある。」と論じられる（今村「国税徴収法39条の第二次納税義務の適用範
囲と要件事実」日本大学法科大学院法務研究12号1頁（2015）参照）。

388　　第 3 章　課税要件事実論─各論

　国税徴収法39条の第二次納税義務は，旧国税徴収法 4 条ノ 7 に所要の合理化
を図って改正されたものである。現行国税徴収法の制定に際して，旧大蔵省に
設置された諮問機関である租税徴収制度調査会は「第二次納税義務の制度は，
形式的に第三者に財産が帰属している場合であっても，実質的には納税者にそ
の財産が帰属していると認めても，公平を失しないときにおいて，形式的な権
利の帰属を否認して，私法秩序を乱すことを避けつつ，その形式的に権利が帰
属している者に対して補充的に納税義務を負担させることにより，徴税手続の
合理化を図るために認められている制度である。」と述べ（昭和33年12月付け租税
徴収制度調査会「租税徴収制度調査会答申─附参考資料─」12頁参照），同制度の在り方
としての趣旨[2]を説く。その上で，国税徴収法39条の規定に関しては「現行制
度においては，詐害行為の取消を訴訟によらず行政処分によりこれと同じ効果
をあげるようにするため，滞納者の親族等特殊関係者に対して財産を無償又は
低額譲渡をした場合（最も古い滞納に係る租税の納期限の 2 年前に譲渡した場合を除
く。）には，現に有する財産の価額（対価を支払ったときは，その額を控除した額）を
限度として，第二次納税義務を負わせている。この制度を一層合理化し，租税
の法定納期限の 1 年前以降に納税者がその財産を無償又は著しく低い対価によ
り譲渡し，又は用益物権等の設定をさせた場合においては，その財産の譲受者
又は権利者等に対して現に有する利益（納税者の特殊関係者に対して譲渡した場合又
は譲受者等が悪意の場合においては，譲渡等の時における当該財産の価額）を限度として，
納税者の滞納税額につき第二次納税義務を負わせるべきである。なお，債務免
除の場合にも，上記に準ずべきである。」と答申した（同答申15頁参照）。

　　この答申を受けて，国税徴収法39条による第二次納税義務の徴収制度は，①
処分行為の対象期間の見直し，②処分行為の範囲の拡充，③処分行為者の範囲
の拡充（主観的要件の排除），④親族等特殊関係者の責任限度の拡充，という 4 つ
の点を合理化し，現行法の制定をみたことに重要な意義がある（吉国二郎ほか共
編『国税徴収法精解〔第18版〕』373頁（大蔵財務協会2015））。このような主観的要件の
排除は，詐害行為取消権と同様の効果を期待するものではないことの表れであ
ろう。したがって，同制度は，租税債権者の保護と第二次納税義務者の権利利
益の保護の衡平の理念に従って調整されることが要請されるから，原則として
第二次納税義務者の固有の財産的損失において国税の満足を図ることは許され
るべきではないと思われる（小林徹編著『国税徴収法基本通達逐条解説〔平成28年版〕』

350頁以下（大蔵財務協会2016）参照）。

そうすると，かかる立法趣旨から導かれるように，国税徴収法39条にいう「受けた利益」の意義についても容易に理解することが可能となり，上記要件の⑤と⑥は別個に必要なものとして整理できよう。

ウ　国税徴収法39条の主張・立証責任

税務署長が納税者の国税を第二次納税義務者から徴収しようとするときは，第二次納税義務者に対し，徴収しようとする金額，納付期限及び場所等（徴令11①）を記載した納付通知書により告知しなければならない（徴法32①）。かかる納付告知により，それまで法定の要件を具備することによって抽象的に成立していた第二次納税義務が，具体的に確定し，納付通知書により告知された金額を納付期限（徴令11④）までに納税する義務が生じることになる。

このような第二次納税義務告知処分の性格をみると，更正処分と何ら異なるところはないから，第二次納税義務告知処分取消訴訟の訴訟物は，同処分の違法性一般である（課税処分取消訴訟における訴訟物については，🔍**11**—145頁参照）。この処分は侵害処分であることから，その取消訴訟において第二次納税義務者は，請求原因としては第二次納税義務告知処分を特定し，処分が違法である旨の抽象的主張をすれば足りる。一方で，被告処分庁は，その抗弁として，同処分の適法性を基礎付けるために，第二次納税義務の要件事実の主張・立証活動を行う必要があろう（租税事件訴訟研究会『徴収訴訟の理論と実務〔改訂版〕』250頁以下（税務経理協会2000）参照）。

> ✍　これに対し，第二次納税義務告知処分の無効確認訴訟では，重大かつ明白な違法という要件が問題となるので，第二次納税義務者が請求原因として処分の無効事由を主張・立証すべきことになる（最高裁昭和42年4月7日第二小法廷判決（民集21巻3号572頁）[3]参照）。

ここで問題となるのは，被告処分庁が主張・立証活動を行うべき要件の範囲である。すなわち，上記イの6つの要件のすべての立証責任を被告処分庁が負うかどうかが問題となる。上記イの①ないし⑤の要件については，被告処分庁が立証責任を負うことに異論はなかろう。では，⑥の要件についてはどのように捉えるべきであろうか。

第二次納税義務の趣旨については，私法における詐害行為の取消しという訴訟手続に代えて，簡易・迅速に租税徴収の確保を図るものであるという見解

390　第3章　課税要件事実論―各論

（吉国ほか・前掲書372頁以下参照）と，立法の動機がそうであるとしても，その内容からみて，詐害行為の取消しよりも一種の不当利得返還に類似するものと捉える見解（浅田ほか・前掲『租税徴収実務講座』98頁など参照）がある。両者の相違は，立法目的からみたものと成文化された条文からみたものとの違いによるといえるが，前述のとおり，国税徴収法39条の第二次納税義務と詐害行為取消権とは成立要件が異なること，また，第三者に対する同義務は詐害行為取消しの場合と異なり現存利益の限度で納税義務を負うことなどからみれば，後者の見解が妥当しよう。

　してみると，上記イの⑥の要件の立証責任を考えるに当たっては，民法703条《不当利得の返還義務》の不当利得返還義務が問題となった最高裁平成3年11月19日第三小法廷判決（民集45巻8号1209頁）[4]が参考となろう。同最高裁は「金銭の交付によって生じた不当利得につきその利益が存しないことについては，不当利得返還請求権の消滅を主張する者において主張・立証すべき」とその責任を明確に判示し，要件事実を消滅要件と捉えて，利得者に主張・立証責任があることを示したものといえる。

民法703条《不当利得の返還義務》
　　法律上の原因なく他人の財産又は労務によって利益を受け，そのために他人に損失を及ぼした者…は，その利益の存する限度において，これを返還する義務を負う。

　また，上記に加えて，今村隆教授は，「『受けた利益の限度』については，国税徴収法39条と類似する規定である国税通則法9条の2〔筆者注：現行9条の3〕において，『法人が分割（…）をした場合には，当該分割により事業を承継した法人は，当該分割をした法人の次に掲げる国税（…）について，連帯納付の責めに任ずる。ただし，当該分割をした法人から承継した財産(…)の価額を限度とする。』と『利益の限度』を但書で規定しているが，これは，立法担当者の説明によると，『…この連帯納付責任の限度額については，国税当局において，分割承継法人による連帯納付責任に係る国税，地方税等及び商法等の弁償責任に係る債務の履行状況等を全て把握した上でその限度額を立証することは困難であること等を勘案し，ただし書きによって規定されています。』と説明されているとおり（中尾睦「改正税法のすべて〔平成13年度〕」524頁），『利益の限度』の立証責任を分割承継法人に転換させるためとしていることが参考となる。」と説

明される（今村・前掲「国税徴収法39条の第二次納税義務の適用範囲と要件事実」1頁）。

> **国税通則法9条の3《法人の分割に係る連帯納付の責任》**
> 　　法人が分割…をした場合には，当該分割により事業を承継した法人は，当該分割をした法人の次に掲げる国税…について，連帯納付の責めに任ずる。ただし，当該分割をした法人から承継した財産（当該分割をした法人から承継した信託財産に属する財産を除く。）の価額を限度とする。
> 　一　分割の日前に納税義務の成立した国税（…）
> 　二　分割の日の属する月の前月末日までに納税義務の成立した移出に係る酒税等及び航空機燃料税

　以上みてきたように，国税徴収法39条にいう「受けた利益が現に存する限度」や「受けた利益の限度」は，ただし書で規定してはいないものの，「権利を取得し，又は義務を免れた」ことに伴って支出した費用等については，権利発生の消滅ないし障害事由に当たると解されるから，上記イの⑥の要件の立証責任は第二次納税義務者に移り，再抗弁となると思われる。

〔注〕
(1)　判例評釈として，増田英敏・ジュリ981号125頁（1991），橘素子・国税速報6054号9頁（2009）など参照。
(2)　同旨の判決として，本件判決のほか，東京高裁昭和51年1月29日判決（行集27巻1号143頁），大阪高裁昭和48年11月8日判決（行集24巻11＝12号1227頁），福岡高裁平成13年11月9日判決（裁判所HP），最高裁平成18年1月19日第一小法廷判決（民集60巻1号65頁），大阪地裁平成19年12月13日判決（判タ1269号169頁）などがある。なお，大阪地裁平成19年12月13日判決の判例評釈として，佐藤英明・ジュリ1385号136頁（2009）参照。その他，地方税法11条の8《無償又は著しい低額の譲受人等の第二次納税義務》に定める第二次納税義務に関するものについては，最高裁平成27年11月6日第二小法廷判決（民集69巻7号1796頁）がある。同判決の判例評釈として，中丸隆・平成27年度最高裁判所判例解説〔民事篇〕〔下〕466頁（2018），渕圭吾・ジュリ1497号131頁（2016），今本啓介・民商152巻3号27頁（2015），藤岡祐治・平成28年度重要判例解説〔ジュリ臨増〕208頁（2017），藤岡祐治・租税百選〔7〕54頁（2021），酒井克彦・ジュリ1490号10頁（2016）など参照。
(3)　判例評釈として，豊水道祐・昭和42年度最高裁判所判例解説〔民事篇〕156頁（1970），佐伯祐二・行政百選Ⅱ〔8〕388頁（2022），山村恒年・行政百選Ⅱ〔3〕420頁（1993），佐藤繁・行政百選Ⅱ402頁（1979），可部恒雄・行政百選〔新版〕261頁（1970），市原昌三郎・昭和41・42年度重要判例解説〔ジュリ臨増〕158頁（1973），高林克己・判時495号131頁（1967），滝川叡一・民商57巻4号635頁（1968），池田敏雄・法協85巻4号606頁（1968）など参照。
(4)　判例評釈として，富越和厚・平成3年度最高裁判所判例解説〔民事篇〕443頁（1994），本田純一・平成3年度重要判例解説〔ジュリ臨増〕77頁（1992），池田清治・法協112巻

392　　第3章　課税要件事実論—各論

10号1438頁（1995），平田健治・民商106巻6号845頁（1992），松本久・平成4年度主要民事判例解説〔判タ臨増〕70頁（1993），小林亘・金法1320号44頁（1992），下森定・金法1331号11頁（1992），土田哲也・判評401号190頁（1992），後藤巻則・法セ450号116頁（1992）など参照。

23 通達と課税要件——取引相場のない株式の評価

(1) 事案の紹介

　Ｔ製造株式会社（以下「Ｔ製造」という。）の代表取締役であった被相続人Ｋは，自身の有していたＴ製造の株式のうち72万5,000株を，平成19年8月1日，Ｓ会に対して譲渡した（以下，これを「本件株式譲渡」といい，本件株式譲渡に係るＴ製造の株式を「本件株式」という。）。これにつき，Ｋの相続人であり相続によりＫの平成19年分の所得税の納付義務を承継したＸら（原告）は，本件株式譲渡に係る譲渡所得の収入金額を譲渡対価と同じ金額（配当還元方式により算定した価額に相当する金額）として，Ｋの上記所得税の申告をしたところ，税務署長Ｙ（被告）が，本件株式譲渡の譲渡対価はその時における本件株式の価額（類似業種比準方式により算定した価額）の2分の1に満たないから，本件株式譲渡は所得税法59条《贈与等の場合の譲渡所得等の特例》1項2号の低額譲渡に当たるとして，Ｘらに対し，更正処分および過少申告加算税の賦課決定処分をした。そこで，Ｘらは，これらの処分（更正処分については修正申告または先行する更正処分の金額を超える部分）の各取消しを求めて提訴した。

> **所得税法59条《贈与等の場合の譲渡所得等の特例》**
>
> 　　次に掲げる事由により居住者の有する山林（事業所得の基因となるものを除く。）又は譲渡所得の基因となる資産の移転があった場合には，その者の山林所得の金額，譲渡所得の金額又は雑所得の金額の計算については，その事由が生じた時に，その時における価額に相当する金額により，これらの資産の譲渡があったものとみなす。
> 一　贈与（法人に対するものに限る。）又は相続（限定承認に係るものに限る。）若しくは遺贈（法人に対するもの及び個人に対する包括遺贈のうち限定承認に係るものに限る。）
> 二　著しく低い価額の対価として政令で定める額による譲渡（法人に対するものに限る。）

　なお，本件株式譲渡の時点において，Ｔ製造は，財産評価基本通達（以下「評価通達」という。）178《取引相場のない株式の評価上の区分》に規定する「大会社」に，Ｔ製造の株式は，所得税基本通達23～35共－9《株式等を取得する権利の価額》の(4)ニの株式および評価通達における「取引相場のない株式」に，それぞれ該当

394　第 3 章　課税要件事実論―各論

する。

図表 1　本件株式の評価

	Xらの主張	Yの主張
評価方法	配当還元方式	類似業種批準方式
議決権割合の判定	譲渡後	譲渡直前
議決権割合	14.91%＜15%	22.79%＞15%
1 株当たり評価額	75円	2,990円
取引価格	75円 /75円	75円 /2,990円
1/2基準（所令169）	1/2以上	1/2未満
低額譲渡該当性（所法59）	該当しない	該当する

(2)　課税に至るまでの経緯

〔1〕　本件株式譲渡について　　Kは，平成19年 8 月 1 日，S 会に対し，自己が有する T 製造の株式のうち72万5,000株（本件株式）を，代金 1 株当たり75円，合計5,437万5,000円，代金の支払期限を同月10日までなどとして譲渡した（本件株式譲渡）。本件株式譲渡における 1 株当たり75円という代金額は，本件株式を配当還元方式により評価して得た金額と同額である。本件株式譲渡前後のT 製造の株主構成は図表 2 のとおりである。

図表 2　T 製造の株主構成

```
• 本件株式譲渡前（平成19年 7 月31日以前）
 (ア) K                        146万0700株 （15.88%）
 (イ) K親族ら                  合計63万5820株 （6.91%）
   ┌─────────────────────────────────────┐
   │  以上合計　209万6520株（22.79%）     │
   └─────────────────────────────────────┘
 (ウ) I 会                     222万4400株 （24.18%）
 (エ) 研究会持株会              221万0730株 （24.03%）
 (オ) 従業員持株会              231万5150株 （25.16%）
 (カ) その他の個人株主          合計35万3200株 （3.84%）

• 本件株式譲渡後（平成19年 8 月 1 日以後）
 (ア) K                        73万5700株 （8.00%）
 (イ) K親族ら                  合計63万5820株 （6.91%）
   ┌─────────────────────────────────────┐
   │  以上合計　137万1520株（14.91%）     │
   └─────────────────────────────────────┘
 (ウ) S 会                     72万5000株 （7.88%）
 (エ) I 会                     222万4400株 （24.18%）
 (オ) 研究会持株会              221万0730株 （24.03%）
 (カ) 従業員持株会              231万5150株 （25.16%）
 (キ) その他の個人株主          合計35万3200株 （3.84%）
```

なお，ＫおよびＫ親族らは，評価通達188《同族株主以外の株主等が取得した株式》の適用において，相互に「同族関係者」に当たる。

〔2〕　Ｘらに対する課税処分の経緯等　　本件相続に伴い，Ｘらは，平成20年3月13日，Ｋの平成19年分の所得税につき所得税法125条《年の中途で死亡した場合の確定申告》1項による準確定申告書を提出した。かかる申告は，本件株式譲渡に係る譲渡所得の収入金額を，その代金額と同額の1株当たり75円とするものであった。

Ｙは，平成22年4月21日付けで，Ｘらに対し，本件株式譲渡の時における本件株式の価額は類似業種比準方式により算定した1株当たり2,990円であり，本件株式譲渡は所得税法59条1項2号の低額譲渡に当たるから，本件株式譲渡に係る譲渡所得の収入金額は1株当たり2,990円であるとして，Ｋの平成19年分の所得税の更正処分および過少申告加算税の賦課決定処分をした。

これは，いわゆるタキゲン事件上告審最高裁令和2年3月24日第三小法廷判決（集民263号63頁）[1]を素材として加工したものであるが，ここでは，通達が課税要件にいかなる影響を及ぼすかという点について，検討を加えることとしよう。

ア　請求の趣旨

①　ＹがＸに対し，平成○年○月○日付けでした更正処分および過少申告加算税賦課決定処分を取り消す。

②　訴訟費用はＹの負担とする。

との判決を求める。

イ　請求原因

①　Ｙは，本件株式譲渡が所得税法59条1項2号の低額譲渡に当たるとして，更正処分をしたこと。

・平成○年分…総所得金額を○円，納付すべき税額を○円

②　Ｘは，請求原因①の更正処分を不服として，平成○年○月○日，本件処分につき，Ｙに対して異議を申し立てたが，同年○月○日付けで棄却されたため，同年○月○日，国税不服審判所長に対し審査請求をしたところ，これも同年○月○日付けで棄却されたこと。

③　請求原因①は，株式の取得者の取得後の議決権割合である14.91％によって判断し，15％未満に該当すると解すべきであり，評価通達188(3)に該

396　第3章　課税要件事実論―各論

当することとなり，配当還元方式によることとなるにもかかわらず，議決
権割合を15％未満に該当しないとした違法があること。

ウ　抗　弁

① 　Yは，低額譲渡の判定の基礎となる本件株式譲渡の時における本件株式
の価額について，譲渡直前の議決権割合からすれば，評価通達188(3)にい
う「同族関係者の有する議決権の合計数」は22.79％であるから，15％未満
に該当しないこと。

② 　本件株式譲渡に係る平成○年分の譲渡所得の金額は○円，同○年分の所
得控除の金額は○円であること。

(3)　判決の要旨

〔1〕 　第一審東京地裁平成29年8月30日判決（訟月66巻12号1945頁）はXの請
求を棄却し，控訴審東京高裁平成30年7月19日判決（訟月66巻12号1976頁）も第一
審の判断を維持した。

これに対し，上告審最高裁令和2年3月24日第三小法廷判決は，次のように
説示し，原判決中Xらの敗訴部分を破棄し，原審に差し戻した。

「(1)　譲渡所得に対する課税は，資産の値上がりによりその資産の所有者に帰属す
る増加益を所得として，その資産が所有者の支配を離れて他に移転するのを機会に，
これを清算して課税する趣旨のものである（最高裁昭和41年（行ツ）第8号同43年10
月31日第一小法廷判決・裁判集民事92号797頁，最高裁同41年（行ツ）第102号同47年
12月26日第三小法廷判決・民集26巻10号2083頁等参照）。すなわち，譲渡所得に対す
る課税においては，資産の譲渡は課税の機会にすぎず，その時点において所有者であ
る譲渡人の下に生じている増加益に対して課税されることとなるところ，所得税法59
条1項は，同項各号に掲げる事由により譲渡所得の基因となる資産の移転があった場
合に当該資産についてその時点において生じている増加益の全部又は一部に対して課
税できなくなる事態を防止するため，『その時における価額』に相当する金額により
資産の譲渡があったものとみなすこととしたものと解される。
　(2)　所得税法59条1項所定の『その時における価額』につき，所得税基本通達59-
6は，譲渡所得の基因となった資産が取引相場のない株式である場合には，同通達59
-6の(1)～(4)によることを条件に評価通達の例により算定した価額とする旨を定める。
評価通達は，相続税及び贈与税の課税における財産の評価に関するものであるところ，
取引相場のない株式の評価方法について，原則的な評価方法を定める一方，事業経営
への影響の少ない同族株主の一部や従業員株主等においては，会社への支配力が乏し
く，単に配当を期待するにとどまるという実情があることから，評価手続の簡便性を
も考慮して，このような少数株主が取得した株式については，例外的に配当還元方式

によるものとする。そして，評価通達は，株式を取得した株主の議決権の割合により配当還元方式を用いるか否かを判定するものとするが，これは，相続税や贈与税は，相続等により財産を取得した者に対し，取得した財産の価額を課税価格として課されるものであることから，株式を取得した株主の会社への支配力に着目したものということができる。

これに対し，本件のような株式の譲渡に係る譲渡所得に対する課税においては，当該譲渡における譲受人の会社への支配力の程度は，譲渡人の下に生じている増加益の額に影響を及ぼすものではないのであって，前記の譲渡所得に対する課税の趣旨に照らせば，譲渡人の会社への支配力の程度に応じた評価方法を用いるべきものと解される。

そうすると，譲渡所得に対する課税の場面においては，相続税や贈与税の課税の場面を前提とする評価通達の前記の定めをそのまま用いることはできず，所得税法の趣旨に則し，その差異に応じた取扱いがされるべきである。所得税基本通達59－6は，取引相場のない株式の評価につき，少数株主に該当するか否かの判断の前提となる『同族株主』に該当するかどうかは株式を譲渡又は贈与した個人の当該譲渡又は贈与直前の議決権の数により判定すること等を条件に，評価通達の例により算定した価額とする旨を定めているところ，この定めは，上記のとおり，譲渡所得に対する課税と相続税等との性質の差異に応じた取扱いをすることとし，少数株主に該当するか否かについても当該株式を譲渡した株主について判断すべきことをいう趣旨のものということができる。

ところが，原審は，本件株式の譲受人であるS会が評価通達188の(3)の少数株主に該当することを理由として，本件株式につき配当還元方式により算定した額が本件株式譲渡の時における価額であるとしたものであり，この原審の判断には，所得税法59条1項の解釈適用を誤った違法がある。」

「以上によれば，原審の判断には判決に影響を及ぼすことが明らかな法令の違反がある。論旨は理由があり，原判決中Xら敗訴部分は破棄を免れない。そして，本件株式譲渡の時における本件株式の価額等について更に審理を尽くさせるため，上記部分につき本件を原審に差し戻すこととする。

よって，裁判官全員一致の意見で，主文のとおり判決する。なお，裁判官宇賀克也，同宮崎裕子の各補足意見がある。」

〔2〕 差戻控訴審東京高裁令和3年5月20日判決（税資271号順号13564）は，Xの請求を棄却し，Yの更正処分等を適法と判断した（なお，差戻上告審最高裁令和4年2月18日第二小法廷決定（税資272号順号13672）は，上告不受理とした。）。

(4) みなし譲渡所得課税

ア 所得税法59条

所得税法59条1項は，①贈与（法人に対するものに限る。）または相続（限定承認に係るものに限る。）もしくは遺贈（法人に対するものおよび個人に対する包括遺贈のうち

398　第3章　課税要件事実論─各論

限定承認に係るものに限る。）（所法59①一）や，②著しく低い価額の対価として政令
で定める額による譲渡（法人に対するものに限る。）（所法59①二）により居住者の有
する山林（事業所得の基因となるものを除く。）または譲渡所得の基因となる資産の
移転があった場合には，その者の山林所得の金額，譲渡所得の金額または雑所
得の金額の計算については，その事由が生じた時に，「その時における価額」
に相当する金額により，これらの資産の譲渡があったものとみなす旨規定する
（みなし譲渡）。もっとも，同条項にいう「その時における価額」とはどのような
額を指すのかについて，所得税法は明確な規定を用意していないため，この点
は専ら解釈に委ねられることになる。そこで，課税実務においては，同条項に
規定する「その時における価額」について通達を発遣している。すなわち，所
得税基本通達59-6《株式等を贈与等した場合の「その時における価額」》は，「原則と
して」評価通達の扱いに従う旨述べているのである。

令和2年改正前所得税基本通達59-6《株式等を贈与等した場合の「その時における価額」》

　　法第59条第1項の規定の適用に当たって，譲渡所得の基因となる資産が株式…で
ある場合の同項に規定する「その時における価額」とは，23〜35共-9に準じて算
定した価額による。この場合，23〜35共-9の(4)ニに定める「1株又は1口当たり
の純資産価額等を参酌して通常取引されると認められる価額」とは，原則として，
次によることを条件に，昭和39年4月25日付直資56・直審（資）17「財産評価基本
通達」（法令解釈通達）の178から189-7まで《取引相場のない株式の評価》の例に
より算定した価額とする。
(1)　財産評価基本通達188の(1)に定める「同族株主」に該当するかどうかは，株式
　　を譲渡又は贈与した個人の当該譲渡又は贈与直前の議決権の数により判定するこ
　　と。
(2)〜(4)　（略）

イ　評価通達の取扱い

　このように，所得税基本通達59-6は，評価通達188(1)を準用する旨を通達し
ていることから，同通達を確認しておく必要があろう。

財産評価基本通達188《同族株主以外の株主等が取得した株式》

　　178《取引相場のない株式の評価上の区分》の「同族株主以外の株主等が取得し
た株式」は，次のいずれかに該当する株式をいい，その株式の価額は，次項の定め
による。

(1) 同族株主のいる会社の株式のうち，同族株主以外の株主の取得した株式

この場合における「同族株主」とは，課税時期における評価会社の株主のうち，株主の1人及びその同族関係者（法人税法施行令第4条《同族関係者の範囲》に規定する特殊の関係のある個人又は法人をいう。以下同じ。）の有する議決権の合計数がその会社の議決権総数の30％以上（その評価会社の株主のうち，株主の1人及びその同族関係者の有する議決権の合計数が最も多いグループの有する議決権の合計数が，その会社の議決権総数の50％超である会社にあっては，50％超）である場合におけるその株主及びその同族関係者をいう。

(2) 中心的な同族株主のいる会社の株主のうち，中心的な同族株主以外の同族株主で，その者の株式取得後の議決権の数がその会社の議決権総数の5％未満であるもの（課税時期において評価会社の役員（社長，理事長並びに法人税法施行令第71条第1項第1号，第2号及び第4号に掲げる者をいう。以下この項において同じ。）である者及び課税時期の翌日から法定申告期限までの間に役員となる者を除く。）の取得した株式

この場合における「中心的な同族株主」とは，課税時期において同族株主の1人並びにその株主の配偶者，直系血族，兄弟姉妹及び1親等の姻族（これらの者の同族関係者である会社のうち，これらの者が有する議決権の合計数がその会社の議決権総数の25％以上である会社を含む。）の有する議決権の合計数がその会社の議決権総数の25％以上である場合におけるその株主をいう。

(3) 同族株主のいない会社の株主のうち，課税時期において株主の1人及びその同族関係者の有する議決権の合計数が，その会社の議決権総数の15％未満である場合におけるその株主の取得した株式

(4) 中心的な株主がおり，かつ，同族株主のいない会社の株主のうち，課税時期において株主の1人及びその同族関係者の有する議決権の合計数がその会社の議決権総数の15％以上である場合におけるその株主で，その者の株式取得後の議決権の数がその会社の議決権総数の5％未満であるもの（(2)の役員である者及び役員となる者を除く。）の取得した株式

この場合における「中心的な株主」とは，課税時期において株主の1人及びその同族関係者の有する議決権の合計数がその会社の議決権総数の15％以上である株主グループのうち，いずれかのグループに単独でその会社の議決権総数の10％以上の議決権を有している株主がいる場合におけるその株主をいう。

　上記通達は，前述の評価通達178の「同族株主以外の株主等が取得した株式」に該当する株式の範囲を述べる通達であるが，ここに掲げられる株式の価額は，実際は，次項すなわち188－2の定めによることになる。

　そして，評価通達188－2《同族株主以外の株主等が取得した株式の評価》は，同通達188の株式の価額は，その株式に係る年配当金額を基として，次の算式により計算した金額によって評価するとしている。

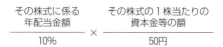

ただし，その金額がその株式を評価通達179《取引相場のない株式の評価の原則》の定めにより評価するものとして計算した金額を超える場合には，かかる定めにより計算した金額によって評価するとしている。

ウ 所得税法59条1項にいう「その時における価額」

(ア) 用語法からみた所得税法59条1項にいう「その時における価額」と「時価」

所得税法59条1項にいう「その時における価額」について，多数説は「時価」を指すとする。同条項にいう「その時における価額」とはあくまでも「その時におけるその資産の価額」であるから，そのことを一般に「時価」というのであるとすれば，用語の違いに拘泥する必要はないのかもしれない。この点，相続税法22条にいう「時価」とは，不特定多数の者の間で成立するであろう客観的交換価額と解されており，対象となる資産の市場における価値をもって評価するのが課税実務の基底にある考え方であるといえよう。それは，評価通達1《評価の原則》(2)において，「時価の意義」が，「財産の価額は，時価によるものとし，時価とは，課税時期…において，それぞれの財産の現況に応じ，不特定多数の当事者間で自由な取引が行われる場合に通常成立すると認められる価額をいい，その価額は，この通達の定めによって評価した価額による。」とされているところにも明確に表れている（🔍⓲(4)—315頁参照）。

このような相続税法上の「時価」の考え方と同様に，所得税法59条1項にいう「その時における価額」を譲渡時の客観的交換価額と捉える裁判例も散見されるところである。例えば，神戸地裁昭和59年4月25日判決（税資136号221頁）は，「所得税法59条にいう『その譲渡の時における価額』とは，当該譲渡の時における時価，すなわち，自由市場において市場の事情に十分通じ，かつ，特別の動機を持たない多数の売手と買手とが存在する場合に成立すると認められる客観的交換価格（市場価格）であると解すべきである。」としており，「その時における価額」を「時価」と捉えていることが分かる。しかしながら，租税法律主義の下では，まず文理解釈が優先されるべきであると考えるところ，所得税法59条1項が「時価」という用語ではなく，あえて「その時における価額」と規定していることを忘れてはならないのではなかろうか。これは，相続税法22

条が「時価」という用語を使用しているのとは異なる。執行上の便宜や申告納税制度の下での納税者の便宜を考えれば，相続税法22条にいう「時価」と所得税法59条1項にいう「その時における価額」を同義と解することは都合がよいかもしれないが，そうであるとすれば，なぜ，租税法という1つの法体系の中で，あえて「時価」と「その時における価額」という別の用語が採用されているのか疑問が浮上する。執行上の混乱を招来することが予想されるのにもかかわらず，特段の理由なく所得税法と相続税法とで違う用語を使用しているとみることが妥当であろうか。

(イ) 譲渡所得課税の規定としての所得税法59条1項

　さて，相続税が，「遺産」の取得に対する課税であることにかんがみれば，そこにいう「時価」とは，財産が相続時においていかなる価値を有するのか，市場においていかなる評価が付されるかという点に関心が置かれているものといえよう。他方で，所得税法59条1項にいう「その時における価額」に示される資産価値はいかなる意味を有するものであろうか。所得税法59条は，相続税の考え方とは異なり，資産の譲渡があったものとみなす規定である。重要な点は，「その時における価額」とは，資産の譲渡があったものとみなされることとなった場合の，かかる譲渡所得の金額の計算の基礎となる規定であるという点である。同条項を文理解釈すると，「その時における価額」に相当する金額と「対価」との開差により，これらの資産の譲渡があったものとみなすか否かを判断するのか必ずしも明確ではない。一般的には，対象となる資産の譲渡「対価」の額が「その時における価額」に比して著しく低いか否かで判断をし，著しく低いときには，みなし譲渡所得課税のトリガーが引かれると解されている。少なくとも，「その時における価額」とは，資産の譲渡があったものとみなす場合の，譲渡所得の金額の計算の基礎として擬制される収入金額になるものである。

エ　増加益清算課税説とキャピタルゲイン課税

　ところで，これまで学説では，譲渡所得に対する課税は増加益清算課税説によって説明されており（金子・租税法264頁），判例においてもかかる見解が支配的であるといえる。いわゆる榎本家事件最高裁昭和43年10月31日第一小法廷判決（集民92号797頁）[2]は，次のように判示する。

402　第3章　課税要件事実論―各論

> 「譲渡所得に対する課税は，…資産の値上りによりその資産の所有者に帰属する増加益を所得として，その資産が所有者の支配を離れて他に移転するのを機会に，これを清算して課税する趣旨のものと解すべきであり，売買交換等によりその資産の移転が対価の受入を伴うときは，右増加益は対価のうちに具体化されるので，これを課税の対象としてとらえたのが旧所得税法（昭和22年法律第27号，以下同じ。）9条1項8号の規定である。そして，対価を伴わない資産の移転においても，その資産につきすでに生じている増加益は，その移転当時の右資産の時価に照して具体的に把握できるものであるから，同じくこの移転の時期において右増加益を課税の対象とするのを相当と認め，資産の贈与，遺贈のあった場合においても，右資産の増加益は実現されたものとみて，これを前記譲渡所得と同様に取り扱うべきものとしたのが同法5条の2の規定なのである。されば，右規定は決して所得のないところに課税所得の存在を擬制したものではなく，またいわゆる応能負担の原則を無視したものともいいがたい。のみならず，このような課税は，所有資産を時価で売却してその代金を贈与した場合などとの釣合いからするも，また無償や低額の対価による譲渡にかこつけて資産の譲渡所得課税を回避しようとする傾向を防止するうえからするも，課税の公平負担を期するため妥当なものというべきであり，このような増加益課税については，納税の資力を生じない場合に納税を強制するものとする非難もまたあたらない。」

　また，最高裁昭和47年12月26日第三小法廷判決（民集26巻10号2013頁）[3]においても増加益清算課税説の立場から次のように説示されている。

> 「一般に，譲渡所得に対する課税は，資産の値上りによりその資産の所有者に帰属する増加益を所得として，その資産が所有者の支配を離れて他に移転するのを機会に，これを清算して課税する趣旨のものと解すべきであることは，当裁判所の判例とするところである（昭和41年（行ツ）第8号昭和43年10月31日第一小法廷判決・裁判集民事92号797頁）。したがって，譲渡所得の発生には，必ずしも当該譲渡が有償であることを要せず，昭和40年法律第33号による改正前の旧所得税法（昭和22年法律第27号）においては，資産の譲渡が有償であるときは同法9条1項8号，無償であるときは同法5条の2が適用されることとなるのであるが，前述のように，年々に蓄積された当該資産の増加益が所有者の支配を離れる機会に一挙に実現したものとみる建前から，累進税率のもとにおける租税負担が大となるので，法は，その軽減を図る目的で，同法9条1項8号の規定により計算した金額の合計金額から15万円を控除した金額の10分の5に相当する金額をもって課税標準とした（同条1項）のである。」

　増加益清算課税説によると，外的条件の変化による資産価値の変動を所得計算に反映させることが譲渡所得課税の本質であるから，本来，「資産の取得方法や使用収益といった主観的事情」を所得金額の計算過程に反映させるべきではないことになる（岡村忠生「キャピタルゲイン・ロス課税の創設」税通53巻10号37頁

(1998))。二重利得法も同様の考え方に立つといえよう（所基通33－4，33－5）（金子宏「譲渡所得の意義と範囲―二重利得法の提案を含めて」同『課税単位及び譲渡所得の研究』113頁（有斐閣1996），占部裕典「土地の譲渡による所得の区分」同『租税法の解釈と立法政策Ⅰ』1頁（信山社2002））[4]。この意味において，譲渡所得の金額の計算上，必要経費の控除は必ずしも求められるものではなく，所得税法38条（譲渡所得の金額の計算上控除する取得費）が，「資産の取得に要した金額」を譲渡所得の金額の計算上控除するとしているのは，必要経費としてではなく，「その資産の取得時における客観的価額と譲渡時の客観的価額との増差分を算出する意味」を有するにすぎないのである（東京高裁昭和55年10月30日判決・行集31巻10号2309頁）。

オ　譲渡所得対象資産の純資産評価額

　このように，増加益清算課税説が所得税法上の譲渡所得課税の本旨であると思われるところ，所得税法59条1項もキャピタルゲイン課税を行うという意味においては同様の本質を有していると解される。そうであるとすれば，同条項において評価されるべきは，資産に内在している含み益である。資産の売却収入としての金銭あるいは金銭等価物を算定するのではなく，あくまでも評価されるべきは，譲渡対象資産の価額であるというべきである。そこで評価されるのは，外部から流入する経済的価値ではないのである。そのように考えると，客観的交換価額が奈辺にあるかという点への関心よりは，純粋にかかる資産の価額がいくらかという問題への関心こそが重要な視角となるというべきではなかろうか。すなわち，譲渡対象となる株式が取引相場のない株式であった場合，対象会社が大会社であれば，類似業種比準方式に基礎を置いた評価をし，あるいは零細株主においては，具体的な売却価値よりは配当にこそ関心を置くであろうから，配当還元方式を基礎に置いて評価をするという評価通達178以下の評価方法は，所得税法上の譲渡所得課税における資産価値の判定にどこまで意味を有するのであろうか。かような見地からすれば，果たして，資産の相続や贈与等の時点の価値を前提とした評価通達の評価方法が，所得税法上の資産価値の算定においても妥当するか否かという点について疑問が惹起されはしないか。また，前述した問題関心である所得税法59条1項にいう「その時における価額」を果たして，相続税法22条にいう「時価」と同義に解してよいのかという点においても消極的な所見に接続せざるを得ないのである。

404　第3章　課税要件事実論—各論

カ　キャピタルゲイン課税からの検討

　譲渡所得の本質論から，所得税基本通達59-6が評価通達による評価を行う
ために設けている一定の条件を前提とした上で，同通達188における「同族株
主」該当性を譲渡直前の議決権数で判定するという取扱いを肯定することがで
きる。この考え方の下では，増加益清算課税説の見地から，譲渡直前の「議決
権割合」で判断するという態度が示されている。増加益清算課税説の立場から，
譲渡直前の議決権割合を使用して評価するということになるが，前述したとお
り，そもそも，所得税法59条1項にいう「その時における価額」について，類
似業種比準方式や配当還元方式を念頭に置いた評価通達を一定の要件の下で肯
定する所得税基本通達59-6の取扱いに合理性があると判断した点については
議論の余地があると考える。仮に，かような問題意識をいったん捨象し，所得
税基本通達59-6のように，一定の条件下において配当還元方式による評価を
行うことを肯定し得るとすれば，増加益清算課税説に立って，譲渡直前の取得
から譲渡までの議決権割合に関心を寄せるとの考え方には妥当性が見いだせる
ように思われる。

　もっとも，他方で，増加益清算課税説の立場からすれば，果たして，譲渡直
前の株式の保有状況をもって「同族株主」該当性を判定することと，譲渡者の
取得から譲渡までの支配下におけるキャピタルゲインの生成との間にいかなる
因果関係があるのかという問題関心も同時に湧出する。資産の譲渡直前の状況
だけで判断するというのであれば，二重利得法との整合的理解に若干の不安が
残るともいえよう。すなわち，所得税基本通達33-4《固定資産である土地に区画
形質の変更等を加えて譲渡した場合の所得》は，固定資産である土地に区画形質の変
更を加えるなどした後に譲渡した場合の所得は棚卸資産または棚卸資産に準ず
る資産の譲渡による所得として，その全部が事業所得または雑所得に該当する
と通達するのに対し，同通達33-5《極めて長期間保有していた土地に区画形質の変更
等を加えて譲渡した場合の所得》は，その区画形質の変更等に係る土地がきわめて
長期間引き続き所有されていたものであるときは，「当該土地の譲渡による所
得のうち，区画形質の変更等による利益に対応する部分は事業所得又は雑所得
とし，その他の部分は譲渡所得として差し支えない。この場合において，譲渡
所得に係る収入金額は区画形質の変更等の着手直前における当該土地の価額と
する。」と通達している。これは，譲渡の際の資産の棚卸資産該当性をみるだ

けではなく，長期間にわたって譲渡者の手元で支配されてきたキャピタルゲインの生成過程に注目をする考え方であるとみることができるように思われる。かように，通達の取扱いが，いわば譲渡直前の状況のみならず，キャピタルゲインの生成過程についても着目する考え方を持ち合わせているとすると，評価通達188にいう「同族株主」該当性を譲渡直前の状況のみで判断するとすることには不安を覚えもする。ただし，ここには一種の割切りがあって，所得税基本通達59-6等はあくまでも通達であるから，かような割切りが適合しないような個別事情（譲渡直前における株主構成の急激な変更などの個別事情）が存する場合には，評価通達188を適用して所得税法59条1項にいう「その時における価額」を判断することの是非が問われる余地はあるように思われるが，本件はかような事情にあるものではなかろう。

　キャピタルゲインの生成過程を考慮していないという問題点は内包しつつも，いつの段階の資産価値が推定されるべきかは，所得税法59条1項の規定の適用においては截然としている。資産を手放す段階における資産価値を考慮するというのがそもそものキャピタルゲイン課税の本質であることを考えると，これは，サイモンズ（Henry C. Simons）がいうところの期末の資本財（W1）と期首の資本財（W0）の差額（W1 − W0 = ΔW）を観念しているのであるから，推定されるべきは手放した後の翌期（W2）中の資本財の市場価値ではないはずである。そう考えると，譲渡直前の議決権割合で評価通達188の15％基準を考えるべきか，あるいは譲渡後の議決権割合で考えるべきかについては，前者によるほかはないという考え方が肯定され得る。

¶レベルアップ！　通達は文理解釈されるべきものか

(ア)　自己同意なき通達

　租税法律主義においては，法律に基づく納税義務しか許容され得ないものの，しばしば租税法律領域においても，行政命令が法規範性を帯びることがある。法人税法施行令のような政府命令（施行令）や，法人税法施行規則のような財務省命令（施行規則）といった行政命令に，法律が細目事項を委任することが少なくないからである。これらは行政機関における命令にすぎないが，個別具体的な細目事項に関してのみ，法律の委任をもって法規範性が付与され得る（金子・租税法81頁，清永・税法30頁など参照）。他方，同じ行政命令である国税庁長官

406 第3章 課税要件事実論—各論

通達のような税務通達に関していえば，憲法84条が許容する「法律の条件」たる法律の委任がないため，法規範性を認めることはできない。

憲法の要請する租税法律主義は，国民の代表者が議会で決定した内容について，国民が自己同意したものと解した上で，かかる議会での決定につき，国民が責任を帯びるという基本的な構造の下で，自らが同意した租税立法に基づき納税義務を負うという結論を導出する構成が採用されたものである。そして，法律が政令や省令といった行政命令へ委任することについても，国民が同意をしたからにはそこに自己同意がなされたものと解して，租税法律主義の下においても，これらに法規範性を認めるのである。

他方，通達にはかような委任ルートが認められていない。すなわち，通達の内容は国会承認事項ではないのであり，そのことは，通達に法源性が認められないとする周知の理解に接続されているのである。

通達と法規範性を有する法令とでは，そもそもの由来や法的な性格付けが圧倒的に異なるものであることから，法律の解釈論や解釈姿勢をそのまま通達の運用に持ち込むことができるものではないはずである。その端的な例として，通達は文理解釈するようなものではないという点を挙げることができよう。

㈣ 通達における文理解釈の不許

ここで，国税庁長官通達の代表的な例として，法人税基本通達を取り上げることとしたい。きわめて有名な同通達の前文を改めて確認しよう。この前文は，通達の運営に当たって，文理解釈をすることを否定している点に特徴がある。なお，これは法人税基本通達に記載された内容ではあるが，他の税務通達の運用においても当然に適用されるべき訓示的内容である。

直審（法）25（例規）
昭和44年5月1日

国税局長　殿

国税庁長官

法人税基本通達の制定について

法人税基本通達を別冊のとおり定めるとともに，法人税に関する既往の取扱通達を別表のとおり改正又は廃止したから，これによられたい。
この法人税基本通達の制定に当たっては，従来の法人税に関する通達について全面的に検討を行ない，これを整備統合する一方，その内容面においては，通達の個々の規定が適正な企業会計慣行を尊重しつつ個別的事情に即した弾力的な課税処理を行な

うための基準となるよう配意した。

すなわち，第一に，従来の法人税通達の規定のうち法令の解釈上必要性が少ないと認められる留意的規定を積極的に削除し，また，適正な企業会計慣行が成熟していると認められる事項については，企業経理にゆだねることとして規定化を差し控えることとした。

第二に，規定の内容についても，個々の事案に妥当する弾力的運用を期するため，一義的な規定の仕方ができないようなケースについては，「～のような」，「たとえば」等の表現によって具体的な事項や事例を例示するにとどめ，また，「相当部分」，「おおむね…％」等の表現を用い機械的平板的な処理にならないよう配意した。

したがって，この通達の具体的な運用に当たっては，法令の規定の趣旨，制度の背景のみならず条理，社会通念をも勘案しつつ，個々の具体的事案に妥当する処理を図るように努められたい。いやしくも，通達の規定中の部分的字句について形式的解釈に固執し，全体の趣旨から逸脱した運用を行ったり，通達中に例示がないとか通達に規定されていないとかの理由だけで法令の規定の趣旨や社会通念等に即しない解釈におちいったりすることのないように留意されたい。

このように通達の制定においては，租税法律主義が要請する「課税要件明確主義」とは全く真逆の規定の仕方を採用されているのである。そもそも，課税要件を通達に創設的に示すことはあり得ないのであるから，当然ながら通達に示されているものは「課税要件」ではないし，弾力的な運用を図るべく，できるだけ中間的な不確定概念を使用するように配意されているのである。そして，その帰結として，通達の運用に当たって「文理解釈」をすることは許容されていないのである。この至極当然のことを示した通達前文も通達の内容の一部を構成するのであるから，上級行政庁からの下級行政庁職員に対する「命令」であり（国家行政組織法14②），下級行政庁職員は，かかる命令に従った通達運営をしなければならないのである（国家公務員法98①）。

(ウ) 法条の解釈において文理解釈が要請される理由

しばしば，租税法の解釈においては文理解釈が重要であるといわれる。それは，そもそも，憲法が財産権を保障することを原則としているところ（憲29），租税法規は財産権の侵害規範ともいわれるとおり，財産権侵害は原則に対する例外であるから，例外規定は厳格に解釈されなければ原則である財産権保障が毀損されてしまうおそれがあるという点に大きく由来する。この考え方は，自由主義的観念に合致したものであるといえよう。いわば，国民の自由を制約する刑罰において，罪刑法定主義が前提とされる文理解釈論と近接した議論がそこには所在するのである。

408　第3章　課税要件事実論─各論

   🖉　金子宏東京大学名誉教授は，「租税法は侵害規範（Eingriffsnorm）であり，法的安定
性の要請が強くはたらくから，その解釈は原則として文理解釈によるべきであり，みだ
りに拡張解釈や類推解釈を行うことは許されない」とされる（金子・租税法123頁）。こ
の考え方が租税法の解釈における重要な手法であると解されてきたところであり，学説
上大宗を占める考え方ではないかと思われる。このように侵害規範については厳格な解
釈が要請されるという点については，刑事法領域において，罪刑法定主義に基づき類推
解釈が禁止されている点と親和的であるように思われる（渕圭吾・租税百選〔6〕29頁
(2016)，同・租税百選〔7〕29頁（2021）も参照。また，この点につき，西田典之「罪刑
法定主義」西田＝山口厚＝佐伯仁志編『注釈刑法(1)』9頁（有斐閣2010）などを参照）。
そして，このような文理解釈につき，最高裁昭和48年11月16日第二小法廷判決（民集27
巻10号1333頁)[5]は，「地方税法73条の7第3号は信託財産を移す場合における不動産の
取得についてだけ非課税とすべき旨を定めたものであり，租税法の規定はみだりに拡張
適用すべきものではないから，譲渡担保による不動産の取得についてはこれを類推適用
すべきものではない。」と判示している。なお，ここにいう厳格な解釈は文理解釈を指
す（酒井・レクチャー7頁）。

　もっとも，租税法の解釈において文理解釈が要請される理由はそれだけでは
ない。文理解釈は納税者の法的安定性と予測可能性を担保するという趣旨から
も承認され得るし，そのことが，行政裁量の働く余地を狭くし，恣意的な課税
を防止することにも，納税者の自己に都合のよい解釈を防止することにも資す
ることから，文理解釈は目的論的解釈に優先されるべきと考えられているので
ある（これらの点については，酒井・レクチャー6頁参照）。

　租税法律主義が要請する法定安定性と予測可能性からみれば，文理解釈が優
先されるべきであることは理解を得られやすいといえよう。また，租税法律主
義は，自由主義的視角である財産権保障という文脈で論じられるだけではなく，
民主主義的手法によって確定された実定法を重視するという観点からも肯定さ
れる（増井良啓『租税法入門〔第3版〕』9頁（有斐閣2023））。すなわち，議会で国民
の代表者が決定した法条について，国民が何に自己同意したかというと，それ
は，かかる条文に示された文言を前提として，かかる条文に同意を示したので
あるから，あくまでも，条文に示された文言から解釈を出発させるべきとする
発想は，民主主義的視角からも承認され得るのである。

   🖉　文理解釈が通達の解釈ではなく法条の解釈における解釈手法であることは，間違いの
ない前提であるが，文理解釈が法条の解釈論上の原則であるということさえも，いわゆ
るホステス報酬事件最高裁平成22年3月2日第三小法廷判決（民集64巻2号420頁)[6]を
除けば，必ずしも最高裁がそのような立場を採用してきたともいい切れないのである
（佐藤英明神戸大学名誉教授は，同判決について，「最高裁判所は，これまで，常に本件

判決のように文理解釈を重視してきたわけではない点には，注意が必要である。」と論じられる（佐藤・租税百選〔5〕31頁）。）。

　通達は条文の解釈であるから，仮に条文を文理解釈したとしても，その文理解釈した内容を下級行政庁に命令として連絡する当該命令文書の「文理解釈」は二つの意味で意味をなさないと思われる。

　まず，第一に，文理解釈とは法条の解釈手法であること，第二に，かかる法条の解釈手法においても文理解釈のみが採用されるいわれはないことである（塩野宏東京大学名誉教授は，単にその条文を文法どおりに解するだけでは不十分で，その法律の全体の仕組みを十分理解し，その仕組みの一部として当該条文を解釈していかなければならない旨指摘される（塩野「行政法と条文」同『法治主義の諸相』41頁（有斐閣1992））。

　ところで，租税法規内部における非課税規定や課税減免規定，宥恕規定や優遇規定については，財産権の侵害規範とはいえまい。この点，そもそも，租税法規が財産権の侵害規範としての例外規定であるところ，租税法規内部において，課税ポジションを原則と考えれば，非課税規定等はその例外である。このことから，例外的な規範内部にある更なる例外的取扱いとして（例外の例外として），より厳格なる文理解釈が要請されるという見解もあるが，このような抽象的な説明については疑問なしとはしない。そもそも，例外の例外であれば，厳格なる文理解釈は要請されないのではないかという素朴な疑問が惹起されるところであり，かような見地からは上記のような「例外の例外であるから厳格に」という抽象的な構成には不安を覚えるのである（酒井・レクチャー14頁）。私見としては，非課税等の規定はある特定の政策目的によって設けられることが多いが，そうであるとすれば，かかる政策目的の範囲内においてのみ非課税等が適用されるべきであって，政策目的以上に非課税等を適用することは法条の趣旨を没却してしまうことになるというアプローチでのみ，非課税等の規定の厳格な文理解釈が妥当すると考えるべきであるとの所見を有している（酒井・レクチャー15頁）。

(エ)　通達の本質

　通達は行政官庁内部における上意下達の命令手段である。上司から名宛人である部下への命令であるから，本件において問題とされた所得税基本通達や財産評価基本通達にあっては，国家公務員法が示す服務命令義務違反のルールの下で，下級行政庁の職員を拘束する機能を有している。すなわち，制定法は国民が代表者を通じて国会で決定されたものであって，国民の自己同意の下に拘束力があるものの，通達には，その制定過程に参画していない国民を拘束する

法的根拠が一切存在しないのであるから，国民は通達の取扱いに拘束されることはない。何よりも，通達は，国税庁長官の部下でない国民に向けて発遣されるものではないから，国民からすれば，そもそも通達の内容について知っておくべき義務がないこともいうまでもない。

現在は，中央省庁等改革基本法の制定により通達の内容がつまびらかにされてはいるものの（同法20五），そのことと，国民が知っておくべきか否かは別問題である。いわば，通達が発遣されているから予測可能性が担保されていると考えること自体，通達の外部的効果に依存しすぎた議論であるかもしれない。

> ✍ もっとも，金子宏教授は，通達の役割として，例えば，法人税法22条4項にいう「一般に公正妥当と認められる会計処理の基準」，すなわち公正処理基準たる企業会計の基準が判然としない場合に，通達が企業会計の内容を補充する機能を果たしていると説明される（金子・租税法358頁）。この立場からすると，部面は限定されるとしても，通達が納税者の予測可能性を担保することを否定するものではないようにも思われる。

もちろん，通達が国税庁のホームページ等によって公表されている現状からすれば，通達を発遣することが国民の予測可能性に資するということ自体を否定するものではないが，通達を発遣してさえいれば国民の予測可能性が保障されることにならないのは，次の諸点からみても当然であるといわねばならない。

すなわち，まず，前述のとおり，通達は実定法ではないので，国民はこれを知っておくべき義務も責任もないのである。それは，実定法が官報への掲載という「公布」をもって，当然に国民が知るべきルールであるのとは大きく異なる。影響力があるからといって予測可能性が担保されていると位置付けることには大きな乖離がある。

> ✍ ソフトローをもって予測可能性を議論すること自体を否定するものではない（酒井克彦「事前照会に対する文書回答手続の在り方」税大論叢44号（2004））。なお，金子宏教授もアドバンス・ルーリングにつき，予測可能性の観点からその有用性を論じられる（金子「財政権力―課税権力の合理的行使をめぐって―」芦部信喜ほか『権力〔岩波講座基本法学6〕』159頁（岩波書店1983））。
> ✍ 福岡高裁平成20年10月21日判決（判時2035号20頁）は，予測可能性を必ずしも立法にのみ求めておらず，新聞掲載などによる情報入手の余地まで含めている点で疑問である。

次に，あくまでも，税務通達は，租税法規についての国税庁としての有権解釈を行うものであって，通達自体には何ら法源性はないのである。したがって，通達が何か法的な意味合いを有するとすれば，それは，国家行政組織法上の命令手段として，下級行政庁職員が服務命令に反するか否かといった部面におけ

る法的意義を有するにすぎず，国民においては，せいぜい租税法規の解釈の参考にする以上の意味は有していないと考えるのが本質であるはずである。

(ｵ) 通達の名宛人

一般的に，国税庁長官通達は，全国の各国税局長および沖縄国税事務所長ないし，税務大学校長や国税不服審判所長宛てに発遣される。本件において問題とされた所得税基本通達ないし財産評価基本通達も，全国の各国税局長および沖縄国税事務所長を名宛人としている。すなわち，前述のとおり，国税庁長官が行政命令の名宛人としているのは，国民ではないのである。そうであるとすれば，国民一般に向けて発遣されたものではない通達をもってして，国民の予測可能性が担保されるとのロジックを構成するとすれば，そこには若干の不安が湧出する。

換言すれば，国民への周知の方法の１つとして数えることができる国税庁のホームページに通達が公表されることは，国民周知という見地からみれば，国税庁が発行するチラシやパンフレットと同様の意味を有するにすぎないのである。もちろん，その効果の度合いが異なることは承知の上であるが，この文脈ではそのことを問題とすべきではない。

そうであるとすると，通達に示された文言に拘らなければならない理由は必ずしも判然としない。やや極端にいうことが許されるとすれば，それは，国税庁のチラシやパンフレットに示された文章の文言に拘るようなものであるといってもよいからである。

✎ もっとも，下級行政庁職員が国税庁作成のチラシやパンフレットにどの程度拘束されるかという信義則等の問題は別に議論する余地がある。

また，通達がいわば予測可能性の道具の１つであるとすれば，通達を国民に分かりやすく，誤解のないように示す必要があるが，そもそも，通達は下級行政庁職員への命令であるから，名宛人である下級行政庁職員が分かるように命令文書を記載することが第一義である。もちろん，外部に公表されるものであるし，多くの国民がこれをみて，実務等における参考にするであろうことが予想されているのであるから，国民に誤解されないように記載することが重要であることは否定しないが，さりとて，通達はあくまでも上意下達の命令であるから，下級行政庁職員への示達として十分かつ必要な記載のみを示せば足りるのである。

✍ 他方で，通達は法令とは異なるのであるから，文理解釈をすべきでない旨は，下級行政庁職員に対する研修で指導を徹底すべきである。

ここでは，前述のとおり，通達前文においても通達の形式的解釈や硬直的解釈におちいることのないよう「命令」しているのであるから，それに基づいて通達運営がなされることを前提として，通達が発遣されていることを忘れてはなるまい。国民への情報提供という機能は否定されないものの，それはいわば副次的なものである。

国民への周知という意味では，むしろ，通達よりも，同じホームページ上の質疑応答やタックスアンサーの方がより優れており，下級行政庁職員への示達たる通達よりよほど分かりやすく，一般国民にも誤解のないような説明がなされるよう配意されているのである。かような意味では，チラシやパンフレットも同様である。

これら，質疑応答やタックスアンサー，チラシ，パンフレット等の説明内容につき，文章表現に問題があるとすれば，それはむしろ信義則の問題として取り上げられるべき事柄であるようにも思われるのである。

通達行政を承認するかのような通達の文理解釈には問題が残されているように思われる。

㈹ 琴柱に膠する取扱いの禁止

東京地裁昭和43年7月20日判決（行集19巻7号1278頁）の事例は，租税法の事案ではないものの，当局における通達の取扱いを理解する上で参考になると思われる。

農林事務次官が昭和36年9月26日36秘289号「刑事事件に関し起訴された場合の身分の取扱いについて」と題する通達を発し，その中で，「刑事事件に関し起訴された職員は起訴事由の如何を問わず直ちに国家公務員法第79条第2号の規定により休職とするものとする。」旨および，「右休職処分は略式手続によって開始された刑事事件の場合には行なわない。」旨を通達していた。この事件では，かかる通達の取扱いが問題とされたのである。

東京地裁は，次のように説示する。

> 「右通達は農林事務次官が所管の職員に対し起訴休職に関する法令の解釈及び事務取扱の大綱を示したものであり，もとより柱に膠することを強いるものでないことは当然である〔。〕」

> 「右通達の運用に際しては，その通達全体の趣旨ないしはその通達の発せられた経緯などから，略式手続で開始された刑事事件の場合を特に除いた合理的根拠を考え，その根拠に従って起訴休職処分制度を合理的に運用することが通達自体において要求しているものと解するのが，むしろこの種の通達のようにあらゆる場合を一々こまかく規定することのできない事項に関する通達の解釈として当然のことと思われる。」

　上記東京地裁が判示するように，通達は「柱に膠することを強いるものでない」のであるから，通達の機械的適用すなわち，杓子定規な適用がなされるべきではないとする判断は妥当であるといえよう。

　そして，このような考え方は，所得税基本通達の前文にも記載されているところである。

> 　　　　　　　　　　　　　　　　　　　　　直審（所）30（例規）（審）
> 　　　　　　　　　　　　　　　　　　　　　　　昭和45年7月1日
> 国税局長　殿
> 　　　　　　　　　　　　　　　　　　　　　　　　　国税庁長官
> 　　　　　　　所得税基本通達の制定について
>
> 　この所得税基本通達の制定に当たっては，従来の所得税に関する通達について全面的な検討を行ない，これを整備統合する一方，その内容面においては，法令の単純な解説的留意規定はできるだけ設けないこととするなど通達を簡素化するとともに，なるべく画一的な基準を設けることを避け，個々の事案に妥当する弾力的運用を期することとした。したがって，この通達の具体的な適用に当たっては，法令の規定の趣旨，制度の背景のみならず条理，社会通念をも勘案しつつ，個々の具体的事案に妥当する処理を図るよう努められたい。

　再説することにもなるが，所得税基本通達の前文も，これまで述べてきた法人税基本通達前文の考え方と同様，通達一般の運用に関する注意事項を述べていると解するべきであろう。

(キ)　注目される「補足意見」

　本節で素材として取り上げたタキゲン事件最高裁判決には2つの補足意見が付されている。信義則の適用も含めて注目される見解が示されているので確認しておきたい。

(a)　宇賀克也判事の補足意見

宇賀克也判事の補足意見は，次のとおりである。

414　第3章　課税要件事実論─各論

「私は法廷意見に賛成するものであるが，原審の通達に関する判示について，一言述べておきたい。

　原審は，租税法規の解釈は原則として文理解釈によるべきであり，みだりに拡張解釈や類推解釈を行うことは許されないとし，通達の意味内容についてもその文理に忠実に解釈するのが相当であり，通達の文言を殊更に読み替えて異なる内容のものとして適用することは許されないという。原審のいう租税法規の文理解釈原則は，法規命令については，あり得べき解釈方法の一つといえよう。しかし，通達は，法規命令ではなく，講学上の行政規則であり，下級行政庁は原則としてこれに拘束されるものの，国民を拘束するものでも裁判所を拘束するものでもない。確かに原審の指摘するとおり，通達は一般にも公開されて納税者が具体的な取引等について検討する際の指針となっていることからすれば，課税に関する納税者の信頼及び予測可能性を確保することは重要であり，通達の公表は，最高裁昭和60年（行ツ）第125号同62年10月30日第三小法廷判決・裁判集民事152号93頁にいう『公的見解』の表示に当たり，それに反する課税処分は，場合によっては，信義則違反の問題を生ぜしめるといえよう。しかし，そのことは，裁判所が通達に拘束されることを意味するわけではない。さらに，所得税基本通達59-6は，評価通達の『例により』算定するものと定めているので，相続税と譲渡所得に関する課税の性質の相違に応じた読替えをすることを想定しており，このような読替えをすることは，そもそも，所得税基本通達の文理にも反しているとはいえないと考える。

　もっとも，租税法律主義は課税要件明確主義も内容とするものであり，所得税法に基づく課税処分について，相続税法に関する通達の読替えを行うという方法が，国民にとって分かりにくいことは否定できない。課税に関する予見可能性の点についての原審の判示及びXらの主張には首肯できる面があり，より理解しやすい仕組みへの改善がされることが望ましいと思われる。」

(b)　宮崎裕子判事の補足意見　　宮崎裕子判事の補足意見は，次のとおりである。

「私は，法廷意見に賛成であるとともに，宇賀裁判官の補足意見に同調するものであるが，さらに以下の点を敷衍しておきたい。

　法廷意見で指摘しているとおり，所得税法に基づく譲渡所得に対する課税と相続税法に基づく相続税，贈与税の課税とでは，課税根拠となる法律を異にし，それぞれの法律に定められた課税を受けるべき主体，課税対象，課税標準の捉え方等の課税要件も異にするという差異がある。その点を踏まえると，所得税法適用のための通達の作成に当たり，相続税法適用のための通達を借用し，しかもその借用を具体的にどのように行うかを必ずしも個別に明記しないという所得税基本通達59-6で採られている通達作成手法には，通達の内容を分かりにくいものにしているという点において問題があるといわざるを得ない。本件は，そのような通達作成手法の問題点が顕在化した事案であったということができる。租税法の通達は課税庁の公的見解の表示として広く国民に受け入れられ，納税者の指針とされていることを踏まえるならば，そのよう

な通達作成手法については，分かりやすさという観点から改善が望まれることはいうまでもない。

　さて，所得税基本通達59－6には上記の問題があることが認められるものの，より重要なことは，通達は，どのような手法で作られているかにかかわらず，課税庁の公的見解の表示ではあっても法規命令ではないという点である。そうであるからこそ，ある通達に従ったとされる取扱いが関連法令に適合するものであるか否か，すなわち適法であるか否かの判断においては，そのような取扱いをすべきことが関連法令の解釈によって導かれるか否かが判断されなければならない。税務訴訟においても，通達の文言がどのような意味内容を有するかが問題とされることはあるが，これは，通達が租税法の法規命令と同様の拘束力を有するからではなく，その通達が関連法令の趣旨目的及びその解釈によって導かれる当該法令の内容に合致しているか否かを判断するために問題とされているからにすぎない。そのような問題が生じた場合に，最も重要なことは，当該通達が法令の内容に合致しているか否かを明らかにすることである。通達の文言をいかに文理解釈したとしても，その通達が法令の内容に合致しないとなれば，通達の文理解釈に従った取扱いであることを理由としてその取扱いを適法と認めることはできない。このことからも分かるように，租税法の法令解釈において文理解釈が重要な解釈原則であるのと同じ意味で，文理解釈が通達の重要な解釈原則であるとはいえないのである。

　これを本件についてみると，本件においては，所得税法59条１項所定の『その時における価額』が争われているところ，同項は，譲渡所得について課税されることとなる譲渡人の下で生じた増加益の額を算定することを目的とする規定である。そして，所得税基本通達23～25共－9の(4)二は，取引相場のない株式のうち売買実例のある株式等に該当しないものの価額を『１株又は１口当たりの純資産価額等を参酌して通常取引されると認められる価額』とし，さらに同通達59－6は，その価額について，原則として，同通達(1)～(4)によることを条件に評価通達の例により算定した価額とするとしていることは，法廷意見のとおりである。そして，先に述べたように，通達に従った取扱いは，当該通達が法令の内容に合致していない場合には，適法とはいえず，本件の場合，譲渡所得に対する所得税課税について相続税法に関する通達を借用した取扱いが適法となるのは，そのような借用が所得税法に合致する限度に限られる。

　所得税基本通達59－6は，取引相場のない株式に係る所得税法59条１項所定の『その時における価額』について，無限定に評価通達どおりに算定した額とするものとしているわけではなく，評価通達の『例により』算定した価額としていることは，法廷意見が指摘するとおりである。これは，同項の『その時における価額』の算定について評価通達を借用するに当たっては，少なくとも，譲渡所得に対して課される所得税と評価通達が直接対象としてきた相続税及び贈与税との差異から，所得税法の規定及びその趣旨目的に沿わない部分については，これを同法59条１項に合致するように適切な修正を加えて当てはめるという意味を含んでいると理解することができ，このことは，所得税基本通達59－6に，個別具体的にどのような修正をすべきかが明記されているか否かに左右されるものではない。このような理解を前提とする限り，所得税基本通達59－6による評価通達の借用は，所得税法59条１項に適合しているということができる。因みに，同項の『その時における価額』の算定においても評価通達の文言通りの取扱いをすべきとする根拠は，同項にもその他の関連する法令にも存在しな

い。

　そして，所得税基本通達59－6の(1)は，少数株主に該当するか否かの判断の前提となる『同族株主』に該当するかどうかにつき株式を譲渡又は贈与した個人（すなわち，株式を取得した者ではなく，株式の譲渡人）の当該譲渡又は贈与直前の議決権の数によると明記していることは原審判決も摘示しているとおりであるが，これは所得税法59条1項が譲渡所得に対する課税に関する規定であるため，同項に合致するよう評価通達に適切な修正を加える必要があるという理由から定められたものであることは明らかである。この理由は，評価通達188の(3)の少数株主の議決権の割合に言及している部分についても同様に当てはまる。なぜならば，譲渡人に課税される譲渡所得に対する所得税課税の場合には，譲渡の時までに譲渡人に生じた増加益の額の算定が問題となるのであるから，その額が，譲渡人が少数株主であったことによって影響を受けることはあり得るとしても，当該譲渡によって当該株式を取得し，当該譲渡後に当該株式を保有することとなる者が少数株主であるか否かによって影響を受けると解すべき理由はないからである。したがって，所得税法59条1項所定の『その時における価額』の算定に当たってなされる評価通達188の(3)を借用して行う少数株主か否かの判断は，当該株式を取得した株主についてではなく，当該株式を譲渡した株主について行うよう修正して同通達を当てはめるのでなければ，法令（すなわち所得税法59条1項）に適合する取扱いとはいえない。」

㈑　所得税基本通達改正

　所得税法59条は，個人が法人に対して著しく低い価額で資産を譲渡した場合，その時における価額に相当する金額（時価）により，資産の譲渡があったものとみなす旨規定されている。課税実務では，取引相場のない株式の場合は，所得税基本通達59－6により，原則として，財産評価基本通達により算定した価額と通達されていた。すなわち，所得税における取引相場のない株式の時価の算定方法は，相続税や贈与税のための算定方法が借用されているものの，所得税は財産を譲渡した者に課税され，相続税や贈与税は財産を取得した者に課税されることから，評価通達188の(1)において定める「同族株主」に該当するかどうかは，株式を譲渡または贈与した個人の当該譲渡又は贈与直前の議決権の数により判定するはずである。

　そこで，本件最高裁判決ののち，国税庁は同通達を改正した（令和2年8月28日付け課資4－2ほか改正）。すなわち，評価通達188の(1)に定められる「同族株主」だけでなく，「取得した株式」や「株式の取得者」，「株式取得後」については，「譲渡又は贈与した株式」，「株式を譲渡又は贈与した個人」，「株式の譲渡又は贈与直前」と読み替えるような改正が行われたのである。この改正により，所得税法上の取引相場のない株式の時価は，譲渡または贈与した者の議決権等に

23 通達と課税要件—取引相場のない株式の評価 417

基づくことが明確化された。なお，国税庁は，かかる改正につき「これまでの取扱いに変更を生じさせるものではない」としている。

【改正箇所は下線部分である】
令和2年改正前所得税基本通達59−6 《株式等を贈与等した場合の「その時における価額」》

　　法第59条第1項の規定の適用に当たって，譲渡所得の基因となる資産が株式（株主又は投資主となる権利，株式の割当てを受ける権利，新株予約権（新投資口予約権を含む。以下この項において同じ。）及び新株予約権の割当てを受ける権利を含む。以下この項において同じ。）である場合の同項に規定する「その時における価額」とは，23〜35共−9に準じて算定した価額による。この場合，23〜35共−9の(4)ニに定める「1株又は1口当たりの純資産価額等を参酌して通常取引されると認められる価額」とは，原則として，次によることを条件に，昭和39年4月25日付直資56・直審（資）17「財産評価基本通達」（法令解釈通達）の178から189−7まで《取引相場のない株式の評価》の例により算定した価額とする。

(1)　財産評価基本通達188の(1)に定める「同族株主」に該当するかどうかは，株式を譲渡又は贈与した個人の当該譲渡又は贈与直前の議決権の数により判定すること。

(2)　当該株式の価額につき財産評価基本通達179の例により算定する場合（同通達189−3の(1)において同通達179に準じて算定する場合を含む。）において，株式を譲渡又は贈与した個人が当該株式の発行会社にとって同通達188の(2)に定める「中心的な同族株主」に該当するときは，当該発行会社は常に同通達178に定める「小会社」に該当するものとしてその例によること。

(3)・(4)　（略）

令和2年改正後所得税基本通達59−6 《株式等を贈与等した場合の「その時における価額」》

　　法第59条第1項の規定の適用に当たって，譲渡所得の基因となる資産が株式（株主又は投資主となる権利，株式の割当てを受ける権利，新株予約権（新投資口予約権を含む。以下この項において同じ。）及び新株予約権の割当てを受ける権利を含む。以下この項において同じ。）である場合の同項に規定する「その時における価額」は，23〜35共−9に準じて算定した価額による。この場合，23〜35共−9の(4)ニに定める「1株又は1口当たりの純資産価額等を参酌して通常取引されると認められる価額」については，原則として，次によることを条件に，昭和39年4月25日付直資56・直審（資）17「財産評価基本通達」（法令解釈通達）の178から189−7まで《取引相場のない株式の評価》の例により算定した価額とする。

(1)　財産評価基本通達178，188，188−6，189−2，189−3及び189−4中「取得した株式」とあるのは「譲渡又は贈与した株式」と，同通達185，189−2，189−3及び189−4中「株式の取得者」とあるのは「株式を譲渡又は贈与した個人」と，同通達188中「株式取得後」とあるのは「株式の譲渡又は贈与直前」とそれぞれ読み替えるほか，読み替えた後の同通達185ただし書，189−2，189−3又は189−4

において株式を譲渡又は贈与した個人とその同族関係者の有する議決権の合計数が評価する会社の議決権総数の50％以下である場合に該当するかどうか及び読み替えた後の同通達188の(1)から(4)までに定める株式に該当するかどうかは，株式の譲渡又は贈与直前の議決権の数により判定すること。

(2) 当該株式の価額につき財産評価基本通達179の例により算定する場合（同通達189－3の(1)において同通達179に準じて算定する場合を含む。）において，当該株式を譲渡又は贈与した個人が当該譲渡又は贈与直前に当該株式の発行会社にとって同通達188の(2)に定める「中心的な同族株主」に該当するときは，当該発行会社は常に同通達178に定める「小会社」に該当するものとしてその例によること。

(3)・(4) （略）

〔注〕

(1) 判例評釈として，渡辺徹也・ジュリ1535号124頁（2019），中里実・商事2289号36頁（2022），藤谷武史・ジュリ1548号10頁（2020），浅妻章如・ジュリ1564号135頁（2021），大淵博義・税弘68巻11号113頁（2020），同・税弘69巻12号129頁（2021），山崎広道・税法585号223頁（2021），田中晶国・民商157巻2号90頁（2021），伊川正樹・税法586号5頁（2021），渡辺充・税理63巻10号170頁（2020），木山泰嗣・税通75巻8号6頁（2020），加藤友佳・令和2年度重要判例解説〔ジュリ臨増〕158頁（2021），奥谷健・速報判例解説31号〔法セ増刊〕249頁（2022），酒井・裁判例〔所得税法〕397頁など参照。また，同事件を扱った論稿として，酒井克彦「取引相場のない株式と低額譲渡（上）（下）」税務事例51巻5号94頁，6号107頁（2019），同「税務通達を文理解釈することの意義（上）（中）（下）」税務事例51巻7号1頁，8号1頁，9号1頁（2019）も参照。

(2) 判例評釈として，石井健吾・曹時30巻11号1835頁（1978），佐藤孝行・判評202号28頁（1975），吉良実・シュト86号8頁（1969），浅沼潤三郎・民商77巻2号274頁（1977），清永敬次・租税百選〔2〕70頁（1983），岡村忠生・租税百選〔3〕60頁（1992）など参照。

(3) 判例評釈として，北野弘久・民商69巻3号116頁（1973），波多野弘・シュト132号6頁（1973），白崎浅吉・ジュリ539号124頁（1973），西野襄一・租税百選〔2〕82頁（1983），浦東久男・租税百選〔3〕72頁（1992）など参照。

(4) 二重利得法を採用した裁判例として，松山地裁平成3年4月18日判決（訟月37巻12号2205頁）がある（控訴審高松高裁平成6年3月15日判決・税資200号1067頁および上告審最高裁平成8年10月17日第一小法廷判決・税資221号85頁）。

(5) 判例評釈として，金子宏・ジュリ579号122頁（1975），越山安久・昭和48年度最高裁判所判例解説〔民事篇〕263頁，北野弘久・民商71巻5号119頁（1975），三木義一・法民97号32頁（1975），岸田貞夫・租税百選〔2〕134頁（1983），石島弘・租税百選〔3〕136頁（1992），碓井光明・租税百選〔5〕168頁（2011），泉絢也・アコード・タックス・レビュー2号22頁（2011），高久隆太・租税百選〔6〕180頁（2016）など参照。

(6) 判例評釈として，鎌野真敬・平成22年度最高裁判所判例解説〔民事篇〕〔上〕122頁（2014），大淵博義・ジュリ1421号131頁（2011），高野幸大・判評625号164頁（2011），伊藤剛志・ジュリ1405号170頁（2010），池本征男・税務事例42巻5号8頁（2010），木山泰嗣・ビジネス法務23巻10号110頁（2023），山畑博史・速報判例解説8号〔法セ増刊〕257

頁（2011），岩崎政明・平成23年度重要判例解説〔ジュリ臨増〕209頁（2012），佐藤英明・租税百選〔5〕30頁（2011），渕圭吾・租税百選〔7〕28頁（2021）など参照。

事項索引

あ 行

秋田市国民健康保険税事件	97
旭川市国民健康保険料事件	98
後出し	359
アドバンス・ルーリング	410
暗号資産	154
イコール・フッティング論	264
遺産	401
意思主義	52
意思説	51
意思表示	53
一時所得	232,235
一時所得の要件	235
著しく低い額の対価	381
著しく不適当	322
一回的解決	171
一般概念	203
一般財団法人	276
一般社団・財団法人法	271
一般社団法人	276
一般条項	96
委任	262
委任規定	75
委任立法	68
違法所得課税	132
違法性一般	145
違法性一般説	168
違法性の承継	304
医療費	244
医療費控除	244
隠蔽・仮装行為	379
インボイス	353
インボイス制度	354
請負	260
請負業	259
訴えの併合	169
訴えの変更	168
益金	153

榎本家事件	401
応訴	8
大嶋訴訟	64
オートオークション事件	292
親会社ストック・オプション訴訟	227
オリエンタルランド事件	294

か 行

外国子会社合算税制	82
外部拘束力	341
確定判決	32
家事関連費	90
過失	138
貸付け	123
貸付金	117
過少申告行為	378
過少申告の故意	377
課税減免規定	409
課税処分取消訴訟の訴訟物	145
課税処分無効確認訴訟の訴訟物	150
課税訴訟における主張・立証責任	168
課税標準	145,181
課税物件	145,181
課税物件の帰属	145
課税要件	145
課税要件法定主義	67
課税要件明確主義	96,407
家庭教師	219
過納金	305
間接業務関連費	90
間接事実	25,249
間接主義	33
鑑定人	39
還付加算金	192,198
還付加算金の算定の起算日	199
還付金等の消滅時効	306
官報	410
企業会計	410
議決権割合	404

事項索引　421

擬制自白	13
規範説	165
規範的要件	384
客観的交換価額	400, 403
客観的証明責任	163
キャピタルゲイン	404
キャピタルゲイン課税	403
旧二要件説	291
給与所得	222
行政処分の遡及効	301
行政府のミス	75
競争中立性	264
業務	203
業務関連性	206
業務災害	203
業務に係る雑所得	90, 216
業務費用	89
経験則	93, 238
形式的意義の民法	54
形式的効力の原則	92
形式的租税平等主義	337
形成力	301
刑罰不遡及の原則	68
契約規範作出自由の原則	53
契約自由の原則	52
権限行使規定	167
検証	39
検証物	39
顕著な事実	22
原爆被爆者医療給付認定申請却下処分取消請求事件	164
現物給付	132
憲法秩序機能説	166
権利根拠規定	44, 165
権利自白	32, 147
権利障害規定	44, 166
権利消滅規定	44, 166
権利推定規定	50
権利制限・拡張区分説	154, 167
権利阻止規定	45
故意	138
故意又は過失によって	139
行為規範	55
行為の形態	294
行為の態様	250

公益性	272
公益法人課税	268
効果意思	52
公開主義	33
公開途上にある株式	324
交際費等課税制度	288
交際費等の範囲	287
公正処理基準	411
公知の事実	23
公定力	301
公定力推定説	166
公的年金等に係る雑所得	90, 216
口頭主義	33
口頭弁論	32, 33
口頭弁論終結時	56
口頭弁論調書	32
高度の蓋然性	164
公布	410
抗弁	9, 14
抗弁説	11, 12
合法性の原則	61, 92, 342
国際興業事件	85
国税徴収法39条の主張・立証責任	389
国税庁長官通達	406, 411
国税庁長官の指示	314
国家公務員法	409
誤納金	305
個別違法性事由説	170
個別具体説	152, 166
個別的な法規範	54
固有概念	102
雇用関係	223
雇用契約	224
今後の税制のあり方についての答申	185

さ　行

罪刑法定主義	67, 407
再抗弁	9, 14
再抗弁事実	14
財産	401
財産権の侵害規範	407
財産の評価	316
財産評価基本通達	310
財産評価基本通達6	319

裁判外の自白……………………31
裁判官の私知……………………23
裁判規範…………………………55
裁判規範としての民法…………57
裁判上の自白……………………31
裁判所拘束力……………………19
債務者の責めに帰すべき事由…140
財務省命令……………………405
債務不履行…………………140,142
債務免除益……………………132
サイモンズ……………………405
詐害行為取消権………………388
錯誤………………………………46
雑所得……………………214,216
暫定真実…………………………49
三要件説………………………293
残余財産………………………274
仕入税額控除…………………354
仕入税額控除の否認要件……359
時価……………………310,400
時価の幅………………………341
時機に後れた攻撃防御…………14
私権……………………………128
施行規則………………………406
施行令…………………………406
自己同意………………………406
資産の取得に要した金額……403
資産の取得費…………………107
資産の譲渡……………………401
事実関係同一説………………174
事実上の推定…………23,185,386
事実審……………………………56
事実認定論………………………21
支出の相手方…………………291
支出の行為……………………291
支出の目的……………………293
事情……………………………25,338
質疑応答………………………412
執行不停止の原則……………305
実質説…………………………168
実質的意義の民法………………54
実質的租税平等主義…………337
実体的違法性…………………146
実定法…………………………408
私的自治の訴訟法的反映………35

自白………………………………12,31
自白の撤回………………………16
私法上の法律関係……………128
司法的統制………………………99
資本の払戻し……………………85
資本剰余金………………………85
事務処理の委託………………262
シャウプ勧告…………………185,272
借用概念………………………102,203
社内飲食費……………………288
収益事業の範囲………………257
重加算税………………………365
宗教法人………………………257
住所……………………………110,125
住所相対説……………………116
住所単数説……………………116
住所複数説……………………116
自由心証主義…………………27,41,94
修正違法性一般説……………168
修正三要件説…………………293
修正二要件説…………………291
修正法律要件分類説……………46
従属性…………………………225
重大かつ明白な瑕疵…………150
重大な過失………………………26
収入金額………………………401
主観的証明責任………………163
主張・立証責任の転換………188
主張制限………………………172
主張責任…………………………42
取得型所得概念………………132
主要事実……………………4,24,27
受取証書…………………………46
準委任…………………………262
純資産価額……………………321,324
準備書面…………………………22
消極要件………………………141
証言………………………………39
証拠………………………………39
証拠価値…………………………40
証拠原因…………………………40
証拠資料…………………………39
証拠提出責任…………………163
証拠適格…………………………39
証拠能力…………………………39

事項索引　423

証拠方法……………………………39
証拠力………………………………40
譲渡所得…………………………402
証人…………………………………39
証明…………………………………41
証明責任………………………42,163
証明度……………………………41,164
証明不要効…………………………19
証明力………………………………40
剰余金……………………………270
剰余金の配当………………………85
昭和31年臨時政府税制調査会答申………268
昭和33年租税徴収制度調査会……388
昭和38年政府税制調査会答申……268
昭和58年政府税制調査会答申……185
職権証拠調べ………………………32
職権探知主義……………………31,164
所得源泉性………………………238
所得控除…………………………157
所得税基本通達の前文…………413
所得税法及び法人税法の整備に関する答申
　　………………………………268
処分権主義…………………………35
処分適正化機能…………………150
書面主義……………………………33
書類の送達…………………………50
信義則……………………………411,413
申告納税制度……………………401
真実に存在する法律関係………129
親族関係書類……………………156
審判排除効…………………………19
推計方法の合理性………………148
推定…………………………………23
推定否認……………………………13
税額控除…………………………154
税額の適否………………………149
請求原因の主張…………………147
請求書等保存方式………………354
請求の認諾…………………………32
請求の放棄…………………………32
制限説……………………………174
政策目的…………………………409
政治献金…………………………247
正当な理由…………………………46
政府命令…………………………405

歳暮………………………………242
税率……………………………145,154
折衷主義……………………………53
増加益清算課税説………………401
総額主義…………………………168,170
送金関係書類……………………156
総合関係説………………………373
相続税の課税価格………………328
相続税法上の住所………………112
争点主義…………………………168,170
争点明確化機能…………………150
相当程度の蓋然性………………164
双方審尋主義………………………33
贈与………………………………256
遡及立法……………………………61
遡及立法禁止原則………………61,67
組織規範……………………………54
訴状…………………………………21
訴訟費用…………………………192
訴訟物……………………………56,145,168
訴訟物の特定……………………146
租税債務不存在確認訴訟………174
租税債務法………………………152
租税平等主義……………………337,343
租税法律主義………………60,342,400,405
その他雑所得……………………90,216
その時における価額……………400
ソフトロー………………………410
疎明…………………………………41
損害賠償責任……………………142
損金………………………………153

た　行

対価………………………………243
対価性……………………………267
対価としての性質………………243
第二次納税義務…………………385,387
第二次納税義務告知処分取消訴訟の訴訟物
　　………………………………389
タキゲン事件……………………395
武富士事件………………………112
ただし書……………………………45
タックスアンサー………………91,412
タックス・ヘイブン対策税制……82

424 事項索引

棚卸資産……………………………404
タワマン評価事件………………………333
中央省庁等改革基本法……………410
中間法人…………………………274
中元…………………………………242
帳簿等の後出し……………………359
帳簿等の保存………………………357
帳簿方式……………………………354
直接業務関連性……………………206
直接事実……………………………25
直接主義……………………………33
直接費用……………………………89
陳述書………………………………22
沈黙…………………………………13
通常要する費用……………………290
通達前文……………………………412
通達の外部的効果…………………410
通達の拘束力………………………341
通謀虚偽表示………………………133
つまみ申告…………………………365
提出…………………………………377
適格請求書等保存方式……………354
適時提出主義………………………14
撤回禁止効…………………………19
手続的違法性………………………147
手続的保障原則……………………61
手続要件……………………………147
典型契約……………………………52
統一説………………………………104
当事者主義…………………………35
当事者対等の原則…………………33
同族株主………………398,404,416
東洋郵船事件………………………289
登録免許税…………………………72
特別の事情…………………………338
独立性………………………………225
独立説………………………………105
土地の取得…………………………108
ドライブイン事件…………………291
取消訴訟の排他的管轄……………302
取消判決の形成力…………………302
取引相場のない株式…………324,403,416
取引相場のない株式の評価………321,393

な 行

内心的効果意思……………………52
内心的効果意思の合致……………133
内部拘束力…………………………341
流山訴訟……………………………263
二重訴訟の禁止……………………168
日通課長事件………………………242
二要件説……………………………291
二重利得法………………403,404,418
人証…………………………………39
年金型生命保険金に係る雑所得……87
年金二重課税訴訟…………………315
年配当金額…………………………398
納税義務者…………………………145
納税者の権利保護…………………61
納税申告書を提出していたとき…………376

は 行

配当還元価額………………………324
配当還元方式………………………403
売買…………………………………3
白紙委任……………………………73
馬券訴訟………………………232,248
馬券の払戻金………………………232
バスケット・カテゴリー…………214
発生型所得概念……………………132
萬有製薬事件…………………291,295
非営利型法人………………………276
非課税規定…………………………409
必要経費………………89,192,204,403
必要経費等の事実上の推定………154,181
必要経費の算入要件………………89
ひとり親控除………………………157
否認…………………………………13
否認説………………………………12
評価根拠事実………………………27
評価障害事実………………………27
表示行為……………………………52
表示主義……………………………52
ファッションセンターしまむら事件………284
不確定概念………………………26,62
附款…………………………………12

事項索引　425

含み益⋯⋯⋯⋯⋯⋯⋯⋯⋯⋯⋯⋯⋯403
服務命令義務違反⋯⋯⋯⋯⋯⋯⋯409
不告不理の原則⋯⋯⋯⋯⋯⋯⋯⋯36
不知⋯⋯⋯⋯⋯⋯⋯⋯⋯⋯⋯⋯⋯⋯13
不知の陳述⋯⋯⋯⋯⋯⋯⋯⋯⋯⋯13
普通法人⋯⋯⋯⋯⋯⋯⋯⋯⋯⋯275
物証⋯⋯⋯⋯⋯⋯⋯⋯⋯⋯⋯⋯⋯39
不動産の取得⋯⋯⋯⋯⋯⋯⋯⋯109
不当に減少⋯⋯⋯⋯⋯⋯⋯⋯⋯93
不法行為⋯⋯⋯⋯⋯⋯⋯⋯⋯⋯138
不法な利得⋯⋯⋯⋯⋯⋯⋯⋯⋯132
扶養控除⋯⋯⋯⋯⋯⋯⋯⋯⋯⋯155
不要証事実⋯⋯⋯⋯⋯⋯⋯23,359
扶養親族⋯⋯⋯⋯⋯⋯⋯⋯⋯⋯155
プロラタ計算⋯⋯⋯⋯⋯⋯⋯⋯85
文理解釈⋯⋯⋯⋯⋯⋯⋯⋯400,407
平成26年政府税制調査会「法人税の改革について」
⋯⋯⋯⋯⋯⋯⋯⋯⋯⋯⋯⋯⋯⋯269
ペット葬祭業事件⋯⋯⋯⋯⋯⋯257
弁護士顧問料事件⋯⋯⋯⋯⋯⋯223
弁論主義⋯⋯⋯⋯⋯⋯⋯⋯⋯⋯31
弁論準備手続⋯⋯⋯⋯⋯⋯⋯⋯32
弁論の全趣旨⋯⋯⋯⋯⋯⋯⋯⋯14
包括的所得概念⋯⋯⋯⋯⋯132,214
法規説⋯⋯⋯⋯⋯⋯⋯⋯⋯⋯⋯51
法源性⋯⋯⋯⋯⋯⋯⋯⋯⋯⋯⋯406
法人税基本通達の前文⋯⋯⋯⋯406
法治主義⋯⋯⋯⋯⋯⋯⋯⋯⋯⋯99
法治主義根拠説⋯⋯⋯⋯⋯⋯166
法定外抗告訴訟⋯⋯⋯⋯⋯⋯305
法定証拠主義⋯⋯⋯⋯⋯⋯⋯⋯41
法定証拠法則⋯⋯⋯⋯⋯⋯⋯⋯24
法的安定性⋯⋯⋯⋯⋯⋯⋯⋯408
法的三段論法⋯⋯⋯⋯⋯⋯⋯⋯37
法律上推定される事実⋯⋯⋯⋯23
法律上の権利推定⋯⋯⋯⋯23,50
法律上の権利推定規定⋯⋯⋯⋯50
法律上の事実推定⋯⋯⋯⋯⋯23
法律上の推定規定⋯⋯⋯⋯⋯48
法律の留保⋯⋯⋯⋯⋯⋯⋯⋯62
法律優位の原則⋯⋯⋯⋯⋯⋯62
法律要件分類説⋯⋯⋯⋯⋯43,151
法律要件要素⋯⋯⋯⋯⋯⋯⋯108
補助事実⋯⋯⋯⋯⋯⋯⋯⋯⋯25
ホステス報酬事件⋯⋯⋯⋯⋯408

ま　行

まからずや事件⋯⋯⋯⋯⋯⋯⋯149
みずほCFC事件⋯⋯⋯⋯⋯⋯81
みなし譲渡⋯⋯⋯⋯⋯⋯⋯⋯398
民訴法理適用説⋯⋯⋯⋯⋯⋯166
民法上の住所⋯⋯⋯⋯⋯⋯⋯112
無制限説⋯⋯⋯⋯⋯⋯⋯⋯⋯174
無名契約⋯⋯⋯⋯⋯⋯⋯⋯⋯51
無名抗告訴訟⋯⋯⋯⋯⋯⋯⋯305
明確性の原則⋯⋯⋯⋯⋯⋯⋯68
命令⋯⋯⋯⋯⋯⋯⋯⋯⋯⋯⋯407
免責⋯⋯⋯⋯⋯⋯⋯⋯⋯⋯⋯142
免責要件⋯⋯⋯⋯⋯⋯⋯⋯⋯141
目的適合説⋯⋯⋯⋯⋯⋯⋯⋯105
目的論的解釈⋯⋯⋯⋯⋯⋯⋯408

や　行

優遇規定⋯⋯⋯⋯⋯⋯⋯⋯⋯409
有権解釈⋯⋯⋯⋯⋯⋯⋯⋯⋯410
宥恕規定⋯⋯⋯⋯⋯⋯⋯⋯⋯409
有名契約⋯⋯⋯⋯⋯⋯⋯⋯⋯52
要件事実⋯⋯⋯⋯⋯⋯⋯⋯4,57
要件事実論⋯⋯⋯⋯⋯⋯⋯⋯21
要件の確定⋯⋯⋯⋯⋯⋯⋯⋯138
予測可能性⋯⋯⋯⋯⋯⋯177,408
要証事実⋯⋯⋯⋯⋯⋯⋯⋯⋯23

ら　行

利益衡量説⋯⋯⋯⋯⋯⋯⋯47,155
利益剰余金⋯⋯⋯⋯⋯⋯⋯⋯85
利益発生の状況⋯⋯⋯⋯⋯⋯250
利子⋯⋯⋯⋯⋯⋯⋯⋯⋯⋯⋯118
利子所得⋯⋯⋯⋯⋯⋯⋯⋯⋯201
利息⋯⋯⋯⋯⋯⋯⋯⋯⋯⋯⋯118
立証責任⋯⋯⋯⋯⋯⋯⋯⋯⋯163
立法府のミス⋯⋯⋯⋯⋯⋯⋯75
理由の差替え⋯⋯⋯⋯⋯⋯⋯170
理由附記の根拠⋯⋯⋯⋯⋯⋯173
臨時的な所得⋯⋯⋯⋯⋯⋯⋯241
類似業種比準価額⋯⋯⋯⋯⋯324
類似業種比準方式⋯⋯⋯⋯⋯403

426 事項索引

類推解釈……………………………………… 408　　録音テープ………………………………………40
レポ取引…………………………………… 117

判例・裁決索引

■大正
5.12.23 大審院　民録22・2480 ……………28

■昭和1年〜10年
5. 7. 8 大審院　民集9・10・719 …………309
6.10.20 行政裁判所　行録42・926 ………247
7. 5. 7 行政裁判所　行録43・408 ………247

■昭和11年〜20年
13.10.18 行政裁判所　行録49・763 ………247

■昭和21年〜30年
24. 4. 6 最高裁　刑集3・4・456 …………329
25. 7.11 最高裁　民集4・7・316 …………20
27. 8. 2 東京地裁　行集3・8・1669 ………243
28. 4.20 大阪高裁　民集9・3・353 …………62
30. 3.23 最高裁　民集9・3・336 ………62,68

■昭和31年〜40年
32. 8. 6 福岡高裁宮崎支部　刑集12・7・1282
…………76
32.10.21 福岡高裁　民集16・3・655 ………106
33. 3.27 徳島地裁　行集9・3・433 ………182
33. 5. 1 最高裁　刑集12・7・1272 …………76
33. 7. 8 最高裁　民集12・11・1740 ………29
33. 9. 9 最高裁　民集12・13・1949 ………151
34. 1.30 東京高裁　行集10・1・171 ………173
34. 2. 4 東京地裁　民集17・4・629 ………147
37. 3.29 最高裁　民集16・3・643 …………105
38. 3. 3 最高裁　訟月9・5・668 ……153,182
38. 5.31 最高裁　民集17・4・617 ………173
38.10.29 最高裁　訟月9・12・1373 ………189
38.10.30 東京地裁　行集14・10・1766 ……148
39.10.22 最高裁　民集18・8・1762 ………327
39.12.11 福井地裁　訟月11・6・935 ………256
40. 5.11 大阪地裁　行集16・6・1015 …16,183

■昭和41年〜50年
41. 5.30 大阪地裁　行集17・5・591 ………70
42. 4. 7 最高裁　民集21・3・572 …………389

42. 4.21 最高裁　訟月13・8・985 …………169
42. 9.19 最高裁　民集21・7・1828 ………149
43. 2.28 名古屋高裁金沢支部　行集19・1=
2・297 …………240
43. 6.28 大阪高裁　行集19・6・1130 ………71
43. 7.20 東京地裁　行集19・7・1278 ………412
43.10.31 最高裁　集民92・797 …………401
44.11.27 東京地裁　税資183・352 ………289
45. 4. 7 東京地裁　判時600・116 ………245
45. 7.29 東京地裁　訟月16・11・1361 ………310
46. 5.21 国税不服審判所　裁決事例集2・5
…………241
46.11. 9 最高裁　民集25・8・1120 ………132
46.12.17 東京高裁　判タ276・365 ………242
47. 3.31 最高裁　民集26・2・319 ………173
47. 6.30 静岡地裁　行集23・6=7・487 ……199
47.11. 9 最高裁　税資66・940 …………256
47.12.26 最高裁　民集26・10・2013 ………402
48. 3.12 東京高裁　税資69・634 ………310
48. 4.26 最高裁　民集27・3・629 ………150
48. 7.16 東京地裁　判時726・63 ………262
48.11. 2 最高裁　集民110・399 ………109
48.11. 8 大阪高裁　行集24・11=12・1227 …391
48.11.16 最高裁　民集27・10・1333 ………408
49. 1.31 国税不服審判所　裁決事例集7・11
…………256
49. 4.18 最高裁　訟月20・11・175 ………145
49. 4.19 京都地裁　訟月20・8・109 ………205
49. 4.25 最高裁　民集28・3・405 ………173
49. 6.11 最高裁　訟月20・9・170 ………173
50. 6.24 東京地裁　行集26・8・1742 ………291
50.10.24 最高裁　民集29・9・1417 ………165

■昭和51年〜60年
51. 1.29 東京高裁　行集27・1・143 ………391
51.10. 8 最高裁　判時835・60 ………387
52. 3.29 神戸地裁　訟月23・3・617 ………200
52. 3.31 最高裁　訟月23・4・802 ………309
52. 7.15 東京高裁　判時867・60 ………40
52. 8.30 大阪高裁　税資95・412 ………200

判例・裁決索引　　429

14．5.24　東京地裁　税資252・9126 ………135
14．9.13　東京地裁　税資252・9189 ………293
14.12.17　最高裁　判時1812・76 …………34
14.12.17　最高裁　集民208・581 …………108
15．5.8　仙台高裁　税資253・9339 ………207
15．7.16　東京地裁　判時1891・44 ………208
15．9.9　東京高裁　判時1834・29 ………295
16．2.4　さいたま地裁　税資254・9549 ……284
16．3.3　広島高裁　訟月51・3・746 ………294
16．4.2　千葉地裁　訟月51・5・1338 ………263
16.12.20　最高裁　集民215・1005 …………357
17．1.25　最高裁　民集59・1・64 …………224
17．3.3　名古屋地裁　判タ1238・204 ………125
17．3.24　名古屋地裁　判タ1241・81 ………259
17．4.14　最高裁　民集59・3・491 ………95,308
17．9.8　名古屋高裁　税資255・10120 ……126
18．1.19　最高裁　民集60・1・65 …………391
18．2.9　名古屋高裁　訟月53・9・2645 ………65
18．3.1　最高裁　民集60・2・587 …………98
18．3.7　名古屋高裁　税資256・10338 ……258
18．3.16　東京高裁　税資256・10346 ………204
18．3.23　名古屋地裁　判タ1236・175 ………136
18．3.28　最高裁　判タ1208・76 …………69
18．7.14　東京地裁　民集62・9・2458 ………198
19．4.17　東京地裁　判時1986・23 ………117
19．6.27　東京高裁　民集62・9・2488 ………198
19.11.16　東京地裁　税資257・10825 ………129
19.11.20　高松高裁　判タ1273・170 ………200
19.12.13　大阪地裁　判タ1269・169 ………391
19.12.19　東京地裁　税資257・10850 ………131
20．1.23　東京高裁　訴月55・2・244 ………112
20．2.4　大分地裁　民集64・7・1822 ………300
20．3.12　東京高裁　金判1290・32 ………65,117
20．4.23　東京地裁　税資258・10947 ………129
20．9.10　東京地裁　税資258・11018 ………103
20．9.10　東京地裁　税資258・11019 ………131
20．9.12　最高裁　集民228・617 …………257
20.10.21　福岡高裁　判時2035・20 ………410
20.10.24　最高裁　民集62・9・2424 ………199
20.10.28　最高裁　税資258・11060 ………122
20.11.27　福岡高裁　民集64・7・1835 ………299
20.12.9　国税不服審判所　裁決事例集76・161
　　…………………………………………192

■平成21年～30年
21．5.20　東京高裁　裁判所HP …………199

21．7.15　東京高裁　裁判所HP …………199
21．7.31　東京地裁　判時2066・16 ………294
21.10.16　大阪高裁　判タ1319・79 …………73
22．3.2　最高裁　民集64・2・420 ………408
22．3.26　東京地裁　税資260・11407 ………124
22．6.3　最高裁　民集64・4・1010 ………308
22．7.6　最高裁　民集64・5・1277 ………315
22．7.16　最高裁　民集234・263 …………338
22．9.30　東京高裁　税資260・11523 ………124
22.10.15　最高裁　民集64・7・1764 ………298
23．2.18　最高裁　集民236・71 …………112
23．3.4　最高裁　税資261・11632 ………125
23．4.28　京都地裁　訴月58・12・4182 ……245
23．8.9　東京地裁　判時2145・17 ………209
24．3.2　東京地裁　判時2180・18 ………161
24．7.5　東京地裁　税資262・11987 …………77
24．9.19　東京高裁　判時2170・20 ………210
25．2.28　東京地裁　税資263・12157 ………162
25．4.26　東京地裁　税資263・12210 ………221
25．5.23　大阪地裁　刑集69・2・470 ………242
25.10.23　東京地裁　税資263・12319 ………219
26．1.17　最高裁　税資264・12387 ………210
26．5.9　大阪高裁　刑集69・2・491 ………242
27．3.10　最高裁　刑集69・2・434 …………232
27.11.6　最高裁　民集69・7・1796 ………391
29．6.15　大阪地裁　税資267・13024 ………339
29．8.30　東京地裁　訟月66・12・1945 ……396
30．7.19　東京高裁　訟月66・12・1976 ……396

■令和1年～4年
1．8.27　東京地裁　民集76・4・421 ………333
2．3.18　広島地裁　税資270・13400 ………189
2．3.24　最高裁　民集263・63 …………395
2.12.16　広島高裁　税資270・13499 ………185
2．6.24　東京地裁　民集76・4・463 ………333
3．3.11　最高裁　民集75・3・418 …………85
3．3.16　東京地裁　民集77・8・2002 …………84
3．5.14　最高裁　税資271・13562 ………189
3．5.20　東京高裁　税資271・13564 ………397
4．2.18　最高裁　税資272・13672 ………397
4．3.10　東京地裁　民集77・8・2052 …………84
4．4.19　最高裁　民集76・4・411 ………333
5.11.6　最高裁　民集77・8・1933 …………84
6．1.18　東京地裁　判例集未登載 ………344

あとがき

　これまでの『スタートアップ租税法』から『ブラッシュアップ租税法』までの「租税法の道しるべ」シリーズとは異なり，本書は「クローズアップ」シリーズとしてスタートした学習参考書『クローズアップ租税行政法』に次ぐ第2弾として，「課税要件事実論」に焦点を当てたものとなります。

　税務に携わっている実務家の方々にとっては，要件事実論は必ずしも身近にある議論ではないかもしれません。しかし，租税訴訟を専門とする実務家や研究者ではなくとも，課税要件事実論の学習から得られるものは非常に多くのものがあります。別言すれば，租税法の適用において課税要件事実を意識することはとても重要だということであります。

　筆者としては，読者の方々に，課税要件事実論を通じて，これまで以上に「課税要件」というものをより強く意識され，自らの言い分をいかに法的に展開すべきかという点に関心をもっていただけることを期待しているところです。納税者あるいはそれをサポートする租税専門家や，租税行政当局者のいずれもが，本書を通じて，法律的な視角から論理的主張を展開することの重要性を再認識されることを期待するとともに，また，本書がかような論理展開のトレーニングの一助となることができればと考えて執筆いたしました。

　とかく租税に携わる実務家は「課税要件事実論」のみで事たりると考えがちです。他方，「課税事実認定論」だけでもたりません。その両者の蝶番としての「課税要件事実論」の重要性を本書を通じてご認識いただければ，筆者としては大変喜ばしい限りです。

　平成24年9月

　　　　　　　　　　　　　　　　　　　　　　　　　　　　酒井　克彦

《著者紹介》

酒井　克彦（さかい　かつひこ）

　1963年２月東京都生まれ。

　法学博士（中央大学）。

　中央大学法科大学院教授。租税法担当。（社）アコード租税総合研究所（At-I）所長。（社）ファルクラム代表理事。

　著書に，『レクチャー租税法解釈入門〔第２版〕』（弘文堂2023），『租税正義と国税通則法総則』（信山社2018〔共編〕），『キャッチアップ企業法務・税務コンプライアンス』（2020〔編著〕），『キャッチアップデジタル情報社会の税務』（2020〔編著〕），『キャッチアップ保険の税務』（2019〔編著〕），『キャッチアップ外国人労働者の税務』（2019〔編著〕），『キャッチアップ改正相続法の税務』（2019〔編著〕），『キャッチアップ仮想通貨の最新税務』（2018〔編著〕），『新しい加算税の実務』（2016〔編著〕），『附帯税の理論と実務』（2010）（以上，ぎょうせい），『通達のチェックポイント―消費税軽減税率Q&A等の検討と裁判事例精選10―』（2023〔編著〕），『同―相続税・贈与税裁判事例精選20―』（2019〔編著〕），『同―所得税裁判事例精選20―』（2018〔編著〕），『同―法人税裁判事例精選20―』（2017〔編著〕），『アクセス税務通達の読み方』（2016）（以上，第一法規），『裁判例からみる法人税法〔４訂版〕』（2024），『裁判例からみる加算税』（2022），『裁判例からみる所得税法〔２訂版〕』（2021），『裁判例からみる保険税務』（2021〔編著〕），『裁判例からみる相続税法〔４訂版〕』（2021〔共著〕），『裁判例からみる税務調査』（2020），『行政事件訴訟法と租税争訟』（2010）（以上，大蔵財務協会），『プログレッシブ税務会計論Ⅰ〔第２版〕』（2018），『同Ⅱ〔第２版〕』（2018），『同Ⅲ』（2019），『同Ⅳ』（2020）（以上，中央経済社），『「正当な理由」をめぐる認定判断と税務解釈』（2015），『「相当性」をめぐる認定判断と税務解釈』（2013）（以上，清文社），『クローズアップ事業・組織戦略と税務』（2024），『スタートアップ租税法〔第４版〕』（2021），『ステップアップ租税法と私法』（2019），『クローズアップ事業承継税制』（2019〔編著〕），『クローズアップ保険税務』（2017〔編著〕），『クローズアップ租税行政法〔第２版〕』（2016），『所得税法の論点研究』（2011），『ブラッシュアップ租税法』（2011），『フォローアップ租税法』（2010）（以上，財経詳報社）などがある。その他，論文多数。

クローズアップ課税要件事実論　第 6 版改訂増補版

―要件事実と主張・立証責任を理解する―

平成24年10月 4 日	初版発行	令和 3 年10月26日	第 5 版発行
平成25年10月25日	第 2 版発行	令和 5 年 8 月20日	第 6 版発行
平成26年10月20日	第 3 版発行	令和 6 年 8 月31日	第 6 版改訂増補版発行
平成27年10月27日	第 4 版発行	令和 7 年 6 月 2 日	第 6 版改訂増補版第 2 刷発行
平成29年 9 月23日	第 4 版改訂増補版発行		

著　者　酒　井　克　彦

発行者　宮　本　弘　明

発行所　株式会社　財経詳報社

〒103-0013　東京都中央区日本橋人形町1-7-10
電　話　03（3661）5266（代）
ＦＡＸ　03（3661）5268
http://www.zaik.jp
振替口座　00170-8-26500

落丁・乱丁はお取り替えいたします。
©2025　Katsuhiko Sakai

印刷・製本　創栄図書印刷
Printed in Japan